Oberloskamp/Adams
Jugendhilferechtliche Fälle für Studium und Praxis

FACHBÜCHEREI
Praktische Sozialarbeit

Herausgegeben von
Professor Dr. Helga Oberloskamp und Professor Kurt Witterstätter

Jugendhilferechtliche Fälle für Studium und Praxis

von

Dr. jur. Helga Oberloskamp

Professorin an der Katholischen Fachhochschule NW,
Abteilung Köln

Ursula Adams

Professorin an der Katholischen Fachhochschule NW,
Abteilung Münster

8. völlig neubearbeitete Auflage

Luchterhand

Die Deutsche Bibliothek – CIP-Einheitsaufnahme

Oberloskamp, Helga:
Jugendhilferechtliche Fälle für Studium und Praxis/
von Helga Oberloskamp und Ursula Adams. –
8., völlig neubearb. Aufl. –
Neuwied ; Kriftel ; Berlin : Luchterhand, 1993
(Fachbücherei Praktische Sozialarbeit)
ISBN 3-472-01699-X
NE: Adams, Ursula:

Satz: Fotosatz Froitzheim, Bonn
Gesamtherstellung: Bercker Graphischer Betrieb GmbH, Kevelaer
Printed in Germany, Januar 1994

Vorwort zur 8. Auflage

Die große Nachfrage nach dem Buch und das Inkrafttreten des 1. Gesetzes zur Änderung des Achten Buches Sozialgesetzbuch am 1. 4. 1993 haben es erforderlich gemacht, schon wieder eine neue Auflage herauszugeben. Entgegen der ursprünglichen Annahme, daß nur kleinere Änderungen nötig seien, mußten doch überraschend viele Stellen umgeschrieben werden. Dies zeigt, daß die Praxis das SGB VIII mit Leben erfüllt. Den Hochschulen ist dasselbe zu wünschen.

Köln, Oktober 1993 Die Verfasserinnen

Vorwort zur 1. Auflage

Mit dem vorliegenden Skriptum soll der Versuch unternommen werden, dem Studenten und dem ratsuchenden Praktiker der Sozialarbeit/Sozialpädagogik die Rechtsprobleme in der Jugenhilfe im wesentlichen anhand von Fällen und deren Lösungen aufzuzeigen. Das Schwergewicht ist dabei mehr auf Hilfen und Förderung, weniger auf verwaltungs- und organisationsrechtliche Fragen gelegt. Für diesen hier nicht abgedeckten Bereich der Jugendhilfe wird auf das Skriptum Papenheim/Baltes „Verwaltungsrecht für die soziale Praxis" verwiesen.

Die Problemstellungen beruhen größtenteils auf Fällen aus der Jugendhilfepraxis oder auf Gerichtsentscheidungen. Richtigstellungen, Hinweise und Verbesserungsvorschläge werden jederzeit dankbar entgegengenommen.

Köln/Münster, im August 1977 *Die Verfasserinnen*

Inhaltsübersicht

Erster Teil

Einführungsfragen

Kapitel 1

Aufgaben und Träger der Jugendhilfe

I. Aufgaben der öffentlichen Jugendhilfe

Sozialarbeiterische und sozialpädagogische Arbeitsfelder, in denen Rechtskenntnisse über diesen Bereich notwendig sind: ASDe; alle Abteilungen des Jugendamtes (JA); alle Abteilungen des Landesjugendamtes (LJA); freie Träger, die sich mit Erziehung und Bildung von Kindern und Jugendlichen befassen; (Eltern-)Initiativen; Selbsthilfegruppen; sonstige Behörden, die Jugendhilfeaufgaben wahrnehmen.

Rechtsgrundlagen und Verwaltungsvorschriften[1]: Art. 74 Nr. 7 GG; SGB VIII (KJHG), SGB I und X; AG-KJHG NW[2] vom 12. 12. 1990 (GV NW S. 664); VO über die Regelung von Zuständigkeiten nach dem KJHG (ZuVO KJHG) v. 6. 12. 1990 (GV.NW 1990 S. 661); RdErl. d. MAGS v. 15. 9. 1983 (MBl. NW S. 2010); Mustersatzung für das JA, RdErl. d. MAGS v. 30. 11. 1967 (MBl. NW S. 2010); Satzung für das LJA Rheinland v. 27. 5. 1974 und 16. 12. 1974 (GV.NW S. 242 und GV. NW 1975 S. 7); Satzung des LJA Westfalen-Lippe v. 9. 7. 1975 (GV.NW S. 505); Richtlinien über die Gewährung von Zuwendungen zur Förderung der Fortbildung in der sozialen Arbeit und in der Altenarbeit, RdErl. d. MAGS v. 3. 7. 1992 (MBl. NW 1992 S. 1270).

Literatur:[3] 1. Gesamtdarstellungen zum KJHG: *A. Gerauer:* Die Struktur der Jugendhilfe im neuen KJHG, DAVorm 1990, 495; *U. Preis:* Eine notwendige Reform ohne sozialpolitischen Fortschritt, ZRP 1990, 90; *J. Merchel:* Veränderungen in der kommunalen Jugendhilfepolitik, NDV 1990, 377; *J. Münder*; Das neue KJHG, np 1990, 341 = Soziale Arbeit 1990, 206; *R. Wiesner:* Grundprinzipien des KJHG, JugWo 1990, 426; *S. Borsche:* Was lange währt, wird endlich gut? TuP 1990, 330; *W. Gernert:* Das KJHG, UJ 1990, 352; *B. Habermann/Chr. Tries:* Das neue Kinder- und Jugendhilfegesetz, NDV 1990, 205/231/339/398; 1991, 48, 144; *W. Rüfner:* Zum neuen KJHG, NJW 1991, 1; *Th. Lakies:* Das neue KJHG – Ein Überblick, ZfJ 1991, 22; *R. Wiesner:* Rechtliche Grundlagen, in: Wiesner/Zarbock: Das neue KJHG, S. 1; *H. H. Werner:* Jugendhilfe und kommunale Sozialpolitik, in: Wiesner/Zarbock: Das neue KJHG, S. 47; *K. Dreyer:* Das neue Kinder- und Jugendhilfegesetz, Die Berufliche Sozialarbeit 1991, 74; *P. Storr:* Neugestaltung der Kinder- und Jugendhilfe, NWB 5/1991, Fach 27 S. 3743; *H. Engel:* Neues Kinder- und Jugendhilferecht – seine Bedeutung für die Landkreise, Verwaltungs-

---

1 An dieser Stelle sind nur die Erlasse genannt, die in den besonderen Kapiteln nicht aufgezählt sind.

2 Für das Landesrecht und landesrechtliche Erlasse ist exemplarisch das Land NW herausgegriffen. Die in anderen Bundesländern geltenden Bestimmungen sind in *Krug*, Bd. 3, abgedruckt.

3 Unter dem Stichwort »Literatur« sind in der Regel nur Hinweise auf Aufsätze und Monografien enthalten. Daß Kommentare und Lehrbücher zum KJHG entsprechende Ausführungen enthalten, wird als selbstverständlich unterstellt. Nur bei Fehlen von Spezialliteratur sind Fundstellen aus der Allgemeinliteratur zitiert.

praxis 1990, 265; *A. Herbert:* Ausführungsvorschriften zum Jugendhilfeausschuß nach § 71 KJHG, ZfJ 1991, 569; *H. Lukas:* Jugendämter im Umbruch? Verändertes Handeln in traditionellen Arbeitsbereichen und Etablierung neuer Handlungsfelder, ZfJ 1991, 300; *H. Zeitler:* Das neue Jugendhilferecht, Deutsche Verwaltungspraxis 1991, 79; 138; 217; *H. Lukas:* Jugendämter im Umbruch, Soziale Arbeit 1991, 110; *R. Wiesner:* Das neue Kinder- und Jugendhilfegesetz – Chance und Herausforderung für die Jugendhilfepraxis, ZfJ 1991, 345; *R. Wabnitz/R. Wiesner:* Zum gegenwärtigen Stand der Umsetzung des neuen Kinder- und Jugendhilfegesetzes in der Praxis, ZfJ 1992, 497; *H. Oberloskamp:* Jugenhilfe für Ausländer (§ 6 Abs. 2, 4 KJHG), FuR 1992, 61 und 131; *P. Fuchs/B. Habermann:* Änderung des Kinder- und Jugendhilfegesetzes, NDV 1993, 52 und 92.

2. Rechtsstellung Kind – Eltern – Staat: *J. Münder:* Das Verhältnis Minderjähriger-Eltern-Jugendhilfe, ZfJ 1990, 488; *H. Oberloskamp:* Die rechtliche Stellung von Kindern und Jugendlichen nach dem RegE eines Gesetzes zur Neuordnung des KJHG, ZfJ 1990, 260; *W. Kiehl:* Die Rechtsstellung Minderjähriger und Sorgeberechtigter im neuen KJHG, ZRP 1990, 94; *S. Borsche:* Eigenständiger Erziehungsauftrag – Ja oder Nein?..., in: Wiesner/Zarbock: Das neue KJHG, S. 33; *M. Coester:* Die Bedeutung des KJHG für das Familienrecht, FamRZ 1991, 253; *R. Ollmann:* Eltern, Kind und Staat in der Jugendhilfe, FamRZ 1992, 388; *R. Hayböck:* Staat, Recht und Kindeswohl, DAVorm 1992, 423.

3. Datenschutz: *U. Maas:* Die Regelungen zum Schutz personbezogener Daten im KJHG, NDV 1990, 215; *Th. Mörsberger:* Perspektive »Neues Jugendamt« – Zur Bedeutung der Datenschutzbestimmungen im neuen KJHG, ZfJ 1990, 365; *P.-Chr. Kunkel:* Die zusätzlichen Regelungen des Sozialdatenschutzes im KJHG (SGB VIII), ZfJ 1991, 111; *Th. Mörsberger:* Datenschutz kontrovers – Anmerkungen zum Beitrag von Kunkel über den Sozialdatenschutz im KJHG, ZfJ 1990, 114; *Th. Mörsberger:* Die Datenschutzbestimmungen des KJHG – Folgerungen für die Aufgabenstellung des Jugendamtes im familiengerichtlichen Verfahren, in: Wiesner/Zarbock: Das neue KJHG, S. 343; *R. Krüger:* Datenschutz im Jugendamt, DAVorm 1991, 345; *M. Schnapke:* Mitteilungspflicht der Jugendämter an Ausländerbehörden, DAVorm 1991, 23; *P.-Chr. Kunkel:* Datenschutz »pervers«? Anm. zum Beitrag von Thomas Mörsberger, ZfJ 1991, 459; *Th. Lauterbach:* Datenschutz in der Jugendhilfe – eine Aufgabe, ZfJ 1991, 574; *U. Maas:* Datenschutz kaputt? ZfJ 1991, 577; *Th. Mörsberger:* Datenschutz kontrovers – Anm. zum Beitrag von Kunkel über den Sozialdatenschutz im KJHG, ZfJ 1991, 114; *P.-Chr. Kunkel:* Sozialdatenschutz im KJHG – die unendliche Geschichte, DAVorm 1992, 269.

(1) ***Wer ist in unserem Staat für die Pflege und Erziehung von Kindern und Jugendlichen verantwortlich?***

Wie schon Art. 6 II 1 GG bestimmt und § 1 II 1 KJHG wiederholt, sind für Pflege und Erziehung von Kindern primär die Eltern verantwortlich. Der Staat besitzt – ausgenommen im Schulsektor, s. Art. 7 GG – kein eigenständiges Erziehungsrecht. Er hat nur ein Wächteramt, Art. 6 II 2 GG, § 1 II 2 KJHG. Dieses erschöpft sich allerdings nicht in Kontrolle und Eingriff, die an enge Voraussetzungen geknüpft sind, sondern umfaßt auch und vor allem präventive Maßnahmen, damit ein Eingriff nicht nötig wird.

Was ist Kinder- und Jugendhilfe? **(2)**
Jugendhilfe ist ein Sammelbegriff für Hilfs- und Förderungsmaßnahmen in Erziehungsfeldern außerhalb von Familie, Schule und Berufsausbildung sowie innerhalb der Familie zu deren Unterstützung. Sie ist somit einerseits Teil des staatlichen Wächteramtes. Soweit sie Bildungsmaßnahmen außerhalb von Kindergarten und Schule betrifft, geht sie andererseits weit über das Wächteramt – auch über das präventive – hinaus.

Welche Ziele der Jugendhilfe benennt das KJHG? **(3)**
Die Antwort ergibt sich aus § 1 I und III KJHG:
(1) Jeder junge Mensch hat ein Recht auf Förderung seiner Entwicklung und auf Erziehung zu einer eigenverantwortlichen und gemeinschaftsfähigen Persönlichkeit.
(2) Jugendhilfe soll zur Verwirklichung des Rechts nach Absatz 1 insbesondere

1. junge Menschen in ihrer individuellen und sozialen Entwicklung fördern und dazu beitragen, Benachteiligungen zu vermeiden und abzubauen,
2. Eltern und andere Erziehungsberechtigte bei der Erziehung beraten und unterstützen,
3. Kinder und Jugendliche vor Gefahren für ihr Wohl schützen,
4. dazu beitragen, positive Lebensbedingungen für junge Menschen und ihre Familie sowie eine kinder- und familienfreundliche Umwelt zu erhalten oder zu schaffen.

Abs. 1 spricht von Förderung und Erziehung. Erziehung betrifft nur Kinder und Jugendliche (§ 7 I Nr. 1, 2 KJHG), Erwachsene können nach unserem Recht nicht mehr erzogen werden (§ 1 II KJHG). Förderung bezieht sich daher vor allem auf junge Volljährige (§ 7 I Nr. KJHG), die zwar nicht mehr erzogen, aber in ihrer Entwicklung unterstützt werden können (§§ 11–15; §§ 16–21; § 41 KJHG). Daneben sind auch Förderungsmaßnahmen für Minderjährige möglich, d.h. unterstützende Maßnahmen, die über Erziehung hinausgehen. Zusammenfassend könnte man daher sagen, daß Jugendhilfe **Sozialisationshilfen** gibt mit dem Ziel, junge Menschen zu eigenverantwortlichen und gemeinschaftsfähigen Persönlichkeiten zu machen.

Wer ist Träger öffentlicher Jugendhilfe? **(4)**
1. Die Aufgaben der Jugendhilfe werden von den Trägern der öffentlichen Jugendhilfe und den Trägern freier Jugendhilfe sowie Privatpersonen (z. B. der niedergelassene Dipl.-Psychologe, der Erziehungsberatung macht) wahrgenommen.
Träger der öffentlichen Jugendhilfe sind örtliche und überörtliche Träger, § 69 I 1 KJHG.

Örtliche Träger sind:

- Kreise und kreisfreie Städte, § 69 I 2 KJHG
- nach Landesrecht kreisangehörige Gemeinden, § 69 II KJHG.

Überörtliche Träger sind:

- Gebietskörperschaften, die vom Landesrecht zu bestimmen sind, § 69 I 2 KJHG. Dies können höhere Kommunalverbände (Landschaftsverbände, Landeswohlfahrtsverbände) oder staatliche Stellen (Regierungspräsidien) sein. In NW sind der Landschaftsverband Rheinland und der Landschaftsverband Westfalen-Lippe überörtliche Träger je eines Landesjugendamtes (LJA).

2. Zentrale Aufgaben der Jugendhilfe werden von den **obersten Jugendbehörden der Länder** (§ 82 KJHG), in NW: Ministerium für Arbeit, Gesundheit und Soziales (MAGS), und dem **Jugendministerium des Bundes** (BMJF) (§ 83 KJHG), wahrgenommen. Die Bundesregierung läßt sich in Fragen der Jugendhilfe vom Bundesjugendkuratorium beraten (§ 83 II KJHG). Mit der Erstellung eines Jugendberichtes in jeder Legislaturperiode beauftragt sie eine Jugendberichtskommission, § 84 KJHG.

3. **Weitere Behörden**, die bei der Erfüllung von Aufgaben der Jugendhilfe mitwirken (in der Literatur auch als »Träger der öffentlichen Jugendhilfe im weiteren Sinn« bezeichnet) sind u. a.:

- Vormundschafts- und Familiengerichte (VormG und FamG)
- Jugendgerichte (JugG).

Vgl. im übrigen § 81 KJHG.

(5) ***Was bedeutet es, daß die Jugendhilfe eine sog. Selbstverwaltungsaufgabe ist?***

Den Gemeinden und Gemeindeverbänden ist in Art. 28 II GG sowie in den Länderverfassungen das Recht der Selbstverwaltung garantiert. Der Begriff wird in den genannten Normen als bekannt vorausgesetzt. Er beinhaltet, daß öffentlich-rechtliche Körperschaften sachlich und finanziell in eigener Verantwortung handeln und daß sie nur der allgemeinen Rechts- (nicht Fach-)aufsicht der staatlichen Aufsichtsbehörden (in NW: Regierungspräsident) unterstehen. Verwaltungsakte, die sie erlassen, werden von der erlassenden Behörde (also Jugendamt), nicht von der übergeordneten Behörde überprüft.

(6) ***Was ist der Jugendhilfeausschuß (JHA), und welche Aufgaben hat er?***

Der JHA ist eine Besonderheit der kommunalen Selbstverwaltung. Anders als in anderen Ämtern werden die Aufgaben des JA nicht nur von der Verwaltung, sondern auch durch den JHA wahrgenommen (§ 70 I KJHG) (sog. Zweigliedrigkeit des JA).

Dem JHA gehören sowohl Mitglieder der Vertretungskörperschaft des Trägers der öffentlichen Jugendhilfe (= Gemeindeparlament) als auch Vertreter der anerkannten freien Jugendhilfe an (§ 71 I KJHG).

Der JHA befaßt sich mit allen Angelegenheiten der Jugendhilfe, insbesondere mit der Erörterung und Lösung aktueller Problemlagen, der Jugendhilfeplanung und der Förderung der freien Jugendhilfe (§ 71 II KJHG). Er hat in geregeltem Umfang Beschluß- und Mitwirkungsrechte (§ 71 III KJHG). Die laufenden Geschäfte der Jugendhilfe erledigt nicht der JHA, sondern der Leiter der Verwaltung der Gebietskörperschaft oder der Leiter der Verwaltung des JA (§ 70 II KJHG).

Welche Typen von Aufgaben hat das Jugendamt wahrzunehmen? Wie verpflichtend für das JA sind die Jugendhilfeaufgaben, die das KJHG aufzählt? **(7)**

1. **Leistungen** gem. § 2 II KJHG
Die »Leistungen« beschreiben Angebote an verschiedene leistungsberechtigte Personengruppen. Ihre Inanspruchnahme ist freiwillig. Der Gesetzesbegriff »Leistungen« meint Einrichtungen und Dienste gem. § 5 KJHG. Das JA trägt hierfür die **Planungsverantwortung** gem. § 80 KJHG. Es hat den Bedarf festzustellen, braucht für Einrichtungen und Dienste aber nur dann selbst zu sorgen, wenn Bedarf besteht und freie Träger weder von sich aus noch aufgrund von Förderung durch den öffentlichen Träger entsprechende Hilfen anbieten (§§ 3, 4 II, KJHG).

2. **Andere Aufgaben** gem. § 2 III KJHG
»Andere Aufgaben« umfassen hoheitlich ausgestattete Funktionen des JA: Das JA trägt hierfür die volle **Wahrnehmungsverantwortung** (§ 3 III KJHG). Das bedeutet, daß es diese Hilfen anbieten muß, allerdings nicht unbedingt als Behörde. Es kann sie im Rahmen des § 76 KJHG freien Trägern zur Ausführung übertragen. Dadurch wird es von eigenen Aktivitäten entlastet, bleibt aber trotzdem letztverantwortlich (§ 76 II KJHG).

Wann ist der Träger öffentlicher Jugendhilfe verpflichtet, tätig zu werden? **(8)**

1. In Bezug auf **einzelne Minderjährige** (MJ) muß er Hilfen anbieten, wenn
1.1 der Anspruch des Kindes oder Jugendlichen auf Erziehung von den Eltern nicht erfüllt wird (§ 1 I, II KJHG iVm §§ 27ff KJHG)
1.2 – Bemühungen von Eltern nicht ausreichen, diesen Mangel zu beheben (§ 1 II KJHG – Subsidiarität der Jugendhilfe gegenüber Elternerziehung)
– Träger freier Jugendhilfe die erforderlichen Hilfen nicht gewähren (§ 4 II KJHG – Subsidiarität öffentlicher Jugendhilfe gegenüber freier Jugendhilfe)
1.3 Hilfen zur Erziehung notwendig sind. Auf notwendige Erziehungshilfen besteht nach § 27 KJHG ein einklagbarer Rechtsanspruch.

2. In bezug auf **Träger freier Jugenhilfe** muß er
2.1 anregen, auf Schaffung einwirken, zur Mitarbeit heranziehen, soweit Einrichtungen, Dienste und Veranstaltungen fehlen (§§ 4 II, 74 I 1 HS. 1 KJHG),
2.2 fördern, wenn der Träger freier Jugendhilfe Einrichtungen, Dienste oder Veranstaltungen erbracht hat (§§ 4 III, 74 I 1 HS. 2 KJHG).
Unter »Förderung« ist sowohl pädagogische Hilfe als auch fachliche und finanzielle Unterstützung zu verstehen. Wie diese Förderung aussieht, liegt im Ermessen des JA, das allerdings die Grundsätze der §§ 3 I, 4 I und III und § 74 III KJHG zu beachten hat. Einen Rechtsanpruch auf Förderung hat der Träger freier Jugendhilfe nicht gegen den Träger öffentlicher Jugendhilfe. Der Träger

freier Jugendhilfe hat nur einen Anspruch auf Anerkennung als Träger unter den Voraussetzungen des § 75 II KJHG.

(9) ***In welchem Verhältnis steht das Kinder- und Jugendhilfegesetz zum Sozialgesetzbuch?***

1. Das **Sozialgesetzbuch** ist eine Sammlung der sozialen Leistungsgesetze. Es umfaßt bisher zehn einzelne Bücher. Das **Buch I** – der allgemeine Teil – enthält (ebenso wie z.B. das Buch I des BGB) die allgemeinen Regelungen, die in allen Besonderen Teilen gelten, es sei denn, diese bringen Spezialnormen. Das **Buch X** befaßt sich mit dem Verwaltungsverfahren und gilt ebenfalls für alle speziellen Bücher.
Die **Bücher II bis IX** sowie einige Materien, die dem SGB noch nicht numerisch zugeordnet sind, stellen die sogenannten besonderen Teile dar. Bei ersteren ist zu unterscheiden, ob sie durch Gesetzgebungsakt bereits ein Besonderer Teil sind oder ob sie nur als besondere Teile gelten (= Fiktion). Besondere Teile sind:
Buch IV: Gemeinsame Vorschriften für die Sozialversicherung
Buch V: Gesetzliche Krankenversicherung
Buch VI: Gesetzliche Rentenversicherung
Buch VIII: Kinder- und Jugendhilfe.
Vorgesehen sind
als Buch II: Ausbildungsförderung (BAföG)
als Buch III: Arbeitsförderung (AFG)
als Buch IX: Sozialhilfe (BSHG)
Weitere Materien, die noch in das SGB integriert werden sollen, finden sich in Art. 2 § 1 SGB I, u.a. das Wohngeldgesetz (WoGG), Kindergeldgesetz (BKGG) das Unterhaltsvorschußgesetz (UVG), Adoptionsvermittlungsgesetz (AdVermG) etc.

2. Das **Kinder- und Jugendhilferecht**, weitgehend geregelt im KJHG, ist also ein Buch des SGB und zwar Buch VIII. Für den Sektor der Kinder- und Jugendhilfe ist das KJHG mit seinen Nebengesetzen (z.B. AG-KJHG NW, GTK NW – beide Landesrecht –, AdVermG) sowie das SGB I und SGB X von Bedeutung. Sofern Spezialregelungen im KJHG enthalten sind, gehen diese den allgemeinen Regelungen des SGB I und X vor (§ 37 SGB I). Fehlen zu einzelnen Fragen im KJHG Bestimmungen, gilt das unkodifizierte Verwaltungsrecht (Gewohnheitsrecht) weiter, das sich im wesentlichen aus Gerichtsentscheidungen entwickelt hat.

II. Die Wahrnehmung von Aufgaben der Jugendhilfe durch Träger freier Jugendhilfe

Arbeitsfelder: ASDe; alle Abteilungen des JA; alle Abteilungen des LJA; freie Träger, die sich mit Erziehung und Bildung von Kindern und Jugendlichen beschäftigen; (Eltern-)Initiativen; Selbsthilfegruppen.

Rechtsgrundlagen: § 27 II HS. 2 SGB I; §§ 3–5, §§ 73–78, § 80 KJHG; § 25 AG-KJHG NW; §§ 670, 683 BGB; VO über die Zuständigkeit der Anerkennung förderungswürdiger Einrichtungen der freien Jugendhilfe v. 29. 2. 1968 (GV.NW S. 70); Richtlinien über die Gewährung von Zuwendungen zur Förderung der Fortbildung in der sozialen Arbeit und in der Altenarbeit, s. o. I.

Literatur: *O. v. Nell-Breuning:* Das Subsidiaritätsprinzip, TuP 1976, 6; *D. Giese/ D. Kreft:* Überlegungen zur Zusammenarbeit der öffentlichen und freien Träger der Jugendhilfe, Frankfurt 1977; *G. Hoffmann:* Freie Jugendhilfe und Grundgesetz, RdJ 1980, 14; *M. Zuleeg:* Subsidiaritätsprinzip im Jugendhilferecht?, RdJB 1984, 365; *M. Rothe:* Chancen freier Träger bei der Umsetzung des KJHG, DAVorm 1990, 1131; *P. Ludemann:* Jugendhilfeausschuß und Arbeitsgemeinschaften, JugWo 1991, 240; 293; *R. Krüger/G. Zimmermann:* Die Erziehungshilfen im Spannungsfeld zwischen Jugendamt und freien Trägern, Soziale Arbeit 1991, 259; *M. Münning:* Neue Instrumente der Zusammenarbeit zwischen freier und öffentlicher Jugendhilfe gem. Art. 1 § 78 KJHG, ZfJ 1992, 605.

Wieso und in welcher Weise können freie Träger im Bereich der Jugendhilfe tätig werden? **(10)**

1. Das KJHG geht davon aus, daß im Bereich der Jugendhilfe freie gesellschaftliche Kräfte tätig werden dürfen. Dies können nichtstaatliche Organisationen (z. B. Wohlfahrtsverbände, Kirchengemeinden), private Initiativen (z. B. Selbsthilfegruppen) wie in § 25 KJHG und Einzelpersonen sein. Das KJHG faßt sie alle unter dem Begriff »freie Träger« zusammen, enthält jedoch keine Definition, was ein freier Träger ist, und keine Aufzählung, wer freier Träger ist.

2. In § 3 II KJHG ist der **Dualismus öffentlicher und freier Träger für die Leistungen der Jugendhilfe** (§ 2 II KJHG) grundgelegt. Träger der freien Jugendhilfe haben ein eigenständiges Betätigungsrecht, das durch eine selbstgesetzte Zielbestimmung allein begrenzbar ist. Sie können Leistungen nach dem KJHG erbringen, müssen es jedoch nicht. Das entspricht der Realität der Jugendhilfe, deren Aufgaben zu ⅔ von Trägern freier Jugendhilfe geleistet werden.
Leistungsverpflichtungen des KJHG richten sich allerdings nur an die Träger öffentlicher Jugendhilfe (§ 3 II 2 KJHG).
Eine Besonderheit ist in § 3 III KJHG angesprochen: Andere Aufgaben der Jugendhilfe (§ 2 III KJHG) sind grundsätzlich solche der Träger öffentlicher Jugendhilfe. In § 3 III iVm § 76 KJHG ist eine Beteiligung oder Übertragung (an) anerkannte Träger freier Jugendhilfe vorgesehen.

3. § 4 II KJHG betrifft das **Verhältnis zwischen öffentlichen und freien** Trägern der Jugendhilfe. Dieses Verhältnis wird sowohl mit dem Begriff **Subsidiaritätsprinzip** als auch dem des **Vorrangs freier Träger** beschrieben. Um Konflikten um konkrete Handlungsberechtigungen vorzubeugen, schreibt § 4 I KJHG vor, daß öffentliche und freie Träger **partnerschaftlich zusammenzuarbeiten** haben. Bei der Zusammenarbeit ist die Selbständigkeit der freien Jugendhilfe (§ 4 I 2) zu beachten. § 4 II wird praktisch vor allem im Zusammenhang mit der Jugendhilfeplanung (§ 80 III KJHG). Hier wird allerdings die

Realität der Trägerangebote immer auch mit dem Wunsch- und Wahlrecht der Berechtigten (§ 5 KJHG) konfrontiert.
Die besondere Bedeutung des § 4 III besteht darin, daß er in den Rahmen der Angebote freier Jugendhilfe ausdrücklich die verschiedenen **Formen der Selbsthilfe** einbezieht.

4. Während § 4 die Zusammenarbeit der öffentlichen und freien Jugendhilfe regelt, befaßt sich **§ 74 KJHG mit der Förderung** der freien Jugendhilfe durch die Träger öffentlicher Jugendhilfe.
Unter Förderung ist jede Form der Unterstützung der freien Träger zu verstehen, wobei in erster Linie finanzielle Zuwendungen gemeint sind. Aber auch die kostenlose Überlassung von Räumen, Büromaschinen, Telefon etc. ist Förderung.
§ 74 I KJHG nennt die allgmeinen Voraussetzungen der Förderung. Die folgenden Absätze der Vorschrift nennen weitere Aspekte, die vor allem für eine auf Dauer angelegte Förderung gelten. Im übrigen ist für eine auf Dauer angelegte Förderung gem. § 75 KJHG die **Anerkennung als freier Träger** erforderlich. Ein förmliches Anerkennunsverfahren benötigen jedoch nicht alle freien Träger. Gem. § 75 III KJHG sind eine Reihe von Trägern automatisch anerkannt, nämlich die Kirchen und Religionsgemeinschaften des öffentlichen Rechts sowie die auf Bundesebene zusammengeschlossenen Verbände der freien Wohlfahrtspflege.

5. Wenn ein Träger freier Jugendhilfe Aufgaben vom öffentlichen Träger übernimmt (§ 76 I KJHG), so geschieht dies aufgrund eines öffentlich-rechtlichen Vertrages (§§ 53ff SGB X) oder durch einen mitwirkungsbedürftigen VA (§§ 31ff SGB X). Hierdurch kann sich allerdings das JA seiner Pflicht, für die sachgerechte Erledigung der ihm obliegenden Aufgaben Sorge zu tragen, nicht entledigen (§ 76 II KJHG).

6. Anmerkung: Die öffentlich-rechtlichen Verträge sind im SGB X in den §§ 53–61 ausdrücklich geregelt. Sie lehnen sich inhaltlich weitgehend an privatrechtliche Verträge an. Unterschiede ergeben sich u. a. in folgenden Punkten:

- öffentlich-rechtliche Verträge bedürfen immer der Schriftform (§ 56 SGB X);
- die Nichtigkeitsgründe sind gegenüber dem Zivilrecht erweitert (§ 58 SGB X);
- die Vollstreckung ist u. U einfacher, da eine weitgehende Möglichkeit der Unterwerfung unter die sofortige Vollstreckung vorgesehen ist (§ 60 SGB X);
- zuständig ist das VerwG (§ 40 VwGO iVm Art. II § 31 SGB X iVm § 97 VwVfG);
- erst vor dem BVerwG (beim Zivilgericht ab LG) ist die Vertretung durch einen Rechtsanwalt notwendig (§ 67 VwGO).

Wofür ist die Anerkennung freier Träger von Bedeutung? **(11)**

Anders als nach JWG ist die Anerkennung nicht Voraussetzung für eine finanzielle Förderung (§ 74 I 1 KJHG). Damit soll erreicht werden, daß auch spontane Initiativen und temporäre Gruppen, die nur abgrenzbare Einzelziele verfolgen, finanziell unterstützt werden können. Erst wenn eine dauerhafte Förderung angestrebt wird, ist eine Anerkennung nötig (§ 74 I 2 KJHG).
Im übrigen hat eine Anerkennung folgende Bedeutung:

- Vertreter anerkannter freier Träger können Mitglied des JHA sein (§ 71 I Nr. 2 KJHG).
- Anerkannte freie Träger sind an der Jugendhilfeplanung zu beteiligen (§ 80 III KJHG).
- Anerkannte freie Träger können an der Wahrnehmung »anderer Aufgaben« beteiligt werden (§ 76 I KJHG).

Im Rahmen der Jugendhilfestatistik (§§ 98ff KJHG) besteht eine Auskunftspflicht (§ 102 KJHG). Diese gilt nach dem Wortlaut der Vorschrift (Abs. 2 Nr. 6) für »die Träger freier Jugendhilfe«; Anerkennung ist also nicht Voraussetzung. Da die Durchsetzung einer solchen Pflicht aber wohl nur möglich ist, wenn der öffentliche Träger zumindest Kenntnis von der Existenz eines freien Trägers hat, wird man hier wohl auch eine Anerknnung, zumindest eine Förderung gem. § 74 I 1 KJHG verlangen müssen.

Welche Aufgaben können gem. § 76 KJHG übertragen werden, und in welchem Umfang ist dies zulässig? **(12)**

1. Möglich ist ohne Bedenken die Übertragung von »anderen Aufgaben« (§ 2 III KJHG). Dies folgt aus dem eindeutigen Wortlaut der §§ 3 III 2, 76 I KJHG. Ob es daneben auch eine Übertragung von Leistungen (§ 2 II KJHG) geben kann, ist zweifelhaft. Da es sich bei Leistungen der Jugendhilfe um ureigene Aufgaben der freien Träger handelt, erscheint eine Übertragung sinnlos. Denkbar ist indes, daß sich ein öffentlicher Träger einem freien Träger gegenüber verpflichten möchte, sich in bestimmten Bereichen nicht zu betätigen. Der freie Träger könnte an einer solchen verbindlichen Zusage Interesse haben, weil er beispielsweise größere Investitionen (Personal, Spezialisierung) tätigen möchte, dies aber nur sinnvoll ist, wenn öffentlicher und freier Träger sich nicht Konkurrenz machen.

2. Die Aufgaben des § 2 III KJHG sind im Umfang des § 76 I KJHG übertragbar. In der Begründung des Gesetzes[4] heißt es dazu, daß der freien Jugendhilfe an sich »solche Aufgaben nicht zugänglich (sind), die mit Eingriff in die Rechtssphäre des Bürgers verbunden sind oder in sonst typischer Weise der öffentlichen Verwaltung zugeordnet oder mit Aktionsformen des öffentlichen Rechts (insbesondere des VA) wahrzunehmen sind«. Wenn sie trotzdem auf diesem Gebiet tätig werden wollen, so setzt dies neben der gesetzlichen Ermächtigung (§ 76 KJHG) ein Auftragsverhältnis voraus. § 76 gestattet, daß freie Träger in den Fällen der §§ 42, 43 (Inobhutnahme); 50–52 (Mitwirkung in

4 BT-Drucksache 11/5948, S. 48.

Gerichtsverfahren) und 53 II–IV (Beratung und Unterstützung von Vormündern) an der Durchführung beteiligt werden oder die Aufgabe übertragen erhalten können.
Ob und wie tatsächlich von der Übertragungsmöglichkeit Gebrauch gemacht wird, wird örtlich sehr unterschiedlich sein. Dies hängt u.a. von etwaigen Schwerpunkten der Arbeit ab, die sich der jeweilige freie Träger gesetzt hat. Eine Übertragung der »delegierbaren« Aufgaben[5] ist allerdings nur möglich, wenn die Erfüllung von § 9 KJHG gewährleistet ist. Hiernach soll auf die Wünsche der PSB, soweit dies realisierbar und fiskalisch vertretbar ist, Rücksicht genommen werden. Dementsprechend ist u.U eine Übertragung auf freie Träger geradezu geboten.

(13) ***Wie erfolgt in der Praxis die Übertragung?***

Das KJHG trifft keine Bestimmungen hierzu. Deshalb ist die Praxis sehr vielfältig: Einige JÄ haben Pauschalvereinbarungen getroffen, bei anderen erfolgt die Übertragung von Fall zu Fall im Wege der Einzelübertragung, etwa durch Übersendung des betreffenden Vorgangs mit entsprechendem Vordruck oder Stempelaufdruck. Als Rechtsform für die Übertragung kommt der öffentlich-rechtliche Vertrag (§§ 53ff SGB X) oder ein mitwirkungsbedürftiger VA (§§ 31ff SGB X) in Betracht.

(14) ***Wer trägt die Kosten, wenn freie Träger Aufgaben der Jugendhilfe erfüllen?***

1. **Kein Förderungsanspruch**: Trotz der in § 4 KJHG angesprochenen Förderungsverpflichtung des JA haben Träger freier Jugendhilfe, auch wenn sie nach § 75 KJHG anerkannt sind (vgl. dazu Fälle 4 und 5), keinen Rechtsanspruch auf Förderung. Diese liegt im **pflichtgemäßen Ermessen** des JA, das eingeschränkt ist u.a. durch

- den kommunalen Haushaltsplan (§ 87 GO NW),
- die Pflicht zur Wirtschaftlichkeit (§ 8 GO NW) (die z.B. bei gelegentlich in der Jugendtouristik zu beobachtenden übersetzten Ansprüchen zu Einschränkungen führen muß),
- und den Gleichheitssatz des § 75 V KJHG sowie eine evtl. damit zusammenhängende Selbstbindung der Verwaltung in den Fällen, in denen jahrelang nach unveränderten Bedingungen gefördert worden ist.

Ggf. kann bei Dauerförderung das Ermessen des JA auf Null schrumpfen, wenn sich der freie Träger in seiner Planung und in seinem Haushalt aufgrund langjähriger Verwaltungspraxis darauf eingestellt hat, in bestimmter Höhe gefördert zu werden.

---

5 Dieser Ausdruck wird in der Praxis gebraucht, er ist juristisch hier allerdings nicht zutreffend, weil nicht die Aufgabe als solche, sondern ihre Erledigung übertragen wird. Der juristisch korrekte Ausdruck für eine solche Übertragung ist Mandat und nicht Delegation.

2. **Kostenerstattung**: Nach § 92 KJHG tragen die Träger der öffentlichen Jugendhilfe, die für die Gewährung der Hilfen zur Erziehung der einzelnen MJ zuständig sind, die Kosten der Hilfe. Sofern sie im übrigen den Auftrag erteilen, aufgrund dessen der freie Träger tätig wird, § 75 KJHG, sind von ihnen die Kosten auf der Grundlage des öffentlich-rechtlichen Vertrages oder des VA, bei Fehlen einer Vereinbarung gem. § 670 BGB zu erstatten[6]. In § 77 KJHG ist vorgesehen, daß, wenn zur Durchführung von Hilfen zur Erziehung Einrichtungen von Trägern der freien Jugendhilfe in Anspruch genommen werden, Vereinbarungen über die von den öffentlichen Kostenträgern zu erstattenden Kosten anzustreben sind, sofern darüber keine landesrechtlichen Vorschriften bestehen. Das ist in NW nicht der Fall. Die Berechnung der entstehenden Kosten ist schwierig, u.a. weil für die meisten Bereiche der sozialen Arbeit keine sog. **Fallzahlen** vorhanden sind. Unter der Fallzahl versteht man den Meßwert, der für die Zuteilung einer bestimmten objektiv angemessenen Arbeitsmenge pro Mitarbeiter zur Erledigung einer Aufgabe zugrunde gelegt wird[7].

3. **Umfang der Kostenerstattung:** Sowohl nach KJHG (§ 92 ff) als auch nach BGB (§ 670) besteht ein Aufwendungsersatz in voller Höhe. Praktisch wird jedoch (ähnlich wie bei dem Ersatzschulfinanzierungsgesetz) eine Interessenquote des freien Trägers vorgesehen. Man geht also davon aus, daß der freie Träger daran interessiert ist, tätig zu werden, und läßt ihn dieses Interesse bezahlen. Mancherorts wird nicht nur Geld als Eigenmittel des freien Trägers anerkannt, sondern auch z.B. Ideen, die in die Arbeit eingebracht werden.

Bestehen Verpflichtungen zwischen öffentlichen und freien Trägern der Jugendhilfe? **(15)**

Grundsätzlich sind Träger der freien Jugendhilfe frei, Aufgaben des JA aus dem Bereich des § 2 II und III KJHG zu erfüllen und wieder aufzugeben. Aus der vom BVerfG v. 18.7. 1967[8] bestätigten Verpflichtung zu partnerschaftlicher Zusammenarbeit der öffentlichen und freien Jugendhilfe ergibt sich jedoch eine Bindung beider Partner. Da nähere gesetzliche Bestimmungen fehlen, ist für die Ausgestaltung der Absprachen bzw. Vereinbarungen die Möglichkeit einer Kündigung vorzusehen, wobei man hierfür eine angemessene Frist vorsieht. Bei der Angemessenheit der Frist wird zuweilen auf die vom jeweiligen Vertragspartner abgeschlossenen bzw. abzuschließenden Arbeitsverträge Rücksicht genommen. Es sind aber auch Fälle denkbar, in denen ein Träger freier Jugendhilfe vorübergehend übernommene Aufgaben nicht ausführen kann, etwa weil ein Mitarbeiter krank ist und andere Mitarbeiter ebenfalls ausfallen. In einem solchen Fall, der ja auch seitens des JA denkbar ist, sollte gegenseitige Hilfe entsprechend der Amtshilfe im öffentlichen Recht ein-

---

6 Wird der freie Träger ohne Beauftragung tätig, etwa in einem bislang brachliegenden Feld der Jugendhilfe, so kann er u.U. ausnahmsweise nach § 683 BGB Kostenerstattung verlangen.

7 So *Wagener*, in: DV (Hrsg.), Fachlexikon der sozialen Arbeit, Stichwort »Fallzahl«.

8 FamRZ 1967, 449 ff.

setzen und nicht starr auf der Vereinbarung zur Übertragung der Erledigung bestimmter Aufgaben beharrt werden. Dies dürfte im übrigen den Grundsätzen der Zusammenarbeit der öffentlichen und freien Träger der Jugendhilfe entsprechen, auch wenn dies in den §§ 3ff SGB X nicht ausdrücklich erwähnt ist; denn freie Träger können ja nicht durch das SGB verpflichtet werden.

Einführung in die Kapitel 2 bis 5

Leistungen der Jugendhilfe

Arbeitsfelder: Die in den Abschnitten I und II Genannten.

Rechtsgrundlagen: Die in den Abschnitten I und II und bei den jeweiligen Leistungen in den Abschnitten III bis XVII Aufgeführten.

Literatur: *C. v. Sturm:* Sozialpädagogische Entscheidungsfreiräume und rechtliche Tatbestandsbindung, ZfJ 1986, 483; *H. Schulz:* KJHG: Erziehungshilfe für Jugendliche und junge Volljährige, DAVorm 1990, 1041; *R. Wiesner:* Das Kinder- und Jugendhilfegesetz, FuR 1990, 325; *H.J. Friedrichs:* Erziehungshilfen und Inobhutnahme nach dem KJHG, ZfSH/SGB 1991, 14; *P. Chr. Kunkel:* Leistungsverpflichtungen und Rechtsansprüche im KJHG, insbesondere die Hilfe zur Erziehung, ZfJ 1991, 145; *K. Späth:* Die Hilfen zur Erziehung – Vom Eingriffsinstrumentarium zum präventiv orientierten Leistungsangebot, in: Wiesner/Zarbock: Das neue KJHG, S. 91; *P.-Chr. Kunkel:* Leistungsverpflichtungen und Rechtsansprüche im KJHG, insbesondere die Hilfe zur Erziehung, ZfJ 1991, 145; *J. Münder:* Ansprüche auf Leistungen im Jugendhilferecht, ZfJ 1991, 285; *U. Maas:* Der Hilfeplan nach § 36 KJHG, ZfJ 1992, 60; *G. Trauernicht:* Fachpolitische Aktivitäten zur Weiterentwicklung der Hilfen zur Erziehung in den 90er Jahren, ZfJ 1992, 225; *A. Fricke:* Die Beteiligung der Personensorgeberechtigten sowie der Kinder und Jugendlichen bei der Hilfe zur Erziehung (Heimunterbringung, Vollzeitpflege) nach dem KJHG, ZfJ 1992, 509; *S. Ziegler:* Amtsvormundschaft und Hilfe zur Erziehung nach §§ 27ff. KJHG, DAVorm 1992, 897.

Vorbemerkung: Auf den Seiten 228ff befindet sich ein Prüfschema, wie – in Theorie (Klausur) und Praxis – bei der Suche nach der richtigen Förderung und Hilfe vorzugehen ist. Es wird dringend empfohlen, sich mit diesem Schema schon an dieser Stelle vertraut zu machen.

Was sind Leistungen der Jugendhilfe? **(16)**

Der Begriff »Leistungen« steht in der Konsequenz von § 11 SGB I, wo die persönliche und die erzieherische Hilfe zu den Dienstleistungen gezählt wird. § 27 SGB I listet **vier Angebote** als Leistungen der Kinder- und Jugendhilfe auf, die nach dem KJHG in Anspruch genommen werden können. Das KJHG stellt diese Bereiche im 2. Kapitel in den Abschnitten 1–4 (§§ 11–41) vor.
Es handelt sich um:

1. Abschnitt: Jugendarbeit, Jugendsozialarbeit, erzieherischer Kinder und Jugendschutz.
2. Abschnitt: Förderung der Erziehung in der Familie.
3. Abschnitt: Förderung von Kindern in Tageseinrichtungen und in Tagespflege.
4. Abschnitt: Hilfe zur Erziehung, Eingliederungshilfe für seelisch behinderte Kinder und Jugendliche, Hilfe für junge Volljährige.

Für die Inanspruchnahme der Leistungen der ersten drei Abschnitte, sofern sie keine Unterbringung beinhalten, können Teilnahmebeiträge oder Gebühren erhoben werden (§ 90 KJHG). Sofern diese Leistungen Unterbringungen zum Gegenstand haben und bei den Sozialisationshilfen des 4. Abschnitts haben die Eltern und die Minderjährigen zu den Kosten beizutragen (§§ 91–94 KJHG).

Die Leistungen sind teilweise als Kann- (z. B. § 23 KJHG), teilweise als Soll- (z. B. §§ 16, 17, 20, 22 KJHG – beachte hierzu die Überleitungsvorschriften zum KJHG, Art. 10), teilweise als Mußbestimmungen (z. B. §§ 18 und 27 KJHG) ausgestaltet.

(17) ***Besteht ein einklagbarer Rechtsanspruch auf Hilfe zur Erziehung?***

1. **Privatrechtlich ist** das Recht des Kindes auf Erziehung als Reflexrecht des Elternrechts nach Art. 6 GG ausgestaltet (§§ 1626, 1629 BGB). Es steht im Rahmen der von der öffentlichen Ordnung zu schützenden Familienautonomie. Ein Eingriff durch das VormG/FamG (z. B §§ 1631 a, 1666, 1666 a; 1671 V; 1632 IV; 1748 BGB) und öffentliche Jugendhilfeträger (z. B. §§ 42, 43 KJHG; § 1 JÖSchG) zur Gewährleistung der Erziehung ist nur bei Gefährdung des Kindeswohls zulässig.

2. Diesem privaten Recht auf Erziehung entspricht im **öffentlichen Recht** das subsidiäre Recht »jedes jungen Menschen auf Förderung seiner Entwicklung und auf Erziehung zu einer eigenverantwortlichen und gemeinschaftfähigen Persönlichkeit« (§ 1 I KJHG). (Öffentliche) »Jugendhilfe soll zur Verwirklichung des Rechts nach Abs. 1« beitragen (§ 1 III KJHG iVm § 8 SGB I).
Dem »Recht auf Erziehung« wird mit Erziehungshilfen durch den Jugendhilfeträger entsprochen. Allerdings kann der mj junge Mensch dieses Recht nicht selber geltend machen. Diese Feststellung könnte im Widerspruch stehen zu § 35 SGB I. Nach dem Selbstverständnis des KJHG ist aber nicht der junge Mensch Inhaber eines Anspruchs auf Hilfe zur Erziehung sondern allein der/die Personensorgeberechtigte/n (§ 27 I KJHG). Rechtlich zum Problem kann diese Regelung werden, wenn ein MJ gegen den Willen des PSB Hilfe zur Erziehung in Anspruch nehmen will. Zwar sind bei einem solchen Interessenkonflikt – wie generell bei allen Angeboten, Aufgaben und Leistungen der Jugendhilfe – die §§ 8 und 36 KJHG von besonderer Bedeutung. Durchsetzen kann sich der mj junge Mensch aber nur dann, wenn seinem Begehren nach einer Hilfe zur Erziehung zugleich eine Gefährdung seines Wohls iSv § 1666 BGB zugrundeliegt. Für den Regelfall, den der Gesetzgeber im Blick hat, gilt, daß allein der PSB Inhaber des Rechtsanspruchs auf Hilfe zur Erziehung ist. Eine Sonderrolle spielt in diesem Zusammenhang der § 8 III KJHG, der dem MJ ein eigenständiges Beratungsrecht gegen den öffentlichen Jugendhilfeträger gewährt und zwar ohne (oder gegen) Wissen und Einverständnis der Eltern.

3. Die Voraussetzungen für die Gewährung einer **Hilfe zur Erziehung** sind **gem. § 27 I KJHG**:

- Eine dem Wohl des MJ entsprechende Erziehung ist nicht gewährleistet,
- die Hilfe ist notwendig (= erzieherischer Bedarf),
- die Hilfe ist geeignet.

Die Art der Hilfe ergibt sich aus den §§ 28–35 KJHG, kann aber, da § 27 II KJHG das Wort »insbesondere« enthält, auch eine andere pädagogisch sinnvolle Leistung sein. Ob hierzu auch die anderweitig im KJHG angesprochenen Angebote, wie z. B. Familienerholung, Beratung, Erziehung in Tageseinrichtungen gehören, soweit sie im konkreten Fall notwendig und geeignet sind, ist streitig.

Wie unterscheidet das KJHG die einzelnen Arten der Hilfe zur Erziehung (HzE)? **(18)**

§ 27 I KJHG ist als richtige Anspruchsgrundlage mit Tatbestand und Rechtsfolge ausgestattet. Er bestimmt, welche Voraussetzungen erfüllt sein müssen, damit HzE gewährt werden kann.
Die §§ 28–35 KJHG, die die einzelnen zur Verfügung stehenden Hilfen beschreiben, sind anders strukturiert. Sie sagen absichtlich **nicht**, wie der junge Mensch sein muß (gefährdet, geschädigt, verwahrlost . . .), der eine bestimmte Hilfe bekommen soll. Der Gesetzgeber war der Meinung, es sei stigmatisierend, wenn einem Menschen eine bestimmte defizitäre Situation zugeschrieben werden müsse, damit er die passende Förderung erhalten könne. Dementsprechend ist z. B. im § 35 KJHG nicht gesagt: »Minderjährige, die verwahrlost sind, erhalten intensive sozialpädagogische Einzelbetreuung«. Statt dessen sind die §§ 28–35 KJHG eine Mischung aus

- der Benennung von Adressaten (z. B. in § 29 KJHG: »ältere Kinder und Jugendliche«)
- der Beschreibung von Zielen (z. B. in § 30 KJHG: Unterstützung bei der Bewältigung von Entwicklungsproblemen und Förderung der Verselbständigung)
- und methodischen Hinweisen (z. B. § 28 S. 2 KJHG: es sollen Fachkräfte verschiedener Fachrichtungen zusammenwirken).

Bei dieser Art der Beschreibung der Hilfen bleibt es nicht aus, daß sich insbesondere der zweite und dritte Bestandteil oft kaum voneinander unterscheiden lassen. Im übrigen ist es für den Rechtsanwender sehr schwer, die Frage nach der richtigen Hilfe (»**Indikation**«) halbwegs zuverlässig zu beantworten.
Im folgenden (S. 17, 18) wird versucht, die acht Hilfen nach den drei Bestandteilen aufzuschlüsseln.

(19) Wie wird über die Gewährung von Leistungen entschieden? **(19)**

Das KJHG enthält hierzu nur wenige juristisch präzise Maßgaben. Sicher ist, daß die Gewährung von Leistungen aufgrund eines Verwaltungsverfahrens erfolgt (§ 8 SGB X), das auf Antrag des PSB oder des jungen Volljährigen durchgeführt wird (§ 18 SGB X). Über den Antrag wird durch Verwaltungsakt entschieden (§ 31 SGB X). Bei Ablehnung kann der Antragsteller Widerspruch bei der erlassenden Behörde einlegen (§ 68 II VwGO). Wird dem Widerspruch

	§ 28 Erziehungs-beratung	§ 29 Soziale Gruppenarbeit	§ 30*) Erziehungs-beistand	§ 31 Sozial-pädagogische Familienhilfe
Adressat	Kinder Jugendliche Eltern andere Erzie-hungsberechtigte	ältere Kinder Jugendliche	Kinder Jugendliche	Familie
Ziel	Unterstützung – bei der Klärung und Bewältigung individueller und familienbezogener Probleme und der zugrundeliegenden Faktoren – bei Trennung und Scheidung	– Hilfe bei der Überwindung von Entwicklungsschwierigkeiten und Verhaltensproblemen – Förderung der Entwicklung	– Unterstützung bei der Bewältigung von Entwicklungsproblemen – Förderung der Verselbständigung	– Unterstützung in den Erziehungsaufgaben bei der Bewältigung von Alltagsproblemen bei der Lösung von Konflikten und Krisen im Kontakt mit Ämtern und Institutionen – Befähigung zur Selbsthilfe
Methode	Zusammenwirken von Fachkräften	Gruppenpädagogische Konzepte; soziales Lernen in der Gruppe	Einbeziehung des sozialen Umfelds; Erhaltung des Lebensbezugs zur Familie	längere Dauer; Mitarbeit der Familie

nicht stattgegeben (§ 73 VwGO), steht es dem Antragsteller frei, beim Verwaltungsgericht innerhalb eines Monats Verpflichtungsklage (nicht allein die Beseitigung des ungünstigen, sondern der Erlaß eines günstigen Verwaltungsaktes wird begehrt) zu erheben (§ 113 IV VwGO).
Wie jugendamtsintern die Entscheidungsfindung vor sich zu gehen hat, sagt das Gesetz im Hinblick auf die Leistungen der ersten drei Abschnitte (§§ 11–26 KJHG) nicht. Bei der Gewährung von Hilfen zur Erziehung (§§ 27–35 KJHG) dagegen schreibt § 36 KJHG Verschiedenes vor. Er enthält jedoch keinerlei Sanktionen, wenn sich die JA-Mitarbeiter nicht an die gesetzlichen Maßgaben halten.
Gemäß § 36 KJHG gilt folgendes:

1. Der PSB und das Kind/der Jugendliche sind vor ihrer Entscheidung über die Inanspruchnahme einer HZE zu beraten und auf die möglichen Folgen für die Entwicklung des Minderjährigen hinzuweisen (Abs. 1 S. 1).
2. Bei voraussichtlich langfristig zu leistender Hilfe sollen mehrere Fachkräfte an der Entscheidung mitwirken (**Team**) (Abs. 2 S. 1).

	§ 32 Erziehung in einer Tagesgruppe	§ 33 Vollzeitpflege	§ 34*) Heim, sonstige betreute Wohnform	§ 35 Intensive sozialpädagogische Einzelbetreuung
Adressat	Kinder Jugendliche	Kinder Jugendliche	Kinder Jugendliche	Jugendliche
Ziel	– Unterstützung der Entwicklung – Sicherung des Verbleibs in der Familie	– zeitlich befristete Erziehungshilfe oder – auf Dauer angelegte Lebensform	– Förderung in Entwicklung und ○ Rückkehr in die Familie oder ○ Vorbereitung der Erziehung in and. Familie oder ○ Förderung der Verselbständigung – Vorbereitung auf ein selbständiges Leben	Unterstützung zur sozialen Integration und eigenverantwortlichen Lebensführung
Methode	soziales Lernen in der Gruppe Begleitung der schulischen Förderung Elternarbeit	Berücksichtigung von ○ Alter ○ Entwicklungsstand ○ persönlichen Bindungen ○ Möglichkeiten der Verbesserung der Erziehungsbedingungen in der Herkunfsfamilie	– Verbindung von Alltagserleben und pädagogischen und therapeutischen Angeboten – Berücksichtigung von ○ Alter ○ Entwicklungsstand ○ Möglichkeiten der Verbesserung der Erziehungsbedingungen in der Herkunftsfamilie	auf längere Dauer angelegt Berücksichtigung von individuellen Bedürfnissen

3. Bei langfristig zu leistender Hilfe ist unter Mitwirkung von PSB und MJ sowie ggfs. anderen Personen, Diensten und Einrichtungen ein **Hilfeplan** aufzustellen (Abs. 2 S. 2 HS. 1).
4. Bei einer Hilfe außerhalb der eigenen Familie sind PSB und MJ an der Auswahl der Einrichtungen oder Pflegestelle zu beteiligen (Abs. 1 S. 3).
5. Der Hilfeplan ist unter Einbeziehung aller, die ihn erstellt haben, regelmäßig zu überprüfen und ggfs. zu korrigieren (Abs. 2 S. 2 HS. 2).

(20) ***Was ist ein Hilfeplan, und was enthält er?***
Ein Hilfeplan ist ein sozialpädagogisches Instrument, das dazu dient, die **richtige Hilfe** für einen MJ zu finden und die **Wirksamkeit** des methodischen Handelns des SA/SP zu überprüfen.

1. Gem. § 36 II 1 KJHG soll der Hilfeplan den **erzieherischen Bedarf** feststellen.
Zu diesem Zweck ist es zunächst nötig, die entscheidungsrelevanten Einzelfakten zu erheben (= Vorgeschichte) und aus ihnen das für den MJ Charakteristische (positiv wie negativ) herauszuarbeiten (= Befund). Das Charakteristische, das vom »Normalen« abweicht, ist zu erklären (= Diagnose). Sodann ist zu fragen, ob das vom »Normalen« Abweichende den Selbstheilungskräften des MJ, seiner Familie oder seines sozialen Umfeldes überlassen werden kann oder ob eine Intervention in Form der Gewährung einer HzE notwendig ist (= Prognose). Ist die Frage zu bejahen, so besteht ein erzieherischer Bedarf.

2. Des weiteren soll der Hilfeplan etwas aussagen über **die zu gewährende Art der Hilfe** (wohl eher »die Art der zu gewährenden Hilfe«). Diese richtet sich – so § 27 I KJHG – nach dem Grundsatz der Verhältnismäßigkeit (»notwendig und geeignet«). Abs. 2 S. 2 präzisiert, daß Maßstab hierfür der erzieherische Bedarf und die sozialen Ressourcen (Eltern; sonstiges weiteres Umfeld) sind.
Hier ist als erstes abzuklären, ob der MJ in der Familie bleiben kann oder ob er herausgenommen werden muß. Geht die Gefahr von der Familie aus oder ist die Familie nicht kooperationsbereit oder -fähig, dann dürfte ein **Milieuwechsel** erforderlich sein. Ist umgekehrt anzunehmen, daß die Familie die HzE mittragen oder sie zumindest nicht stören wird, so spricht dies für eine ambulante Hilfe. Des weiteren ist die richtige Hilfe aus der jeweiligen Kategorie (ambulant – stationär) zu bestimmen. Maßstab hierfür ist, was die einzelne Hilfe leisten kann. Im Groben ergibt sich dies aus den §§ 28–35 KJHG, im Feinen aus den Erfahrungen der Praxis.
Kommt nur eine Hilfe außerhalb der eigenen Familie in Frage und wird diese voraussichtlich langfristig zu leisten sein, so ist zu prüfen, ob eine Annahme als Kind in Betracht kommt (§ 36 I 2 KJHG).

3. Schließlich soll der Hilfeplan **die »notwendigen Leistungen«** enthalten. Das Wort »Leistung« kann sich nicht mit dem im § 2 II KJHG decken. Gemeint sein kann wohl nur, daß benannt wird, worauf gemeinsam hingearbeitet werden soll (Ziele) und was die am Verfahren Beteiligten zu ihrer Erreichung einbringen wollen. In diesem Rahmen könnte festgehalten werden:

- Ziele und Wünsche von PSB, MJ und verantwortlichen SA/SP im JA einschließlich möglicher Zieldiskrepanzen
- Aufgaben, die PSB, MJ und Hilfestelle übernehmen sollen und wollen
- Ziele, die mindestens ereicht werden müssen, damit die Hilfe beendet oder durch eine weniger einschneidende abgelöst werden kann
- Folgen eines möglichen Scheiterns der Intervention
- Zeitpunkt, zu dem der Plan überprüft werden soll.

4. Im übrigen sollte der Hilfeplan einige »Merkposten« enthalten, damit keiner der Beteiligten sich darauf berufen kann, er habe dies oder jenes nicht gewußt. Dazu gehört:

- Klärung der Kompetenzen
- Klärung der Finanzierung
- Information über Rechtsbehelfe.

Kapitel 2

Generelle Leistungen der Jugendhilfe

III. Jugendarbeit, Jugendsozialarbeit, erzieherischer Kinder- und Jugendschutz

Arbeitsfelder: ASDe; freie Träger, insbesondere Jugendverbände; Elterninitiativen; Selbsthilfegruppen; Spielgruppen (sofern nicht in Tageseinrichtungen veranstaltet); Hausaufgabenhilfen (falls nicht von den Schulen durchgeführt); Offene Türen, Teiloffene Türen; Jugendfarmen; Stadtranderholung; Kinder- und Jugenderholungsheime; Ferienheime und -kolonien; Zeltlager; Jugendreisen; Jugendbildungsstätten; Jugendherbergen; Schulsozialarbeit; Abteilungen Jugendschutz bei öffentlichen und konfessionellen JÄ (Katholisches JA) oder sonstigen freien Trägern (z. B. Kinderschutzbund); Jugendverbandsarbeit.

Rechtsgrundlagen: §§ 11–15 KJHG; Gewährung von Sonderurlaub bei ehrenamtlicher Jugendpflegearbeit, RdErl. d. MAGS v. 15. 7. 1968 (MBl. NW S. 1205); Gesetz zur Gewährung von Sonderurlaub für ehrenamtliche Mitarbeiter in der Jugendhilfe (SonderurlaubsG) v. 31. 7. 1974 (GV. NW S. 768); VO über die Erstattung des Arbeitsentgelts bei Gewährung von Sonderurlaub für ehrenamtliche Mitarbeiter in der Jugendhilfe v. 3. 2. 1975 (GV. NW S. 159); Richtlinien über die Gewährung von Zuwendungen zu Erholungsmaßnahmen für Kinder (Ferienhilfswerk), für die Leiter- und Helferschulung im Rahmen des Ferienhilfswerks und die Erholungs- und Genesungsfürsorge für Kinder, Jugendliche und Mütter, RdErl. d. MAGS v. 28. 4. 1983 (MBl. NW S. 943); Richtlinien über die Gewährung von Zuwendungen zur Förderung von Einrichtungen freier gemeinnütziger und kommunaler Träger im Bereich der Familienhilfe und Kinderhilfe, RdErl. d. MAGS v. 28. 4. 1983 (MBl. NW S. 969); Einführung eines bundeseinheitlichen Jugendgruppenleiterausweises in NW, RdErl. d. MAGS v. 31. 1. 1984 (MBl. NW S. 124); Richtlinien für die Gewährung von Zuwendungen zur Förderung des Jugendschutzes, RdErl. d. MAGS v. 28. 4. 1983 (MBl. NW S. 1202); Bekämpfung von Jugendkriminalität, gem. RdErl. d. IM, d. MAGS, d. JM und d. KM v. 29. 8. 1984 (MBl. NW S. 1224).

Literatur: *Chr. Bernzen:* Zukunft der Jugendarbeit, in: Wiesner/Zarbock: Das neue KJHG, S. 239; *P. Fülbier/M. Schnapka:* Jugendsozialarbeit im KJHG – Neue Rechtsgrundlage für bewährte Praxis, in: Wiesner/Zarbock: Das neue KJHG, S. 267; *A. Mühlum/M. Rothe:* Kooperation von Schule und Jugendhilfe, in: Wiesner/Zarbock: Das neue KJHG, S. 287.

(21) ***Warum hat sich der Gesetzgeber mit einer begrenzten Regelung der Leistungen zur »Jugendarbeit« (§ 11 KJHG) begnügt?***

Während des JWG die »Jugendpflege«, die im Laufe der Zeit in weiteren Teilen mit dem Begriff »Jugendarbeit« gleichgesetzt wurde, nur in Ansätzen regelte, enthält das KJHG Beschreibungen der Angebote. Das Ziel ist: Selbst-

bestimmung, gesellschaftliche Mitverantwortung und soziales Engagement (§ 11 I KJHG). Als wesentliches Element der Jugendarbeit wird die Mitbestimmung und Mitgestaltung der Angebote durch die jungen Menschen selbst bezeichnet (§ 11 I KJHG). Abs. 2 benennt Anbieter und Zielgruppen und Abs. 3 einige inhaltliche Schwerpunkte, wie außerschulische Bildung, Jugendarbeit in Sport, Spiel und Geselligkeit, arbeitswelt-, schul- und familienbezogene Jugendarbeit, internationale Jugendarbeit, Kinder- und Jugenderholung und Jugendberatung. Die Verwendung des Begriffs »Schwerpunkte« macht deutlich, daß die Aufzählung nicht abschließend gemeint ist, womit die Eingangsfrage beantwortet sein dürfte.
In Abs. 4 schließlich wird die Altersgrenze weiter gezogen als in jedem anderen Leistungsangebot: Auch Personen über 27 Jahre können in angemessenem Umfang berücksichtigt werden.

Was sagt das KJHG zur Jugendverbandsarbeit? **(22)**

§ 11 II und § 12 KJHG befassen sich mit Jugendverbänden, die in vielen Fällen Träger der Jugendarbeit sind. § 12 II KJHG gibt eine Definition der Jugendverbandsarbeit, die als wesentlichen Punkt die Selbstorganisation und -gestaltung anführt. § 12 I KJHG bestimmt, daß Jugendverbände und -gruppen zu fördern sind und verweist auf § 74 KJHG, der die Förderung freier Jugendhilfe im allgemeinen regelt. Diese Förderung schließt gem. § 74 III die finanzielle Förderung durch Träger der öffentlichen Jugendhilfe »im Rahmen der verfügbaren Haushaltsmittel nach pflichtgemäßem Ermessen« ein, wobei § 74 VI KJHG ausdrücklich bestimmt, daß die Förderung im Bereich der Jugendarbeit Mittel für die Errichtung und Unterhaltung von Jugendfreizeit- und Jugendbildungsstätten einschließen soll.

Was versteht das KJHG unter Jugendsozialarbeit? **(23)**

Was heute »Jugendsozialarbeit« genannt wird, hieß nach dem 2. Weltkrieg, als die Arbeit mit der Jugend neu konzipiert werden mußte, »Erziehungshilfen im Rahmen des Berufsbeginns« (§ 5 Nr. 7 JWG). Daraus hat die Praxis der Sozialpädagogik differenzierte Angebote zur Berufsvorbereitung und -eingliederung entwickelt. Darüber hinaus wurden Angebote geschaffen für Gruppen, die aufgrund von Benachteiligung und Ausgrenzung erst gar keinen Zugang zu betrieblicher Ausbildung und zum Berufsleben fanden. Angebote ähnlicher Art werden nicht nur von der Jugendhilfe, sondern auch von anderen Seiten, vor allem von der Bundesanstalt für Arbeit gemacht. Dem trägt § 13 IV KJHG Rechnung und schreibt Abstimmung mit diesen anderen Trägern vor. Dabei bleibt offen, inwieweit diese anderen Träger ebenfalls zur Abstimmung verpflichtet sind.

Wie grenzt sich erzieherischer Kinder- und Jugendschutz ab zum »Gesetz über die Verbreitung jugendgefährdender Schriften« und dem »Gesetz zum Schutz der Jugend in der Öffentlichkeit«? **(24)**

§ 14 KJHG setzt nicht (wie die zitierten Gesetze) bei den Gefährdungstatbeständen an – z. B.: Aufenthalt an Orten, wo Kindern und Jugendlichen Gefahr für ihr körperliches, geistiges oder seelisches Wohl droht (§ 1 JÖSchG) oder

Konfrontation mit Schriften, Ton- und Bildträgern, die unsittliche, verrohend wirkende, zu Gewalttaten, zu Verbrechen oder Rassenhaß anreizende sowie den Krieg verherrlichende Inhalte haben (§ 1 JSG) –, sondern bei den potentiell Gefährdeten. Durch geeignete Beratung und Information von Eltern und Jugendlichen soll gefährdenden Einflüssen vorgebeugt werden. Bei den jungen Menschen soll das durch eine Stärkung ihrer Kritikfähigkeit und Eigenverantwortlichkeit geschehen. Die Eltern sollen befähigt werden, in diesem Sinn auf die Kinder einzuwirken.

(25) ***Was ist unter »Landesrechtsvorbehalt« in § 15 KJHG zu verstehen?***

Die Angebote der §§ 11–14 KJHG sollen möglichst in großer Variationsbreite gemacht werden. Außerdem eignen sie sich sehr zur Ausgestaltung durch freie Initiativen und Träger. Solche werden vor allem durch landesrechtliche Förderungsprojekte und -richtlinien in die Lage versetzt, Angebote zu machen. Mit Bundesprogrammen ist solche Vielfalt nicht zu ermöglichen.

IV. Förderung der Erziehung in der Familie

Arbeitsfelder: Familienbildungsstätten; Familienerholungsheime; Familien- und Lebensberatungsstellen; Sozialstationen.

Rechtsgrundlagen: §§ 16–21 KJHG; Gesetz zur Gewährung von Sonderurlaub v. 31. 7. 1974 (s. o. III.); VO über die Erstattung des Arbeitsentgelts ... v. 3. 2. 1975 (s. o. III.); Richtlinien über die Gewährung von Zuwendungen ... v. 28. 4. 1983 (s. o. III.); Richtlinien über die Gewährung von Zuwendungen zur Förderung von Familien- und Lebensberatungsstellen, RdErl. d. MAGS v. 28. 4. 1983 (MBl. NW S. 932).

Literatur: *F. Kaufmann:* Das Jugendamt: Helfer für die Betroffenen oder Helfer für das Gericht? – Aspekte der Anwendung des § 17 KJHG, ZfJ 1991, 18; *R. Balloff/E. Walter:* Konzeptionelle Gedanken zur Trennungs- und Scheidungsintervention, FuR 1991, 63; *M. Coester:* Neue Aspekte zur gemeinsamen elterlichen Verantwortung nach Trennung und Scheidung, FuR 1991, 70; *Th. Rauscher:* Gemeinsames Sorgerecht nach Scheidung, NJW 1991, 1087; *J. Struck:* Jugendhilfe und Pluralisierung der Familienformen, in: Wiesner/Zarbock: Das neue KJHG, S. 79; *F. Kaufmann:* Beratung in Fragen der Partnerschaft, Trennung und Scheidung als Aufgabe der Jugendhilfe – Juristische und sozialpädagogische Aspekte der praktischen Umsetzung von § 17 KJHG, in: Wiesner/Zarbock: Das neue KJHG, S. 319; *W. Stein:* §§ 38 SGB V und 20 SGB VIII – ein Vergleich, ZfJ 1991, 579.

(26) ***Was versteht man unter allgemeiner Förderung der Erziehung in der Familie?***

Eine wesentliche Zielsetzung des KJHG ist die Unterstützung und Hilfestellung für die Familien. Dabei umfaßt der Begriff »Familie« nicht nur das Familienbild des verheirateten Ehepaars mit Kindern, sondern nach der Begründung des Bundestagsausschusses für Jugend, Familie, Frauen und Gesundheit die gesamte Bandbreite familiärer Situationen[1]. Ein-Eltern-Familien, Stief-

1 BT-Drucksache 11/6748, S. 8.

Eltern-Familien, unverheiratete Paare mit Kindern oder Kinder erziehende Großeltern sind ebenfalls unter dem Begriff »Familie« zu verstehen. § 16 KJHG enthält einen Katalog von Leistungen zur Förderung von Familien schlechthin. Er ist – wie sich aus »insbesondere« in Abs. 2 ergibt – nicht als abschließend zu verstehen. Nach der Aufzählung im Gesetz fallen darunter Angebote

- der Familienbildung
- der Beratung in allgemeinen Fragen der Erziehung und Entwicklung junger Menschen
- der Familienfreizeit und -erholung.

Die Angebote, die sich an die Familie als Ganzes in ihrem jeweiligen Lebenszusammenhang richten, sind in den vergangenen Jahren vor allem durch Träger freier Jugendhilfe entwickelt worden. Der Verweis auf Landesrecht (§ 16 III KJHG) erklärt sich wiederum daraus, daß große Vielfalt gewünscht ist, die den jeweiligen Besonderheiten der Länder Rechnung trägt.

Welche speziellen Problemlagen sehen die §§ 17–21 KJHG vor? **(27)**

1. Adressaten des **§ 17 KJHG** sind Väter und Mütter mj Kinder. Es geht um Beratung mit drei Schwerpunkten:

- Erhaltung bzw. Aufbau eines partnerschaftlichen Zusammenlebens innerhalb der Familie
- Konflikt- und Krisenbewältigung innerhalb der Familie
- Trennungs- und Scheidungsberatung mit Rücksicht auf die Wahrnehmung des Sorgerechts

§ 17 II verändert die bisherige **Aufgabe des JA im Scheidungsverfahren.** Nicht mehr das gutachtliche Stellungnehmen ist die Hauptaufgabe des JA, sondern das Befähigen der Eltern, eine einvernehmliche Regelung der e. S. zu finden, die von allen Beteiligten (einschließlich FamG) akzeptiert und mitgetragen wird. Das geht über die bisherige Praxis hinaus und stellt klar, daß das JA im familiengerichtlichen Verfahren einen eigenständigen Auftrag im Vorfeld wahrzunehmen hat, der deutlich anders ist als bloße »Zuliefer-Arbeit« für das FamG. – Bis zum 31. 12. 94 gilt § 17 KJHG nicht als Soll-Vorschrift, wie das KJHG vorsieht, sondern gem. Art. 10 des Gesetzes (Abschnitt Überleitungsvorschriften) als Kann-Vorschrift. Diese Regelung soll einen Ausbau des Angebotes ermöglichen.

2. **§ 18 KJHG** widmet sich der Unterstützung alleinerziehender Mütter und Väter, wobei grundsätzlich nicht unterschieden wird, ob es sich um eheliche oder ne. Kinder handelt. Darüber hinaus wird der Sondersituation der werdenden Mutter eines ne. Kindes in den Abs. 2 und 3 Rechnung getragen.
Da § 18 II, III KJHG Leistungsbeschreibungen enthält, gehört die Regelung systematisch in diesen Teil des Gesetzes. Die mit dem Aufgabenkatalog für ne. Mütter zusammenhängenden hoheitlichen Funktionen des JA, wie z. B. die Amtspflegschaft werden in §§ 55 ff im Kapitel »Andere Aufgaben des JA« geregelt.

§ 18 IV KJHG gewährt einen Anspruch auf Beratung und Hilfestellung bei der Ausübung des Umgangsrechts für den nichtsorgeberechtigten Elternteil (§§ 1634, 1711 BGB). Dieser gilt, im Gegensatz zu Abs. 2 und 3, auch für Väter ne. Kinder. Die Frage des Umgangsrechts führt oft in Interessenkonflikte und Streit der Eltern, der zu Lasten der Kinder geht.

3. **§ 19 KJHG** betrifft Vater-/Mutter-Kind-Einrichtungen. Dabei ist von Bedeutung, daß diese nicht nur für das Kind und die mj Elternteile angeboten werden, sondern unabhängig von ihrem Alter, sofern sie aufgrund ihrer Persönlichkeitsentwicklung dieser Hilfe bedürfen.

4. In **§ 20 KJHG** ist an Fälle gedacht, in denen ein Elternteil (z. B. durch Krankheit, Kur, Inhaftierung, Tod) ausfällt und der andere nicht frei ist für die Versorgung der Kinder. Die Hilfe ist abzugrenzen von § 70 BSHG (Weiterführung des Haushalts), da sie auf Betreuung des Kindes ausgerichtet ist. – Auch für § 20 KJHG ist für eine Übergangszeit bis zum 31. 12. 94 die Ausgestaltung als Kann-Vorschrift vorgesehen.

5. Eine Sonderleistung enthält **§ 21 KJHG**: Unterstützung bei notwendiger Erfüllung der Schulpflicht. Der Gesetzgeber trägt hiermit besonderen Notwendigkeiten in Familien von Binnenschiffern, Artisten und Schaustellern Rechnung. Die PSB haben Anspruch auf Beratung und Unterstützung. Sofern im Einzelfall auch erzieherische Defizite auftreten oder bekannt werden, kommt neben oder anstelle dieser Hilfe auch Hilfe zur Erziehung in Betracht.
Die hier aufgeführten Aufgaben sind solche des JA. Das bedeutet – im Gegensatz zu § 2 III KJHG – aber nicht, daß das JA sie in eigener Verantwortung erfüllen muß. Die Pflicht des JA erstreckt sich primär darauf, hinzuwirken, daß die erforderlichen (Bedarfsfeststellung notwendig) Einrichtungen und Dienste ausreichend vorhanden sind. Erst wenn die Träger freier Jugendhilfe den vorhandenen Bedarf (Berücksichtigung der verschiedenen Grundrichtungen der Erziehung, § 9 KJHG) nicht decken können, müssen die JÄ im Rahmen ihrer Leistungsfähigkeit selbst das Notwendige tun.

V. Tageseinrichtungen und Tagespflege

Arbeitsfelder: ASDe; Abteilungen »Kinderhilfe« oder Kindertagesstätten (Kindergärten, Sonderkindergärten, Kinderläden, Horte; Behinderten-Frühberatung; Tagesmütter).

Rechtsgrundlagen: Art. 72 II, 74 Nr. 7 GG; §§ 22–26, §§ 45–49 KJHG; §§ 21–23; 28 AG-KJHG NW; Gesetz über Tageseinrichtungen für Kinder (GTK); Richtlinien über die Gewährung von Zuwendungen zu den Bau- und Einrichtungskosten von Tageseinrichtungen für Kinder, RdErl. d. MAGS v. 10. 4. 1992 (MBl. NW 1992 S. 630); Richtlinien über die Gewährung von Zuwendungen zur Förderung der Fachberatung für Tageseinrichtungen für Kinder, RdErl. d. MAGS v. 28. 4. 1983 (MBl. NW S. 795). Eingliederungshilfe für Behinderte nach dem BSHG; Allgemeine Anforderungen an Kindergärten für Behinderte (Sonderkindergärten), RdErl. d. MAGS v. 30. 6. 1982 (MBl. NW S. 1104).

Literatur: *K. Bader* u.a.: Handbuch für Kindertagesstätten, Reinbek 1977; *R. Schmitt-Wenkebach:* Aufsichtspflicht – ein zentrales Problem der Haftung in der Jugendhilfe, RdJ 1978; S. 109; *E. Simon:* Die Kindergartengesetze und die Realität freier Träger, TuP 1979, 364; *R. Ollmann:* Beaufsichtigung als »gefahrengeneigte Arbeit«? ZfJ 1984, 462; *H. Mörsberger,* in: DV: Fachlexikon, Stichwort: »Kindertageseinrichtungen«; *LJA Rheinland:* Denkschrift zu Tageseinrichtungen für Kinder, Forum Jugendhilfe 3/1986, 6; *W. Lakies:* Tagespflege und Vollzeitpflege im KJHG, ZfJ 1990, 545; *H. Colberg-Schrader:* Tageseinrichtungen für Kinder – Teil der regionalen sozialen Infrastruktur, in: Wiesner/Zarbock: Das neue KJHG, S. 151; *Th. Lakies/J. Münder:* Umsetzungsprobleme im Bereich Tagespflege, NDV 1991, 252.

Welche Angebote zur Förderung von Kindern werden mit dem Begriff »Tageseinrichtungen« umschrieben? **(28)**

Der von § 22 I KJHG gebrauchte Begriff der »Tageseinrichtungen für Kinder« ist ein Oberbegriff für Einrichtungen, die als Kinderkrippen, Krabbelstuben, Kindergärten, Kindertagesstätten, Horte bekannt sind (vgl. § 1 GTK NW). **Kinderkrippen** und **Krabbelstuben** sind Einrichtungen für Kinder zwischen 0;3 und 3 Jahren, **Kindergärten** sind für 3–6jährige vorgesehen. Während Krippen und Krabbelstuben zur Versorgung von Kleinkindern berufstätiger Eltern/-teile gedacht sind und entsprechend lange Öffnungszeiten vorsehen, haben Kindergärten oft ihren Hauptbetrieb vormittags (etwa 4 Std.) und nachmittags nur für besonders förderungsbedürftige Kinder. **Kindertagesstätten** dagegen haben Öffnungszeiten, die Berufstätigen gerecht werden sollen und Kindern aus sozial schwachen Familien. Der **Hort** ist ein Förderungsangebot, das sich faktisch überwiegend an Grundschulkinder wendet, rechtlich aber für Kinder bis zur Vollendung des 14. Lebensjahres zur Verfügung steht. In sozial schwachen Wohngebieten gibt es Hortangebote für alle Kinder und Jugendliche im Schulpflichtalter. Zu den »anderen Einrichtungen« zählen auch integrativ gestaltete Gruppen behinderter und nicht behinderter Kinder.

Nach Abs. 1 ist **Ziel der Förderung** in all diesen Einrichtungen »die Entwicklung des Kindes zu einer eigenverantwortlichen und gemeinschaftsfähigen Persönlichkeit«

Abs. 2 nennt als **Aufgabe** neben **Betreuung** und **Erziehung** auch **Bildung**. Das Stichwort »Bildung« trägt dem von der Bund-Länder-Kommission für Bildungsplanung am 15. 6. 1973 verabschiedeten Bildungsgesamtplan Rechnung, der davon ausgeht, daß die Kinder vom vollendeten 3. Lebensjahr an bis zum Beginn der Schulpflicht dem Elementarbereich des **Bildungswesens** zuzurechnen sind.

Abs. 3 verpflichtet die in der Einrichtung tätigen Fachkräfte und anderen Mitarbeiter, mit den Erziehungsberechtigten zum Wohl des Kindes zusammenzuarbeiten. Diese sind an allen Entscheidungen in wesentlichen Angelegenheiten der Tageseinrichtung zu beteiligen.

Die §§ 2–4 GTK NW präzisieren den Auftrag, den die Tageseinrichtungen für Kinder haben.

(29) ***Warum sind die Kindergartengesetze landesrechtliche Ausführungsgesetze zum KJHG und nicht wie die Schulgesetze eigenständige Landesgesetze?***

Obgleich das sog. Vorschulalter dem Bildungswesen zugerechnet wird, können gesetzliche Regelungen, die Einrichtungen für diese Kinder zum Gegenstand haben, nicht selbständig von den Landesgesetzen getroffen werden. Das hängt damit zusammen, daß der Bereich der »öffentlichen Fürsorge« im Grundgesetz (Art. 72 II, 74 Nr. 7) – im Gegensatz zum Schulbereich, der Länderangelegenheit ist, (Art. 70 I GG) – zur konkurrierenden Gesetzgebung zählt. Das bedeutet, daß die Länder nur dann eine eigenständige Befugnis zur Gesetzgebung haben, solange und soweit der Bund von seiner Gesetzgebungskompetenz keinen Gebrauch macht. Mit dem Erlaß des KJHG hat der Bund die Gesetzgebungsinitiative auf diesem Gebiet für sich beansprucht und in § 22 KJHG dargetan, daß er die »Förderung von Kindern in Tageseinrichtungen« zur öffentlichen Fürsorge rechnet. Entsprechend hat er den Ländern nur im Rahmen von §§ 24 S. 2, 26 KJHG die Möglichkeit belassen, eigene Gesetze zu schaffen. Das haben die Länder mit den Kindergartengesetzen bzw. Gesetzen über Tageseinrichtungen für Kinder als Ausführungsgesetze zum KJHG getan.

(30) ***Welche wesentlichen Unterschiede weisen die KgG der Länder auf?***

Bis 1991 hatten nur acht der alten Bundesländer Kindergartengesetze. Von diesen hatte nur das KgG von Rheinland-Pfalz einen Anspruch auf einen Kindergartenplatz normiert. Im übrigen unterscheiden sich die Öffnungszeiten, Finanzierungsfragen und die Elternbeteiligung.

(31) ***Was meint »Tagespflege« in § 23 KJHG in Abgrenzung zu den anderen im KJHG vorgesehenen Arten von Familienpflege?***

1. **»Tagespflege«** ist ein Förderungsangebot, das keine Erziehungsdefizite voraussetzt. Das Angebot ist als Alternative zu den Tageseinrichtungen zu verstehen, deren Platzmangel nicht erlaubt, daß jedes Kind aufgenommen werden kann. Tagespflege kann auch im Haushalt des PSB durchgeführt werden.

Tagespflege kann durch das JA vermittelt werden (§ 23 I KJHG). Die Tagespflegeperson (die keine Fachkraft zu sein braucht) und der PSB haben Anspruch auf Beratung durch das JA (§ 23 II KJHG). Bei Erforderlichkeit und Geeignetheit der Maßnahme sollen der Pflegeperson alle Aufwendungen einschließlich der Kosten der Erziehung ersetzt werden (§ 23 III). Das JA kann dann seinerseits gem. §§ 90ff KJHG die Eltern je nach Vermögenslage zu den Kosten heranziehen.

Abs. 4 erwähnt Zusammenschlüsse von Tagespflegepersonen, die beraten und unterstützt werden sollen. Dies trägt der Tatsache Rechnung, daß Pflegepersonen aus dem Angebot des § 23 KJHG nicht im institutionellen Kontext arbeiten, sondern jeweils angeworben werden. Das hat mancherorts zu Zusammenschlüssen geführt, die Erfahrungsaustausch und Solidarität ermöglichen sollen. Der Gesetzgeber hat diese Entwicklung zur Kenntnis genommen und das JA zur Hilfestellung aufgefordert.

2. Die Tagespflege unterscheidet sich von der **»Vollzeitpflege«** nicht nur durch die zeitliche Begrenzung, sondern vor allem dadurch, daß sie nicht zu den »Hilfen zur Erziehung« zählt. Während bei der Vollzeitpflege eine Trennung von der sog. Herkunftsfamilie (§ 33 KJHG) erfolgt und hier selbständige Aufträge vergeben werden, die auf die Herkunftsfamilie einerseits und die Erziehung in der Pflegefamilie andererseits abzielen, kennt die Tagespflege lediglich ein die Eltern unterstützendes Betreuungsangebot.

3. Neben der Vollzeitpflege (§ 33 KJHG) ist die Tagespflege von der **Erziehung in einer Tagesgruppe** abzugrenzen, die auch in geeigneten Formen der Familienpflege geleistet werden kann (§ 32 S. 2 KJHG). Die Erziehung in einer Tagesgruppe ist – wie die Vollzeitpflege – eine Hilfe zur Erziehung (§ 27 KJHG) und setzt somit eine in der Erziehung defizitäre Situation voraus. Sie ist eine sog. teilstationäre Hilfe, die vor allem zum Ziel hat, den Verbleib des Kindes/Jugendlichen in seiner Familie zu sichern. Sowohl die Erziehung in der Tagesgruppe als auch die in Tagespflege gehören zum Typ Teilzeitpflege. Dagegen ist die Vollzeitpflege eine Dauerpflege.

4. Nicht ausdrücklich geregelt ist die **Wochenpflege**. Sie kann sowohl eine Form der Tagesbetreuung als auch Hilfe zur Erziehung sein.

Wer kann einen Platz in einer Kindestageseinrichtung bzw. bei einer Tagespflegeperson erhalten? **(32)**

§ 24 KJHG, wie er am 1. 1. 1991 in Kraft getreten war, sah vor, daß alle Kinder, für deren Wohl ein entsprechender Platz erforderlich ist, ihn erhalten **sollten** (S. 1). Die Einzelheiten hierzu blieben dem Landesrecht vorbehalten (S. 2).
In ihren aufgrund des S. 2 erlassenen Kindergartengesetzen hatten die Bundesländer weitgehend noch keinen Anspruch auf einen Kindergartenplatz verankert (s. o. Frage 31), weil sie sich finanziell nicht imstande sahen, ein flächendeckendes Angebot zu machen. Dagegen änderte das am 5. 8. 1992 in Kraft getretene Gesetz zum Schutz des vorgeburtlichen/werdenden, zur Förderung einer kinderfreundlichen Gesellschaft, für Hilfen im Schwangerschaftskonflikt und zur Regelung des Schwangerschaftsabbruchs (Schwangeren- und Familienhilfegesetz) vom 27. 7. 1992 in seinem Art. 5 den § 24 KJHG folgendermaßen:

»(1) Ein Kind vom vollendeten dritten Lebensjahr an hat bis zum Schuleintritt Anspruch auf den Besuch eines Kindergartens. Für Kinder im Alter unter drei Jahren und Kinder im schulpflichtigen Alter sind nach Bedarf Plätze in Tageseinrichtungen und, soweit für das Wohl des Kindes erforderlich, Tagespflegeplätze vorzuhalten.
(2) Die Träger der öffentlichen Jugendhilfe und die kreisangehörigen Gemeinden ohne Jugendamt haben darauf hinzuwirken, daß
1. für jedes Kind vom vollendeten dritten Lebensjahr an bis zum Schuleintritt ein Platz im Kindergarten zur Verfügung steht,
2. das Betreuungsangebot für Kinder im Alter unter drei Jahren und Kinder im schulpflichtigen Alter bedarfsgerecht ausgebaut wird und
3. ein bedarfsgerechtes Angebot an Ganztagsplätzen vorgehalten wird.«

Zu den Übergangsbestimmungen zum KJHG wurde jedoch verfügt, daß ein Anspruch nach Abs. 1 bis zum 31. 12. 1995 nur nach Maßgabe des Landesrechts gelte.
Ab 1. 1. 1996 haben daher alle 3–7jährigen einen **Anspruch auf einen Kindergartenplatz**, vorher nur, wenn das Landesrecht einen solchen vorsieht.
Ausbau der Leistung, der durch Landesrecht geregelt werden soll. Nach dem Selbstverständnis des § 23 KJHG ergibt sich der Bedarf aus bildungs- und jugendpolitischen Erwägungen und ist nicht notwendig mit der Nachfrage identisch. Man könnte daraus folgern, daß bei einer nachweisbaren Notwendigkeit zur Förderung der Persönlichkeitsentwicklung – etwa bei Kindern aus sozial schwachen Familien – § 24 KJHG einen Rechtsanspruch begründet. Evtl. läßt sich dieser über § 27 II 1 KJHG (»insbesondere«) herleiten (str., vgl. o. Frage 17).
§ 25 KJHG trägt der erwähnten Mangelsituation in den Einrichtungen und Tagespflege-Möglichkeiten Rechnung, indem die Selbsthilfeinitiativen von Eltern und anderen Erziehungsberechtigten beraten und unterstützt werden sollen.

V a. Kinderspielplätze

Arbeitsfelder: ASDe; Abteilungen »Kinderhilfe«, (Abenteuer-, Bau-)Spielplätze.

Rechtsgrundlagen: S. u. Fragen (33) und (34).

Literatur: *DEUTSCHER VEREIN:* Empfehlungen zur Planung, Schaffung und Erhaltung von Spiel- und Erholungsanlagen für Jugendliche und Familien, Kleinere Schriften Nr. 45, Frankfurt 1972; *DEUTSCHER VEREIN:* Verkehrssicherungspflicht der Gemeinden auf öffentlichen Kinderspielplätzen, Frankfurt 1975; *M. Schnitzerling:* Aktuelle Entscheidungen zur Verkehrssicherung der Spielplätze, UJ 77, 314; *R. Schmitt-Wenkebach:* Aufsichtspflicht – ein zentrales Problem der Haftung in der Jugendhilfe, RdJ 1978, S. 109; *R. Ollmann:* Beaufsichtigung als »Gefahrengeneigte Arbeit«?, ZfJ 1984, 462.

(33) ***Nach welchen Rechtsgrundlagen können Spielplätze errichtet, unterhalten und pädagogisch betreut werden?***

Das KJHG erwähnt Spielplätze nicht. Als Rechtsgrundlagen kommen §§ 11 III Nr. 2, 22 KJHG in Betracht. Danach ist es Aufgabe des JA, Einrichtungen zu fördern, die der Entwicklung des Kindes zu einer eigenverantwortlichen Persönlichkeit dienen. In der Praxis führt das JA diese Aufgabe in der Regel zusammen mit dem Gartenbauamt durch.
Die Verpflichtung, Kinderspielplätze einzurichten, findet sich im Bundesbaugesetz, in den Landesbauordnungen, in einigen Kinderspielplatzerlassen von Landesministerien und in örtlichen Satzungen.
Eigene Spielplatzgesetze haben bislang nur die Länder Baden-Württemberg, Berlin, Bremen, Hessen, Niedersachsen, Rheinland-Pfalz, Saarland und Schleswig-Holstein. Es handelt sich um eigenständige Gesetze, nicht um Ausführungsgesetze zum KJHG. Das bedeutet, daß die JÄ bei der Planung nicht zugezogen werden (müssen).

Welche Bestimmungen enthalten Bundesbaugesetz, Landesbauordnung, Spielplatzerlasse und Spielplatzgesetzentwurf im Hinblick auf Schaffung und Führung von Spielplätzen? **(34)**

1. Bundesbaugesetz (in Kraft seit 1. 7. 1987): § 5 II Nr. 5 BBauG bestimmt u. a., daß im Flächennutzungsplan die Flächen auszuweisen sind, die als Spielplätze genutzt werden sollen. § 9 I und VIII BBauG regelt u. a., daß im Bebauungsplan ggf. Spielflächen zu kennzeichnen sind. § 127 II Nr. 4 BBauG sieht vor, daß Spielplätze – entgegen früherem Recht – keine Erschließungsanlagen sind, so daß die Gemeinden für sie auch keine Erschließungsbeiträge erheben können.

2. In den Landesbauordnungen und den entsprechenden Spielplatzerlassen werden die Bauträger verpflichtet, ab bestimmter Größe auf den Baugrundstücken Spielplätze für Kinder zu schaffen. In NW besteht diese Verpflichtung nur für Kleinkinder, das sind Kinder unter 6 Jahren.

Wann gibt es in der Praxis eine pädagogische Betreuung von Spielplätzen, und wer ist für sie zuständig? **(35)**

1. Ob ein Spielplatz pädagogischer Betreuung bedarf, hängt von seinem Zuschnitt und vom Benutzerkreis ab. Für Bau- bzw. Abenteuerspielplätze wird regelmäßig Betreuung vorgesehen.

2. Zuständig für die Personalfrage ist der Träger des Spielplatzes. Wenn der Träger sich mit dem JA darauf verständigen kann, daß es sich um ein Angebot iSv §§ 11 III Nr. 2, 22 KJHG handelt, kann das Ganze als Pflichtaufgabe nach § 2 II KJHG angesehen und entsprechend gefördert werden.

Kapitel 3

Individuelle Leistungen der Jugendhilfe: Hilfe zur Erziehung in der eigenen Familie

VI. Ambulante erzieherische Betreuung

Arbeitsfelder: ASDe, entsprechende Abteilungen bei freien Trägern.

Rechtsgrundlagen: § 27 II KJHG; Richtlinien über die Gewährung von Zuwendungen zur Förderung offener erzieherischer Jugendhilfen, RdErl. d. MAGS v. 28. 4. 1983 (MBl. NW S. 833/1754/1908) geändert d. RdErl. v. 19. 11. 1985 (MBl. NW S. 1842).

Literatur: *M. Rothe:* Ambulante Erziehungs- und Familienhilfe in der Arbeitsgemeinschaft zur Förderung sozial benachteiligter Kinder und Jugendlicher e. V., ZfJ 1986, 483; *D. Greese/H. Oberloskamp:* Kernaufgaben des Jugendamtes, in: Sachverständigenkommission 8. Jugendbericht (Hrsg.): Jugendhilfe – Historischer Rückblick und neuere Entwicklungen, Bd. 1, S. 51/86.

(36) ***Was versteht man unter ambulanter erzieherischer Betreuung?***

Die ambulante erzieherische Betreuung (AeB) kommt trotz des differenzierten Katalogs von Hilfen zur Erziehung im KJHG nicht vor. Sie entspricht einer gebräuchlichen Kennzeichnung bestimmter Hilfen in der Praxis. Im KJHG läßt sie sich dem Wort »insbesondere« in § 27 II 1 zuordnen. Gemeint ist damit eine Leistung der Jugendhilfe, die ähnlich wie die spFH der Bewältigung der erzieherischen und evtl. ökonomischen Alltagsprobleme oder ähnlich wie die Erziehungsbeistandschaft der Lösung von zeitlich überschaubaren Einzelproblemen dient, die jedoch insgesamt weniger stark strukturiert ist. Ein Teil der Praxis bestreitet, daß es nach KJHG überhaupt noch eine ambulante erzieherische Betreuung gibt. Er will alle ihr vormals zugeordneten Aktivitäten unter die Erziehungsbeistandschaft subsumieren. Dies erscheint zweifelhaft; denn bei sehr kleinen Kindern oder bei der Betreuung von ganzen Generationen (s. u. Frage 37) handelt es sich gewiß nicht um eine Erziehungsbeistandschaft iSd § 30 KJHG.

(37) ***In welchen Fällen ist ambulante Betreuung angebracht?***

Sie empfiehlt sich u. a. bei zerrütteten Familienverhältnissen, Erziehungsschwierigkeiten, Ausfall eines Elternteils, nach Scheidung, nach Jugendgerichtsverfahren. Sie ist allgemein nur sinnvoll, wenn die Erziehungsberechtigten sie wünschen und zur Mitarbeit bereit und in der Lage sind. Sie eignet sich nicht für Fälle, in denen auch eine längerfristige Betreuung keine Veränderung bewirken kann. Sie soll sich entbehrlich machen – wie andere Hilfen auch.

Allerdings gibt es Unterschichtsfamilien, in denen ambulante Betreuung über Generationen nach dem Grundsatz der Verhältnismäßigkeit die einzige Möglichkeit ist, den Menschen zu helfen, ohne ganze Familienverbände zu sprengen.

Was versteht man unter einer sozialpädagogischen Einzelhilfe (spEH)? **(38)**

Die spEH ist ein Hilfetyp, der sich neben dem Katalog der §§ 28–35 KJHG in der Praxis (vor allem im Kölner Raum) entwickelt hat. Sie ist von der äußeren Erscheinungsform her ein Zwischending zwischen ambulanter erzieherischer Betreuung und Erziehungsbeistandschaft. Sie unterscheidet sich von beiden jedoch dadurch, daß sie vom Semi-Professionellen als Honorarkräften unter Anleitung von Professionellen geleistet wird.
Dieser zunächst positiv klingende Ansatz läßt bei genauem Hinsehen sehr viele negative Seiten erkennen:

- Die Helfer sind überwiegend Studenten, die mit den ihnen übertragenen Fällen vielfach überfordert sind.
- Die Anleitung ist häufig ungenügend, so daß die Helfer mit den Klienten experimentieren müssen.
- Die billigen Honorarkräfte (keine gesetzlichen Versicherungen) verhindern, daß nötige Neubesetzungen vorgenommen werden. Dies ist berufspolitisch sehr bedenklich.

VII. Beratung und Beratungsdienste

Arbeitsfelder: ASDe; Beratungsstellen: Erziehungs-, Kinder- und Jugend-, Ehe- und Familien-, Drogen-, Schwangerschaftskonfliktberatung; Telefonseelsorge, Sektentelefon, Kindertelefon.

Rechtsgrundlagen: § 14 SGB I; § 8 II BSHG; §§ 8 III, 16–18, § 23 II 2 und IV, 25, 28, 36 I 1, 37 I 2, 3 und II, 41 IV, 51 II und III, 53 II und III 2 KJHG; Richtlinien über die Gewährung von Zuwendungen zur Förderung von Familien- und Lebensberatungsstellen, s. o. IV.; Richtlinien über die Gewährung von Zuwendungen zur Förderung von Einrichtungen freier gemeinnütziger und kommunaler Träger im Bereich der Familien- und Kinderhilfe, s. o. III.

Literatur: *H. H. Kühne:* Schweigerecht und Schweigepflicht von Erziehungsberatern, RdJ 1971, S. 178; *M. Loofs:* Erziehungsberatung im Vorfeld des Suchtproblems, JuWo 1977, S. 352; *Hirsch/Weißauer:* Rechtliche Probleme des Schwangerschaftsabbruchs, Erlangen 1977; *Giese/Melzer:* Die Beratung in der sozialen Arbeit, Kleinere Schriften des DV, Heft 52, 2. Aufl., Frankfurt 1978; *B. O. Kuper:* Verweigerung der Zustimmung zu einem Schwangerschaftsabbruch, CARITAS 1978, S. 193; *H. Junge* u. a.: Beiträge zur Erziehungsberatung, JugWo 1980, Heft 11; *Kommunale Verwaltungsstelle für Verwaltungsvereinfachung:* Organisation der Erziehungsberatungsstelle, Bericht Nr. 7/80, Köln 1980; *W. Schuschke:* Rechtsfragen in Beratungsdiensten, 3. Aufl. Freiburg 1980; *H.-P. Doll/M. Weber:* Wieder einmal – Erziehungsberatung im Gespräch, JugWo 1991, 4; *F. Kaufmann:* Das Jugendamt: Helfer für die Betroffenen oder Helfer für das Gericht? – Aspekte der Anwendung des § 17 KJHG, ZfJ 1991, 18; *Chr. Knappert:* Die öffentliche Jugendhilfe als professionelle Scheidungsbegleiterin, ZfJ 1991, 398; *M. Coester:* Sorgerecht bei Elternscheidung und KJHG, FamRZ 1992, 617; *K. Menne:* Zwischen Beratung und Gericht. Aufgaben der Erziehungsberatungsstellen und des ASD bei Trennung und Scheidung, ZfJ 1992, 66; *R. Balloff:* Das KJHG – Noch einmal: Zum Spannungsverhältnis von Beratung und Familiengerichtshilfe nach §§ 17 und 50 KJHG, ZfJ 1992, 454.

(39) ***Was meint »Beratung« im KJHG, und worauf zielt sie ab?***

Der Begriff »Beratung« findet sich im KJHG sowohl bei den Hilfen zur Erziehung als auch bei den Förderangeboten und schließlich sogar bei den anderen Aufgaben der Jugendhilfe. Förderung als Oberbegriff schließt Beratung ein. Mit einer Vielzahl von Beratungsangeboten soll der gesamten Bandbreite familiärer Situationen Rechnung getragen werden. Die **Lebensberatung** zielt auf die Vermittlung neuer Einsichten bei den Beratenen, die es ihnen ermöglicht, ihre Lebensprobleme zu lösen. Die Beratung kann auch eine **Rechtsberatung** sein und dazu dienen, dem Beratenen die für seine Situation einschlägigen Rechtssätze vorzustellen, damit er sich für die ihm günstigste Situation entscheiden kann.

Für öffentliche Träger ist Rechtsberatung gem. § 3 Nr. 1 RBerg (»... Rechtsberatung und Rechtsbetreuung, die von Behörden ... im Rahmen ihrer Zuständigkeit ausgeübt wird«) in der Regel zulässig. Für freie Träger trifft dies nicht zu; sie engagieren daher häufig Rechtsanwälte als Honorarkräfte.

(40) ***Welche Arten von Beratung sind zu unterscheiden?***

1. Funktionelle Beratung, d.h. Beratung, die anläßlich irgendeiner pädagogischen oder sozialen Maßnahme durchgeführt wird.

2. Institutionelle Beratung, d.h. Beratung, die in einer Institution stattfindet, deren Aufgabe es ist, in bestimmten Fällen zu beraten.

(41) ***Welche funktionelle Beratung schreibt das KJHG vor?***

1. Die Beratung von **Klienten** durch die Institution JA: Die leiblichen Eltern bei einer Fremdunterbringung (§ 37 I 2 KJHG); die Abgebenden bei einer Adoption (§ 9 AdVermiG; § 51 KJHG); die Erziehungsberechtigten in allgemeinen oder speziellen Situationen (§§ 16 II Nr. 2; 17; 18 I, III, IV; 21 S. 1; 28 S. 1; 36 I 1 KJHG); die MJ (§§ 8 III, 36 I, 42 I 4 KJHG); die jungen VJ (§§ 41 I, III; 41 IV KJHG).

2. Die Beratung von **Funktionsträgern** durch die Institution JA: den Vormund und Pfleger (§ 53 II KJHG), die Pflegeperson (§ 37 II KJHG), die Adoptivbewerber (§ 9 AdVermG), die Ehrenamtlichen (§ 73 KJHG); die Selbsthilfegruppen (§ 25 KJHG). In allen Fällen ist mit der Pflicht zur Beratung die zur Unterstützung verbunden, d.h. das JA muß den Betroffenen Hilfen anbieten.

3. Beratung der **JÄ** durch das LJA: die Beratung bezieht sich auf die Gewährung von Hilfen zur Erziehung nach den §§ 32–34 KJHG. Dabei geht es vorwiegend um die Auswahl einer Einrichtung oder die Vermittlung einer Pflegeperson in schwierigen Einzelfällen (§ 89 II Nrn. 1, 5 KJHG).

4. Die Beratung der **Träger von Einrichtungen** durch das LJA während der Planung und Betriebsführung (§ 89 II Nr. 7 KJHG).

Hinweis: Einzelheiten zur Beratung bei Familienpflege, Kindesannahme, Vormundschaft sind bei den entsprechenden Abschnitten behandelt.

Welche Beratungsdienste stehen für MJ zur Verfügung? **(42)**

- JA
- ASD
- EBSt
- Kinder- und Jugendberatung, Kindertelefon
- Ehe- und Familienberatung
- Drogenberatung
- Schwangerschaftskonfliktberatung
- Telefonseelsorge
- Sektentelefon.

Welche Beratung ist Hilfe zur Erziehung und welche ein Teil von ihr? **(43)**

1. Der Katalog der Hilfen, für die § 27 KJHG dem PSB ein Recht mit Anspruchscharakter gibt, beginnt mit der Erziehungsberatung. Die Aufgabenbeschreibung des § 28 KJHG entspricht dem, was üblicherweise von EBen angeboten wird:

- Hilfe bei der Klärung individueller und familienbezogener Probleme und deren zugrundeliegenden Faktoren,
- Hilfen bei der Lösung von Erziehungsfragen,
- Hilfen bei Trennung und Scheidung für Fragen, die das Kindeswohl betreffen.

§ 28 KJHG stellt als wesentliches Charakteristikum die interdisziplinäre Zusammenarbeit von Fachkräften verschiedener Fachrichtungen und mit unterschiedlichen methodischen Ansätzen heraus. Das entspricht bereits bewährter Praxis, wo in EB-Einrichtungen von Kommunen oder freien Trägern jeweils im Team gearbeitet wird, dem angehören: ein Arzt (Psychiater), ein Psychologe oder Psychotherapeut und ein SA/SP/HP.

2. § 36 KJHG ist eine Vorschrift, die Unterrichtung und Beratung über eine Aussicht genommene Hilfe zur Erziehung betrifft. Sie gilt für sämtliche Hilfen zur Erziehung und ist ein wesentlicher Teil dieser Hilfe. Die Beteiligung der PSB und des Kindes/Jugendlichen an allen Fragen, die mit der Inanspruchnahme einer Hilfe zur Erziehung zusammenhängen, entspricht zwar schon seit langem methodischem Handeln. Der Gesetzgeber hat diese Üblichkeit im sozialarbeiterischen Arbeitsverständnis mit dieser Vorschrift verbindlich gemacht. Es soll nicht vorkommen, daß Eltern/Kinder sich als »Opfer« des JA erleben.
Besonders intensiv wird die Beratung für Maßnahmen der Heimerziehung und der Pflegefamilie sein müssen. Die Unterbringung in einer Pflegefamilie kann, wie § 33 KJHG deutlich macht, Spannungen zwischen Pflegefamilie und Herkunftsfamilie begründen. Obwohl grundsätzlich die Rückkehr in die Herkunftsfamilie anzustreben ist (§ 33 KJHG), kann es bei länger dauernden Pflegeverhältnissen zu vormundschaftsgerichtlichen Entscheidungen gem. § 1632 IV BGB kommen. Darauf muß die Herkunftsfamilie vorbereitet werden.

(44) *Wie sind die Rechtsbeziehungen der in einer EBSt tätigen Person und dem Klienten?*

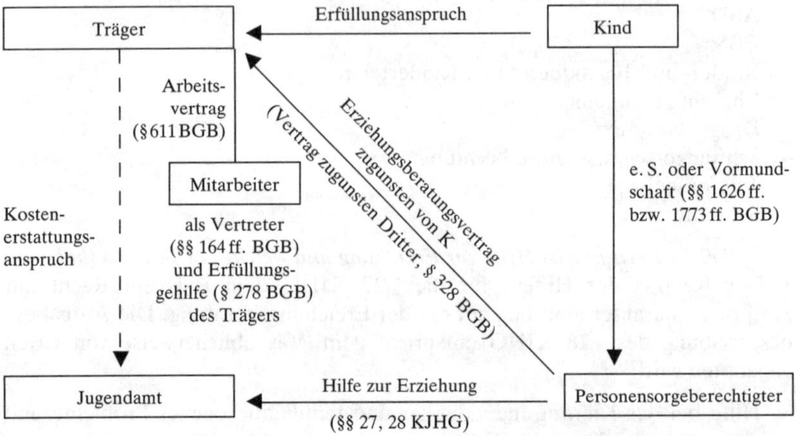

(45) *In welchen Fällen kann der VormR/FamR/JugR die EB um eine gutachtliche Äußerung oder sonstige Hilfe bitten, und wann wird er dies insbesondere tun?*

1. Fälle, in denen sich das Gericht an die EB wenden kann:

- Bei Einschränkungen des Sorgerechts nach § 1666 BGB.
- Bei der Bestellung eines Pflegers (§§ 1666, 1909 BGB) zum Abschluß eines Beratungsvertrages.
- Bei Umgangsregelungen nach §§ 1634 und 1711 BGB.
- Bei der Regelung der elterlichen Sorge nach Scheidung und bei Getrenntleben gem. §§ 1671, 1672 BGB.
- Bei einer Befreiung vom Erfordernis der Ehemündigkeit gem. § 1 II EheG.
- Bei der Ersetzung der elterlichen Einwilligung bei Heirat gem. § 3 III EheG.
- Bei der Überprüfung der Glaubwürdigkeit jugendlicher Zeugen im Rahmen eines Straf- oder Zivilverfahrens.
- Bei der Prüfung der strafrechtlichen Verantwortlichkeit eines Jugendlichen im Rahmen von § 3 JGG.
- Bei der Prüfung, ob Jugend- oder Erwachsenenstrafrecht anzuwenden ist im Rahmen von § 105 JGG.

2. Gründe für die Inanspruchnahme einer EB:

In den meisten der genannten Fälle ist zunächst kraft Gesetzes das JA berufen

(§§ 49, 49a FGG), sich gutachtlich zu äußern. Es liegt jedoch im Ermessen des Richters (§ 12 FGG, § 2 JGG iVm §§ 72ff StPO), zusätzlich weitere Sachverständige einzuschalten. In dieser Eigenschaft werden dann Mitarbeiter einer EB tätig.

VIII. Soziale Gruppenarbeit

Arbeitsfelder: ASDe; Abteilungen »Erziehungshilfen«.

Rechtsgrundlagen: § 29 KJHG; §§ 9, 10 I Nr. 6 JGG.

Literatur: *P. Reinecke/H. E. Fuchs:* »Erziehungskurse« zwischen Jugendhilfegesetz und Jugendgerichtsgesetz, RdJB 1983, 359; *M. Busch:* Überblick über die Entwicklung der sozialen Trainingskurse, in: Neue ambulante Maßnahmen nach dem JGG, Bielefelder Symposion, Hrsg.: Bundesministerium für Justiz 1984, S. 8–21; *W. Possinger:* Allgemeine Erfahrungen aus der Praxis der erzieherischen Gruppenarbeit, in: Neue ambulante Maßnahmen nach dem JGG, Bielefelder Symposion, Hrsg.: Bundesministerium für Justiz 1984, S. 59–66.

Was versteht das KJHG unter sozialer Gruppenarbeit (SGA), und wer sind die Adressaten dieses Angebots? **(46)**

Die Hilfeform des § 29 KJHG ist entstanden aus Modellen von »Erziehungskursen«, »sozialen Trainingskursen«, die als Weisung nach dem JGG entwikkelt wurden. Diese Angebote haben sich im Rahmen des JGG bewährt, sollen aber nicht auf diesen Bereich beschränkt bleiben, sondern allgemein im Rahmen der Jugendhilfe eingesetzt werden, wo soziales Lernen in der Gruppe gefördert werden soll. »Soziale Gruppenarbeit« steht als Oberbegriff für Angebote einer zeitlich befristeten pädagogischen Beratung und Betreuung MJ in Krisenzeiten.

Als Adressaten werden ältere Kinder und Jugendliche benannt. Eine Altersgrenze ist nicht vorgesehen. Es ist nach der Geeignetheit des Angebotes im Einzelfall zu entscheiden. Der Standort des Angebotes zwischen Erziehungsberatung und Erziehungsbeistandschaft macht deutlich, daß es sich um eine Hilfe handelt, die weniger in die Familie als in das soziale Umfeld des MJ einwirkt.

Welche Formen sozialer Gruppenarbeit gibt es? **(47)**

Die Teilnehmer der sozialen Gruppenarbeit kommen häufig aus sozial benachteiligten Familien, bei denen jedoch das familiäre Beziehungsnetz als tragfähig eingeschätzt wird, so daß ein Verbleib des einzelnen Jugendlichen in der Familie möglich ist. Das jeweilige Kursangebot versteht sich als freiwillig, im Gegensatz zur Weisung mit verpflichtendem Charakter nach dem JGG.

Methodisch werden unter diesem Leistungsangebot sowohl erlebnisorientierte (z. B. »Abenteuerpädagogik«) als auch handlungsorientierte (z. B. »Möbel-Trödel-Aufbereitung«), als auch themenorientierte Ansätze sowie Mischformen verstanden.

Die Gruppenarbeit findet in einer Art Kurssystem über einen bestimmten Zeitraum statt. Späteres »Einsteigen« ist wegen des ablaufenden Gruppenprozesses nicht möglich, ein Aussteigen sollte verhindert werden. Die Kurse können einmal die Woche oder als Blöcke durchgeführt werden.

IX. Erziehungsbeistandschaft, Betreuungshilfe

Arbeitsfelder: ASDe und Abteilung »Erzieherische Hilfen«.

Rechtsgrundlagen: § 30 KJHG; Richtlinien über die Gewährung von Zuwendungen zur Förderung offener erzieherischer Jugendhilfen, s.o. VI.

Literatur: *Giese/Melzer:* Die Beratung in der sozialen Arbeit, Kleinere Schriften des DV, Heft 52, 2. Aufl., Frankfurt 1978; *W. Schuschke:* Rechtsfragen in Beratungsdiensten, 3. Aufl. Freiburg 1980; *D. Greese/H. Oberloskamp:* S.o. VI, S. 76.

(48) ***Was ist ein Erziehungsbeistand und was ein Betreuungshelfer?***

In § 30 KJHG sind zwei aus unterschiedlichen Richtungen entwickelte, in den Arbeitsformen aber nicht grundsätzlich verschiedene Rechtsinstitute zusammengefaßt worden. Die Erziehungsbeistandschaft ist eine seit langem bewährte Form ambulanter erzieherischer Hilfe. Der Betreuungshelfer ist eine erst in jüngerer Zeit aus dem JGG entwickelte Hilfeform, die gesetzlich als Erziehungsmaßregel, und zwar als Weisung in § 10 I Nr. 5 JGG verankert ist. Da sie von der Jugendhilfe geleistet werden soll, ist sie in das KJHG aufgenommen worden. Sie soll aber auch über den strafrechtlichen Raum hinaus wirksam werden.

Beide Begriffe werden nebeneinander verwendet, ohne daß Handlungsanweisungen oder eine Differenzierung vorgenommen werden. Der Gesetzgeber behält sich in der Begründung dazu vor, später zu prüfen, ob beide Rechtsinstitute zu einem verschmolzen werden können oder sollen.

(49) ***Wer kann Erziehungsbeistand/Betreuungshelfer sein?***

Theoretisch können haupt- oder ehrenamtliche Mitarbeiter von JÄ und freien Trägern diese Funktionen ausüben. In der Praxis kommt allerdings fast nur die Fachkraft als Erziehungsbeistand und Betreuungshelfer vor, weil die Aufgabe in der Regel außerordentlich schwierig ist.

(50) ***Was für Aufgaben hat der Erziehungsbeistand?***

1. Er unterstützt den PSB bei der Erziehung und steht dem MJ mit Rat und Tat zur Seite (§ 30 KJHG). Im Vordergrund stehen Hilfe und Beratung, nicht Kontrolle.

2. Das Wichtigste für den EBst ist, eine gute persönliche Beziehung zu den Probanden herzustellen. Er muß ihn kennenlernen einschließlich seines sozialen Umfelds; der Vorgänge, die zur EBst geführt haben; Freunde; Interessen.

3. Ebenso wichtig ist die Bereitschaft des PSB zur Mitarbeit. Diese ist nur dann anzunehmen, wenn u.a.

- die innerfamiliäre Lage nicht völlig verfahren ist,
- der PSB einsichtsfähig ist,
- der PSB die Bereitschaft erkennen läßt, sein Verhalten zum Kind zu ändern,
- der PSB nicht völlig erziehungsunfähig ist,
- der PSB das Kind nicht gänzlich ablehnt.

X. Sozialpädagogische Familienhilfe

Arbeitsfelder: ASDe; entsprechende Abteilungen freier Träger; Sozialstationen; Erziehungsberatungsstellen, Drogenberatungsstellen, Schwangerschaftskonfliktberatungsstellen.

Rechtsgrundlagen: § 31 KJHG; Richtlinien über die Gewährung von Zuwendungen zur Förderung offener erzieherischer Jugendhilfen, s. o. VI.

Literatur: *Caritasverband für die Diözese Münster e. V.:* Sozialpädagogische Familienhilfe, Mitt. LJA W-L 73/1982, 6; *ders.:* Konzeption der sozialpädagogischen Familienhilfe für die Diözesan-Caritasverbände in NW, Mitt. LJA W-L 73/1982, 28; *H. Stephan:* Familienhelfer – ein neuer Ansatz in der Sozialarbeit, ZfF 1985, 49; *C. Eckhardt* u. a., Sozialpädagogische Familienhilfe heute, BlWoPfl 1/1986; *U. Maas:* Zur Geheimhaltungspflicht der Familienhelfer, NDV 1986, 359; *R. Haller:* Sozialpädagogische Familienhilfe, UJ 1986, 255; *Kreft/Nielsen/Nielsen:* Sozialpädagogische Familienhilfe, NDV 1986, 389; *Kreft/Müller:* Sozialpädagogische Familienhilfe, np 1986, 107; *Institut für Soziale Praxis e. V. (Hrsg.):* Sozialpädagogische Familienhilfe – ein neues Praxisfeld der Jugendhilfe, Reihe »Soziale Praxis«, Heft 1, Münster 1986; *Nielsen/Nielsen/Müller:* Sozialpädagogische Familienhilfe – Probleme, Prozesse, Langzeitwirkungen, Weinheim 1986; Empfehlungen zur Gestaltung und Durchführung der Sozialpädagogischen Familienhilfe im Deutschen Caritasverband, Caritas-Korrespondenz 1987, 4; Arbeitsgemeinschaft der kommunalen Spitzenverbände NW: Empfehlungen zur Sozialpädagogischen Familienhilfe, Mitt. LJA WL 1988, 55; *Frings/Ludemann/Papenheim:* Sozialpädagogische Familienhilfe in freier Trägerschaft, Rechtliche Grundlagen und Rahmenbedingungen, Freiburg 1993.

Was ist eine sozialpädagogische Familienhilfe (spFH)? **(51)**

Die spFH ist ein Dienst, der darauf abzielt, in einer – häufig kinderreichen – Familie die notwendige Hilfe zur Erziehung dem jeweiligen Bedarf entsprechend so rechtzeitig und ausreichend zu gewähren, daß eine Erziehung außerhalb der eigenen Familie abgewendet werden kann. Rechtsgrundlage für ein solches Tätigwerden ist § 31 KJHG.

Wer ist als spFH tätig? **(52)**

Es handelt sich stets um eine besoldete Kraft, die für im Einzelfall vereinbarte Zeiten – meist täglich – in der Familie tätig wird. Von der Ausbildung her kommen verschiedene Berufsgruppen hierfür in Betracht, insbesondere Erzieherinnen, Familienpflegerinnen, Kinderpflegerinnen, Hauswirtschafterinnen, Krankenschwestern, SP, SA oder auch Hausfrauen. Die spFH untersteht einer Leitungskraft, die die sozialpädagogische Anleitung, Begleitung und Einsatzleitung besorgt.

(53) ***Was ist das Ziel der spFH?***
»Durch Entdeckung, Förderung und Stärkung der Eigenkräfte sollen alle Familienmitglieder in ihrer Familienfähigkeit gefördert werden. Insbesondere sollen die Eltern in ihren Erziehungs- und Versorgungsaufgaben befähigt und unterstützt werden, so daß sie ihre Verantwortung besser wahrnehmen können. Dieses Ziel schließt eine verbesserte Integration der Familie in ihr soziales Umfeld ein. Ausgangspunkt der Hilfe ist die Bereitschaft der Familie, dieses Hilfsangebot anzunehmen[1].

(54) ***Kann eine Familie, die bereit ist, sich auf eine spFH einzulassen, von dem betreuenden Dienst als für die Hilfe »ungeeignet« abgelehnt werden?***
§ 27 II KJHG zählt die spFH zu den Hilfen zur Erziehung. § 27 I KJHG sieht das Kriterium der »Geeignetheit« der Hilfe vor. Es handelt sich dabei um einen unbestimmten Gesetzesbegriff, der nach pflichtgemäßem Ermessen zu bewerten ist. Zuständige Fachbehörde ist das JA.
In Fachkreisen ist man sich einig, daß nicht für jede Familie spFH die geeignete Hilfe ist. Allerdings gibt es keine Kriterien, die die positive oder die negative Bewertung einer Familie nachprüfbar machen würden. Daher kommt es häufig auf einen Versuch an, zumal die spFH im Ruf steht, die kostengünstigere Erziehungshilfe zu sein als irgendeine Fremdunterbringung. Die Kostenfrage ist allerdings kein akzeptables Kriterium für die Bewertung der Frage »geeignet« oder nicht. Wenn ein JA eine Familie für »nicht geeignet« erklärt, ist Widerspruch angezeigt.

(55) ***Wer ist für die Finanzierung der spFH zuständig?***
Da es Ziel der spFH ist, eine Erziehung der Kinder außerhalb der elterlichen Familie abzuwenden, handelt es sich um Jugend- und nicht um Sozialhilfe. Nur wenn die Versorgung der Familie im Vordergrund stände, wäre es Sozialhilfe. Die Kosten der spFH hat daher das JA gem. §§ 27, 31, 85 KJHG zu tragen. Eine Heranziehung zu den Kosten gem. § 91 KJHG ist vom Gesetzgeber nicht vorgesehen. Soweit allerdings im Rahmen dieser Hilfe Unterhalt benötigt wird, kann hierfür nur die Sozialhilfe aufkommen, da Unterhalt im Gefolge erzieherischer Hilfen nur bei auswärtiger Unterbringung vom JA gem. § 39 KJHG zu leisten ist.

Xa. Erziehung in einer Tagesgruppe

Arbeitsfelder: ASDe; Abteilungen »Erziehungshilfen«; EBn.

---

1 Aus der »Konzeption der spFH für die Diözesan-Caritasverbände in NW«, abgedr. in Mitt. LJA W-L 73/1982, 28. Ähnlich Empfehlungen des DCV in Caritas-Korrespondenz 1987, 5 und Empfehlungen der kommunalen Spitzenverbände NW, Mitt. LJA WL 1988, 55.

Rechtsgrundlagen: § 32 KJHG; Richtlinien für Heime der Jugendhilfe, RdErl. d. MAGS v. 28. 4. 1983 (MBl. NW S. 806); Richtlinien über die Gewährung von Zuwendungen zur Förderung von Einrichtungen freier gemeinnütziger und kommunaler Träger im Bereich der Familienhilfe und Jugendhilfe, s. o. III; Richtlinien über die Heimaufsicht..., s. o. V.

Literatur: *R. Haller:* Die Tagesgruppe im Heim, UJ 1986, 261; *K. Späth:* Die Tagesgruppe, ein Schritt zur grundlegenden Neuorientierung der Heimerziehung, JugWo 1986, 154; *Verband katholischer Einrichtungen der Heim- und Heilpädagogik (Hrsg.):* Tagesheimgruppen, Bd. 3 der Reihe »Beiträge zur Erziehungshilfe«, Freiburg 1989.

Was ist eine Tagesgruppe? **(56)**

Eine Tagesgruppe ist eine Gruppe von Kindern oder Jugendlichen, die in einer Einrichtung oder einer fremden Familie tagsüber betreut und/oder erzogen werden. Die MJ, die nachts und an den Wochenenden in ihre Herkunftsfamilien zurückkehren, gestalten tagsüber ihren Alltag von der Tagesgruppe aus (Besuch von Kindergarten, Schule, Sportverein, Hausaufgaben, Musikunterricht...) wie andere Kinder dies von ihrer eigenen Familie aus machen.

Was ist das Ziel der Erziehung in einer Tagesgruppe, und wer ist Adressat dieser Hilfe? **(57)**

Mit der Einrichtung von Tagesgruppen können die personellen und fachlichen Ressourcen von Einrichtungen und Familien ausgenutzt werden, ohne daß der MJ aus seiner eigenen Familie und aus seinem sonstigen Umfeld herausgerissen werden muß. Die Tagesgruppe ist eine teilstationäre Hilfe für Kinder, die soziales Lernen in der Gruppe brauchen und die schulische Betreuung benötigen.

Kapitel 4

Individuelle Leistungen der Jugendhilfe: Hilfe zur Erziehung außerhalb der eigenen Familie

XI. Annahme als Kind

Arbeitsfelder: Adoptionsvermittlungsstellen; Abteilungen »Pflegekinderdienste«; ASDe; Beratungsdienste (Ehe- und Familien-, Schwangerschaftskonfliktberatungsstellen); Heime.

Rechtsgrundlagen: §§ 1741–1772 BGB; §§ 36 I 2, 47 II 1 Nr. 4, 51 KJHG; AdVermiG v. 2. 7. 1976 (BGBl I S. 1765); VO über die zuständigen Behörden nach § 2 II, § 14 und § 17 S. 2 AdVermiG v. 11. 10. 1977 (GV. NW S. 356). Die Föderung der Adoptionsvermittlung durch das Land NW wurde durch Beschluß v. 22. 6. 1982 eingestellt.

Literatur: *A. Lüderitz:* Das neue Adoptionsrecht, NJW 1976, 1865; *D. Brüggemann:* Zweifelsfragen des neuen Adoptionsverfahrensrechts aus der Sicht des Jugendamtes, ZblJugR 1977, 199; *W. Binschus:* Zur Durchführung des Adoptionsverfahrens nach den neuen Bestimmungen – Probleme bei der Anwendung des neuen Gesetzes, ZfF 1977, 224; *H. Ullenbruch;* Betreibung der Vaterschaftsfeststellung bei vorgesehener Adoption eines nichtehelichen Kindes, ZblJugR 1977, 426; *K. Roth-Stielow:* Nebeneinander von Amtspflegschaft (§ 1706 BGB) und Amtsvormundschaft (§ 1751 BGB) im Annahmeverfahren, DAVorm 1978, 17; *J. Anders:* Rechtsgutachten zur Frage der rechtlichen Situation der Personensorgeberechtigten bei Anwendung des § 78a JWG und des § 12 AdVermiG, JugWo 1978; 203; *H. Gross:* Ersetzung der Einwilligung eines Elternteil zur Adoption seines Kindes, NDV 1979, 158; *H. Oberloskamp:* Die Ersetzung der Einwilligung der leiblichen Eltern in die Annahme ihres Kindes (§ 1748 BGB), ZblJugR 1980, 581; *Baer/Gross:* Adoption und Adoptionsvermittlung, Kleinere Schriften des DV, Heft 59, 2. Aufl., Frankfurt 1981; *H. Oberloskamp:* Wie adoptiere ich ein Kind? Wie bekomme ich ein Pflegekind?, 3. Aufl., München 1993.

(58) ***Wer kann eine Person als Kind annehmen?***

1. **Ein Ehepaar** kann ein **fremdes Kind gemeinschaftlich** annehmen, § 1741 II 1 BGB. Das Kind erlangt dadurch die rechtliche Stellung eines gemeinschaftlichen ehelichen Kindes der Ehegatten, § 1754 I 1 Alt. 1 BGB.

2. Ein **Ehegatte** kann sein **eigenes ne. Kind** annehmen, § 1741 II 2 Alt. 1 BGB. Das Kind erlangt die rechtliche Stellung eines ehelichen Kindes des Annehmenden, § 1754 II BGB. Im Verhältnis zum nicht annehmenden Ehegatten ist das Kind Stiefkind (verschwägert in gerader Linie).
Nimmt eine **Mutter** ihr ne. Kind an, so werden dadurch die Rechtsbeziehungen zu seinem Vater abgeschnitten. Es entfallen somit: § 1711 BGB (Umgangsrecht), § 1723 BGB (Legitimationsrecht), §§ 1741, 1747 II 2 BGB (Adoptionsrecht), §§ 1601 ff, 1615 a ff BGB (Unterhaltsrecht und -pflicht), §§ 1922 ff,

1934aff BGB (Erbrecht bzw. Erbersatzanspruch). Nimmt ein **Vater** sein ne. Kind an, so werden dadurch die Rechtsbeziehungen zu seiner Mutter abgebrochen, insbesondere: §§ 1626ff, 1705ff BGB (e.S.) ff 1601ff (Unterhalt), §§ 1922ff BGB (Erbrecht).
Die Annahme des eigenen ehelichen Kindes (durch den Sorgeberechtigten nach Scheidung), um den anderen Ehegatten von den Rechtsbeziehungen zum Kind (§§ 1634, 1681, 1696 BGB) auszuschließen, ist unter keinen Umständen möglich[1].

3. Ein **Ehegatte** kann ein **Kind (ehelich oder ne.) des anderen Ehegatten** allein annehmen, § 1741 II 2 Alt. 2 BGB. Das Kind erhält dadurch die rechtliche Stellung eines gemeinschaftlichen ehelichen Kindes der Ehegatten, § 1754 I Alt. 2 BGB.
Nimmt der **Ehemann** das ne. Kind der Ehefrau an, so erhält das Kind dadurch im Verhältnis zur Mutter die Stellung eines ehelichen Kindes; nimmt die Ehefrau das ne. Kind des Ehemannes an, so bekommt das Kind auf diesem Wege auch im Verhältnis zum Vater die Stellung eines ehelichen Kindes.

4. Ein **Ehegatte** kann ein **fremdes Kind allein** annehmen, wenn der andere Ehegatte geschäftsunfähig oder beschränkt geschäftsfähig ist und deshalb ein Kind nicht annehmen kann (§ 1743 IV BGB), § 1741 II 2 BGB. Das Kind erhält dadurch die rechtliche Stellung eines ehelichen Kindes des Annehmenden, § 1754 II BGB.
Trotz des Wortlauts des § 1749 BGB kann nur im Ausnahmefall des § 1741 II BGB ein Ehegatte allein ein Kind annehmen; denn der Gesetzgeber wollte die künstliche Schaffung von Stiefkindverhältnissen so weit wie möglich verhindern. Diesem Anliegen widerspricht auch nicht die Tatsache, daß § 1741 II 2 Alt. 1 BGB es zuläßt, daß ein Ehegatte sein eigenes Kind – ohne daß dies auch der andere Ehegatte tut – annimmt; denn bei diesem Sachverhalt existiert das Stiefkindverhältnis schon vorher unabhängig davon, ob der Ehegatte sein Kind adoptiert oder nicht. In jedem Fall wird die Konstellation des § 1741 II 2 BGB sehr selten vorkommen, weil das Korrektiv der § 1741 I BGB (Kindeswohl) ist und für das Kind in den meisten Fällen die Annahme durch Adoptiveltern besser ist, als durch einen Elternteil allein.

5. Eine **alleinstehende Person** kann ein Kind **allein** annehmen, sei es, daß es sich um ein fremdes oder um das eigene ne. Kind handelt, § 1741 II BGB. Das Kind erwirbt dann die rechtliche Stellung eines ehelichen Kindes des Annehmenden, § 1754 II BGB.

Was versteht man unter Stiefkindadoptionen, und was für Folgen haben sie? **(59)**

1. **Stiefkindadoptionen** sind Adoptionen durch ein Stiefelternteil, wobei es unerheblich ist, ob das Eltern-Kind-Verhältnis des nicht Annehmenden auf blutsmäßiger Abstammung oder auf Adoption beruht.

1 OLG Hamm v. 13. 6. 1978, FamRZ 1978, 735.

2. Hinsichtlich der Folgen unterscheidet das Gesetz drei Konstellationen:
2.1 Eine Ehe wird durch den **Tod** eines Ehegatten aufgelöst. Der Überlebende heiratet erneut. Sein eheliches Kind wird vom Stiefelternteil als Kind angenommen:
Hier bleiben die Beziehungen des Kindes zu den leiblichen Verwandten des verstorbenen Elternteils bestehen. Das Kind hat also sechs Großeltern (§ 1756 II BGB). Allerdings sind das Adoptivkind und seine leiblichen Geschwister aus der durch Tod aufgelösten Ehe nicht gegenseitig Erben der 2. Ordnung (§ 1925 IV BGB), sondern über die Großeltern Erben der 3. Ordnung gem. § 1926 I BGB.
2.2 Die Ehe wird durch **Scheidung, Eheaufhebungs- oder Ehenichtigkeitsurteil** beseitigt, und einer der Ehegatten der alten Ehe heiratet zum zweiten Mal. Sein eheliches Kind, das nunmehr als Kind von dem neuen Partner angenommen wird, verliert seine Rechtsbeziehung zu der Familie des anderen leiblichen Elternteils, § 1756 II a. e. c. BGB.
2.3 Adoptiert ein Ehegatte das **ne. Kind des anderen Ehegatten**, so erlöschen die Rechtsbeziehungen des Kindes zu dem nicht dieser Ehe angehörigen Elternteil, § 1755 II BGB. Hier sind die zwei Konstellationen denkbar, die unter Frage (58) Punkt 3 erörtert worden sind.

(60) ***Was versteht man unter Verwandten- bzw. Verschwägertenadoptionen, und was für Folgen haben sie?***

1. Man versteht darunter Adoptionen, bei denen das Kind durch Großeltern und deren Ehegatten oder Geschwister und deren Ehegatten (= Verwandte bzw. Verschwägerte 2. Grades) oder Tanten/Onkel (= Verwandte bzw. Verschwägerte 3. Grades) als Kind angenommen wird, § 1756 I BGB.

2. In einem solchen Fall wird das Kind nicht – wie sonst in § 1755 BGB – aus seiner Ursprungsfamilie herausgelöst und in eine neue Familie hineingestellt. Es werden vielmehr nur die Elternpaare ausgetauscht, und im übrigen bleiben die bisherigen Verwandtschaftsbeziehungen bestehen. Lediglich für das Erbrecht gilt, daß leibliche Geschwister des Adoptivkindes zu Erben 3. Ordnung werden, §§ 1925 IV, 1926 I BGB, da sie nicht mehr über die Eltern, sondern nur noch über die Großeltern miteinander in Rechtsbeziehung stehen. Im übrigen bleibt auch das Ehehindernis der Verwandtschaft, § 4 I 2 EheG, und das Zeugnisverweigerungsrecht bestehen, § 383 I Nr. 3 ZPO und § 52 I Nr. 3 StPO.

(61) ***In welchen Fällen kann ein Kind, das bereits einmal adoptiert worden ist,***
erneut als Kind angenommen werden? –
Welche Folgen hat eine Zweitadoption?

1. Der im Umkehrschluß aus § 1742 BGB gewonnene Grundsatz lautet, daß ein Kind nicht von einer Familie in die andere weitergereicht werden soll.

2. **Ausnahmsweise** sind Zweitadoptionen in folgenden Fällen möglich:
2.1 Der Ehegatte dessen, der bereits adoptiert hat (gem. § 1741 II 2 oder 3 BGB oder gem. § 1741 III BGB), will das Kind zusätzlich annehmen, um das Stiefkindverhältnis zu beenden, § 1742 BGB. Hier muß der Erstannehmende

gem. § 1749 I 1 BGB (danneben als g. V. und Elternteil, §§ 1746, 1741 I BGB) einwilligen.
2.2 Die Erstadoptiveltern sind gestorben, § 1742 BGB. Dann kann das Adoptivkind – wie ein »normales Waisenkind« – als Kind angenommen werden. Eine Einwilligung der leiblichen Eltern ist wegen § 1755 I 1 BGB nicht mehr erforderlich.
2.3 Die Erstadoption ist aufgehoben worden. Wegen § 1764 III BGB müssen die leiblichen Eltern wieder gem. § 1747 BGB in eine Zweitadoption einwilligen.

3. **Folgen der Zweitadoption**
3.1 Handelt es sich um eine Stiefkindadoption, so ist wie unter Frage (59) Punkt 2 aufgeführt zu unterscheiden:
3.1.1 Die Ehe von Erstadoptiveltern wird durch **Tod** aufgelöst, der Überlebende heiratet erneut; der neue Partner möchte adoptieren: das Kind erhält zu den zwei bisherigen Verwandtenstämmen einen weiteren hinzu (sechs Großeltern).
3.1.2 Die Ehe von Erstadoptiveltern wird **aus anderen Gründen** aufgelöst, der Inhaber der e. S. heiratet erneut; der neue Partner möchte adoptieren: das Kind verliert einen Verwandtenstamm und bekommt einen neuen (vier Großeltern).
3.1.3 Eine Person hatte ihr eigenes ne. Kind, eine Einzelperson oder ein Ehegatte allein hatte adoptiert; der **Ehepartner des Adoptierthabenden** möchte das Kind zusätzlich annehmen: das Kind erhält zu dem bisherigen Verwandtenstamm einen weiteren hinzu (vier Großeltern).
3.2 Handelt es sich um die Annahme eines verwaisten Adoptivkindes, so verliert das Kind die Beziehung zur bisherigen Verwandtschaft, und es erwirbt zwei – je nach Adoptierenden – bzw. einen neuen Verwandtenstamm.

Warum ist die Annahme als Kind nicht im KJHG geregelt? **(62)**

Die Tätigkeit der Adoptionsvermittlung ist eine Aufgabe des JA und würde – rechtsdogmatisch betrachtet – ins KJHG gehören. Im Gesetzgebungsverfahren ist auch überlegt worden, das AdVermiG in das KJHG zu intergrieren. Das ist nicht geglückt. Immerhin faßt § 51 KJHG die Pflichten des JA im Adoptionsverfahren zusammen: die Belehrung (Abs. 1) und Beratung (Abs. 2) im Zusammenhang mit der Ersetzung einer Einwilligung gem. § 1748 BGB und schließlich noch die Beratung des Vaters eines ne. Kindes im Rahmen von § 1747 II 2, 3 BGB. Ferner gilt das AdVermiG gem. Art. 2 Nr. 3 des Gesetzes zur Neuordnung des Kinder- und Jugendhilferechts als Besonderer Teil des SGB.
Die statusändernden Bestimmungen zur Adoption, also die Regelungen zu den Voraussetzungen und Rechtsfolgen, sind keine Jugendhilfe, sondern Familienrecht. Sie stehen daher – rechtssystematisch richtig – im BGB (§§ 1741–1772 BGB).

(63) ***Welche Aufgaben hat das JA im Zusammenhang mit Adoptionsvermittlung?***

1. Da Adoptionsvermittlung Aufgabe des JA ist, § 2 I 1 AdVermiG, hat das JA zu prüfen, ob der Bedarf an Adoptionsvermittlungsstellen durch anerkannte freie Träger, § 2 II AdVermiG, abgedeckt ist oder ob es selber eine Adoptionsvermittlungsstelle einrichten muß.

2. Wenn der Adoptionsvermittlungsstelle bekannt wird, daß für ein Kind eine Adoptionsvermittlung in Betracht kommt, hat es die sachdienlichen Ermittlungen bei den Adoptionsbewerbern, dem Kind und seiner Familie durchzuführen, § 7 I AdVermiG.

3. Um bei Bedarf die Suche nach passenden Eltern zu verkürzen, kann die AdVermSt Adoptionsbewerber »auf Vorrat« prüfen, wobei es sich dabei nur um eine abstrakte Eignungsfeststellung, nicht um eine konkrete in Bezug auf ein bestimmtes Kind handeln kann. Wie viele »Vorräte« sich eine Adoptionsvermittlungsstelle zulegen darf, ist nirgendwo geregelt. Aus Gründen der Fairness und der Wirtschaftlichkeit von Verwaltung (z. Z. 7 geprüfte Bewerber auf 1 zu vermittelndes Kind) sollten die Überprüfungen reduziert werden.

4. Erscheinen Kind und Bewerber für eine Annahme geeignet, gibt das JA das Kind in Adoptionspflege (§ 8 AdVermiG, § 1744 BGB). Die Erteilung einer Pflegeerlaubnis ist nicht nötig (§ 44 I 3 Nr. 1 KJHG).

5. Sind zu diesem Zeitpunkt noch nicht alle erforderlichen Einwilligungen vorhanden, bemüht sich die AdVermSt, diese formgerecht (§ 1750 BGB) zu erhalten bzw. bei Bedarf gerichtlich ersetzen zu lassen (§§ 1746 III, 1748, 1749 I 2 BGB).

6. Mit Abgabe oder Ersetzung der elterlichen Einwilligung wird das JA am gewöhnlichen Aufenthalt der Annehmenden Amtsvormund (§ 1751 I 2 BGB, § 87c IV KJHG).

7. Liegen alle rechtlichen Voraussetzungen einschließlich einer angemessenen Adoptionspflegezeit (§ 1744 BGB) vor, veranlaßt die AdVermSt die Bewerber, beim VormG am Wohnsitz der Annehmenden (§ 43b FGG) den Annahmeantrag gem. § 1752 BGB zu stellen.

8. Auf Anforderung des VormG gibt die AdVermSt, die das Kind vermittelt hat, eine gutachtliche Stellungnahme ab (§ 56d FGG). War keine AdVermSt beteiligt, so ist das JA am gewöhnlichen Aufenthaltsort der Annehmenden anzuhören (§ 49 I Nr. 1m FGG iVm §§ 87b I, 86 I analog KJHG).

9. In Vermittlungsverfahren und nach Abschluß des Annahmeverfahrens hat die AdVermSt die Annehmenden mit deren Einverständnis zu beraten und zu unterstützen, § 9 AdVermiG.

XII. Vollzeitpflege

Arbeitsfelder: ASDe; Abteilungen »Pflegekinderdienst«; Beratungsdienste (Ehe- und Familien-, Schwangerschaftskonfliktberatungsstellen); Aufnahme-, Kinder- und Erziehungsheime.

Rechtsgrundlagen: §§ 27, 33, 36–40, 44 KJHG; §§ 16–20 AG-KJHG NW. Die Förderung der Pflegekinderdienste durch das Land NW wurde durch Beschluß v. 22. 6. 1982 eingestellt.

Literatur: *DV:* Empfehlungen zum Pflegekinderwesen, Kleinere Schriften des DV, Heft 21, Frankfurt 1967; *A. Körner/U. Luuka:* Zur Auswahl der Bewerber von Pflege- und Erziehungsstellen, UJ 1976, 358; *G. Feil:* Das Pflegekindschaftsverhältnis im öffentlichen Recht der Bundesrepublik Deutschland außerhalb des Pflegekinderschutzes, RdJ 1976, 70; *J. Blandow/H. Danzig* u. a.: Manifest zum Pflegekinderwesen, TuP 1978, 83; *G. Feil:* Sozialversicherungsrechtliche Probleme der Pflegekindschaft, RdJB 1983, 84; *L. Salgo:* Verbleib des Kindes bei den Pflegeeltern gegen den Willen der leiblichen Eltern, NJW 1985, 413; *P. Finger:* Die Herausnahme von Pflegekindern aus Pflegefamilien nach § 1632 IV BGB, ZfJ 1985, 341; *I. Baer:* Das ausländische Dauerpflegekind – soziale und rechtliche Probleme, NDV 1986, 385; *L. Salgo:* Pflegekindschaft und Staatsintervention, Darmstadt 1987; *L. Salgo:* Familienpflege zwischen Privatheit und Öffentlichkeit, FamRZ 1990, 343; *W. Lakies:* Tages- und Vollzeitpflege im KJHG, ZfJ 1990, 545; *P. Finger:* Ausübung der Personensorge bei Pflegekindern im neuen KJHG – § 38 KJHG, ZfJ 1990, 618; *E. Ell:* Wieder zu den Eltern? Die rechtlichen Grundlagen zur Herausnahme von Kindern aus der Dauerpflege, ZfJ 1990, 647; *W. Lakies:* Zum Verhältnis von Pflegekindschaft und Adoption, FamRZ 1990, 698; *DV:* Empfehlungen für die Bemessung des monatlichen Pauschalbetrages bei Vollzeitpflege (§§ 39, 33 SGB VIII), NDV 1991, 1; *L. Salgo:* Die Regelung der Familienpflege im KJHG, in: Wiesner/Zarbock: Das neue KJHG, S. 115; Amt für Jugend Hamburg: Hinweise und Empfehlungen für AmtsvormünderInnen/AmtspflegerInnen im Umgang mit § 38 KJHG – Ausübung der Personensorge (Rechtsstellung der Pflegeeltern), ZfJ 1991, 306; *K. Wagner:* Jugendhilfe und Pflegefamilie aus verfassungsrechtlicher Sicht, FuR 1991, 208; *G. Niemeyer:* Jugendhilfe und Pflegefamilie aus verfassungsrechtlicher Sicht, FuR 1991, 330; *E. Jordan:* »Vollzeitpflege« als Hilfe zur Erziehung – Stand, Anforderungen und fachliche Perspektiven, ZfJ 1992, 18; *K. Wagner:* Befugnis der Pflegeeltern zur Vertretung des Kindes, FuR 1992, 148; *Th. Lakies:* Rechtsprobleme der Pflegeerlaubnis nach § 44 KJHG, NDV 1992, 155.

Aus was für Gründen kann ein Kind in eine Pflegestelle gegeben werden? **(64)**

- Krankheit der Eltern
- Berufstätigkeit der Eltern bzw. eines alleinstehenden Elternteils
- Erziehungsschwierigkeiten der Eltern
- Gleichgültigkeit der Eltern
- Entzug des Aufenthaltsbestimmungsrechts der Eltern, § 1666 BGB
- Entzug der e. S. der Eltern, §§ 1666, 1666a BGB
- Tod der Eltern

(65) ***Welche Ziele können mit einer Inpflegegabe verfolgt werden?***

Gem. § 33 KJHG ist die Vollzeitpflege

- entweder eine zeitlich befristete Erziehungshilfe
- oder eine auf Dauer angelegte Lebensform.

Entsprechend kann Ziel

- entweder die Rückführung in die Herkunftsfamilie
- oder dauerhafter Ersatz der Herkunftsfamilie

sein.
Im letzteren Fall ist allerdings zu prüfen, ob statt dessen die Annahme als Kind in Betracht kommt, § 36 I 2 KJHG. Obwohl unter erzieherischen Gesichtspunkten eine Adoption besser wäre, ist sie unter rechtlichen Gesichtspunkten häufig nicht realisierbar, weil die leiblichen Eltern die erforderliche Einwilligung (§ 1747 BGB) verweigern, eine Ersetzung (§ 1748 BGB) jedoch nicht durchführbar ist. Eine dauerhafte juristische Absicherung des Kindes ist dann nicht möglich, selbst wenn der VormR immer wieder Verbleibensanordnungen gem. § 1632 IV BGB trifft.

(66) ***Wer schließt den Pflegevertrag ab, und um was für einen Vertragstyp handelt es sich?***

1. Vertragsparteien sind die Pflegeeltern einerseits und die leiblichen Eltern oder sonstige PSB (z. B. das JA als VM oder PFL) andererseits.

2. Es handelt sich um einen familienrechtlichen Vertrag eigener Art, der nicht im BGB geregelt ist und der Elemente des Auftrags (§§ 662 ff BGB) bei Unentgeltlichkeit oder des Dienstvertrages (§§ 611 ff BGB) bei Entgeltlichkeit enthält.

(67) ***Erwirbt die Pflegeperson Teile des Sorgerechts des PSB?***

Grundsätzlich ist der Erwerb vom Sorgerecht insgesamt oder von Teilen nicht durch einen Vertrag zwischen PSB und Pflegeeltern möglich, sondern nur durch vormundschaftsgerichtliche Übertragung, die freiwillig (§ 1630 III BGB) oder unfreiwillig (§ 1666 iVm § 1909 BGB) erfolgen kann.
In dem Pflegevertrag zwischen PSB und Pflegeeltern vereinbaren die Parteien nur, daß die praktische Ausübung der Personensorge (= die tatsächliche Personensorge im Bereich Pflege und Erziehung) den Pflegeeltern zur verantwortlichen Wahrnehmung überlassen wird.
Für diese Vereinbarung, die bislang entweder nur mündlich oder durch einen JA-Mustervertrag getroffen wurde, hat der Gesetzgeber nun in § 38 KJHG eine Regelung vorgenommen, die immer dann eingreift, wenn nichts anderes vereinbart ist. Danach ist die Pflegeperson nicht nur befugt, tatsächliche Personensorge auszuüben, sondern auch berechtigt, die PSB in Geschäften des täglichen Lebens zu **vertreten**. Das gilt z. B. für Willenserklärungen im Zusammenhang mit Arzt- oder Schulbesuchen oder andere Geschäfte des Alltags, für die nach BGB die Zustimmung des PSB erforderlich ist.
Auch im ausdrücklich abgeschlossenen Pflegevertrag sollten diese Bereiche

benannt sein, so daß PSB und Pflegeeltern informiert sind. Ihre Berechtigung, Teile des Sorgerechts auszuüben, können Pflegeeltern dadurch dokumentieren, daß sie entweder eine Pflegeerlaubnis (vgl. § 44 KJHG) oder eine **Pflegeberechtigung** vorweisen, die die Praxis nach Inkrafttreten des KJHG »erfunden« hat, damit Pflegeeltern sich legitimieren können.

Wodurch wird das Pflegeverhältnis beendet? **(68)**

- Durch Kündigung (falls im Pflegevertrag geregelt);
- durch Herausnahme des Kindes durch die leiblichen Eltern (§ 1631 I BGB);
- durch Widerruf der Pflegeerlaubnis (§ 44 III S. 2 KJHG);
- durch Herausnahme des Kindes durch das JA (§ 43 KJHG).

Welches JA ist zuständig für die Erteilung der Pflegeerlaubnis, und welcher Form bedarf der Antrag auf Erteilung? **(69)**

- Zuständig ist das JA, in dem die Pflegeperson ihren gewöhnlichen Aufenthalt hat (§§ 44, 87 a KJHG)
- Antrag und Erteilung bedürfen der Schriftform; der Antrag kann auch zu Protokoll beim JA gestellt werden (§ 16 AG-KJHG NW).

Wie viele Pflegekinder dürfen in eine Pflegestelle gegeben werden? **(70)**

Diese Frage ist in § 16 III AG-KJHG NW geregelt:

- Die Pflegeerlaubnis soll in der Regel für nicht mehr als drei Kinder in einer Pflegestelle erteilt werden.
- Die Erteilung der Erlaubnis für mehr als fünf Pflegekinder ist unzulässig.
- Sind sechs oder mehr Pflegekinder aufgenommen, so finden die Vorschriften über Heimaufsicht Anwendung (§ 45 KJHG).

Welche Aufgaben hat die Pflegeperson gegenüber dem JA? **(71)**

- Einholung der Pflegeerlaubnis (§§ 44 I KJHG);
- Einholung der Erlaubnis zur Fortsetzung der Pflege etwa bei Umzug in einen anderen JA-Bezirk (§ 44 III 1 KJHG)
- Information über weitere Ereignisse, die das Wohl des MJ betreffen (§ 44 IV KJHG).

Welche Aufgaben hat das JA gegenüber Pflegepersonen und leiblichen Eltern? **(72)**

Die Aufgaben des JA zählen einmal zu den Leistungen iSv § 2 II und zum anderen zu den anderen Aufgaben iSv § 2 III KJHG.
Zu den Leistungen gehört die Beratung und Unterstützung der Pflegeperson (§ 37 II, III KJHG) und der Eltern (§ 37 I KJHG) und ferner die Aufgabe, einvernehmliche Regelungen iSv § 38 II KJHG zu treffen.
Zu den anderen Aufgaben zählt die Erlaubniserteilung und die Krisenintervention im Fall der Gefährdung des Kindeswohls (§ 44 III 1, 2 KJHG).

(73) ***Wer trägt die Kosten der Unterbringung in der Pflegestelle?***

1. Die Eltern bleiben – auch bei unfreiwilliger Unterbringung – **unterhaltspflichtig** und haben insoweit die Kosten der Unterbringung zu tragen. Was darüber hinaus als Entgelt gezahlt wird, unterliegt freier Vereinbarung.

2. Leisten die Eltern keinen Unterhalt oder können sie keinen angemessenen Beitrag leisten, zahlt das JA **»Pflegegeld«** gem. § 39 I 2, III–VI an die Pflegeeltern. Die Höhe des Pflegegeldes errechnet sich aus den Kosten des gesamten regelmäßig wiederkehrenden Lebensbedarfs einschließlich der Kosten der Erziehung. Die Auszahlung erfolgt idR in monatlichen Pauschalbeträgen. Der DV veröffentlicht jährlich im NDV Empfehlungen zur Berechnung der Höhe des Pflegegeldes[2]. Die Landesministerien erlassen entsprechende Richtlinien. Viele JHA orientieren sich hieran bei der Beschlußfassung über die örtliche Pflegegeldhöhe.

3. Gem. § 91 I Nr. 4b KJHG werden der Minderjährige und seine Eltern zu den Kosten der Vollzeitpflege **herangezogen**. Die Heranziehung erfolgt – sofern nicht die öffentliche Jugendhilfe gem. § 92 KJHG die Kosten allein trägt – durch Heranziehungsbescheid (§§ 93, 94 II KJHG) bzw. durch Übergang des zivilen Unterhaltsanspruchs des Minderjährigen auf den Jugendhilfeträger (§ 94 III KJHG).
Zu den Einzelheiten s. u. Kapitel XVI.

XIII. Heimerziehung, sonstige betreute Wohnform

Arbeitsfelder: ASDe; Abteilungen »Erziehungshilfen«; EBn; Aufnahmeheime und Jugenschutzstellen; Heime für Kinder und Jugendliche; Kinderhäuser, Kleinstkinderheime; Eltern-Kind-Heime; selbständige Wohngruppen.

Rechtsgrundlagen: § 10 II, 34, 36–40, 45–49 KJHG; §§ 21–23 AG-KJHG NW; Richtlinien für Heime der Jugendhilfe, RdErl. d. MAGS v. 28. 4. 1983 (MBl. NW S. 806); Richtlinien über die Gewährung von Zuwendungen zur Förderung von Einrichtungen . . ., s. o. III; Richtlinien über die Heimaufsicht . . ., s. o. V.

Literatur: *D. Kreft:* Heimaufsicht und Beratung, TuP, 1977, 182; AFET (Hrsg): Aufsichtspflicht und Aufsichtspflichtverletzung unter besonderer Berücksichtigung der Situation im Heim, 1982; *F. Kaufmann:* Rechtsfragen der Zusammenarbeit zwischen Heim und anderen Institutionen, insbesondere im Hinblick auf Geheimnis und Datenschutz, ZblJugR 1983, 157; *H. Junge:* Anforderungen des KJHG an die Heimerziehung, JugWo 1990, 432; *Friedrichs,* s. o. Einführung in die Kapitel 2–5; *Späth,* s. o. Einführung in die Kapitel 2–5; *G. Trauernicht:* Eine erneute Positionsbestimmung zu einem alten Thema: Geschlossene Unterbringung von Kindern und Jugendlichen, ZfJ 1991, 520; *G. Trauernicht:* s. o. Einf. 2–5.

2 Zu den Einzelheiten s. u. Frage 84.

Nach welchen Rechtsgrundlagen können Minderjährige in Heimen oder sonstigen betreuten Wohnformen untergebracht werden? **(74)**

1. Gem. §§ 27 I, 34 KJHG kann eine Heimunterbringung als Hilfe zur Erziehung gewährt werden. Sie versteht sich dann als Angebot an den PSB, über dessen Annahme dieser frei entscheiden kann, sofern nicht ein Sorgerechtsentzug gem. §§ 1666, 1666a BGB vorliegt.
Für MJ, für die eine Unterbringung ansteht, gilt folgendes: Gem. § 8 KJHG sind sie entsprechend dem Entwicklungsstand an allen sie betreffenden Entscheidungen des JA zu beteiligen. MJ können sich sogar selbst mit entsprechenden Anliegen an das JA wenden. (§ 8 II KJHG). Vor einer Entscheidung über die Inanspruchnahme sind die MJ zu beraten (§ 36 I 1 KJHG), an der Auswahl der Einrichtung sind sie zu beteiligen (§ 36 I 3 KJHG).

2. Heimunterbringung kann auch Erziehungsmaßregel in Form einer Weisung gem. §§ 5, 9 Nr. 1, 10 I Nr. 2 Alt. 2 JGG sein; ferner Erziehungsmaßregel in Form einer Verpflichtung, die der Richter im Einvernehmen mit dem JA gem. §§ 5, 9 Nr. 2, 12 JGG ausspricht. Im letzteren Fall handelt es sich ebenfalls um HzE iSd §§ 27, 34 KJHG.

3. Auch die Inobhutnahme durch das JA gem. §§ 42, 43 KJHG (s. u. Kapitel XIX) wird häufig Anlaß für eine, wenn vielleicht auch kurzfristige, Unterbringung in einem Heim sein.

4. Schließlich kommt eine Unterbringung in einem Heim gem. § 19 KJHG in Betracht, wenn (faktisch) alleinerziehende Väter oder Mütter mit ihrem Kind unter sechs Jahren einer fachkundigen Unterstützung bedürfen.
§ 34 KJHG benennt als traditionelle Form der institutionellen Fremdunterbringung die Heimerziehung und benutzt außerdem den Begriff »sonstige betreute Wohnform«. Hiermit werden z. B. betreutes Einzelwohnen oder pädagogisch betreute, aber von einer Einrichtung unabhängige Wohngemeinschaften erfaßt.

Welche Ziele verfolgt Hilfe zur Erziehung in einer Einrichtung oder in einer sonstigen betreuten Wohnform? **(75)**

Gem. § 34 S. 2 soll sie

- entweder eine Rückkehr des Minderjährigen in seine Herkunftsfamilie erreichen
- oder die Erziehung in einer anderen Familie oder familienähnlichen Lebensform vorbereiten
- oder die Verselbständigung des Jugendlichen fördern und begleiten.

In welchem Verhältnis stehen die Hilfen der Fremdunterbringung und die Annahme als Kind zueinander? **(76)**

In beiden Fällen handelt es sich um Unterbringungen in anderen Familien oder in einer Einrichtung. Aber während die Annahme als Kind die dauerhafte Integration eines Kindes in eine neue Familie bezweckt mit allen Folgen der Verwandtschaft und den daraus folgenden Rechten und Pflichten, ist die Fremdun-

terbringung grundsätzlich nicht dauerhaft gedacht, höchstens »für längere Zeit« (§ 36 II KJHG).
Wenn § 36 I 2 KJHG vorschreibt, daß vor einer langfristig zu leistenden Hilfe zu prüfen ist, ob eine Annahme als Kind in Betracht kommt, so soll diese Vorschrift dafür Sorge tragen, daß Kinder, die voraussichtlich nicht wieder in ihre Herkunftsfamilien zurück können, nicht zu »Aktenfällen« im JA werden, sondern in eine geeignete Adoptivfamilie vermittelt werden.
Auch hierbei handelt es sich um einen in der Praxis bewährten Grundsatz methodischen Vorgehens im Zusammenhang mit der Fremdunterbringung eines MJ.

(77) ***Was meint § 37 KJHG mit dem Begriff »Zusammenarbeit bei Hilfen außerhalb der eigenen Familie«?***

1. Hierbei handelt es sich wiederum um gesetzliches Neuland, das allerdings bewährter Praxis entspricht, jedenfalls da, wo solche zusätzlichen Aufgaben personell geleistet werden konnten. Das ist längst nicht überall der Fall gewesen, weshalb die Zusammenarbeit der für die Erziehung verantwortlichen Personen und den Eltern des MJ häufig zu kurz gekommen ist. Das hat zu Entfremdungen geführt, die eine Rückkehr in die Herkunftsfamilie mehr oder weniger unmöglich machten oder zu einer neuen Katastrophe geraten ließen.
Jetzt ist in § 37 KJHG ein umfangreiches Programm vorgeschrieben, das folgendes enthält:

- Auf Zusammenarbeit soll hingewirkt werden.
- Durch Beratung und Unterstützung sollen die Erziehungsbedingungen in der Herkunftsfamilie soweit gebessert werden, daß die PSB wieder selbst erziehen können.
- Während der Unterbringung soll durch Beratung und Unterstützung darauf hingewirkt werden, daß die Beziehungen des MJ zu seiner Familie gefördert werden.
- Ist eine Rückkehr in die Herkunftsfamilie nicht zu erreichen, sollen dem Wohl des MJ förderliche und auf Dauer angelegte neue Lebensperspektiven mit den MJ erarbeitet werden.

2. Eine ähnliche Unterstützung und Beratung soll Pflegepersonen gewährt werden. Diese Verpflichtung des JA soll sich auch auf solche Pflegepersonen erstrecken, die keiner Erlaubnis nach § 44 I KJHG bedürfen.
Auch diese neue Verpflichtung durch den Gesetzgeber lehnt sich an eine bewährte Praxis an, die allerdings nicht überall anzutreffen war. Das muß sich jetzt ändern, denn § 37 II hat den Pflegepersonen einen Anspruch auf Beratung gegeben. Gleiches gilt für Zusammenschlüsse von Pflegepersonen, wie sie aus Selbsthilfeinitiativen bekannt sind.

XIV. Intensive sozialpädagogische Einzelbetreuung

Arbeitsfelder: ASDe; Abteilungen »Erziehungshilfen«; EBn; Aufnahmeheime und Jugendschutzstellen.

Rechtsgrundlage: § 35 KJHG.

Literatur: *Hosemann, D./Hosemann W.:* Trebegänger und Verwahrloste in sozialpädagogischer Betreuung außerhalb von Familie und Heim, Berlin 1984; *DV:* Intensive sozialpädagogische Einzelbetreuung (§ 35 KJHG) in: Schriften Allgemeinen Inhalts, Bd. 2, Eigenverlag DV, Frankfurt 1989; *H. Schulz:* KJHG: Erziehungshilfen für Jugendliche und junge Volljährige, DAVorm 1990, 1941; *Landschaftsverband W-L/Landesjugendamt:* Durchführung von Individualmaßnahmen, Münster 1990 (Manuskript); *C. Schrapper:*: Intensive sozialpädagogische Einzelbetreuung, in: Gernert 1990, 106ff.

An welche Zielgruppen hat der Gesetzgeber mit § 35 KJHG gedacht? **(78)**

Nach der Begründung des Regierungsentwurfs soll sich dieses (ambulante oder stationäre) Angebot vor allem an solche Jugendliche wenden, die sich allen anderen Hilfsangeboten entziehen, sich dabei aber in besonders gefährdender Lebenssituation befinden. Als Adressaten werden Jugendliche erwähnt aus dem Punker-, Nichtseßhaften-, Drogen- oder Prostituiertenmilieu[3]. Wichtig ist, daß das Angebot nicht als »ultima ratio« verstanden wird für den Fall, daß selbst Heimerziehung versagt. In der Praxis scheint es aber durchaus üblich zu sein, intensive Einzelbetreuung erst zu versuchen, wenn der Jugendliche bereits heim- oder pflegefamiliengeschädigt erscheint. Das Angebot gilt allerdings auch als brauchbarer Arbeitsansatz für ältere Jugendliche, die noch nie mit Jugendhilfeangeboten in Berührung gekommen sind, inzwischen aber ein Alter haben, wo grundlegende Sozialisationshilfen nicht mehr akzeptiert werden.

Mit welcher persönlichen und zeitlichen Intensität kann diese Hilfe gewährt werden? **(79)**

Die Formulierung: Intensive sozialpädagogische Einzelbetreuung läßt grundsätzlich ein Betreuungsverhältnis von 1:1 zu. Dem entspricht auch die Begründung aus dem Regierungsentwurf zum KJHG[4]: »Die Betreuung ist sehr auf die individuelle Lebenssituation des jungen Menschen abzustellen und erfordert mitunter eine Präsenz bzw. Ansprechbereitschaft des Pädagogen rund um die Uhr. Seine Tätigkeit umfaßt neben der intensiven Hilfestellung bei persönlichen Problemen und Notlagen auch Hilfestellung bei der Beschaffung und dem Erhalt einer geeigneten Wohnmöglichkeit, bei der Vermittlung einer geeigneten schulischen oder beruflichen Ausbildung bzw. der Arbeitsaufnahme, bei der Verwaltung der Ausbildungs- und Arbeitsvergütung und anderer finanzieller Hilfen sowie bei der Gestaltung der Freizeit.«

Diese Arbeit erfordert ein hohes Maß an Reflexion, Spontaneität und Risikobereitschaft von dem Pädagogen. Inhaltlich geht es vorwiegend um lebenspraktische Hilfe und Begleitung (Eigenverantwortlichkeit stärken).

---

3 BT-Drucks. 11/5948, S. 72.
4 BT-Drucks. 11/5948, S. 72.

XV. Ausführung von Fremdunterbringung

Arbeitsfelder: S. XII–XIV.

Rechtsgrundlagen: Art. 1, 2, 4, 10, 104 GG; § 38 KJHG; §§ 21–23 AG-KJHG NW; Richtlinien für Heime der Jugendhilfe, s.o. XIII. Programm »Bewegung, Spiel und Sport in der Heimerziehung«, RdErl. d. MAGS und des Kultusministeriums v. 27. 2. 1992; Empfehlung für die Durchführung des Programms »Bewegung...«, MBl. NW 1992 S. 504.

Literatur: *W. Kunze:* Die rechtliche Stellung des Jugendleiters in einem privaten Wohnheim, ZblJugR 1977, 19; *AFET (Hrsg.):* Aufsichtspflicht und Aufsichtspflichtverletzung unter besonderer Berücksichtigung der Situation im Heim, 1982; *F. Kaufmann:* Rechtsfragen der Zusammenarbeit zwischen Heim und anderen Institutionen, insbesondere im Hinblick auf Geheimnis- und Datenschutz, ZblJugR 1983, 157; *P. Mrozynski:* Nachbetreuung im Anschluß an die Jugendhilfe im Heim, ZfJ 1985, 305; *K.-H. Hohm:* Grundrechtsträgerschaft und »Grundrechtsmündigkeit« Minderjähriger am Beispiel öffentlicher Heimerziehung, NJW 1986, 3107; *A. Fricke:* Die Wahrnehmung von Angelegenheiten der elterlichen Sorge durch Pflegeeltern oder Heimerzieher bei bestehender Vormundschaft, Pflegschaft oder Betreuung, ZfJ 1992, 305.

(80) ***Wo können Fremdunterbringungen ausgeführt werden?***

- in einer fremden Familie, § 33 KJHG, wobei es sich auch um Verwandte oder Verschwägerte handeln kann
- in einem Heim, § 34 I Alt. 1 KJHG
- in einer Außenwohngruppe, einer Wohngemeinschaft, einem Internat, einem Lehrlingsheim, § 34 I Alt. 2 KJHG
- in einem vom JA angemieteten Zimmer (»betreutes Wohnen«), § 34 I Abs. 2, 35 KJHG.

(81) ***Welche Rechtsbeziehungen sind bei Fremdunterbringungen zu unterscheiden, und auf welchen rechtlichen Grundlagen spielen sie sich ab?***

1. Die Rechtsbeziehung zwischen unmittelbar Erziehenden (Pflegeperson, Erzieher im Heim oder sonstiger Einrichtung, intensiv betreuender SA/SP) und Eltern.

Der unmittelbar Erziehende kann seine Kompetenzen unmittelbar von den Eltern des MJ oder mittelbar von diesen über den Leiter der Einrichtung ableiten.

Die Rechtsbeziehung zwischen Erzieher in einer Einrichtung und Eltern sieht so aus wie die in einer EB (s.o. Frage 44), nur daß statt »Erziehungsberatungsvertrag« »Pflege- und Erziehungsvertrag« und statt »Mitarbeiter« »Erzieher« zu setzen ist.

Die Rechtsbeziehung zwischen Eltern und Pflegeperson dagegen sieht folgendermaßen aus:

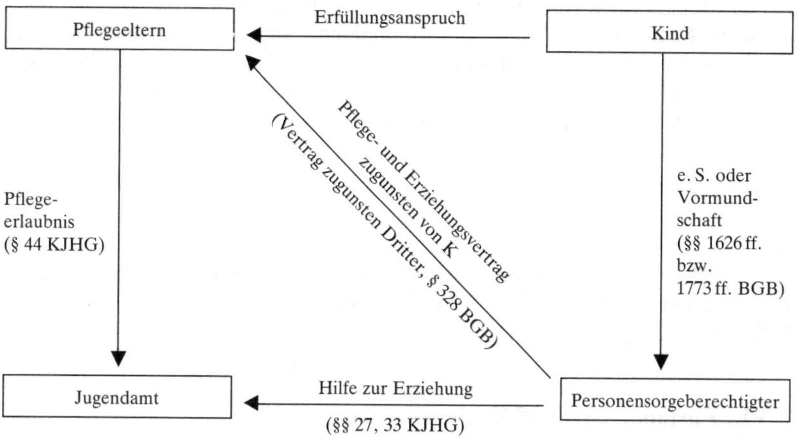

Die Rechtsgrundlage für den Kompetenzerwerb kann sein:

- eine richterliche Regelung, §§ 1630 III, 1666 BGB,
- ein abgeschlossener Vertrag,
- § 38 KJHG, sofern weder richterliche AO noch Vertrag vorliegen. § 38 KJHG hat den Inhalt eines mutmaßlichen Vertrages und überträgt den Erziehenden die Rechte, die er im Erziehungsalltag braucht.

2. Die Rechtsbeziehung zwischen MJ und unmittelbar Erziehendem. Hier stellt sich – wie in der Eltern-Kind-Beziehung – die Frage, inwieweit der Erziehende evtl. Rechte des MJ beachten muß.
Zu beachtende Rechtsnormen sind:

- die Grundrechte des GG
- die Bestimmungen zur e. S., §§ 1626ff BGB.

Ist es rechtlich zulässig und pädagogisch sinnvoll, Minderjährige geschlossen unterzubringen? **(82)**

1. Das KJHG sieht die Möglichkeit einer geschlossenen Unterbringung nur im Zusammenhang mit der Inobhutnahme von Kindern und Jugendlichen (§§ 42, 43 KJHG) ausdrücklich vor. Bei den Hilfen zur Erziehung wird sie nicht erwähnt. Das bedeutet jedoch nicht, daß sie damit grundsätzlich unzulässig ist. Vielmehr unterliegt sie den allgemeinen Regeln, die sich mit »freiheitsentziehenden Maßnahmen« befassen. Hierzu finden sich Vorschriften in §§ 1631b, 1800, 1915 BGB. Demnach ist eine solche Unterbringung mit Einwilligung des gesetzlichen Vertreters und Genehmigung des VormG zulässig. Sie ist sogar ohne Genehmigung erlaubt, wenn mit dem Aufschub Gefahr verbunden ist. Die Genehmigung ist dann unverzüglich nachzuholen.

Wann eine genehmigungspflichtige Freiheits**entziehung** und wann eine genehmigungsfreie Freiheits**beschränkung** vorliegt, ist im Einzelfall schwer abzugrenzen. Rechtlich ist eine solche Maßnahme durch Heime jedoch zulässig, wenn die Personensorgeberechtigten und das Gericht zustimmen. In jedem Fall wird das Gericht seine Genehmigung nur erteilen, wenn eine Gefahr für Leib und Leben des Minderjährigen vorliegt. Bloße erzieherische Gründe genügen nicht.

2. Ob eine solche Maßnahme pädagogisch sinnvoll ist, ist sehr umstritten. Im 8. Jugendbericht hat sich die Sachverständigenkommission[5] vehement dagegen, die Bundesregierung[6] ebenso vehement dafür ausgesprochen. Sie hält sie insbesondere dann für unverzichtbar, wenn Kinder ansonsten im Milieu als Opfer einer verwahrlosten Erwachsenenwelt verkommen (Prostituierte, Drogen).

XVI. Zuständigkeit und Kostentragung

Arbeitsfelder: ASDe; Abteilungen »Wirtschaftliche Jugendhilfe«, »Pflege- und Heimkinderdienste«, »Hilfen zur Erziehung«; Heime; LJÄ; Adoptionsvermittlungsstellen.

Rechtsgrundlagen: §§ 39, 91 ff KJHG.

Literatur: *H. Reisch:* Die Heranziehung zu den Kosten nach dem KJHG, DAVorm 1991, 14 = ZfJ 1991, 201; *H. Zeitler:* Die neue Regelung zur Zuständigkeit und Kostentragung, in: Wiesner/Zarbock: Das neue KJHG, S. 371; *Th. Rauschenbach:* Fachkräfte in der Jugendhilfe, in: Wiesner/Zarbock: Das neue KJHG, S. 371; *H. Reisch:* Die örtliche Zuständigkeit und Kostenerstattung sowie die Heranziehung zu den Kosten der Kinder- und Jugendhilfe, DAVorm 1991, 881; *H. Reisch:* Die örtliche Zuständigkeit nach dem KJHG, ZfJ 1991, 297; *H. Reisch:* Kosten und Zuständigkeit in der Jugendhilfe, ZfJ 1991, 565; *K. Späth:* Weiterhin Almosen statt angemessene Honorierung für Pflegeeltern, ZfJ 1991, 293; *H. Reisch:* Die Novellierung des KJHG im Bereich der verfahrensrechtlichen Bestimmungen (örtliche Zuständigkeit, Kostenerstattung, Kostenheranziehung), ZfJ 1992, 286; *G. Herigslack:* Örtliche Zuständigkeit, Kostenerstattung und Heranziehung nach dem KJHG unter Berücksichtigung des 1. ÄndG zum SGB VIII, ZfF 1993, 49; *Deutscher Verein:* Empfehlungen zur Heranziehung zu den Kosten und zur Überleitung von Ansprüchen nach dem SGB VIII, NDV 1993, 46.

(83) ***Welche Rechtsgrundlagen regeln die Frage der Kostentragung bei Hilfen zur Erziehung für einzelne MJ, und wie sieht die Regelung aus?***

1. Die Kostentragung bei Hilfen zur Erziehung für einzelne MJ gem. §§ 32–35 KJHG richtet sich nach §§ 92 ff KJHG. Danach haben die Träger der öffentlichen Jugendhilfe, deren JA für die Gewährung von Hilfen zur Erziehung örtlich zuständig ist, die **Kosten** der Hilfe zu **tragen, soweit** dem MJ und seinen Eltern die Aufbringung der Mittel aus ihrem Einkommen und Vermögen **nicht zuzumuten** ist.

---

5 BMJFFG, S. 152 f.
6 BMJFFG, XII f.

2. Die **örtliche Zuständigkeit** des JA und damit die Frage der Kostentragung richtet sich nach §§ 86–87c KJHG. Im Normalfall wird das JA für die Kosten aufkommen müssen, in dessen Bezirk die Eltern ihren g. A. haben, § 86 I 1 KJHG.
Wenn der MJ nicht an dem Ort bleibt, wo der Erziehungsanspruch und damit die Kostenpflicht entstanden ist – z. B. bei Pflegekinderunterbringung außerhalb des Aufenthaltsortes der Herkunftsfamilie –, so bleibt idR das Heimat-JA zuständig, weswegen es dann auch die Kosten zu tragen hat. Nur ausnahmsweise wird das JA zuständig, in dessen Bereich die Pflegeperson ihren gewöhnlichen Aufenthalt hat.
In diesem Fall hat gleichwohl das »Heimat-JA« zumindest zunächst die Kosten zu tragen, was sich aus dem Gebot der Zusammenarbeit (§ 37 KJHG) ergibt. Bei längerem Verbleib iSd § 86 VI KJHG geht die Zuständigkeit insgesamt über auf das JA des neuen g. A.
Für junge VJ kommt es auf den g. A. des Betreffenden an (§ 86a I KJHG), es sei denn, schon vor Volljährigkeit ist ein anderes JA tätig geworden. Dieses bleibt in der Pflicht (§ 86a II KJHG).

3. § 91 Nr. 2 KJHG bestimmt, daß das Kind oder der Jugendliche und dessen Eltern, sowie der junge VJ **zu den Kosten der Hilfe** zur Erziehung bzw. Sozialisation **beizutragen** haben. Über den Umfang des Kostenbeitrags, der von den in Anspruch genommenen Personen zu leisten ist, äußern sich §§ 93, 94 KJHG. Danach gelten im Grundsatz die kostenrechtlichen Regelungen des BSHG entsprechend. Ausnahmen sind insbesondere in § 94 KJHG geregelt.
Für die Kostenbeitragspflicht **des Kindes oder Jugendlichen** bestimmt § 93 III Nr. 1, daß bei der Heranziehung nur das Einkommen relevant ist (Arg.: Auf § 88 BSHG wird nicht verwiesen, weshalb auch § 89 BSHG nicht zur Anwendung kommt).
§§ 93 II, IV–VI, 94 KJHG beziehen sich auf den Kostenbeitragsumfang **für junge VJ sowie Eltern und Elternteile**.
Für deren Kostenbeitragspflicht wird grundsätzlich auf das BSHG verwiesen mit der Folge, daß Einkommen und Vermögen einzusetzen sind (§ 93 II, IV KJHG). In Fällen besonderer Härte kann von der Heranziehung der Eltern abgesehen werden (§ 93 VI KJHG).
Sonderregelungen für **Eltern** enthält § 94 KJHG bei Gewährung von **HzE** (§ 91 I Nr. 4 KJHG) und **Eingliederungshilfe** (§ 91 I Nr. 5 KJHG). Lebte das Kind vor der Hilfegewährung mit den Eltern zusammen, so sind diese in Höhe der häuslichen Ersparnis heranzuziehen (Abs. 2). Lebten sie nicht mit dem Kind zusammen, so geht dessen zivilrechtlicher Unterhaltsanspruch auf den Träger der öffentlichen Jugendhilfe über (Abs. 3).

Was ist Pflegegeld im Bereich der Jugendhilfe? **(84)**

1. Pflegegeld ist eine vom öffentlichen Jugendhilfeträger erbrachte Leistung, durch die der gesamte regelmäßige Lebensbedarf des Pflegekindes abgedeckt werden soll. Rechtsgrundlage für die von den JÄ für den jeweiligen örtlichen Bereich getroffenen Pflegegeld-Regelsätze sind die §§ 39 iVm 91ff KJHG.
Da die Handhabung des Pflegekinderwesens Angelegenheit der kommunalen

Selbstverwaltung (s.o. Frage 5) ist, variieren die Pflegegeld-Regelsätze von einem JA-Bereich zum anderen. Maßstab im konkreten Fall ist das JA, das die HzE gewährt (vgl. §§ 86ff KJHG).

2. Durch Erlasse zuständiger Länderministerien, Empfehlungen kommunaler Spitzenverbände, des Deutschen Vereins, der Arbeitsgemeinschaft für Jugendhilfe wird versucht, Einfluß zu nehmen auf eine einheitliche Gestaltung der Pflegegeldsätze. Viele Städte orientieren sich daran.

3. § 39 III KJHG sieht vor, daß der gesamte regelmäßige Lebensbedarf des MJ abgedeckt werden soll einschließlich der Kosten der Erziehung. Der Deutsche Verein[7] empfiehlt für das Jahr 1991 für MJ bis zum vollendeten 7. Lebensjahr DM 628,–, bis zum vollendeten 14. Lebensjahr DM 719,– und bis zum vollendeten 18. Lebensjahr DM 875,–. Für die Kosten der Erziehung wird ein Betrag von nicht weniger als DM 300,– empfohlen[8]. Das MAGS in NW hält in seinem Erlaß v. 6. 11. 92 1 002 DM/1 100 DM/1 268 DM (worin jeweils 324 DM Erziehungshonorar enthalten sind) für angemessen.[9]

4. Den Pflegeeltern werden aufgrund besonderer gesetzlicher Bestimmungen unter bestimmten Voraussetzungen Leistungen gewährt oder Vorteile eingeräumt, deren Zweck es ist, sie wirtschaftlich zu entlasten (Kindergeld, Kinderzuschläge, Steuerfreibeträge). Hiervon werden gem. § 39 VI KJHG Kindergeld, Kinderzuschläge und vergleichbare Rentenbestandteile auf das Pflegegeld angerechnet.

(85) ***Was sind Pflegesätze im Bereich der Jugendhilfe?***

1. Pflegesätze sind Leistungen des Trägers öffentlicher Jugendhilfe an den freien Träger eines Erziehungsheims, durch die diesem alle Leistungen abgegolten werden sollen, die dem MJ gleichmäßig von der Einrichtung gewährt oder durch die Einrichtung vermittelt werden. Dabei wird regelmäßig davon ausgegangen, daß der Pflegesatz die Selbstkosten des Heimträgers decken soll.

2. Gem. § 77 KJHG iVm landesrechtlichen Regelungen werden Pflegesätze auf Landesebene zwischen den Spitzenverbänden der freien Wohlfahrtspflege (als Vertreter der diesen angeschlossenen Heimträger) und den kommunalen Spitzenverbänden (als Vertreter der Kostenträger), evtl. unter Beteiligung des zuständigen Landesministeriums ausgehandelt. Pflegesatzvereinbarungen sind nicht einheitlich. In jedem Bundesland sind sie etwas anders strukturiert. Es gibt Normal- und Sonderpflegesätze. Die letzteren müssen ein spezielles Prüfungsverfahren durchlaufen, ehe der Heimträger sie seiner Kostenrechnung zugrundelegen kann.

---

7 NDV 1991, 1ff.

8 Für die neuen Bundesländer 511 DM/599 DM/736 DM plus 300 DM Erziehungsbeitrag: NDV 1991, 375.

9 MBl. NW 1992, S. 1753.

XVII. Erteilung von Betriebserlaubnissen und weitere Aufgaben des LJA

Arbeitsfelder: Kinder- und Jugendheime; Kindertagesstätten; sonstige Wohnformen; LJÄ; Abteilungen der JÄ, die an der Heimaufsicht beteiligt sind.

Rechtsgrundlagen: §§ 45–49, 89 KJHG; §§ 21–23 AG-KJHG NW; Heimaufsicht, Schutz von Minderjährigen unter 16 Jahren in Heimen . . ., s. o. III.

Literatur: *Th. Lakies:* Zum Schutz von Minderjährigen in Einrichtungen nach dem KJHG, NDV 1991, 226.

Was versteht das KJHG unter »Einrichtungen«? **(86)**

1. § 45 I 1 KJHG bezeichnet als **Einrichtung** eine auf eine gewisse Dauer angelegte Verbindung von sächlichen und persönlichen Mitteln, die – unter der Verantwortung eines Trägers – der Betreuung und Unterkunftgewährung von Kindern und Jugendlichen dient und zwar ganztägig oder für einen Teil des Tages.

2. § 22 I KJHG beschreibt als **Tageseinrichtungen** solche, in denen sich Kinder für einen Teil des Tages oder ganztags aufhalten.

3. § 34 KJHG bezeichnet **Heimerziehung** als Hilfe zur Erziehung in einer **Einrichtung** über Tag und Nacht.

4. Allen diesen Einrichtungen ist gemeinsam, daß ihre Träger der Erlaubnispflicht des § 45 KJHG unterliegen. Im übrigen meint »ganztägig« (§ 45) das gleiche wie »über Tag und Nacht« (§ 34), während »ein Teil des Tages« (§ 22) nur tagsüber meint.

Was für Einrichtungen unterliegen der Heimaufsicht? **(87)**

1. Einrichtungen, in denen MJ ganztags betreut werden und Unterkunft erhalten (§ 34), z. B. Heime.

2. Einrichtungen, in denen Kinder tagsüber betreut werden und Unterkunft erhalten (§ 22), z. B. Kindergärten, Kindertagesstätten.

3. Sonstige Wohnformen (§§ 34, 48a KJHG) z. B. sog. betreutes Einzel- oder Gemeinschaftswohnen. Für diese Einrichtungsform wird unterschieden zwischen eigenständigen Wohnformen und solchen, die »Teil« einer Einrichtung iSv § 45 I KJHG sind. Für die ersteren bedarf der Träger einer besonderen Erlaubnis, für die zweiten nicht.

4. § 45 I 2 Nrn. 1–3 enthält Ausnahmen von der Erlaubnispflicht. Sie betreffen z. B. Jugendherbergen (Nr. 1), Schulinternate (Nr. 2), Kinderkurheime (Nr. 3 a), Familienferienpensionen (Nr. 3 b).

5. Gemeinsame Kriterien der unter 1–3 genannten Einrichtungen sind:

– Betreuung und Unterkunftgewährung muß regelmäßig erfolgen (Maßstab ist die Einrichtung als ganze, nicht der einzelne MJ),

- Betreuung und Unterkunftgewährung dürfen nicht von untergeordneter Bedeutung sein,
- MJ dürfen gegenüber den Erwachsenen nicht in der Minderzahl sein.

(88) ***Welche Aufgaben hat die Heimaufsicht?***

1. Das LJA als Heimaufsichtsbehörde ist gem. §§ 85 II Nr. 6, 45–48 KJHG zuständig für die Erteilung der Erlaubnis für den Betrieb der Einrichtung. Der Träger einer Einrichtung hat einen Rechtsanspruch auf Erlaubniserteilung (§ 45 II 2 KJHG), wenn die Voraussetzungen vorliegen, d.h. das Wohl des MJ in der Einrichtung gewährleistet ist.

2. Für die Frage, ob das Wohl der MJ in der Einrichtung gewährleistet ist, kommt es darauf an, ob die Betreuung durch geeignete Kräfte gesichert ist. Was unter »geeignet« zu verstehen ist, regelt Landesrecht (§ 49 KJHG).

3. Die Heimaufsicht hat darauf hinzuwirken, daß mit den Trägern der Einrichtungen Vereinbarungen über die Voraussetzungen der Eignung der Kräfte getroffen werden. Geschieht dies, sind sie nur für die beteiligten Träger verbindlich. An dieser Stelle wird deutlich, daß hier partnerschaftlich (iSv § 4 I KJHG) verhandelt werden soll. Das ist bedeutsam, weil die Fragen der Einrichtungserlaubnis etc. in den Bereich »anderer Aufgaben« (§ 2 III KJHG) gehören.

4. Die Heimaufsicht kann die Betriebserlaubnis gem. § 45 II 1 KJHG mit Nebenbestimmungen versehen. Als Nebenbestimmungen kommen (nach § 32 SGB X) vor allem die Bedingung, die Befristung, der Widerrufsvorbehalt und die Auflage in Betracht. Denkbar ist eine Auflage, bestimmte MJ (z.B. seelisch behinderte oder verhaltensgestörte) nicht aufzunehmen oder eine bestimmte Anzahl von Personal einzustellen für die Betreuung der MJ.
Zur Erleichterung dieser Aufgaben der Heimaufsicht, haben die Träger der der Heimaufsicht unterliegenden Einrichtungen die Verpflichtung, die in § 47 I und II KJHG aufgelisteten Meldungen zu erstatten. Von der Meldepflicht nach § 47 II kann gem. § 47 III Befreiung erteilt werden. Das kommt in Betracht bei Kindertagesstätten, Tagesheimgruppen, Jugendwohngemeinschaften und sonstigen Wohnformen für junge VJ (§ 41 KJHG).

(89) ***Über welche Mittel verfügt das LJA bei der Durchführung der Heimaufsicht?***

- Beratung (§ 89 II Nr. 1 und 7)
- Empfehlungen
- Unterstützung des Trägers
- Angebote zur Fortbildung der Mitarbeiter (§§ 72 III, 89 II Nr. 8 KJHG)
- Überprüfung der Einrichtung an Ort und Stelle (§ 46 KJHG)
- Erteilung von nachträglichen Auflagen (§ 46 II 4 KJHG)
- Zurücknahme oder Widerruf der Erlaubnis (§ 45 II 4 KJHG)
- Schließung der Einrichtung (§ 48 KJHG)
- Erlaß von Bußgeldbescheiden (§ 104 KJHG).

Inwieweit werden die Interessen von freien Trägern der Jugendhilfe im Bereich von Heimaufsicht berücksichtigt? **(90)**

1. § 4 I 2 KJHG: Die Selbständigkeit der freien Träger (der Einrichtungen) in Zielsetzung und Durchführung ihrer erzieherischen Aufgaben bleibt unberührt.

2. § 45 II 3 KJHG: Über die Voraussetzungen der Eignung der Mitarbeiter, die die MJ betreuen, sind Vereinbarungen mit den Trägern freier Jugendhilfe anzustreben.

3. § 46 I 2 KJHG: Das LJA soll das JA und einen zentralen Träger der freien Jugendhilfe, wenn diesem der Träger der Einrichtung angehört, bei der Überprüfung zuziehen.

Welche weiteren Aufgaben hat das LJA im Zusammenhang mit Fremdunterbringung? **(91)**

1. § 85 II Nr. 5 KJHG: Das LJA soll das JA bei der Gewährung von Hilfen zur Erziehung (§§ 32–35 a), insbesondere bei der Auswahl einer Einrichtung oder der Vermittlung einer Pflegeperson in schwierigen Einzelfällen beraten. Der letzte Hinweis bezieht sich z. B. auf die Unterbringung von HIV-infizierten Kindern. Großstädtische JÄ verfügen gewöhnlich über differenzierte Kenntnisse der Heimlandschaft. In kleinen JÄ kann es dagegen anders aussehen. Hier ist das LJA gefragt.

2. § 85 II Nr. 2 KJHG: Über die Einzelfallberatung hinaus ist es Aufgabe des LJA, die Zusammenarbeit zwischen den JÄ und den anerkannten Trägern freier Jugendhilfe insbesondere bei der Planung und Sicherstellung eines bedarfsgerechten Angebotes an Hilfen zur Erziehung zu fördern. Im Bereich des LJA Westfalen-Lippe z. B. gibt es seit vielen Jahren zahlreiche regionale Arbeitsgemeinschaften der JÄ und der Heimträger. Eine wichtige Zielsetzung dieser AGs war, den Umfang der orts- und regionalnahen Belegung der Heime zu fördern, um die Familien mehr am Erziehungsvorgang beteiligen zu können, aber auch die Nähe zu Freundeskreisen nicht zu unterbrechen (vgl. § 85 III Nr. 3 KJHG).

3. § 85 II Nr. 4 KJHG: Dabei geht es um Förderung von Modellvorhaben zur Weiterentwicklung der Jugendhilfe. In diesem Zusammenhang werden in NW z. B. die sog. westfälischen Erziehungsstellen ausgebaut. Es handelt sich dabei um qualifizierte Pflegefamilien mit einem sozialpädagogisch vorgebildeten Elternteil, die deutlich höheres Erziehungsgeld und Pflegegeld erhalten als es sonst üblich ist (= rd. 1 500,– DM/Monat). Diese Pflegefamilien und ihre Berater (derzeit stehen ca. 80–90 Plätze zur Verfügung) müssen intensiv betreut werden. Für viele schwierige Einzelfälle kann ein solches überörtliches Angebot außerordentlich hilfreich sein[10].

---

10 Mitgeteilt von *Gernert* in: Mitt. des LJA W-L Nr. 102, S. 13 ff/15.

(92) *Welche Rolle werden die LJÄ in Zukunft im Rahmen der Finanzierung der Heimerziehung spielen?*

Nach Inkrafttreten der Reform des KJHG wird der überörtliche Träger der Öffentlichen Erziehung im Rahmen von FEH und FE nur noch bis zum 31. 12. 1994 für laufende Verfahren kostenpflichtig sein (Art. 15 der Überleitungsvorschriften zum KJHG). Danach werden die Pflegesatzkosten der Öffentlichen Erziehung, die vom Kämmerer des Landschaftsverbandes Westfalen-Lippe mit über 80 Mio. DM angegeben werden[11], von den kommunalen JÄ aufzubringen sein. Diese werden auch bei einem stärkeren Ausbau prophylaktischer Hilfen die Zahl der stationär unterzubringenden Jugendlichen nur in geringerem Umfang senken können, als dies bei jüngeren Kindern gelungen ist. Denn es zeigt sich, daß die Probleme der Kinder und Jugendlichen, die nicht familienmäßig betreut werden können, außerordentlich vielfältig sind und immer schwerwiegender werden. Das setzt bei einer am Wohl des Kindes orientierten Arbeit entsprechend aufwendige Hilfen voraus. Bekanntlich liegen die täglichen Pflegesätze in der Öffentlichen Erziehung im wesentlichen zwischen 150,– und 200,– DM. Das summiert sich im Monat rasch auf 5000 bis 6000 DM je Kind/Jugendlichen. Diese Kostenentwicklung hat angesichts der angespannten Finanzlage vieler Kommunen die Handhabung der Aufgaben der Jugendhilfe mancherorts auf Kostengesichtspunkte verlagert. Da liegt es nahe, daß Kostenüberlegungen an die Stelle pädagogischer Leistungen treten, vor allem bei kleinen und fachlich unterbesetzten JÄ. An dieser Stelle wird deutlich, welche Bedeutung dem überörtlichen Träger LJA auch in Zukunft für die Förderung der Zusammenarbeit zwischen den JÄ und den anerkannten freien Trägern, insbesondere bei der Planung und Sicherstellung eines bedarfsgerechten Angebots von Hilfen zur Erziehung zukommt (vgl. § 89 II Nr. 2 KJHG).

11 Mitt. des LJA W-L Nr. 102, S. 13 (15).

Kapitel 5

Hilfen für junge Volljährige und behinderte junge Menschen

XVIII. Sozialisationshilfen

Arbeitsfelder: Abteilungen »Hilfen zur Erziehung«; Heime; sonstige Wohnformen; Abteilungen der LJÄ, die JÄ gem. § 85 II Nr. 5 KJHG beraten.

Rechtsgrundlagen: § 41 KJHG

Literatur: *B. Habermann/Ch. Tries:* Teil 2, NDV 1990, 231; *Zeitler:* Teil II, Deutsche Verwaltungspraxis 1991, 138/143; *F. Krause:* Hilfe für junge Volljährige § 72 BSHG oder § 41 KJHG – Problemdarstellung und Lösungsansätze aus Sicht der örtlichen Zuständigkeit, ZfJ 1992, 169; *R. Kemper:* Zwölf Thesen zur Anwendung des § 41 I 1 KJHG/SGB VIII, ZfJ 1992, 623.

Welche Hilfen aus dem Katalog der Hilfen zur Erziehung können auch von jungen Volljährigen in Anspruch genommen werden? **(93)**
Unter welchen Voraussetzungen und mit welchen Folgen ist dies möglich?

§ 41 KJHG dehnt den Anwendungsbereich der Hilfen zur Erziehung unter folgenden Voraussetzungen auf junge VJ aus:

- die Hilfe muß der Persönlichkeitsentwicklung und der eigenverantwortlichen Lebensführung des jungen Menschen dienen,
- sie muß aufgrund der individuellen Situation des jungen Menschen notwendig sein.

Im übrigen ist sie weder davon abhängig, daß es sich um die Fortführung einer Hilfe handelt (also Erziehungshilfe schon vor Volljährigkeit gewährt worden ist) noch davon, daß vor Volljährigkeit eine Maßnahme der schulischen oder beruflichen Bildung eingeleitet war.
Die Hilfe, die in der Regel bis zur Vollendung des 21. Lebensjahres geleistet wird, kann in begründeten Einzelfällen bis zur Vollendung des 27. Lebensjahres fortgeführt (nicht neu begonnen) werden (§ 41 I 2 KJHG). Nach Beendigung der Hilfe hat der junge Mensch einen Anspruch auf Beratung und Unterstützung zur Verselbständigung (§ 41 IV KJHG).
Für die Ausgestaltung der Hilfen verweist § 41 III KJHG auf die §§ 28–30 und 33–36 KJHG. Diese Hilfen umfassen neben allen geeigneten sozialpädagogischen und therapeutischen Angeboten (ausgenommen spFH und Tagesgruppe) auch die unterhaltsrechtliche Sicherung (§ 39) sowie die erforderliche Krankenhilfe (§ 40). Damit hat die Jugendhilfe die Möglichkeit, das ganze Spektrum sozialer Hilfen, das im JA (und bei freien Trägern) vorgehalten wird,

auch jungen VJ anzubieten. Die Schwerpunkte liegen heute in der Unterstützung bei der Absolvierung schulischer und beruflicher Ausbildungen sowie in der Beratung bei Wohnungsfragen und Problemen bei sozialen Kontakten. Höchstalter solcher Förderung ist das 27. Lebensjahr (§ 7 I Nr. 3 KJHG).

(94) ***Was ist, wenn der junge VJ die ihm gewährte Hilfe abbricht, sie aber später wieder aufnehmen möchte, weil er sich seinen vorherigen Entschluß anders überlegt hat?***

Da der junge VJ den Vertrag mit dem Hilfe gewährenden JA selbst geschlossen hat, kann er auch kündigen und dies jederzeit. Er wird zwar bei Vertragsschluß darüber belehrt, daß die Hilfegewährung mit seiner Kündigung ebenso endet wie mit der Erreichung eines bestimmten Alters. Ein neuer Vertragsschluß nach vorherigem Abbruch ist vom Gesetzgeber auch nicht vorgesehen, und die Praxis wird in der Regel ablehnen. Da aber der vorzeitige Abbruch der Hilfe häufig nichts anderes sein wird, als ein Hinweis auf Entwicklungsverzögerungen, ist auch der Abschluß eines neuen Vertrages denkbar. In solchen Fällen ist es notwendig, gem. § 41 I 1 KJHG die Hilfegewährung wieder aufzunehmen.

XVIII a. Eingliederungshilfe

(95) ***Inwieweit werden behinderte Kinder/Jugendliche/junge Erwachsene im KJHG berücksichtigt?***

1. § 10 II KJHG beschäftigt sich ausdrücklich mit behinderten jungen Menschen. Er unterscheidet, ob es sich um eine körperliche, geistige oder seelische Behinderung handelt. Körperlich oder geistig behinderte junge Menschen erhalten Eingliederungshilfe nach dem BSHG (§ 10 II 2 KJHG), seelisch behinderten jungen Menschen wird Eingliederungshilfe nach KJHG (§§ 35 a, 41 II) gewährt.

2. Als Art der Hilfe kommt nach § 35 a II KJHG in Betracht:

- eine ambulante Form
- Tageseinrichtung oder teilstationäre Einrichtung
- Pflegeperson
- Einrichtung über Tag und Nacht sowie sonstige Wohnform.

3. Sind sowohl Eingliederungshilfe als auch Hilfe zur Erziehung zu leisten, so sollen Einrichtungen, Dienste und Personen in Anspruch genommen werden, die geeignet sind, beide Bedarfe abzudecken (§ 35 III 1 KJHG). Sind heilpädagogische Maßnahmen für nichtschulpflichtige Kinder in Tageseinrichtungen zu gewähren, so sollen Einrichtungen in Anspruch genommen werden, in denen behinderte und nichtbehinderte Kinder gemeinsam betreut werden (§ 35 III 2 KJHG).

Einführung in die Kapitel 6 bis 9

Andere Aufgaben der Jugendhilfe

Arbeitsfelder: S. u. bei den Abschnitten XVII–XXIII.

Rechtsgrundlagen: §§ 42–60 KJHG. Im übrigen s.u. bei den einzelnen Abschnitten XVII–XXIII.

Literatur: *B. Habermann/Ch. Tries:* Das neue Kinder- und Jugendhilfegesetz – Ein erster Überblick – Teil 3: Andere Aufgaben der Jugendhilfe, NDV 1990, 339; *dies.:* Das neue Kinder- und Jugendhilfegesetz – ein erster Überblick – Teil 4 – Fortsetzung von Teil 3, NDV 1990, 398.

Was versteht das KJHG unter „anderen Aufgaben der Jugendhilfe"? **(96)**

Die „anderen Aufgaben der Jugendhilfe" sind in § 2 III KJHG aufgelistet und im 3. Kapitel (§§ 42–60 KJHG) näher beschrieben. Es handelt sich bei ihnen um hoheitliche Aufgaben, deren Inanspruchnahme nicht in das Belieben der Betroffenen gestellt ist. Inhaltlich handelt es sich um folgende Tätigkeiten des JA:

1. Abschnitt: Vorläufige Maßnahmen zum Schutz von MJ (§§ 42, 43 KJHG)
2. Abschnitt: Schutz von MJ in Familienpflege und Einrichtungen (§§ 44–49 KJHG)
3. Abschnitt: Mitwirkung in gerichtlichen Verfahren (§§ 50–52 KJHG)
4. Abschnitt: Pflegschaft und Vormundschaft für Kinder und Jugendliche (§§ 53–58 KJHG)
5. Abschnitt: Beurkundung und Beglaubigung (§§ 59, 60 KJHG)

Wer erfüllt die „anderen Aufgaben der Jugendhilfe"? **(97)**

Grundsätzlich nimmt der öffentliche Träger der Jugendhilfe die anderen Aufgaben wahr, § 3 III 1 KJHG. Soweit dies jedoch ausdrücklich bestimmt ist, können auch Träger der freien Jugendhilfe diese Aufgaben wahrnehmen oder mit ihrer Ausführung betraut werden, § 3 III 2 KJHG. Die Einzelheiten hierzu enthält § 76 KJHG. Demnach ist viererlei bei einer Beteiligung freier Träger zu beachten:

1. Es muß sich um einen anerkannten freien Träger handeln (§ 75 KJHG).

2. Die Beteiligung kann sich nicht auf alle Aufgaben des 3. Kapitels, sondern nur auf die in § 76 KJHG ausdrücklich genannten beziehen.

3. Möglich ist eine Beteiligung an der Durchführung oder eine Übertragung der Ausführung.

4. Der öffentliche Träger bleibt für die Erfüllung der Aufgaben letztverantwortlich.

Kapitel 6

Vorläufige Maßnahmen

XIX. Inobhutnahme Minderjähriger

Arbeitsfelder: Abteilungen »Jugendförderung« oder »Jugendschutz«; Jugendschutzstellen; Aufnahmeheime; LJA.

Rechtsgrundlagen: §§ 42, 43 KJHG; § 1 JÖSchG; Richtlinien für Heime der Jugendhilfe, s.a. XII.; Richtlinien über die Gewährung von Zuwendungen zur Förderung von Einrichtungen freier gemeinnütziger und kommunaler Träger im Bereich der Familienhilfe und Jugendhilfe, s.o. III.

Literatur: *R. Ollmann:* Unterbringung in Jugendschutzstellen, ZfJ 1985, 230; *DIV:* Vormundschaftsgerichtliche Genehmigung nach § 1631b BGB; Unterbringung in einer Jugendschutzstelle, ZblJugR 1981, 119; *H.J. Friedrichs:* Erziehungshilfen und Inobhutnahme nach dem KJHG, ZfSH/SGB 1991, 14; *Th. Lakies:* Vorläufige Maßnahmen zum Schutz von Kindern und Jugendlichen nach den §§ 42, 43 KJHG, ZfJ 1992, 49.

Nach welchen gesetzlichen Vorschriften kann das JA ohne Einwilligung des PSB und ohne richterliche Anordnung für MJ Schutzmaßnahmen ergreifen? **(98)**

1. Gem. § 50 III KJHG hat das JA das Recht, vormundschaftsgerichtliche Entscheidungen gem. §§ 1666a, 1693 BGB als Eilverfahren, d.h. einstw. AO (§ 49 IV FGG), herbeizuführen.

2. Gem. §§ 42, 43 KJHG ist das JA verpflichtet, bei Gefahr in Verzug vorläufige Schutzmaßnahmen für einen MJ auch ohne elterliche Einwilligung und ohne richterliche AO zu ergreifen. Dem Elternrecht ist dann allerdings in der Weise Rechnung zu tragen, daß die Eltern zu informieren und um eine entsprechende Einwilligung zu bitten sind oder – falls die Eltern mit ihrer Entscheidung das Kind gefährden oder nicht zu erreichen sind – das VormG anstelle der Eltern zu entscheiden hat. Die Unterrichtung der Eltern oder des Gerichts ist „unverzüglich“, d.h. ohne schuldhaftes Zögern, vorzunehmen (§ 42 II 2 KJHG). Dies beinhaltet – anders als im Abs. 3 S. 3 – keine feststehende, sondern eine einzelfallbezogene Frist.

3. Geregelt sind in § 42 KJHG zwei Fälle:

- Der MJ bitte um Obhut (sog. Selbstmelder) (§ 42 II KJHG),
- eine dringende Gefahr für den MJ erfordert die Inobhutnahme (§ 42 III KJHG).

4. Außer §§ 42, 43 KJHG befaßt sich noch § 1 JÖSchG mit der vorläufigen anderweitigen Unterbringung durch das JA. Nach §§ 1, 2 JÖSchG können

Jugendliche unter 18 Jahren, die sich an Orten aufhalten, an denen ihnen eine unmittelbare Gefahr für ihr körperliches, geistiges oder seelisches Wohl droht, durch die dafür zuständigen Behörden oder Stellen den Erziehungsberechtigten zugeführt, oder – wenn diese nicht erreichbar sind – in die Obhut des JA gebracht werden. § 1 JÖSchG bezieht sich nur auf öffentliche Orte der Gefährdung. Jugendliche, die sich nicht an solchen Orten aufhalten, werden durch diese Bestimmung nicht geschützt.

5. Im Gegensatz zu § 1 JÖSchG, der sich an »die zuständigen Behörden oder Stellen«, d.h. an Polizei und Ordnungsbehörden, wendet, ist Adressat von § 42 KJHG das JA. Nach § 1 JÖSchG wird der MJ durch die zutändigen Behörden oder Stellen in die Obhut des JA gegeben; in § 42 KJHG nimmt das JA selber in Obhut. Der Begriff der Inobhutnahme ist in beiden Gesetzen derselbe.

6. § 43 KJHG dehnt den Jugendschutz auf private Orte der Gefährdung aus. Die Vorschrift gibt dem JA die Befugnis, bei Vorliegen einer Gefährdung iSd § 1666 BGB den MJ aus einer Privatwohnung, wo er sich mit Einwilligung des PSB (gem. § 33 KJHG) oder im Rahmen von erlaubter Freizeitgestaltung (gem. § 1631 I Alt. 4 BGB) aufhält, herauszuholen und entweder dem PSB zuzuführen oder vorläufig in Obhut zu nehmen. Gleiches gilt bei Aufenthalt in einer Einrichtung (§ 34 KJHG).

(99) ***Wie erfüllt das JA seine Pflicht, vorläufig Schutz zu gewähren?***

In den Fällen des § 42 muß das JA den MJ in Obhut nehmen, d.h. der MJ ist bei einer geeigneten Person, in einer Einrichtung oder in einer sonstigen betreuten Wohnform unterzubringen (§ 42 I 1 KJHG). Im Fall des § 43 KJHG muß das JA den MJ entfernen und ebenfalls iSd § 42 I 1 KJHG unterbringen.

Eine – in der Praxis allerdings nicht mehr häufige – Besonderheit der Inobhutnahme ist in § 42 III KJHG angesprochen: Die **geschlossene Unterbringung**. Die Befugnis zur Inobhutnahme ermächtigt nicht automatisch zu einer solchen Unterbringung, die eine freiheitsentziehende Maßnahme ist. Eine solche ist jedoch zulässig, wenn eine Gefahr für Leib und Leben des MJ oder Dritter droht, §§ 42 III 2, 43 II KJHG. Art. 19 I GG verlangt, daß nachkonstitutionelles Recht (z.B. das KJHG), wenn es Grundrechte einschränken will – hier Art. 2 II 2 und Art. 11 GG –, diese Grundrechte ausdrücklich benennt. Dies geschieht in Art. 20 der Schlußvorschriften des KJHG. Wird ein MJ in zulässiger Weise geschlossen untergebracht, so hat das JA spätestens mit Ablauf des Tages nach ihrem Beginn eine gerichtliche Entscheidung einzuholen. Andernfalls ist die Unterbringung zu beenden, § 42 III 3 KJHG.

Diese Regelung entspricht Art. 104 II GG, der lautet: »Über die Zulässigkeit und Fortdauer einer **Freiheitsentziehung** hat nur der Richter zu entscheiden. Bei jeder nicht auf richterlicher AO beruhenden Freiheitsentziehung ist unverzüglich eine richterliche Entscheidung herbeizuführen. Die Polizei darf aus eigener Machtvollkommenheit niemanden länger als bis zum Ende des Tages nach dem Ergreifen in eigenem Gewahrsam halten. Das Nähere ist gesetzlich zu regeln.«

Der Akt der Inobhutnahme ist eine »andere Aufgabe« der Jugendhilfe iSd

§ 2 III KJHG, da sie einen Eingriff in das elterliche Sorgerecht darstellt. Die nachfolgende Durchführung der Inobhutnahme dagegen ist eine Leistung, die auf dem mutmaßlichen Willen des PSB beruht (vgl. § 42 I 4, 5 KJHG).
Bereits der hoheitliche Akt der Inobhutnahme kann durch einen freien Träger ausgeführt werden, wenn er dazu gem. § 76 KJHG ermächtigt ist.

Kapitel 7

Rechtliche Fürsorge durch Vormundschaft, Pflegschaft und Beistandschaft

XX. Vormundschaft und Pflegschaft

Arbeitsfelder: ASDe; Abteilungen »Vormundschaften, Pflegschaften«; freie Träger, die als rechtsfähige Vereine tätig sind; Kinder- und Jungendheime, Kinderdörfer, Wohngemeinschaften, Jugendschutzstellen, Aufnahmeheime.

Rechtsgrundlagen: Vormundschaft: §§ 1773–1895 BGB; Pflegschaft: §§ 1706–1710 BGB, §§ 1909, 1912, 1915–1919 BGB; beide: §§ 53–57 KJHG; § 26 AG-KJHG NW; Richtlinien über die Gewährung von Zuwendungen zur Förderung offener erzieherischer Jugendhilfe, s. o. VI.

Literatur: *W. Wawrzyniak:* Gedanken zur Aufhebung der Amtspflegschaft, wenn die Mutter den Namen des Vaters nicht nennen oder festgestellt wissen will, ZblJugR 1978, S. 269; *W. Bienwald:* Zur Auswahl von Vormündern und Pflegern durch das Jugendamt, ZblJugR 1980, S. 497; *D. Becker:* Praktischer Ratgeber für Vormünder, Pfleger, Beistände und Erziehungsbeistände, Freiburg 1981; *I. Christian:* Der Einzelvormund und das Jugendamt DAVorm 1983, 89ff und 183ff; *F. W. Bosch:* Die Beendigung der Amtspflegschaft des Jugendamtes nach § 1707 BGB, FamRZ 1983, 433; *P. Finger:* Die Beendigung der Amtspflegschaft des Jugendamtes nach § 1707 BGB, FamRZ 1983, 429; *W. Bienwald:* Vormundschafts-, Pflegschafts- und Betreuungsrecht in der sozialen Arbeit, 3. Aufl., Heidelberg 1992; *D. Greese/H. Oberloskamp:* s. o. VI, S. 54; *H. Oberloskamp* (Hrsg.): Vormundschaft, Pflegschaft und Vermögenssorge Minderjähriger, München 1990, m. Nachtrag; *H. Deinert:* Das neue KJHG und die Amtspflegschaft, DAVorm 1990, 489; *W. Binschus:* Zu den neuen Zuständigkeiten für Amtspflegschaften und Amtsvormundschaften, ZfF 1990, 252; *H. Deinert:* Der neue Datenschutz und die Amtspflegschaft, DAVorm 1990, 757; *D. Brüggemann:* Anmerkungen zum BGH-Beschluß v. 2. 5. 1990 – XII ZB 63/89, DAVorm 1990, 29; *Damian:* Recht der Mutter, den Vater ihres ne. Kindes nicht zu nennen, DAVorm 1990, 203; *H. Eidenmüller:* Grenzen der Weisungsgebundenheit eines Amtsvormundes, DAVorm 1990, 452; *W. Zarbock:* Das KJHG und die Neuerungen im Recht der Amtsvormundschaft/Amtspflegschaft, in: Wiesner/Zarbock: Das neue KJHG, S. 203; *D. Brüggemann:* Die Auswirkungen des Einigungsvertrages auf die Führung von Amtsvormundschaften, Amtspflegschaften und Amtsbeistandsschaften unter dem KJHG, in: Wiesner/Zarbock: Das neue KJHG, S. 213; *W. Schlüter/B. Rießelmann:* Weisungsfreiheit im Jugendamt? – Zur Rechtsstellung der Mitarbeiter bei der Ausübung von Amtspflegschaft und Amtsvormundschaft, FuR 1991, 150; *D. Brüggemann:* Was kann der Amtsvormund/Amtspfleger verlangen, und wozu ist er verpflichtet?, DAVorm 1991, 127; Amt für Jugend Hamburg: S. o. XII; *A. Fricke:* S. o. XV; *B. Rießelmann/W. Schlüter:* Weisungsfreiheit im Jugendamt? – Zur Rechtsstellung der Mitarbeiter bei der Ausübung von Amtspflegschaft und Amtsvormundschaft, FuR 1991, 150.

Welche Arten der Vormundschaft für Minderjährige gibt es, und in welchen Fällen treten sie ein? **(100)**

1. **Bestellte Vormundschaft** (EinzelVM, §§ 1773ff BGB; VereinsVM, § 1791a BGB; AmtsVM, § 1791b BGB iVm § 55 KJHG)
1.1 Findelkind, § 1773 II BGB
1.2 eheliches Waisenkind, § 1773 I Alt. 1 BGB
1.3 ehelicher MJ, dessen beide Elternteile die e. S. verloren haben (wenn nur einer die e. S. innehatte: die e. S. des Elternteils, der die besaß), § 1773 I Alt. 2 BGB

- durch Entzug, § 1666 BGB
- durch Scheidung, § 1671 V BGB
- durch Regelung bei Getrenntleben, § 1672 iVm 1671 V BGB.

1.4 ehelicher MJ, bei dem die e. S. beider Elternteile ruht (wenn nur einer die e. S. innehatte: die e. S. des Elternteils, der sie besaß), § 1773 I Alt. 2 BGB

- wegen tatsächlicher Verhinderung, §§ 1674, 1675 BGB
- wegen rechtlicher Verhinderung (Beschränkung der Geschäftsfähigkeit), § 1673, 1675 BGB

1.5 ne. MJ, für den weder eine Pflegschaft gem. § 1709 BGB noch eine Vormundschaft gem. § 1791c BGB besteht und bei dem die Fälle 1.2–1.4 hinsichtlich der Mutter eintreten.
Der VM ist vAw zu bestellen, § 1774 BGB. Er ist auf Antrag oder VAw zu entlassen, §§ 1886–1889 BGB.

2. **Gesetzliche Vormundschaft** (AmtsVM, § 1751 BGB; § 1791c BGB; § 55 KJHG)
2.1 MJ Kind (ehelich oder ne.), dessen Eltern (Mutter) gem. § 1747 BGB in seine Adoption eingewilligt haben. Die Vormundschaft tritt automatisch ein mit Zugang der notariell beurkundeten Einwilligungserklärung bei Gericht, § 1750 BGB. Sie tritt nicht ein, wenn das Kind schon unter Vormundschaft stand.
2.2 Ne. mj Kind einer Mutter, die bei Geburt des Kindes mj ist. Die Vormundschaft tritt automatisch ein mit der Geburt, § 1791c I 1 BGB, oder der rechtskräftigen Feststellung der Nichtehelichkeit, § 1791c I 2 BGB. Sie tritt nicht ein, wenn schon vor der Geburt ein VM bestellt war, § 1791c I 1 HS. 1 BGB bzw. das bisher eheliche Kind aus einem der unter 1. genannten Gründe schon einen VM hatte, § 1791c I 1 (»... das eines VM bedarf...«).
2.3 Ne. mj Kind einer bisher voll geschäftsfähigen Mutter, für das gem. §§ 1706, 1709 BGB ein PFL vorhanden war, § 1791c II iVM § 1918 BGB, wenn

- die Mutter stirbt oder für tot erklärt wird, § 1681 BGB
- der Mutter die e. S. entzogen wird, § 1666 BGB
- die e. S. der Mutter ruht, §§ 1673, 1674 BGB.

Die Vormundschaft tritt automatisch ein bei Eintritt eines der genannten Ereignisse; der bisherige PFL erhält kraft Gesetzes die Rechte und Pflichten eines VMs.
Die Vormundschaft tritt nicht ein, wenn die Pflegschaft gem. § 1707 Nr. 1 oder Nr. 2 BGB nicht eingetreten bzw. aufgehoben worden war. In diesem Fall ist die Bestellung eines VM nach Pkt. 1 erforderlich. Entfallen die Gründe für den Eintritt der Amtsvormundschaft, so wird der VM gem. § 1710 BGB kraft Gesetzes wiederum zum PFL.
Zu 2.1–2.3: Die Amtsvormundschaft gem. § 1791 c BGB muß durch Einzelvormundschaft abgelöst werden, wenn ein geeigneter EinzelVM oder VereinsVM zur Verfügung steht und das dem Kindeswohl nicht entgegensteht, §§ 1887, 1889 II BGB. Ob dies auch für den AdoptionsVM der Fall ist, ist strittig. Zu wünschen wäre es in den Konstellationen, wo das Kind durch eine Adoptionsvermittlungsstelle in freier Trägerschaft vermittelt wird.

(101) ***Welche Arten der Pflegschaft für Minderjährige gibt es, und in welchen Fällen treten sie ein?***

1. **Bestellte Pflegschaft** (EinzelPFL, §§ 1909, 1915 iVm 1773 ff BGB; VereinsPFL, §§ 1909, 1915 iVm 1791 a BGB, AmtsPFL, §§ 1909, 1915 iVm 1791 b BGB iVm § 55 KJHG).

1.1 Ergänzungspflegschaft, § 1909 I BGB

- Verhinderung an der Besorgung bestimmter Angelegenheiten bei Eltern oder VM, §§ 1629 II, 1795 I, 1795 II iVM §§ 181, 1796 BGB
- Entzug der e. S. bei einem Elternteil, lediglich teilweise Eignung des anderen Elternteils, §§ 1666, 1680 I 2 BGB
- Konkurs des einen Elternteils, lediglich teilweise Eignung des anderen Elternteils, §§ 1670, 1680 I 2 BGB
- Gefährdung des Kindesvermögens, § 1667 V BGB
- Anderes religiöses Bekenntnis des VMs, § 1801 BGB
- Beistand mit PFL-Stellung für alleinerziehende Elternteile zur Geltendmachung von Unterhaltsansprüchen oder Ausübung der VS (auf Antrag), §§ 1685, 1690 BGB
- PFL zur Ausübung von Personensorge oder Vermögenssorge oder Geltendmachung von Unterhaltsansprüchen nach Scheidung der Eltern oder bei deren Getrenntleben, §§ 1671 V, 1672 BGB
- Pflegeperson mit PFL-Stellung zur Ausübung von Angelegenheiten der e. S. für das Kind, das sich längere Zeit in Familienpflege befindet (auf Antrag), § 1630 III BGB.

1.2 Ersatzpflegschaft, § 1909 III BGB

- Vorliegen der Voraussetzungen für die AO einer Vormundschaft, jedoch nicht durchgeführte Bestellung eines VMs.

1.3 Pflegschaft für eine Leibesfrucht, 1912 BGB

- für ein eheliches Kind zur Wahrung seiner zukünftigen Rechte, soweit diese der Fürsorge bedürfen

– für ein ne. Kind

1.4 Nichtehelichenpflegschaft, §§ 1708, 1706 BGB
1.5 Pflegschaft für unbekannte Beteiligte, § 1913 BGB*
1.6 Nachlaßpflegschaft, §§ 1960ff BGB*

2. **Gesetzliche Pflegschaft** (AmtsPFL), § 55 KJHG
2.1 Nichtehelichenpflegschaft, §§ 1706, 1709 BGB
Die Pflegschaft tritt automatisch ein mit der Geburt, § 1709 S. 1 BGB, oder der rechtskräftigen Feststellung der Nichtehelichkeit, §§ 1709 S. 3, 1791c I 2 BGB. Sie tritt nicht ein, wenn schon vor der Geburt ein PFL bestellt worden ist, §§ 1709 S. 2, 1708, oder angeordnet worden ist, daß eine Pflegschaft nicht eintritt, §§ 1709 S. 2, 1707 Nr. 1 BGB. Sie ist aufzuheben, wenn die Mutter nach der Geburt einen entsprechenden Antrag stellt, § 1707 S. 1 Nr. 2 IVm S. 2 BGB oder eine Einzelperson als PFL zur Verfügung steht, §§ 1915, 1887, 1889 II BGB.

Wie werden Einzelpersonen, Vereine und Jugendämter Vormund bzw. Pfleger? **(102)**

1. Einzelperson: Durch öffentlich-rechtlichen Akt, der der Mitwirkung des VMs bedarf (Verpflichtung zu treuer und gewissenhafter Führung). Äußeres Zeichen: Handschlag an Eides Statt (keine Wirksamkeitsvoraussetzung), § 1789 BGB. Als Ausweis erhält der VM eine Bestallung (nur deklaratorische Wirkung), § 1791 BGB.

2. Verein: Durch schriftliche Verfügung, § 1791a II BGB.

3. JA: Durch schriftliche Verfügung, § 1791b II BGB, bei bestellter Amtsvormundschaft; automatisch, d.h. durch Geburt oder Rechtskraft der Entscheidung oder Eintritt des Ereignisses, aufgrund dessen Amtsvormundschaft bzw. -pflegschaft notwendig werden bei gesetzlicher Amtsvormundschaft.
Die Mitteilung über die Geburt eines ne. Kindes erhält das JA vom Standesbeamten, § 48 FGG, § 57 S. 1 KJHG, und hat sie unverzüglich an das VormG weiterzuleiten, § 57 S. 3 KJHG. Die Tatsache, daß das JA VM/PFL geworden ist, erfährt es durch Mitteilung des VormG, § 1751 I 4, § 1791c III, 1709 S. 3 iVm 1791c III BGB.

Wer übt Vormundschaft bzw. Pflegschaft bei Vereinen und JÄ aus? **(103)**

1. Verein: Der Vorstand überträgt die Führung der Vormundschaft auf einzelne Mitglieder des Vereins, § 1791a II BGB. Das bedeutet, es können auch mehrere gemeinsam verantwortlich sein. Es kann sich um Vorstandsmitglieder, Beauftragte iSd § 30 BGB oder schlichte Mitglieder handeln.

2. JA: Der Leiter des JA (§§ 55, 70 II KJHG) überträgt die Führung der Vormundschaft einzelnen seiner Beamten oder Angestellten (§ 55 II KJHG).

3. In beiden Fällen bleibt trotz der Übertragung das JA bzw. der Verein VM. Deshalb muß z.B. gem. § 1909 I BGB ein Ergänzungspfleger bestellt werden,

* Die mit einem * gekennzeichneten Pflegschaften kommen auch für Erwachsene vor.

wenn der VM ein Rechtsgeschäft zwischen zwei Mündeln abschließen will, auch wenn verschiedene SA für sie zuständig sind, §§ 1795 II, 181 BGB.

(104) ***Welche Unterschiede bestehen zwischen Amts- und Vereinsvormundschaft einerseits und Einzelvormundschaft andererseits?***

1. Einzelvormundschaft kann **befreite Vormundschaft** sein (größere Freiheit des VM hinsichtlich bestimmter Rechtsgeschäfte und Handlungen), §§ 1852ff BGB. Amts- und Vereinsvormundschaft ist immer befreit, §§ 1857a BGB, § 56 I KJHG.

2. Einem EinzelVM kann ein **GegenVM** bestellt werden (Kontrolle des VM bei Vermögensverwaltung größeren Umfangs), § 1792 I 1 BGB, dem JA nicht, §§ 1792 I 2 BGB iVm § 56 I KJHG. Ein Verein als VM kann einen GegenVM erhalten, jedoch ist der Verein vorher zu hören, § 1791a IV BGB.

3. Der EinzelVM steht unter der **Aufsicht** des VormG, § 1837 I BGB. Dieses kann ihn unter Festsetzung eines Zwangsgeldes zur Befolgung seiner Anordnungen anhalten, § 1837 II 1 BGB, und »Sicherheitsleistungen« verlangen, § 1844 I BGB. – Ordnungsstrafen und Sicherheitsleistungen kommen beim JA und beim Verein nicht in Betracht, §§ 1837 II 2 BGB. – Die Anwendung der §§ 1666, 1666a, 1667 I und V sowie der § 1969 BGB dagegen ist auf alle Arten von Vormündern möglich, § 1837 III BGB.

4. Der EinzelVM soll dem **religiösen Bekenntnis** des Mündels angehören, § 1801 I BGB; Verein und JA müssen bei einer Unterbringung des Mündels auf dessen Bekenntnis Rücksicht nehmen, § 1801 II BGB iVm § 56 I KJHG.

5. Der EinzelVM kann bei größeren Aufwendungen **Vorschuß oder Ersatz** (§ 1835 BGB), bei geringfügigen Aufwendungen eine Aufwandsentschädigung (§ 1836a BGB) verlangen. Diese sind aus dem Vermögen des Mündels oder bei dessen Mittellosigkeit aus der Staatskasse zu bezahlen (§§ 1835 IV, 1836a S. 4 BGB).
Wenn das Vermögen des Mündels sowie der Umfang und die Bedeutung der Geschäfte es erfordern, so kann das Gericht dem VM eine **angemessene Vergütung** bewilligen. Diese ist aus dem Mündelvermögen zu zahlen (§ 1836 I BGB). Werden jemanden Vormundschaften in einem solchen Umfang übertragen, daß er sie nur im Rahmen einer Berufsausübung führen kann, so muß ihm – notfalls aus der Staatskasse – eine Vergütung bewilligt werden, selbst wenn Umfang und Bedeutung der vormundschaftlichen Geschäfte dies nicht erfordern (§ 1836 II 1 BGB).
Dem JA und dem Verein steht eine Vergütung nicht zu (§ 1836 IV BGB), ein Auslagenersatz nur dann, wenn das Mündelvermögen ausreicht (§ 1835 V 1 BGB). Allgemeine Verwaltungskosten werden nicht ersetzt, §§ 1835 IV BGB, 56 KJHG.

6. Alle VM müssen **Vermögen** des Mündels **verzinslich** anlegen, §§ 1806ff BGB. Das JA kann das Mündelgeld auch auf Sammelkonten des JA sowie bei der Körperschaft, die das JA errichtet hat, anlegen (§ 56 III KJHG).

7. Das JA hat den EinzelVM zu **beraten** und zu **unterstützen** (§ 53 II KJHG) sowie zu überwachen (§ 53 III KJHG). Es hat idR jährlich zu prüfen, ob seine Entlassung (als AmtsVM/AmtsPFL) und die Bestellung einer Einzelperson oder eines Vereins angezeigt ist (§ 56 IV KJHG).
Vereine werden nicht vom JA überwacht, weil ein Verein nur dann zum VM bestellt werden kann, wenn er vom LJA hierfür für geeignet erklärt worden ist, §§ 1791 a BGB, 54 KJHG.

XXI. Beistandschaft

Arbeitsfelder: ASDe; Abteilungen »Vormundschaften, Pflegschaften, Beistandschaften«; freie Träger, die als rechtsfähige Vereine tätig sind; Einzelbeistände; Mutter-Kind-Heime; Arbeit mit Selbsthilfegruppen Alleinerziehender.

Rechtsgrundlagen: §§ 1685–1692 iVm §§ 1792, 1909 BGB; § 56 KJHG; Richtlinien über die Gewährung von Zuwendungen zur Förderung offener erzieherischer Jugendhilfen, s.o. VI.

Literatur: *D. Becker,* s.o. XVIII.

Was ist eine Beistandschaft im Sinne des BGB im Unterschied zu einer solchen im Sinne des KJHG? **(105)**

1. Die Beistandschaft nach BGB ist eine Hilfe für Elternteile, die aufgrund einer Störung im Eltern-Kind-Verhältnis die gesamte **e.S.** oder PS oder die VS **alleine** ausüben, §§ 1685 I, 1686. Der Beistand kann für alle Angelegenheiten, gewisse Arten von Angelegenheiten oder für einzelne Angelegenheiten bestellt werden.
Die Beistandschaft nach KJHG kann bei allein und gemeinsam erziehenden Elternteilen bestellt werden. Sie ist eine **reine Erziehungs**beistandschaft und setzt voraus, daß eine dem Wohl des MJ entsprechende Erziehung nicht gewährleistet ist, §§ 27, 30 KJHG.

2. Beide Beistandschaften werden auf **Antrag** gewährt.

3. Die Beistandschaft nach BGB verleiht im Normalfall **keine rechtlichen Kompetenzen**, dient also der bloßen Unterstützung des Elternteils, § 1686 BGB. Im Ausnahmefall kann dies anders sein. Für die VS, Teile der VS sowie für die Geltendmachung von Unterhaltsansprüchen kann dem Beistand auf Antrag des insoweit sorgeberechtigten Elternteils die **Stellung eines PFL** eingeräumt werden, § 1690 BGB. Der sog. Unterhaltspfleger kommt in der Praxis relativ häufig vor. Nach Scheidung kann er auch auf der Basis des § 1671 V 2 BGB ohne Antrag bestellt werden, wenn dies zum Wohl des Kindes erforderlich ist.
Die Beistandschaft nach KJHG dient der **Unterstützung** von Eltern und MJ und der Förderung der Verselbständigung des MJ.

4. Beistand iSd BGB kann eine Einzelperson, ein Verein (§ 54 KJHG) oder das JA (§ 58 KJHG iVm § 1691 BGB) sein. Beistand iSd KJHG ist in jedem Fall eine natürliche Person, sei es, daß sie hauptamtlich oder ehrenamtlich beim JA oder einem freien Träger beschäftigt ist.

Kapitel 8

Mitwirkung in Gerichtsverfahren

XXII. Mitwirkung in Verfahren vor den Vormundschafts- und Familiengerichten

Arbeitsfelder: ASDe; Adoptionsvermittlungsstellen; Abteilungen »Erzieherische Hilfen«; Abteilungen »Amtsvormundschaften/Amtspflegschaften«.

Rechtsgrundlagen: § 50 KJHG; §§ 49, 49a, 56d FGG.

Literatur: *F. Dickmeis:* Der Jugendamtsbericht als Entscheidungshilfe des Gerichts, ZblJugR 1983, 164; *Arndt/Oberloskamp:* Gutachtliche Stellungnahme in der sozialen Arbeit, 5. Aufl. Neuwied 1993; *D. Greese/H. Oberloskamp:* S.o. VI, S. 63; *Th. Mörsberger:* Die Datenschutzbestimmungen des KJHG – Folgerungen für die Aufgabenstellung des Jugendamtes im familiengerichtlichen Verfahren, in: Wiesner/Zarbock: Das neue KJHG, S. 343; *R. Ballof:* Familiengerichtshilfe als Aufgabe der Jugendämter, ZfJ 1991, 379; *F. Kaufmann:* s.o. VII.; *L. Müller-Alten:* Familiengerichtshilfe und Datenschutz, ZfJ 1991, 454; *H. Oberloskamp:* Die Zusammenarbeit von Vormundschafts-/Familiengericht und Jugendamt, FamRZ 1992, 1241; *P.-Chr. Kunkel:* Macht der Sozialdatenschutz die Familiengerichtshilfe zu einem Torso?, ZfJ 1992, 607; *M. Kuckertz-Schramm:* Kritische Anmerkungen zu den »Empfehlungen des Deutschen Vereins zur Beratung in Fragen der Trennung und Scheidung und zur Mitwirkung der Jugendhilfe in familiengerichtlichen Verfahren«, ZfJ 1992, 609; *M. Kuckertz-Schramm:* Konzept zur Umsetzung der §§ 17 und 50 KJHG im Bereich der institutionellen Sozialarbeit, ZfJ 1992, 612.

In welchen Fällen hat das JA die Pflicht, mit dem VormG zu kooperieren? **(106)**

- Unterstützung des VormG bei Maßnahmen, die die Sorge für die Person des MJ betreffen (§ 50 I 1 KJHG).
- Mitwirkung im VormG-Verfahren gem. § 49 FGG (§ 50 I 2, II KJHG).
- Anrufung des Gerichts zur Abwendung einer Gefährdung des Kindeswohls (§ 50 III KJHG iVm §§ 1666, 1632 IV BGB).
- Herbeiführen einer Entscheidung nach Inobhutnahme eines MJ (§ 42 II 3 Nr. 2 KJHG).
- Herbeiführen einer Entscheidung nach Herausnahme eines MJ (§ 43 I 3 KJHG).
- Gutachtliche Äußerung bei der Adoptionsvermittlung (§ 56d FGG).
- Vorschlag von Personen und Vereinen, die sich zum VM oder PFL eignen (§ 53 I KJHG).
- Mitteilung über die Nichtabstellung von Mängeln bei der Führung von Vormundschaft/Pflegschaft (§ 53 III 3 KJHG).

- Auskunftserteilung über das persönliche Ergehen und die Entwicklung eines Mündels (§ 53 III 4 KJHG).
- Anzeige der Gefährdung des Mündelvermögens (§ 53 III 5 KJHG).
- Jährliche Überprüfung und Mitteilung, ob das JA als VM/PFL abgelöst werden kann (§ 56 IV KJHG).
- Auskunft und jährliche Rechnungslegung, wenn das JA VM oder PFL ist (§§ 1839, 1840 BGB).

(107) ***In welchen Fällen hat das JA die Pflicht, mit dem FamG zu kooperieren?***

- Unterstützung des FamG bei Maßnahmen, die die Sorge für die Person des MJ betreffen (§ 50 I 1 KJHG).
- Mitwirkung in FamG-Verfahren gem. § 49 a FGG (§ 50 I 2, II KJHG).
- Anrufung des Gerichts zur Abwendung einer Gefährdung des Kindeswohls (§ 50 III KJHG iVm §§ 1671 V, 1672 BGB).

(108) ***In welchen Fällen hat das VormG/FamG die Pflicht, mit dem JA zu kooperieren?***

- Anhörung des JA gem. § 49 FGG
- Anhörung des JA gem. § 49 a FGG
- Anhörung des JA vor Erlaß einer einstweiligen AO gem. § 620 a II ZPO
- Anhörung der Adoptionsvermittlungsstelle gem. § 56 d FGG
- Mitteilung über Bestellung von VM/PFL (§ 1851 I BGB)
- Mitteilung über Aufenthaltswechsel des Mündels (§ 1851 II BGB)
- Anhörung des JA bei Bestellung eines VM nach Ausfallen des Berufenen (§ 1779 I BGB)
- Anhörung des JA bei Ablösung eines Vereins durch EinzelVM (§ 1887 III BGB).

(109) ***Was hat das JA zu tun, wenn es gem. §§ 49, 49 a FGG, 50 I 2 KJHG vom VormG/FamG um Unterstützung gebeten wird?***

Unter der Geltung des JWG ist – in Anlehnung an § 38 JGG – die Kooperation von JA und Gericht vielfach als »Gerichtshilfe« bezeichnet worden. In der Praxis wurde dieser Begriff nicht selten mißverstanden, indem sie aus ihm herleitete, daß das Verhältnis von JA und Gericht ähnlich sei wie das von Polizei und Staatsanwaltschaft, nämlich daß das JA eine Art Hilfsorgan oder verlängerter Arm des Gerichts sei. Daß diese Sicht falsch ist, bestätigte bereits 1954 der BGH[1] in einer Klarheit, die nichts zu wünschen übrig ließ. Um ganz deutlich zu machen, daß das JA eine eigenständige Aufgabe wahrnimmt, wählte der Gesetzgeber des KJHG ausdrücklich den Begriff der Mitwirkung, der allerdings auch schon in § 4 Nr. 2 JWG gestanden hatte.

§ 50 II KJHG präzisiert – entgegen dem vor 1991 geltenden § 48 JWG – die Aufgaben, die das JA hat, wenn es in Verfahren des VormG/FamG mitwirkt. Er führt aus, daß das JA »insbesondere« folgendes zu tun habe:

---

1 21. 5. 1954, FamRZ 1954, 219 = ZblJugR 1954, 236.

- es unterrichtet über angebotene und erbrachte Leistungen,
- es bringt erzieherische und soziale Gesichtspunkte zur Entwicklung des Minderjährigen ein,
- es weist auf weitere Möglichkeiten der Hilfe hin.

Den Kern der Mitwirkung stellt die fachliche Äußerung zur psychosozialen Situation des Minderjährigen dar. Ferner ist zu berichten, was das JA selber schon zur Veränderung der Situation beigetragen hat und was es künftig noch tun kann. Das Wort »insbesondere« macht deutlich, daß es darüber hinaus weitere Punkte einbringen kann, wenn es dies unter fachlichen Aspekten für angezeigt hält.
In welcher Form die Kooperation geschehen soll, führt das Gesetz nicht aus. Denkbar ist eine schriftliche Äußerung, wie sie an sich im zwischenbehördlichen Verkehr üblich ist. Vorstellbar ist aber auch ein bloßes mündliches Einbringen der notwendigen Gesichtspunkte im Gerichtsverfahren selber.
Gleich, welche Form zwischen JA und Gericht ausgehandelt wird: Es ist sicher, daß es sich um die Äußerung einer Fachbehörde handelt, die die Qualität eines **psychosozialen Gutachtens** aufweist. Daß der Gutachter keine unabhängige Einzelperson ist, sondern ein Experte, der bei einer Behörde oder einem Verein beschäftigt ist, spielt keine Rolle. Ebensowenig ist es bedeutsam, daß SA/SP nicht dasselbe Instrumentarium der Begutachtung besitzen wie Psychologen (z.B. keine Tests). Dafür kennen sie vielfach die Klienten in ihren sozialen Bezügen und ihrem Umfeld und können somit andere Aussagen machen als Psychologen oder Mediziner.
Wie der BGH schon in seiner Entscheidung aus dem Jahre 1954[2] festgestellt hat, darf sich das JA nicht darauf beschränken, Tatsachen mitzuteilen. Vielmehr müsse es die Tatsache werten, den Sachverhalt würdigen, dazu Stellung nehmen und einen Vorschlag unterbreiten. Demnach hat das JA, wenn es sich schriftlich äußert, ein psychosoziales Gutachten (unter der Geltung des JWG in Anlehnung an § 56d FGG, der von »gutachliche Äußerung« spricht, verbreitet »**gutachtliche Stellungnahme**« genannt. Das Wort »Bericht« ist – wie sich schon aus der BGH-Entscheidung ergibt, unzutreffend, da in ihm nur Fakten referiert werden) folgenden Inhalts abzugeben[3]:

1. Kopf (Absender, Adressat, Betreff) mit Quellenangaben (d.h. der Aussage, woher die benutzten Informationen stammen)

2. Vorgeschichte und derzeitige Situation: chronologische Auflistung der problemrelevanten Einzelereignisse bis zum Zeitpunkt der Stellungnahme einschließlich der Benennung der Leistungen, die das JA schon erbracht hat – Antwort auf die Frage: Was hat sich ereignet?

3. Psychologischer Befund: Beschreibung des relativ konstanten Erlebens und Verhaltens der Betroffenen – Antwort auf die Frage: Wie lassen sich die Beteiligten und ihre Situation zum jetzigen Zeitpunkt charakterisieren?

---

2 AaO, FN 1.
3 Vgl. dazu *Arndt/Oberloskamp*, S. 54.

4. Diagnose/Prognose: Erklärung oder Klassifikation des relativ konstanten defizitären Erlebens und Verhaltens der Betroffenen/Versuch, deren künftiges Erleben und Verhalten aufgrund der bisherigen Erkenntnisse und unter Einbeziehung weiterer Interventionsmöglichkeiten des JA einzuschätzen – Antwort auf die Frage: Warum haben die Betroffenen die Auffälligkeiten, und wie werden sich diese mit und ohne Intervention entwickeln?

5. Zusammenfassende Beurteilung: Subsumtion der gewonnenen Erkenntnisse unter den juristischen Tatbestand, um zu einer rechtlichen Folgerung zu gelangen; da hierbei meistens unbestimmte Rechtsbegriffe – z. B. Gefährdung, Kindeswohl – auszufüllen sind, besteht der Vorgang hauptsächlich in einem Abwägen.

6. Entscheidungsvorschlag: Folgerung aus der zusammenfassenden Beurteilung, die sowohl justiziellen (in Anlehnung an den Tenor einer möglichen Gerichtsentscheidung) als auch sozialrechtlichen Charakter (Hilfe- und Förderungsangebote des JA) haben, die aber auch die Einschaltung anderer Sachverständiger empfehlen oder den Richter zu weiteren eigenen Aktivitäten auffordern kann.
Ein solcher Vorschlag wird immer dann zu machen sein, wenn das JA das Gericht gem. § 50 III KJHG anruft. In den übrigen Fällen, d.h. wenn das Gericht das JA um Mitwirkung bittet, liegt es im fachlichen Ermessen des JA, einen Vorschlag zu machen oder nicht. Insbesondere im Falle der Scheidung steht es dem JA frei, nicht für einen Elternteil Partei zu ergreifen, sondern dem Richter die Entscheidung anheimzustellen. In vielen Fällen wird jedoch das fachliche Ermessen so schrumpfen, daß die Aufgabe des JA, das Kind zu schützen (»Wächteramt«), dieses dazu zwingt, Position zu beziehen.

XXIII. Mitwirkung in Verfahren nach dem Jugendgerichtsgesetz

Arbeitsfelder: ASDe; Abteilungen JGH.

Rechtsgrundlagen: §§ 38, 43 JGG; Richtlinien zum Jugendgerichtsgesetz (RLJGG) v. 15. 2. 1955, letzte Änderung v. 20. 5. 1980, abgedruckt bei *Eisenberg*.

Literatur: *Kommunale Gemeinschaftsstelle für Verwaltungsvereinfachung* (Hrsg): Organisation der Jugendgerichtshilfe, 1. Bericht Nr. 9/1976 – Jungendgerichtshilfe, Köln 1976; *Alheit/Dausien:* Jugendgerichtshilfe – Sozialarbeit zwischen Sozialisation und Sozialkontrolle, in : Barabas u. a. (Hrsg): Jahrbuch der Sozialarbeit, Reinbek 1977, S. 164 ff.; *E. Lux:* Jugendgerichtshilfe zwischen Schuld und Sühne, Stuttgart 1978; *W. Winter-von Gregory:* Jugendgerichtshilfe als Verwaltung sozialer Kontrolle, Neue Praxis 1979, 437; *W. A. Bottke:* Das Jugendamt als ermittelnde Jugendgerichtshilfe – ein Unding?, ZblJugR 1980, 509; *Ch. Pfeiffer:* Jugendgerichtshilfe als Brücke zwischen Jugendhilfe und Jugendgerichtsbarkeit – Entwurf für ein Modellprojekt, ZblJugR 1980, 389; *Deutsche Vereinigung für Jugendgerichte und Jugendgerichtshelfer* (Hrsg.): Die jugendrichterlichen Entscheidungen, Schriftenreihe Nr. 12, München 1981; *H. Ullrich:* Arbeitsanleitung für Jugendgerichtshelfer, Frankfurt 1982; *R. Momberg:* Der Einfluß der Jugendgerichtshilfe auf die Entscheidung des Jugendrichters, MSchrKrim 1982, 65;

A. Brühl: Strafrecht für Sozialarbeiter, 2. Aufl., Weinheim 1986; *D. Greese/H. Oberloskamp:* S.o. VI, S. 82; *F. Kaufmann:* Die Jugendhilfe im Spannungsfeld zwischen Strafverfolgung und Erziehungshilfe; Rechtsfragen im Zusammenhang mit Straftaten, an denen Minderjährige als Täter oder Opfer beteiligt sind, ZfJ 1990, 1; *I. Schwenkel-Omar:* Die Jugendgerichtshilfe zwischen Jugendhilfe und Justiz, ZfJ 1990, 45; *B. Philipp:* Neue Anforderungen an die Jugendgerichtshilfe – Beschreibungen eines möglichen Standortes (§ 52 KJHG), ZfJ 1990, 500; *W. Kiehl:* Jugendgerichtshilfe: Soziale Arbeit im Spannungsfeld zwischen Jugendhilfe und Jugendstrafrecht, in: Wiesner/Zarbock: Das neue KJHG, S. 173; *W. Kiehl:* Die neue JGH: Jugendhilfebetonte Jugendgerichtshilfe, Soziale Arbeit 1991, 146; *Ostendorf:* Jugendgerichtshilfe in der Rolle der »Doppelagentin« – Chance oder programmiertes Versagen?, ZfJ 1991, 9.

Was für eine Aufgabe hat die Jugendgerichtshilfe (JGH)? **(110)**

Sie soll die erzieherischen, sozialen und fürsorgerischen Gesichtspunkte im Verfahren gegen Jugendliche und Heranwachsende zur Geltung bringen (§§ 38 II 1, 2; 43 I JGG).

Wie erledigt die JGH diese Aufgabe? **(111)**

- Sie erforscht die Persönlichkeit, die Entwicklung und die Umwelt des Beschuldigten (§ 38 II 2 JGG).
- Sie ermittelt die Lebens- und Familienverhältnisse, den Werdegang, das bisherige Verhalten und alle übrigen Umstände, die zur Beurteilung seiner seelischen, geistigen und charakterlichen Eigenart dienen können (§ 43 I 1 JGG).
- Sie teilt das Ergebnis dieser Ermittlungen den beteiligten Behörden (Polizei, Staatsanwaltschaft, Gericht) mit und äußert sich zu den Maßnahmen, die zu ergreifen sind (§ 38 II 2 JGG).

Was für Rechte hat die JGH[4]? **(112)**

- Mitwirkungsrecht im gesamten Verfahren, § 38 III 2 JGG
- Recht auf Anwesenheit in der Hauptverhandlung, §§ 50 III 1; 48 II JGG
- Recht auf Äußerung zu den zu ergreifenden Maßnahmen, §§ 31 II 2; 50 III JGG
- Recht auf Anhörung in der Hauptverhandlung und vor Erteilung von Weisungen, §§ 50 III 1; 38 III 4–10 JGG
- Umfassendes Verkehrsrecht mit dem Beschuldigten, §§ 93 III JGG; 148 StPO
- Recht auf Antrag, den Jugendlichen und seinen gesetzlichen Vertreter von der Hauptverhandlung auszuschließen, § 51 S. 2, 6 JGG
- Recht und Pflicht der Überwachung von Aufgaben und Weisungen, § 38 II 3–6 JGG
- Recht auf frühestmögliche Unterrichtung von der Straftat, § 43 I 1 JGG
- Recht auf laufende Unterrichtung über das Jugendstrafverfahren, § 70 JGG
- Recht auf Anträge zur Strafmakelbeseitigung, § 97 JGG.

---

4 Zusammenstellung nach *Ullrich*, S. 18.

(113) ***Was sollte der JGH-Bericht enthalten?***

Im Prinzip ist ein JGH-Bericht ebenso aufzubauen wie ein psychosoziales Gutachten für das VormG/FamG. Darüber hinaus ist (evtl. nur bei Bedarf) zu den folgenden speziellen Fragen Stellung zu nehmen:

- Strafmündigkeit (§ 3 S. 1 JGG). Folge des Fehlens: Vormundschaftsgerichtliche Maßnahmen (§ 3 S. 2 JGG).
- Zurechnungsfähigkeit (§§ 20, 21 StGB). Folge des Fehlens: Unterbringung in einem psychiatrischen Krankenhaus (§ 63 StGB).
- Verantwortlichkeit von Heranwachsenden (§§ 105, 106 JGG). Folge des Fehlens: Anwendung von Jugendstrafrecht (§ 105 JGG).
- Vorliegen von »schädlichen Neigungen« (§ 17 II JGG). Folge des Fehlens: Keine Jugendstrafe (§ 17 JGG). Folge der Nichtfeststellbarkeit: Schuldfeststellung (§ 27 JGG).

(114) ***Was für Sanktionen kann der Jugendgerichtshelfer vorschlagen?***

- Einstellung des Verfahrens (§§ 45, 47 JGG)
- Weisungen (§§ 9 Nr. 1; 10; 11 JGG)
- Verpflichtung zur Inanspruchnahme von Hilfe zur Erziehung (§§ 9 Nr. 2, 12 JGG)
- Verwarnung (§§ 13 II Nr. 1, 14 JGG)
- Schadenswiedergutmachung (§§ 13 II Nr. 2; 15 I Nr. 1 JGG)
- Entschuldigung beim Verletzten (§§ 13 II Nr. 2, 15 I Nr. 2 JGG)
- Zahlung eines Geldbetrages (§§ 13 II Nr. 2; 15 I Nr. 3 JGG)
- Jugendarrest (§§ 13 II Nr. 3; 16 JGG)
- Schuldspruch (§§ 17, 27 JGG)
- Jugendstrafe (§ 7ff JGG)
- Strafaussetzung zur Bewährung (§§ 21–25 JGG).

Kapitel 9

Urkundstätigkeit

XXIV. Beurkundung und Beglaubigung

Arbeitsfelder: ASDe; Abteilungen »Amtspflegschaft/Amtsvormundschaft«.

Rechtsgrundlagen: § 59 KJHG; Beurkundung durch das JA gem. § 49 JWG, RdErl. d. MAGS v. 27.3. 1975 (MBl. NW S. 811); VO zur Durchführung des UVG v. 11.4. 1980 (GV. NW S. 482).

Literatur: *Deinert:* Das neue Kinder- und Jugendhilfegesetz und die Amtspflegschaft, DAVorm 1990, 489/492f; *D. Brüggemann:* Beurkundungen im Kindschaftsrecht, 3. Aufl., Köln 1991.

Was sind öffentliche Beurkundungen und öffentliche Beglaubigungen? **(115)**

1. Eine öffentliche Beurkundung ist die protokollarische Niederlegung der vor der Urkundsperson abgegebenen Erklärung.

2. Eine öffentliche Beglaubigung ist die Bestätigung, daß die Unterschrift, die vor einer Urkundsperson vollzogen wird, von der die Unterschrift leistenden Person herrührt.

Was für Befugnisse hat das JA gem. § 59 KJHG? **(116)**

In § 59 KJHG wird dem JA die Befugnis eingeräumt, Beamte und Angestellte des JA, die die Befähigung zum höheren oder gehobenen Verwaltungsdienst besitzen, zu ermächtigen, Beurkundungen und Beglaubigungen vorzunehmen und vollstreckbare Ausfertigungen auszustellen (§ 60 KJHG).
Das JA kann die Ermächtigung aussprechen, eine Verpflichtung besteht hierzu nicht. Da aber die Tätigkeit der Urkundspersonen für die Arbeit im JA von erheblicher Bedeutung ist, muß jedes JA über Beamte oder Angestellte verfügen, die zur Beurkundung oder Beglaubigung der in § 59 KJHG genannten Erklärungen ermächtigt sind. Die gilt besonders, weil in § 2 III Nr. 12, 13 KJHG Beurkundungen und Beglaubigungen als »andere Aufgaben« des JA ausdrücklich aufgeführt sind.

Welchen rechtlichen Charakter hat die Tätigkeit gem. § 59 KJHG? **(117)**

Es handelt sich um eine hoheitliche Tätigkeit. Die Urkunde ist eine öffentliche Urkunde (§ 415 ZPO), der im Rechtsverkehr erhebliche Bedeutung zukommt. Mit der Beurkundung und Beglaubigung der in § 59 KJHG genannten Erklärungen sowie mit der Erteilung einer vollstreckbaren Ausfertigung (§ 60 KJHG) ist große Verantwortung verbunden. Die in diesem Zusammenhang tätigen Beamten und Angestellten müssen gründliche Kenntnisse des Familien- und des Beurkundungsrechts haben; angesichts der Freizügigkeit ist auch

Kenntnis ausländischen Rechts erforderlich. Deshalb sieht das Gesetz vor, daß für diese Tätigkeit nur Beamte des höheren oder des gehobenen Verwaltungsdienstes in Betracht kommen.

(118) ***Wer bestellt Mitarbeiter des JA zu Urkundspersonen?***

§ 59 I 1 KJHG stellt fest, daß »das JA« ermächtigen kann. Nach § 70 I KJHG werden die Aufgaben des JA durch den JHA und durch die Verwaltung des JA wahrgenommen. Abs. 2 präzisiert, daß »die Geschäfte der laufenden Verwaltung« vom Leiter der Verwaltung der Gebietskörperschaft (in NW: Oberstadtdirektor, Oberkreisdirektor) oder in seinem Auftrag vom Leiter der Verwaltung des JA geführt werden. In jedem Fall ist die Führung der laufenden Geschäfte nur im Rahmen der Satzung, der Beschlüsse der Vertretungskörperschaft (kommunales Parlament) und des JHA möglich. Die Bestellung von Urkundsbeamten wird als Geschäft der laufenden Verwaltung angesehen.[1] Die Bestellung ist – ebenso wie eine Ernennung oder Beförderung – ein VA. Dasselbe gilt für Rücknahme und Widerruf.

(119) ***In welchen Fällen ist eine Beurkundung oder Beglaubigung vorzunehmen?***

1. Gem. § 59 I Nr. 1 KJHG bei der **Anerkennung der Vaterschaft**. Hier sind die Anerkennungserklärung des Vaters (§§ 1600a S. 1, 1600b BGB) und die Zustimmungserklärung des Kindes (§ 1600c BGB) zu unterscheiden. Beide bedürfen der öffentlichen Beurkundung (§ 1600e I 1 BGB).
Ist der Anerkennende oder das Kind nicht voll geschäftsfähig, so bedürfen sie der Mitwirkung ihres g. V. Hier ist zu unterscheiden:

1.1 **Anerkennender** nicht voll geschäftsfähig:

- mj: Zustimmung des g. V. öffentlich beglaubigt (§§ 1600d I, 1600e I 2 BGB)
- geschäftsunfähig: Anerkennung durch g. V. öffentlich beurkundet (§§ 1600d I 2, 1600e I 1 BGB) plus Genehmigung des VormG.
- unter Betreuung stehend: An sich beeinträchtigt die Betreuung nicht die Geschäftsfähigkeit. Daher bleibt der Betreute grundsätzlich allein handlungsfähig. Ist jedoch ein Einwilligungsvorbehalt angeordnet, so hat der Betreute insoweit eine Rechtsstellung, die der eines beschränkt geschäftsfähigen MJ ähnelt, § 1903 BGB. Er braucht daher die Zustimmung des Betreuers, die öffentlich beglaubigt sein muß (§§ 1600e II 2, 1600d III, 1903 BGB).

1.2 **Kind** nicht voll geschäftsfähig:

- Geschäftsunfähig oder noch nicht 14 Jahre: Zustimmung des g. V. in öffentlich beglaubigter Form (§§ 1600d II 1, 1600e I 2 BGB)
- mj: über 14 Jahre öffentlich beglaubigte Zustimmung des g. V. (§§ 1600d II 2, 1600e I 2 BGB).

2. Gem. § 59 I Nr. 2 KJHG bei der **Anerkennung der Mutterschaft**. Diese Vorschrift berücksichtigt die Tatsache, daß ausländische Staaten – insbesondere im

1 Schellhorn/Wienand, § 70 Rdnr. 7.

romanischen Rechtskreis – in ihren Gesetzen die Anerkennung der Mutterschaft fordern (Beurkundung).

3. Bei der **Erklärung einer Unterhaltsverpflichtung** (§ 59 I 1 Nr. 3 KJHG) oder einer ersatzweise erfolgenden Abfindung des Kindes oder des Jugendlichen (Beurkundung).

4. Bei **Verpflichtungserklärungen gegenüber der Mutter** des ne. Kindes. § 59 I 1 Nr. 4 KJHG regelt die Beurkundung der Verpflichtung des Vaters des ne. Kindes zur Erfüllung der Ansprüche der Mutter auf Entbindungskosten (§ 1615k BGB) und auf Unterhalt aus Anlaß der Geburt (§ 1615 I BGB).

5. Gem. § 59 I 1 Nr. 5 KJHG bei **Erklärungen zum Familiennamen** und zur Einbenennung des ne. Kindes (§ 1617 II und § 1618 BGB).

6. Gem. § 59 I 1 Nrn. 6 und 7 KJHG bei Widerruf der Einwilligung des Kindes in seine **Annahme** (§ 1746 II 1 BGB) und bei der Erklärung des Verzichtes eines ne. Vaters auf Ehelicherklärung oder Kindesannahme (§ 1747 II 3 BGB).

Woraus ergibt sich die sachliche und örtliche Zuständigkeit des JA und das Verhältnis zu anderen Urkundspersonen oder Stellen? **(120)**

1. Die **sachliche Zuständigkeit** des JA zur Erfüllung der Aufgaben nach § 59 KJHG ergibt sich aus § 85 I KJHG.

2. Die **örtliche Zuständigkeit** ist in § 87e KJHG geregelt. Für Beurkundungen iSv § 59 KJHG sind die dazu ermächtigten Beamten oder Angestellten eines jeden JA zuständig.

3. § 59 I 2 KJHG stellt fest, daß die sachliche Zuständigkeit **anderer Urkundspersonen** oder Stellen durch die Bevollmächtigung von Beamten oder Angestellten des JA nicht berührt wird. Nicht berührt sind insbesondere die Zuständigkeit des Notars, dessen Zuständigkeit nach der Bundesnotarsordnung (BNotO) und nach dem Beurkundungsgesetz (BurkG) sämtliche Tätigkeiten der JA-Mitarbeiter iSv § 59 KJHG umfaßt.
Nicht berührt ist auch die Kompetenz des Standesbeamten, der die Anerkennung der Vaterschaft, der Mutterschaft und der hiermit zusammenhängenden Erklärungen wie etwa die Zustimmung des Kindes beurkunden kann (§§ 29, 29a, 29b PStG).

XXV. Erteilung vollstreckbarer Ausfertigungen

Arbeitsfelder: S. o. XXIV.

Rechtsgrundlagen: § 60 KJHG iVm §§ 794ff ZPO.

Literatur: S. o. XXIV.

(121) ***Was ist Zwangsvollstreckung?***

Zwangsvollstreckung ist die Verwirklichung vollstreckbarer Ansprüche durch staatliche Zwangsmaßnahmen in das Vermögen (Mobilien, Immobilien, Rechte) des Schuldners. Ansprüche sind dann vollstreckbar, wenn sie einen vollstreckungsfähigen Inhalt haben (also auf Leistung oder Duldung gerichtet sind) und in einer gerichtlichen, notariellen oder behördlichen Urkunde (z. B. Urteil, gerichtlicher Vergleich, notarielle Urkunde, Urkunde des JA) festgestellt sind. Gerichtliche Entscheidungen müssen in der Regel rechtskräftig sein; in notariellen oder behördlichen Urkunden muß sich der Schuldner der sofortigen Zwangsvollstreckung unterworfen haben.

(122) ***Unter welchen drei Voraussetzungen kann ein Gläubiger die Zwangsvollstreckung betreiben?***

Der Gläubiger benötigt

- einen vollstreckbaren Titel (s. o. Frage 122) (§§ 704, 794 ZPO)
- eine Vollstreckungsklausel auf dem Titel (§§ 725 ff ZPO)
- und die Zustellung des Titels an den Schuldner (§§ 166 ff ZPO).

Die Vollstreckungsklausel ist die vom Urkundsbeamten erteilte Bescheinigung über die Vollstreckbarkeit des Titels.

(123) ***Welche der im § 59 KJHG genannten Urkunden unterliegen der Zwangsvollstreckung?***

Gem. § 60 I 1 KJHG findet die Zwangvollstreckung statt aus Urkunden, die eine Verpflichtung nach § 59 I 3 oder 4 KJHG zum Gegenstand haben. § 59 I 1 Nr. 3 KJHG betrifft die Verpflichtung zur Erfüllung der **Unterhaltsansprüche** des Kindes (oder der Abfindung). § 59 I 1 Nr. 4 KJHG betrifft die Verpflichtung zur Erfüllung der Ansprüche der Frau auf Zahlung von **Entbindungskosten** und Unterhalt. In beiden Fällen muß sich der Schuldner nicht nur gem. § 59 KJHG urkundlich verpflichten, sondern sich zudem der sofortigen Zwangsvollstreckung unterwerfen. Hierbei sind zwei Fälle zu unterscheiden: der des § 60 I 1 KJHG und der des § 60 II KJHG.

§ 60 I 1 KJHG regelt die Unterwerfungserklärung bei **beziffertem** Unterhaltsanspruch. Das betrifft eheliche Kinder; bei ne. Kindern gilt dies für Großeltern und die Mutter, weil diese Personen nicht der Regelunterhaltspflicht unterliegen. Der bezifferte Unterhalt ist Individualunterhalt nach §§ 1601 ff BGB.

§ 60 II KJHG betrifft die Unterwerfungserklärung bei **unbeziffertem** Anspruch (Regelunterhalt). Die Erklärung des Vaters, sich der sofortigen Zwangsvollstreckung zu unterwerfen, ist auch hier erforderlich; es fehlt aber die Angabe eines bestimmten Betrages. Bei dem Urteil auf Leistung des Regelunterhalts wird die Höhe des Unterhalts durch Verweisung auf den Regelunterhalt festgesetzt. Ein solches Urteil kann aber nicht vollstreckt werden, weil die Angabe eines bestimmten Betrages fehlt. Die Bestimmung des Regelunterhalts geschieht in dem in § 642 a ZPO geregelten Beschlußverfahren. Dort wird der Betrag festgesetzt, den der Vater des ne. Kindes zahlen muß (§ 794 I Nr. 2 a ZPO). Der Vater muß sich dazu nicht nur der sofortigen Zwangsvollstreckung aus der Urkunde, sondern auch der Festsetzung des Betrags des Regelunterhalts in dem Verfahren nach § 642a, b ZPO unterwerfen (§ 642c Nr. 2 ZPO). Es ist also eine zweifache Unterwerfungserklärung notwendig: Die Unterwerfung unter die sofortige Zwangsvollstreckung und die Unterwerfung unter die Festsetzung des Regelunterhalts.

Wie erfolgt die Zwangsvollstreckung aus Jugendamtsurkunden? **(124)**

Auf die Zwangsvollstreckung aus den vom JA aufgenommenen vollstreckbaren Urkunden sind grundsätzlich die §§ 724 bis 793 ZPO entsprechend anzuwenden (§§ 794 I Nr. 5, 795 ZPO iVm § 60 I 3 KJHG).

Außerdem gelten die Bestimmungen des § 797 ZPO mit den in § 60 I 3 Nr. 1 und 3 KJHG festgeschriebenen Änderungen. Die vollstreckbare Ausfertigung der von der Urkundsperson des JA aufgenommenen Urkunde wird von den Beamten oder Angestellten des JA erteilt, denen die Beurkundung der Verpflichtungserklärung übertragen ist (Nr. 1). Dabei ist nicht erforderlich, daß die Urkundsperson des JA, die die Verpflichtungserklärung beurkundet hat, auch die Vollstreckungsklausel erteilt. Dies letzte kann jede Urkundsperson des JA tun.

Lehnt der Urkundsbeamte des JA die Erteilung einer Vollstreckungsklausel ab, so ist dagegen der Rechtsweg zu den ordentlichen Gerichten offen[2].

Über Einwendungen, die die Zulässigkeit der Vollstreckungsklausel betreffen, und über die Erteilung einer weiteren vollstreckbaren Ausfertigung entscheidet das für das JA zuständige AG (Nr. 2).

---

2 KG v. 20. 11. 1973, DAVorm 1974 = FamRZ 1974, 211/213 u. a.

Kapitel 10

Sonstige Verpflichtungen des Trägers öffentlicher Jugendhilfe

XXVI. Jugendhilfeplanung

Arbeitsfelder: JHA; Leiter des JA, dem alle Abteilungen zuarbeiten müssen.

Rechtsgrundlage: § 80 KJHG

Literatur: *Deutsches Institut für Urbanistik* (Hrsg): Planung in der Jugendhilfe, Berlin 1978; *Institut für soziale Arbeit e. V.:* Jugendhilfeplanung in NRW, Düsseldorf 1990; *Jacobs/Mager:* Jugendhilfeplanung, Soziale Arbeit 1991, 182; *D. Greese:* Jugendhilfeplanung – Das Leben, das Individuelle und die Planung, in: Wiesner/Zarbock: Das neue KJHG; *B. Nikles:* Die Jugendhilfeplanung nach dem neuen KJHG als Steuerungsinstrument der Jugendhilfe, TuP 1991, 73; *V. Ronge:* Thema Jugendhilfeplanung, ZfJ 1991, 517; *Chr. Schrapper:* Zwischen Neuorientierung und Überforderung? NDV 1991, 287; *F. Krause:* Prozeßorientierte Jugendhilfeplanung im Spannungsfeld von Verwaltung, freien Trägern, Öffentlichkeit und Politik, ZfJ 1992, 357; *M. Heck:* Jugendhilfeplanung – eine gesetzliche Pflichtaufgabe nach dem KJHG, DAVorm 1992, 261; *P. Ludemann:* Arbeit in sozialen Brennpunkten vor dem Hintergrund des KJHG, JugWo 1992, 10.

(125) ***Was ist Jugendhilfeplanung iSd KJHG?***

Vorbemerkung: Der Jugendhilfeplan gem. § 80 KJHG ist nicht zu verwechseln mit dem Hilfeplan gem. § 36 II 2 KJHG. Ersterer betrifft das Förder- und Hilfeangebot einer Kommune schlechthin, letzterer die individuelle Hilfe zur Erziehung, auf die Eltern (§ 27 KJHG) oder junge Volljährige (§ 41 KJHG) einen Rechtsanspruch haben.

Jugendhilfeplanung ist ein ständiger Prozeß, der auf Binnen-Korrekturen an Normen, fachlichen Standards und Abläufen sowie nach außen auf politische Willensbildung und Entscheidungsvorbereitung gerichtet ist. Jugendhilfepläne dienen kommunalen Jugendpolitikern und Jugendbehörden als Steuerungsinstrumente bei der Wahrnehmung ihrer Gesamtverantwortung für die Jugendhilfe[1].

Die Verpflichtung zur Jugendhilfeplanung war bereits im JWG ansatzweise (vgl. § 7) verankert und hat in der Praxis immer größere Bedeutung erlangt. In der Begründung der Bundesregierung zu § 71, jetzt § 80 KJHG[2] heißt es hierzu: »Es gehört zu den Prinzipien einer wirksamen und modernen Sozialpolitik, den Bedarf an sozialen Einrichtungen und Diensten mittel- und langfristig zu ermitteln. Für die Jugendhilfe ist die Planung insbesondere auch deshalb wichtig,

1 *Schneider,* in: Fachlexikon der sozialen Arbeit, 3. Aufl., Frankfurt 1993, S. 528.
2 BT-Drucks. 11/5948, S. 101.

weil für die notwendige Intensivierung nur knappe Mittel zur Verfügung stehen, deren wirksamer und wirtschaftlicher Einsatz sorgfältig erwogen werden muß, und weil dazu im besonderen die Anstrengungen der freien und öffentlichen Jugendhilfe auch mittel- und langfristig aufeinander abgestimmt werden müssen.«

Wie soll sich Jugendhilfeplanung nach den Vorstellungen des Gesetzgebers abspielen? **(126)**

§ 80 I KJHG umreißt die wesentlichen Schritte der Jugendhilfeplanung, nämlich die Feststellung des Bestands, die Ermittlung des Bedarfs und die Festlegung der dafür notwendigen Vorhaben. Ein mittelfristiger Planungszeitraum wird in Anlehnung an die mittelfristige Finanzplanung (4 Jahre ohne das laufende Haushaltsjahr) gewählt. Es bleibt den öffentlichen Trägern überlassen, eine darüber hinausgehende Planung anzustrengen.

Die Planung soll flexibel sein. Dem trägt § 80 I Nr. 3 KJHG Rechnung, der eine Absicherung selbst unvorhergesehenen Bedarfs verlangt.

§ 80 II KJHG regelt wesentliche Ziele für die Planung von Einrichtungen, Diensten und Veranstaltungen. Abs. 2 Nr. 1 will sicherstellen, daß Planung bürgernah (»stadtteilorientiert«) geschieht. Nr. 2 unterstreicht die Bedeutung eines pluralen Angebotes. Nr. 3 betont die Dringlichkeit der Planung zugunsten junger Menschen und Familien in gefährdeten Lebens- und Wohnbereichen (soziale Brennpunkte). Nr. 4 nimmt einen besonderen Auftrag auf: Jugendhilfe soll einen Beitrag dazu leisten, daß Mütter und Väter Aufgaben in der Familie und Erwerbstätigkeit besser miteinander vereinbaren können. Abs. 3 betont eine langjährige Forderung anerkannter Träger freier Jugendhilfe, möglichst frühzeitig in die Planungsvorhaben der öffentlichen Träger eingeschaltet zu werden. Die Planungsverantwortung der öffentlichen Träger wird hier verbunden mit der Verpflichtung zur frühzeitigen Beteiligung freier Träger. Die in dieser Vorschrift enthaltenen Grundsätze über die Beteiligung der anerkannten Träger freier Jugendhilfe bedürfen einer Konkretisierung im Landes- und Ortsrecht (§ 80 III 3 KJHG). Abs. 4 will eine Vernetzung von Jugendhilfeplanungen mit den übrigen örtlichen Planungen sicherstellen.

Die anspruchsvolle Aufgabe, die Jugendhilfeplanung bereits nach § 80 KJHG darstellt, wird durch § 81 KJHG noch gesteigert. In der Begründung der Bundesregierung heißt es hierzu[3]: »Jugendhilfe ist kein homogener Aufgabenbereich, sondern Teil einer Landschaft von Sozialisationsfeldern, in denen familiale, schulische, berufliche und aus Tradition den JÄ übertragene Funktionen sich vielfältig überschneiden. Aus dieser besonderen Stellung der Jugendhilfe im Kontext mit anderen Leistungsträgern und Aufgaben ergibt sich ihre besondere Verpflichtung, mit diesen Trägern zusammenzuarbeiten und dabei Zuständigkeitsgrenzen, die sich historisch entwickelt haben, im Interesse einer ganzheitlichen Betrachtungsweise von Lebenslagen junger Menschen zu überwinden.«

Als besonders wichtig werden daher die Zusammenarbeit der öffentlichen

---

3 BT-Drucks. 11/5948, S. 102.

Jugendhilfe mit der Schule und mit den Einrichtungen der beruflichen Aus- und Weiterbildung, den Gesundheitsämtern, der Arbeitsverwaltung, den Trägern der Sozialhilfe, den Polizei- und Ordnungsbehörden und schließlich der Aus- und Weiterbildung für Fachkräfte und der Forschung genannt. Eine Plattform für diese Zusammenarbeit ist der JHA.

XXVII. Jugendhilfestatistik

Arbeitsfelder: Alle Abteilungen des JA, freie Träger.

Rechtsgrundlage: §§ 98–103 KJHG.

Literatur: *H. Bertram/H. Bayer:* Bestand und Bedarf an statistischen Erhebungen im Bereich der »Jugendhilfe«, RdJB 1990, 270; *U. Hoffmann:* Neuordnung der Jugendhilfestatistik, Wirtschaft und Statistik 1991, 153.

(127) ***Warum enthält das KJHG einen so ausgedehnten Katalog von Regelungen zum Thema Statistik?***

§ 98 KJHG führt aus, daß es Zweck der Erhebung statistischer Daten sei, die Auswirkungen des KJHG beurteilen und seine Fortentwicklung durch laufende Erhebungen begleiten zu können. Demgegenüber wurden bislang Statistiken im wesentlichen im Auftrag des Gesetzes über die Durchführung von Statistiken auf dem Gebiet der Sozialhilfe, der Kriegsopferfürsorge und der Jugendhilfe durchgeführt. Diese Erhebungen orientieren sich weitgehend an einer Situation der Jugendhilfe, wie sie vor 70 Jahren, als das JWG in Kraft trat, herrschten. Sie war geprägt von überörtlichen Hilfen wie Fürsorgeerziehung und freiwillige Erziehungshilfe und von einer Situation, in der stationäre Hilfen eine große Rolle spielten, ambulante sich aber erst langsam etablierten. Heute entwickeln die §§ 98ff KJHG ein regelrechtes Programm:

- § 98 regelt Zweck und Umfang der Erhebung.
- § 99 beschreibt die Erhebungsmerkmale und macht im wesentlichen folgende Aufgaben zum Gegenstand von Erhebungen: Hilfe zur Erziehung und Hilfe für junge Volljährige, gesetzliche und bestellte Amtspflegschaft und Amtsvormundschaft sowie Beistandschaft des JA; Erteilung von Pflegeerlaubnis; sorgerechtliche Maßnahmen; Vaterschaftsfeststellungen; Angebote der Jugendarbeit; Einrichtungen, Behörden und Geschäftsstellen in der Jugendhilfe und die dort tätigen Personen; Ausgaben und Einnahmen der öffentlichen Jugendhilfe.
- § 100 legt Hilfsmerkmale fest. Die weiteren Vorschriften regeln Einzelheiten des Verwaltungshandelns, soweit es statistisch erfaßt werden soll.

Zweiter Teil

Fälle

Kapitel 1

Aufgaben und Träger der Jugendhilfe

I. Aufgaben der öffentlichen Jugendhilfe

Fall 1: Aufgaben des Jugendamtes

Das JA der Stadt X hat eine eigene Abt. Pflegekinder/-eltern mit fünf Fachkräften eingerichtet. Von hier aus wird die Suche nach geeigneten Pflegekindern/-eltern sowie die Beratung von Pflegefamilien intensiviert.
Das LJA möchte im Hinblick auf den Ausbau einer leistungsfähigen Pflegekindervermittlung zwischen den JÄ seines Bezirks, daß alle JÄ entsprechende Abteilungen einrichten. Die JÄ der Städte A, B, C erkären, sie hätten kaum Pflegefamilien. Außerdem seien sie aufgrund der Finanzlage außerstande, diese Aufgabe auszubauen.

1. Sind die JÄ A, B, C berechtigt, in ihrem Bereich das Pflegekinderwesen »auf Sparflamme« zu halten?
2. Kann das LJA den JÄ A, B, C auferlegen, mehr in diesem Bereich zu tun? Ggf. wie? Wer könnte die JÄ A, B, C zwingen, hier Aktivitäten zu entfalten? Ggf. wie? Wer könnte sonst noch Einfluß nehmen?

Fall 2: Verhältnis von SGB I, SGB X, KJHG zueinander

Der 15jährige J ist in eine Clique junger Leute geraten, wo viel geraucht, getrunken und verschiedentlich auch Rauschgift genommen wird. Seine Leistungen in der Schule haben stark nachgelasssen. Mit seinen Eltern hat er ständig Streit, weil er zu spät nach Hause kommt, nicht für die Schule arbeitet, »freche Antworten« gibt und sich vor der Mithilfe im Hause drückt. Die Eltern würden gerne etwas mit ihrem Sohn unternehmen, wissen aber nicht, was. J merkt selber, daß er die an sich geplante Fachoberschulreife so sicher nicht schaffen kann. Er fühlt sich, seit er weiß, daß einige seiner Kameraden Haschisch nehmen, auch etwas unsicher in der Gruppe. Er meint allerdings, daß das Zerwürfnis mit seinen Eltern mehr auf deren Verständnislosigkeit ihm gegenüber als auf sein Verhalten zurückzuführen sei.
Als einer seiner Freunde aus der Clique Hilfe zur Erziehung in einem Heim erhält, beschließt er, »seinen Eltern ein Schnippchen zu schlagen« und ebenfalls zu versuchen, ins Heim zu kommen. Er schreibt ans Sozialamt und »stellt den Antrag, in einem Heim untergebracht zu werden«.

1. Was hat das Sozialamt zu unternehmen?
2. Wie wird der Vorgang verfahrensmäßig ablaufen?
3. Wie wäre es, wenn nicht J, sondern seine Eltern einen entsprechenden Antrag beim JA gestellt hätten?

II. Die Wahrnehmung von Aufgaben der Jugendhilfe durch Träger freier Jugendhilfe

Fall 3: Tätigkeitsbereiche freier Träger

Die AW hat sich jahrelang mit offener Gruppen- und GWA in einer Obdachlosensiedlung betätigt. Der Träger öffentlicher Jugendhilfe hat diese Arbeit jährlich mit 200000,– DM unterstützt. Ein Konflikt, der geraume Zeit zwischen den Mitarbeitern in der Obdachlosensiedlung und ihrem Anstellungsträger schwelt, bricht eines Tages offen aus und führt zur sofortigen Kündigung sämtlicher dort Tätigen. Neue Mitarbeiter lassen sich nicht sogleich finden, die alten – inzwischen arbeitslosen – verkehren weiterhin in der Siedlung. Deshalb sieht sich der Träger schließlich nicht mehr in der Lage, auch künftig die Verantwortung für die Arbeit zu tragen. Er gibt den Auftrag ohne Vorankündigung an das JA zurück. Dieses erklärt sich einverstanden, beschließt jedoch sogleich im JHA, die Arbeit in der Obdachlosensiedlung nicht fortzuführen, und sie auch keinem andern freien Träger anzubieten. Vielmehr sollen die Kleinkinder fortan in die Pfarrkindergärten der Umgebung gehen, die Schulkinder sollen von der Schule und die Jugendlichen von den Jugendangeboten im Stadtgebiet aufgefangen werden. Diesen Adressaten gehen entsprechende Aufforderungen zu.

1. Wie beurteilen Sie die Aufkündigung der Kinder- und Jugendarbeit in der Obdachlosensiedlung durch den freien Träger?
2. Haben die Bewohner der Obdachlosensiedlung eine Möglichkeit, auf einer Fortführung der Arbeit zu bestehen? Wem gegenüber könnten sie sie ggf. geltendmachen?
3. Können die in Anspruch genommenen Einrichtungen und Veranstaltungen der Umgebung durch die Aufforderung des JA verpflichtet werden, die Kinder und Jugendlichen aufzunehmen?
4. Wäre die Situation anders, wenn nicht der freie Träger die Arbeit aufgekündigt, sondern das JA dem freien Träger folgendes mitgeteilt hätte:
   Im Rahmen allgemeiner Sparmaßnahmen sei es nicht zu verantworten, das Projekt wie bisher weiterlaufen zu lassen. Der Personalapparat des JA reiche dazu aus, die gesetzlichen Pflichten nach dem KJHG zu erfüllen. Die allgemeinen Hilfsangebote des JA gälten auch für die Bewohner der Obdachlosensiedlung. Ferner werde in jeder Siedlung einmal wöchentlich eine spezielle Sprechstunde abgehalten. Für die Kinder und Jugendlichen stünden ausreichend Pfarrkindergärten und Offene Türen in der Umgebung zur Verfügung.

Kapitel 2

Generelle Leistungen der Jugendhilfe

III. Jugendarbeit, Jugendsozialarbeit, erzieherischer Kinder- und Jugendschutz

Fall 4: Anerkennung einer Kinderorganisation als freier Träger

Der Vorstand der vor einem Jahr gegründeten Kinderorganisation »Wehrsport fürs Vaterland« e. V., der kürzlich in der Stadt Z im Vereinsregister eingetragen ist, stellt beim LJA den Antrag auf Anerkennung als Träger freier Jugendhilfe gem. § 75 KJHG. Das LJA weist den Antrag zurück mit der Begründung, es sei nicht zuständig, der Verein habe nur lokale Bedeutung. Im übrigen sendet das LJA den Vorgang an das zuständige JA und teilt diesem iSv § 75 KJHG seine Rechtsauffassung zum Antrag mit.
Nunmehr stellt der Vereinsvorstand beim JA der Stadt Z Antrag auf Anerkennung als Träger der freien Jugendhilfe. Gestützt auf die Rechtsauskunft des LJA weist das JA den Antrag ebenfalls zurück. In seiner Begründung wird u. a. ausgeführt:
Es sei nicht gewährleistet, daß der Verein eine den Zielen des Grundgesetzes förderliche Arbeit leiste. In der Satzung des Vereins heiße es zwar u. a., daß seine Kinder- und Jugendarbeit durch Erziehung, Bildung und Gesellung zur Emanzipation des Menschen und der aktiven Mitgestaltung der Gesellschaft beitragen solle. Wahres Ziel der Organisation sei jedoch die ideologisch-politische Beeinflussung der 6–14jährigen in faschistischem Sinne, was sich daraus ergebe, daß die Vorstandsmitglieder alle der Y-Partei (faschistische Zielsetzung) angehörten und die Organisation Mitglied der »Internationalen Liga für Rassenreinheit« sei.

1. Wie beurteilen Sie die Ablehnung des JA?
2. Wie bewerten Sie die Ablehnung des LJA?
3. Wie könnte sich der Verein gegen die Entscheidung wehren?

Fall 5: Förderung einer Jugendinitiative

In der Arbeitersiedlung A der Stadt Z ist die Zahl der arbeitslosen Jugendlichen besonders hoch. Die Betroffenen lungern in Cliquen herum und wissen nichts mit sich anzufangen. G, der aktives Mitglied in der Gewerkschaft ist, erfährt von dieser problematischen Situation und beschließt, in seiner Freizeit in A einen Jugendclub zu organisieren. Er macht ein nicht mehr bewohntes Hinterhaus ausfindig, das sich zur Unterhaltung des Clubs eignet. Zusammen mit sechs Jugendlichen des Stadtteils erarbeitet er ein Konzept für den Club. Nachdem einige Aktivitäten mit Erfolg durchgeführt worden sind, beschließt die Gruppe, das JA um finanzielle Unterstützung zu bitten. Dieses lehnt ab, mit der Begründung, die Gruppe sei kein Träger freier Jugendhilfe.

Wie beurteilen Sie die Ablehnung?

Fall 6: Ehrenamtliche Tätigkeit in der Jugendhilfe

Die Stadt R betreibt seit Jahren systemtatische Jugendhilfeplanung. U.a. wurden Bestandsaufnahmen über die familiäre Situation der verschiedenen Wohngebiete der Stadt gemacht; damit zusammenhängend wurden die Auffälligkeiten von Kindern und Jugendlichen erfaßt. Dabei ergaben sich für bestimmte Stadtgebiete deutliche Schwerpunkte, die sich z.B. an Ehescheidungszahlen, Kinder- und Jugendselbstmorden, Drogenkonsum, Jugend- und Erwachsenenkriminalität und vielen weiteren Problemauffälligkeiten ablesen ließen.
Aus diesen Bestandsaufnahmen ermittelte man Planungsdaten, die zur Schaffung von Beratungsstellen (für Kinder, Jugend- und Eheprobleme) führten. Ein sogenanntes Kindersorgentelefon wurde eingerichtet. Auch Stadtteilarbeit wurde ermöglicht, wo alle Dienste nach § 2 II Nr. 1–5 KJHG zur Vorbeugung angeboten werden sollten. Im letzten Zusammenhang errichtete man ein Jugendheim, das mit einem hauptamtlichen SP besetzt wurde. Alle Berufskräfte wurden aus kommunalen Mitteln finanziert; Anstellungsträger waren ausnahmslos verschiedene freie Träger.
Nach einer dreijährigen Laufzeit zeigte es sich, daß die Arbeit mit den Jugendlichen einen besonders hohen Schwierigkeitsgrad aufwies, weshalb der freie Träger bei JA einen Antrag auf Förderung von weiteren drei SP stellte. Das JA lehnte den Antrag mit Rücksicht auf die Haushaltslage ab. Dem freien Träger empfahl man, sich jetzt in der freiwilligen Tätigkeit zu bewähren, die das KJHG ja eigens erwähne und die dem freien Träger dem öffentlichen Träger gegenüber einen Freiraum einräume.
Der hauptamtliche SP erklärte sich außerstande, mit Ehrenamtlichen zu arbeiten. Geeignete Helfer seien im Stadtteil nicht zu finden. Als dieses Argument im JA keine Beachtung fand, kündigte er. Das Jugenheim wurde daraufhin geschlossen.
In den folgenden drei Jahren kam es zu wiederholten Einbrüchen und schließlich zu einer Brandstiftung, bei der das Heim weitgehend zerstört wurde.
Während dieser Zeit hatten mehrfach Besprechungen wegen der personellen Besetzung stattgefunden, darunter mehrere in Form von Ortsterminen. Nachdem der aus dem Dienst geschiedene SP mit Jugendlichen eine organisierte Demonstration veranstaltet hatte, bei der auf Spruchbändern die Forderung zu lesen war: »Wir brauchen vier Sozialpädagogen!« waren die Verhandlungen abgebrochen worden.
Viele Jugendliche hatten sich während dieser Zeit dem örtlichen Sportverein e.V. angeschlossen, der dadurch auf 2000 Mitglieder wuchs. Die zuvor ausreichenden Umkleideräume mußten jetzt erweitert werden. Ein entsprechender Antrag wurde beim JA mit Förderungszusagen unterstützt. Alsbald entfaltete sich in diesem Gebäude ein lebhaftes Jugendzentrum, das ausschließlich ehrenamtlich geführt wurde. Jugendliche begannen, eine Disko selbst zu bauen und wurden hierbei bereitwilligst von Erwachsenen beraten und unterstützt.
Eines Tages sprachen die Eltern vor, deren Kinder im Hortalter waren, und fragten, ob diese ebenso wie die Jugendlichen Zugang zu den Freizeiträumen erhalten könnten. Der Sportverein zögerte, eine vorbehaltlose Zusage zu geben, und legte die Anfrage dem zuständigen JA vor. Die Anfrage kam in den JHA, der die Nutzung der Räume für Jugendfreizeitzwecke uneingeschränkt genehmigte. Die Nutzung auch durch Kinder machte er lediglich davon abhängig, daß diese auf

bestimmte Öffnungszeiten begrenzt werde und sich dann immer eine sozialpädagogisch vorgebildete ehrenamtliche Betreuungskraft in den Räumen aufhalte. Man teilte dem e. V. mit, daß das letztere gelegentlich überprüft werde.

1. Wie beurteilen Sie die Entscheidung des öffentlichen Trägers, die Räume des Sportvereins für Zwecke eines Jugendfreizeitheimes zu fördern, die Nutzung durch Kinder jedoch unter die Auflage zu stellen, daß jeweils eine sozialpädagogische Kraft anwesend sein müsse?
2. Was hätte der freie Träger unternehmen sollen, um einen Antrag auf Förderung der Jugendfreizeitstätte durch weitere Hauptberufliche auch kommunalpolitisch durchzusetzen?

Fall 7: Haftung in der Jugendarbeit

Der 17½jährige S, der die Oberprima des Gymnasiums besucht, wohnt in dem Dorf D. Er ist sehr beliebt im Ort und für seine Kameradschaft und Umsicht bekannt. Von Eltern verschiedener Jungen im Alter von 10–12 Jahren wird an ihn die Bitte herangetragen, gegen Übernahme der für ihn entstehenden Kosten mit einer aus diesem Anlaß zu bildenden Gruppe in den großen Ferien etwas zu unternehmen. Er erklärt sich dazu bereit, und auch seine Eltern sind damit einverstanden. – So gehen schließlich 8 Jungen und S auf Radtour in die Berge. Dort machen sie eines Tages eine Wanderung, deren Krönung die Fahrt mit einem Doppelsessellift auf einen berühmten Berg ist.
Als der 12jährige Junge J – der im übrigen als ruhig und bereitwillig gehorchend gilt – mit einem Kameraden im Lift sitzt, kommt er auf die »tolle« Idee, Steine, die er zuvor gesammelt hat, hinunterzuwerfen. Mit einem der Würfe trifft J den Spaziergänger D am Kopf. Dieser erleidet eine schwere Verletzung und muß stationär behandelt werden.

1. Die Krankenkasse des D nimmt S in Regreß. Zu Recht?
2. Für den Fall, daß er haftbar ist, will S die Eltern von J in Anspruch nehmen. Ist dies möglich?
3. Wie wäre es, wenn S Stammesführer des Stammes Y, einer Unterorganisation des Deutschen Pfadfinderbundes W e. V., gewesen, von der Krankenkasse des D in Anspruch genommen worden wäre und jetzt vom Verein Erstattung seiner Leistungen verlangte?

IV. Förderung der Erziehung in der Familie

Sachverhalte, die den §§ 16–21 KJHG zuzuordnen sind, finden sich in den Fällen 22, 51 und 62.

V. Tageseinrichtungen und Tagespflege

Fall 8: Kindergärten im Sinne des KJHG und GTK NW

Sind folgende Einrichtungen KG im Sinne der § 22 I KJHG; § 1 S. 1, § 2 GTK NW?

1. Einrichtungen in Kaufhäusern, wo Kinder untergebracht werden können, während die Eltern Besorgungen machen (»Kinder-Parkplätze«)
2. Einrichtungen in kirchengemeindeeigenen Häusern, in denen Kinder während des Gottesdienstes betreut werden
3. Betriebs-Kg
4. Heime, in denen Kinder die Woche über untergebracht und versorgt, am Wochenende jedoch von den Eltern geholt werden
5. Elterninitiativen, bei denen die Mütter reihum in den Wohnungen und im Freien eine Gruppe von Kindern betreuen
6. Die organisierte Überwachung von Kleinkindern auf Spielplätzen
7. Eine Einrichtung des Landschaftsverbandes, in die Bedienstete dieser Behörde ihre 3–6jährigen tagsüber bringen können; die sozialpädagogische Betreuung ist sichergestellt
8. Ein Angebot der KFH mit besonderer Betreuung gestörter Kinder.

Fall 9: Trägerschaft bei Kindergärten, Rechtsbeziehungen in Kindergärten

In der Stadt X, Stadtteil Y, wird ein zusätzlicher Kindergarten benötigt. Bisher unterhält das Diakonische Werk eine solche Einrichtung. Es wohnen etwa 40% Protestanten, 50% Katholiken und 10% Angehörige sonstiger Konfessionen bzw. Konfessionslose in dem Viertel.

1. Wer hat die Pflicht, sich um die Einrichtung eines weiteren Kg zu bemühen? Wie werden diese Bemühungen in die Praxis umgesetzt? Wer könnte Träger eines Kg werden?

Nehmen Sie an, die katholische Kirchengemeinde hat den Kg gebaut. Sie hat eine Leiterin und zwei Erzieherinnen angestellt. Außerdem hat sie zwei Praktikantinnen aufgenommen. In der Lokalzeitung gibt der Träger die Eröffnung des Kg bekannt. Die Eltern werden aufgefordert, die 3–5jährigen anzumelden.

2. Wer muß in folgenden Fällen die Anmeldung vornehmen?

2.1 beim ehelichen Kind
2.2 beim ne. Kind
2.3 beim Adoptivkind
2.4 beim Pflegekind
2.5 beim Kind, dessen Eltern getrennt leben
2.6 beim Kind, dessen Eltern geschieden sind.

Begründen Sie Ihre Entscheidungen jeweils mit den gesetzlichen Bestimmungen.

3. Nehmen Sie an, es seien 50 Kinder angemeldet worden.

3.1 Welche Gremien müssen gegründet werden, damit alle am Kindergarten Beteiligten wirksam in seine Arbeit einbezogen werden können?
3.2 Was für Aufgaben haben die Gremien?

3.3 Wie wäre die Situation, wenn eine Elterninitiative (e. V.) den Kindergarten aufgemacht hätte?

Fall 10: Einrichtung eines Hortes durch Elterninitiative

Betroffene Studenten aller Kölner Hochschulen (Universität; Musikhochschule; Sporthochschule; Staatliche Fachhochschule; Katholische Fachhochschule NW, Abtlg. Köln; Rheinische Fachhochschule e. V.; Fachhochschule des Bundes für öffentliche Verwaltung; Fachhochschule für öffentliche Verwaltung NW, Abtlg. Köln; Fachhochschule für Bibliotheks- und Dokumentationswesen) wollen wegen fehlender Hortplätze einen Hort für 20 Grundschüler eröffnen. Sie wenden sich an das zuständige JA, um zu erfahren, was sie tun müssen.
Sie sind der zuständige SP in der Abteilung »Tageseinrichtungen für Kinder«. Was würden Sie den Vertretern der Studenten, die zu Ihnen kommen und beraten werden wollen, sagen?

Fall 11: Haftung in einer Kindertageseinrichtung

Gehen Sie davon aus, daß der Kindergarten in Trägerschaft der Elterninitiative X e. V. seine Tätigkeit aufgenommen hat. Die Erzieherin E und die Praktikantin P gehen mit einer Gruppe spazieren.
P führt die Gruppe an, E geht am Schluß. Jede hat zwei der kleinsten Kinder an der Hand.
Plötzlich greift der Junge J, der in der Mitte der Gruppe läuft, blitzschnell einen Stock vom Straßenrand auf und schleudert ihn dem Mädchen M vor die Füße. P merkt nicht sofort, was los ist, weil sie in Gehrichtung schaut.
E dagegen sieht zwar, was sich abspielt, denkt aber, das schaffe ich sowieso nicht mehr und unternimmt nichts. Tatsächlich hätte sie J den Stock mit größter Wahrscheinlichkeit noch aus der Hand schlagen können.
M stolpert über den Stock, bricht sich den Arm und zerreißt sich den Mantel beim Sturz.

1. Wer haftet für die entstandenen Schäden?
2. Wie wäre die Rechtslage, wenn nicht die Elterninitiative, sondern die Stadt Y
3. die Kirchengemeinde Z Träger des Kindergartens wäre?

Kapitel 3

Individuelle Leistungen der Jugendhilfe: Hilfe zur Erziehung in der eigenen Familie

VI. Ambulante erzieherische Betreuung

Fall 12: Alkoholkranke Mutter

Der 10jährige David Müller ist das eheliche Kind seiner 48jährigen Mutter und seines 51jährigen Vaters. Er hat guten Kontakt zu seiner Schwester, die 15 Jahre älter ist, nicht mehr in der Familie, jedoch im selben Ort wohnt. Die Mutter ist seit mindestens sechs Jahren alkoholkrank. Weil aufgrund ihres Zustandes immer wieder Krisensituationen in der Familie aufgetreten sind, ist der ASD des JA schon verschiedentlich tätig geworden. Eine Besserung der Situation ist aufgrund des Verhaltens der Mutter jedoch nicht zu erzielen gewesen. Nunmehr kommt Herr Müller in den ASD und teilt mit, daß er sich endgültig von seiner Frau getrennt habe. Er werde demnächst Antrag auf Scheidung stellen. David hänge immer noch sehr an seiner Mutter, obwohl sie ihn häufig sehr schlecht behandelt habe und er vieles habe tun müssen, was über sein Alter und seine Kräfte weit hinausgegangen sei. Er sehe zwar ein, daß es zusammen mit der Mutter nicht so weitergehe. Seelisch komme er aber nicht los von ihr. Er sei häufig geistesabwesend, könne sich in der Schule und bei den Hausaufgaben nur mit Mühe konzentrieren, esse schlecht und sehe, obwohl der Arzt nichts finden könne, richtig krank aus. Im Moment sei offen, ob er David im Hause behalten oder ihn in eine Pflegefamilie geben werde. Möglicherweise ziehe er demnächst mit einer neuen Partnerin zusammen. Dann könne David selbstverständlich bei ihm bleiben. Herr Müller bittet den zuständigen SA, ihm dabei zu helfen, daß David die Krise der Trennung von der Mutter meistert. Bei einem Gespräch mit David gewinnt der SA den Eindruck, daß dieser überdurchschnittlich begabt, über sein Alter reif, sehr sensibel ist und Gesprächen über seinen Kummer keinen nennenswerten Widerstand entgegensetzen wird.
Sollte der SA Davids Vater Hilfe zur Erziehung gewähren und wenn ja, welche?

VII. Beratung und Beratungsdienste

Fall 13: Träger von Erziehungsberatungsstellen

Sie sind SA und wohnen privat in einem Neubau-Viertel, wo dringend eine EBSt benötigt wird. Mit Bekannten organisieren Sie eine Bürgerinitiative zur Förderung einer solchen Einrichtung.

1. An wen können Sie sich wenden, damit eine EBSt eingerichtet wird?
2. In welcher Rechtsform könnte sie betrieben werden?

Fall 14: Pflegekind in der Erziehungsberatung

Eine Mutter kommt mit dem 15jährigen K, der ihr Pflegekind ist, in die EBSt. Der SA hat Bedenken, die Beratung durchzuführen.

1. Zu Recht?
2. Von der Pflegemutter erfahren Sie, daß die leiblichen Eltern sich strikt gegen eine EB ausgesprochen haben, daß allerdings dem Vater die e. S. gem. §§ 1666, 1666a BGB entzogen und die Mutter wegen Trunksucht unter Betreuung steht.

Fall 15: Schweigepflicht des Arztes

Der Psychologe in der EBSt kommt zu dem Ergebnis, daß bei dem vorgestellten Kind leichte Debilität vorliegen könnte. Aus den Andeutungen der Mutter weiß er, daß bereits ein fachärztliches Gutachten eingeholt worden ist. Dem SA gelingt es, herauszubekommen, welcher Arzt dieses erstellt hat. Er wendet sich an den Arzt, der frei praktiziert, und bittet um Übersendung des Gutachtens. Dieser weigert sich.
Zu Recht?

Fall 16: Amtshilfe und Datenschutz zwischen Behörden

Die Eltern des 8jährigen Jungen J kommen in die EBSt der Stadt Bonndorf, weil das Kind zunehmend starke Verhaltensauffälligkeiten zeigt. Nach Gesprächen mit dem MJ und dessen Eltern sind Sie als Mitarbeiter der Einrichtung der Meinung, daß der Junge einen hirnorganischen Schaden haben könnte. Bei einem sich anschließenden Gespräch mit der Oma des Kindes, die ebenfalls im Haushalt lebt, erfahren Sie (was die Eltern Ihnen offenbar bewußt verschwiegen haben), daß J bereits mehrere Monate in Behandlung der EBSt der Nachbarstadt Rundlingen (anderes Bundesland), in der die Familie vorher gewohnt hat, gewesen sei. Hier sei die Therapie jedoch abgebrochen und die Empfehlung ausgesprochen worden, das Kind in der Jugendpsychiatrie vorzustellen. Dies hätten die Eltern aber abgelehnt. Kurze Zeit danach habe der dortige Schulpsychologische Dienst J wegen seiner starken Verhaltensauffälligkeiten ebenfalls untersucht und ihn in diesem Zusammenhang in der Jugendpsychiatrie (Träger: Landschaftsverband) vorgestellt. Aufgrund dieses Ergebnisses, dessen Einzelheiten sie nicht kenne, habe J in eine Sonderschule für Verhaltensgestörte umgeschult werden sollen.
Daraufhin hätten die Eltern eine Wohnung in der Stadt Bonndorf genommen, wo Herr J sowieso arbeitet, und den Jungen wieder in eine Grundschule in Bonndorf eingeschult.
Hier sei die Lehrerin bereits nach zwei Wochen der Meinung, daß J für die Klassengemeinschaft untragbar sei.
Sie möchten nunmehr, bevor Sie über die Durchführung einer Therapie entscheiden, die Untersuchungsergebnisse der EBSt, des Schulpsychologischen Dienstes und der Jugendpsychiatrie in Rundlingen einholen. Sie wenden sich an alle drei Stellen und bitten um entsprechende Mitteilungen.

1. Sind die EBSt, der Schulpsychologische Dienst und die Jugendpsychiatrie in Rundlingen verpflichtet, Ihnen die gewünschte Auskunft zu geben?

2. Wäre die Situation anders, wenn es sich bei der EBSt in Rundlingen um eine in Trägerschaft des Diakonischen Werkes gehandelt hätte?
3. Wie wäre die Sachlage, wenn es sich bei der nunmehr aufgesuchten EBSt in Bonndorf um eine in Trägerschaft des CV handelte und diese die kommunale EBSt in Rundlingen um Auskunft bäte?

Fall 17: Meldepflichten freier Träger

Aufgrund einer bei dem 15jährigen Jugendlichen J durchgeführten EB weiß der SA in der EBSt des CV, daß J einen Kaufhausdiebstahl größerer Art begangen hat, der jedoch nicht entdeckt worden ist.

1. Ist der SA verpflichtet, Polizei oder Staatsanwalt davon in Kenntnis zu setzen?
2. Wäre es anders, wenn es sich um eine kommunale EBSt handelt?

Fall 18: Zeugnisverweigerungsrecht des Sozialarbeiters

Während J (siehe Fall 17) in der EBSt der Kommune noch in Therapie ist, verübt er einen weiteren Diebstahl und wird gefaßt. Es wird ein Jugendstrafverfahren eingeleitet. Der SA wird als Zeuge geladen und soll aussagen zu der Frage, ob J schon früher Diebstähle begangen hat. Der SA weigert sich.

1. Zu Recht?
2. Wäre die Situation anders, wenn es sich um eine EBSt des CV handelte?
3. Wäre die Situation anders, wenn der SA nicht in einem Jugendstrafverfahren, sondern im Verfahren nach § 1671 V BGB im Zusammenhang mit der Frage der Erziehungsfähigkeit der Eltern des J nach evtl. Straftaten des J befragt worden wäre?
4. Kann der JugR (Frage 1) etwas machen, um eine Aussage des SA zu erhalten?

Fall 19: Schwangerschaftsabbruch einer Minderjährigen

Die 15jährige Schülerin S, die sowohl körperlich als auch geistig mehr als altersgemäß entwickelt ist, stellt fest, daß sie schwanger ist. Sie wendet sich an die »Beratungsstelle für schwangere Frauen in Konfliktsituationen«, die in der Stadt X vom Diakonischen Werk unterhalten wird. Hier trägt sie der SA folgendes vor: Sie sei mit ihrem 19jährigen Freund F, dem Vater des Kindes, nach reiflicher Überlegung zu der Überzeugung gekommen, daß es für alle Beteiligten besser sei, das Kind nicht zur Welt zu bringen. Beide Eltern seien gegen die Beziehung gewesen und würden eine Heirat nie billigen. F habe gerade sein Studium begonnen und könne sich um ein Kind nicht kümmern. Sie selbst besuche noch das Gymnasium und wolle danach unbedingt eine Ausbildung machen. Sie fühle sich auch nicht stabil genug, die Auseinandersetzungen mit ihren Eltern durchzustehen, um das Kind austragen zu können. Ihr Vater sei eine bekannte Persönlichkeit in der Stadt und würde ihr diesen »Fehltritt« nie verzeihen. Einerseits würde er zu einem Abbruch seine Zustimmung nicht geben, andererseits würde er sicher nichts tun, um ihr das Austragen des Kindes zu erleichtern. Das Kind anschließend versorgen würden ihre Eltern sowieso nicht. Und alle diese Schwierigkeiten durchzumachen, nur um das Kind nachher fremden Leuten zu geben, das wolle sie nicht.

1. S möchte eine Bescheinigung über die soziale Beratung gem. § 218b I Nr. 1 StGB und bittet dringend darum, ihre Eltern nicht zu informieren. Die SA weiß nicht, ob sie dieser Bitte nachkommen darf.
2. S möchte ferner Auskunft, ob der Abbruch selbst ohne Einwilligung ihrer Eltern vorgenommen werden könnte.
3. Wie wäre die Situation, wenn die MJ mit dem Wunsch in die Beratungsstelle käme, ihr bei der Austragung entgegen dem Willen ihrer Eltern behilflich zu sein?

Fall 20: Weigerung des Personensorgeberechtigten, in den Schwangerschaftsabbruch einer Minderjährigen einzuwilligen

Die MJ S, knapp 17 Jahre alt, ist das älteste von drei ehelichen Kindern. Vor einem dreiviertel Jahr begann sie, LSD-Trips zu nehmen, später ging sie auf Heroin-Injektionen über. Ihre Eltern brachten sie zwecks Durchführung einer Therapie in ein Heim, von wo sie mehrfach ausriß und dann herumstreunte. Später nahm sie eine Einrichtung der Drogenhilfe auf, die sie aber bald wieder verließ. Danach gewährte ihr das JA Heimerziehung gem. § 34 KJHG im X-Heim. Dort hält sie sich auch jetzt noch auf.
Der Gynäkologe G bescheinigt, daß S in der 10. Woche schwanger sei, daß sie die Schwangerschaft abbrechen wolle, der Abbruch gem. § 218a II Nr. 3 StGB indiziert sei und daß er S gem. § 218b I StGB ärztlich beraten habe.
Sie sind SA des JA, S kommt zu Ihnen, um sich – wie gem. § 218b I StGB erforderlich – beraten zu lassen. Sie legt hierfür die schriftliche Einwilligungserklärung ihrer Eltern vor. Bei dem Gespräch, in das Sie mit S kommen, berichtet diese folgendes: Die Eltern lehnen die Einwilligung in einen Schwangerschaftsabbruch rundweg ab. Sie haben dies ihrer Krankenkasse schriftlich mitgeteilt und meinen, die Einwilligung aus moralischen Gründen nicht erteilen zu können. Sie seien nicht Gott und könnten ihr Gewissen damit nicht belasten. Sie sähen in der Austragung des Kindes die einzige Möglichkeit, S von Drogen und Prostitution abzubringen. Sie sind aber auch nicht bereit, S oder das Kind aufzunehmen. Sie sind nicht einmal einem sachlichen Gespräch zugänglich. Der Vater habe sogar geäußert, er könne es nicht verhindern, wenn S sich in dieser Situation etwas antun oder wenn sie die Schwangerschaft von sich aus illegal abbrechen würde.
Eine Rückfrage Ihrerseits bei dem Gynäkologen G und der Einrichtung der Drogenhilfe ergibt folgendes:
S sei heroinabhängig; wenn sie auch zur Zeit nach ihren eigenen Angaben drogenfrei sei, so sei sie doch weiterhin zumindest als stark gefährdet anzusehen, da sie länger als 6 Monate »gespritzt« habe. Kinder von Heroinabhängigen würden mit einem sog. Entbindungssyndrom geboren, das aus dem normalen Geburtstrauma und dem Entzugstrauma bestehe. Das Neugeborene müsse erst eine Rauschmittelentziehungskur durchmachen. Die sich daraus ergebenden psychischen Schäden bei Neugeborenen seien noch nicht ausreichend erforscht und würden z. Zt. ärztlicherseits beobachtet. Wenn auch in derartigen Fällen bisher keine Chromosomenschäden beobachtet worden seien, sei doch anzunehmen, daß aufgrund des abnormalen Geburtsvorganges keine normalen Kinder geboren würden. Eine Entziehungsbehandlung S's könne während der Schwangerschaft nicht verantwortet werden, weil damit Stoffwechselstörungen und damit die Gefahr eines Abortes verbunden seien.

Die Tolerierung des Drogenkonsums würde zu weiteren gesundheitlichen und kriminellen Gefährdungen führen. Eine Wegnahme des Kindes nach der Geburt könne einen weiteren Suchtschub auslösen. Auch sei mit einem illegalen Abtreibungsversuch zu rechnen. MJ mit Kindern seien zur Zeit kaum in Therapieeinrichtungen unterzubringen.
Ein Gespräch, das Sie mit den Eltern von S zu führen versuchen, bestätigt Ihnen, daß S den Standpunkt ihrer Eltern zutreffend wiedergegeben hat.
Auf Sie selber macht S trotz ihrer sexuellen Erlebnisse den Eindruck eines sehr kindlich denkenden und reagierenden Mädchens, das dem Begriff und Gefühl der Mutterschaft, der Verantwortung für werdendes und geborenes Leben fremd gegenübersteht und dem es für ein Abwägen der für und gegen einen Schwangerschaftsabbruch sprechenden Gründe noch an dem erforderlichen kritischen Verständnis fehlt.
S fleht Sie an, etwas zu unternehmen, damit durch die Entscheidung ihrer Eltern nicht ihr ganzes Leben verpfuscht werde.

Fall 21: Beschlagnahme von Unterlagen einer Drogenberatungsstelle (nach BVerfG v. 24. 5. 1977, NJW 1977, 1489 = NDV 1978, 48)

Der CV der Stadt A unterhält eine Suchtkrankenberatungsstelle, der als Kontaktzentrum eine »Teestube« angegliedert ist. Nachdem sich verschiedene Anhaltspunkte dafür ergeben haben, daß in der Beratungsstelle mit Drogen gehandelt werde, ordnet das AG auf Antrag der Staatsanwaltschaft deren Durchsuchung an (§§ 102, 103, 105 StPO). Gleichzeitig wird in der »Teestube« eine polizeiliche Razzia durchgeführt. Bei der Durchsuchung stellt die Staatsanwaltschaft eine Reihe von Klientenakten sicher, die später gem. §§ 94, 98 StPO gerichtlich beschlagnahmt werden. Die Beschlagnahme erfolgt, nachdem sich aus den sichergestellten Unterlagen Anhaltspunkte für einen strafbaren Erwerb und Besitz von Rauschgift durch die Klienten der Beratungsstelle ergeben haben. Der ursprüngliche Verdacht, in der Beratungsstelle werde mit Drogen gehandelt, ist hingegen nicht mehr Grundlage der Beschlagnahmeanordnung, die vom LG bestätigt wird. Der CV, der Vorsitzende des CV, der Leiter der Drogenberatungsstelle und einige seiner Klienten legen gegen den Durchsuchungsbefehl und die Beschlagnahmeanordnung Verfassungsbeschwerde ein.

Fall 22: Beratung und Unterstützung von Eltern

M ist Mutter des ne. Kindes K. Der Vater V hat gleich nach der Geburt die Vaterschaft anerkannt und anschließend regelmäßig Unterhalt gezahlt. Das VormG hat daher dem Antrag der Mutter gem. § 1707 S. 1 Nr. 2 BGB stattgegeben und die Amtspflegschaft des JA aufgehoben.
Als K 13 Jahre alt ist, stirbt V. Die vermögenden Eltern von V weigern sich, Unterhalt für K zu zahlen. Die Einkünfte von M reichen nicht für ihren, K's und eines weiteren Kindes Unterhalt.
K selbst macht zunehmend Erziehungsschwierigkeiten. Ihm fehlt eine männliche Identifikationsfigur. Vor allem sieht er die Mutter nur schwer als Person an, von der er sich etwas sagen läßt. Außenstehende ist er eher bereit zu akzeptieren.

Was könnte M machen

1. im Hinblick auf die Erziehung von K,
2. im Hinblick auf den Unterhalt für K?

VIII. Soziale Gruppenarbeit

Fall 23: Segelfahrt im Ijsselmeer

Es geht um Lars, ne. geboren, Vater unbekannt. Lars wächst zunächst bei seiner Mutter auf, die im Haushalt ihrer Eltern lebt. Als Lars 5 Jahre alt ist, verunglückt seine Mutter im Straßenverkehr und stirbt acht Tage später an den Folgen. Das JA wird AmtsVM. Lars versteht nicht, daß seine Mutter nicht mehr wach wird und macht dies seinen Großeltern zum Vorwurf. Diese versuchen, ihm das Mißverständnis auszureden, was nur stärkere Aggressionen erzeugt. Die Großeltern wenden sich an das JA. Sie seien überfordert mit Lars. Sie bitten, ihn anderswo unterzubringen. Sie empfehlen Familie Fink, wo Lars bekannt sei.
Die Finks nehmen Lars auf. Da es sich voraussichtlich um eine längere Unterbringung handelt, werden die Finks gem. § 1630 III BGB zum PFL bestellt.
Lars wird eingeschult. Er ist ein guter Schüler, wenngleich immer allein. Das bleibt auch auf dem Gymnasium so. Als er 14 Jahre alt wird, erklärt er, er wolle Kapitän (Hochseeschiffahrt) werden. Dafür brauche er kein Latein und kein weiteres Wissen, das auf dem Gymnasium vermittelt werde.
Die Pflegeeltern nehmen diesen Wunsch nicht ernst und verlangen, daß er weiter das Gymnasium besucht. Eines Tages meldet sich die Schule und teilt mit, Lars fehle fast täglich im Unterricht. Mitschüler hätten gesagt, er halte sich am Hafen auf und warte auf eine Gelegenheit, als Schiffsjunge mitgenommen zu werden. Lars wird zu Hause zur Rede gestellt und gibt alles zu. Er habe ja gesagt, er wolle zur Schiffahrt und nicht mehr ins Gymnasium.
Die Pflegeeltern wenden sich ans JA und schildern Lars als kaum beeinflußbar. Er mache ihnen Sorgen, da er keine Freunde habe und nur seiner Idee: »Ich will Kapitän werden« anhänge. Lars sei ihnen ein lieber Pflegesohn, aber sie bräuchten Hilfe bei seiner Erziehung. Sie fragen, ob das JA nicht irgendeine Ferienmaßnahme wisse, wo Lars erfahren könne, daß Schiffahrt nicht nur ein schöner Traum sei, sondern harte Disziplin fordere.
Das zuständige JA bietet einmal jährlich für gefährdete Jugendliche mit erheblichen Verhaltensstörungen die Teilnahme an einer Segelfahrt im Ijsselmeer an. Voraussetzung ist die Bereitschaft des Jugendlichen, vor der Fahrt einen Grundkurs im Segeln mitzumachen und zwar zusammen mit anderen Jugendlichen, die an der Fahrt teilnehmen wollen. Diese Teilnahme gilt als Test für die Bereitschaft und Fähigkeit, sich für 14 Tage auf die Segelfahrt in einer Gruppe von 10 Jugendlichen einzulassen.
Lars, befragt, ob er so etwas mitmachen wolle, ist ambivalent. Er kenne ja niemand von den anderen. Außerdem wolle er zur Hochseeschiffahrt.
Welche Hilfe zur Erziehung möchten Sie den Finks anraten?

IX. Erziehungsbeistandschaft, Betreuungshilfe

Fall 24: Voraussetzungen für die Bestellung eines Erziehungsbeistandes

M, eine junge Italienerin, ist mit 14 Jahren Mutter von K geworden. Die Vaterschaft ist nicht geklärt. Mittlerweile ist das Kind 3 Jahre alt und geht in den Kg. M macht eine Lehre als Friseuse. Ihre Eltern, ebenfalls Italiener, versorgen K mit. In der Großfamilie gibt es dauernd Schwierigkeiten. M will die Ratschläge ihrer Eltern nicht annehmen; um das Kind kümmert sie sich kaum. Ständig wechselnde Freunde nehmen sie neben der Ausbildung, in der sie sich mit Mühe über Wasser hält, völlig in Anspruch. K's Kontakte mit den Kindern im Kg erschöpfen sich darin, daß er sich mit ihnen prügelt, sie beim Spielen ärgert oder das Spielzeug zerstört. Zu Hause ist er ständig bockig und macht alles kaputt, was nicht niet- und nagelfest ist. Die Eltern wenden sich an das JA mit der Bitte, für M und K einen EBst zu bestellen.

1. Nach welchen gesetzlichen Bestimmungen ist das JA zuständig?
2. Kann für M und K ein EBst bestellt werden?

Fall 25: Rechtsmittel gegen die Ablehnung der Bestellung eines Erziehungsbeistandes

Der SA eines freien Trägers der Jugendhilfe hat sich ausführlich mit dem Fall des 16jährigen J befaßt und ist zum Ergebnis gekommen, daß die Bestellung eines EBst die angemessene Hilfe wäre. Nach seiner Meinung liegen „die Tatbestandsvoraussetzungen des § 30 KJHG" vor. Er empfiehlt den PSB, einen entsprechenden Antrag beim JA zu stellen. Dies geschieht, der Antrag wird jedoch abgelehnt. Die PSB und J sind nicht einmal gehört worden. In der Begründung heißt es lapidar, die Voraussetzungen für Bestellung eines EBst lägen nicht vor.
Die Betroffenen fragen den SA, was sie dagegen tun könnten.

Fall 26: Erziehungsbeistandschaft, wenn nur ein Elternteil Hilfe zur Erziehung beantragt

J, 15 Jahre, macht seiner Mutter große Schwierigkeiten. Da er nach der Schule meist nicht nach Hause kommt und nachts erst spät zurück ist, im übrigen sehr verschlossen ist, wünscht sie sich Hilfe zur Erziehung. Die Eltern leben getrennt. Eine gerichtliche Regelung hinsichtlich der e. S. ist nicht erfolgt. Die Mutter, die mit J im JA war, hat Antrag auf Bestellung eines EBst gestellt. Der Vater, der im Ausland wohnt, reagiert nicht auf das Schreiben der M, in dem sie um seine Zustimmung bittet.
Kann dem J dennoch ein Erziehungsbeistand bestellt werden?

X. Sozialpädagogische Familienhilfe

Fall 27: Versagen der Mutter bei Erziehung und Versorgung

Frau A ist seit 1985 geschieden und lebt mit ihren vier Kindern in der elterlichen Wohnung, bestehend aus zwei Schlafräumen, Wohnzimmer, Küche, Bad.
Frau A ist nicht in der Lage, für eine gesunde, vitaminreiche Ernährung und für regelmäßiges Essen zu sorgen. Die Hauptmahlzeiten für die Familie bestehen aus Dosen- und Fertiggerichten. Am Wochenende wird die Familie von der Großmutter bekocht.
Frau A, bezieht monatlich als Haushaltsvorstand DM 449,– und pro Kind DM 292,– plus Mehrbedarf gem. § 23 II BSHG von DM 179,60 = DM 1 796,–. Hinzu kommt noch Kindergeld in Höhe von DM 640,–. Die Miete beträgt DM 750,–, die Heizung DM 120,–. Sie bezieht Wohngeld in Höhe von DM 500,–. Frau A muß einige Abzahlungsverpflichtungen bedienen. Sie sagt, das mache monatlich DM 270,– aus.
Zwischen Frau A und ihrer Mutter besteht ein sehr intensiver Kontakt. Die nachbarlichen Beziehungen von Frau A sind durch starkes Mitteilungsbedürfnis ihrerseits gekennzeichnet; sie versteht es, viele Menschen aus ihrer Umgebung für ihre Bedürfnisse einzuspannen.
Frau A erscheint oft nervös und zerfahren. Häufig klagt sie über Unterleibsschmerzen. Dann bleibt sie manchmal tagelang im Bett. Die Kinder hängen sehr an ihrer Oma. Das Verhältnis der Kinder zu ihrer Mutter ist vor allem von Unsicherheit gekennzeichnet. Untereinander unterstützen sie sich, so gut sie das können.
Der Gesundheitszustand der Kinder ist nicht gut. Alle vier sind fast ständig erkältet.
Der 12jährige Sohn besucht wegen körperlicher und geistiger Retardierungen die Sonderschule. In der Familie nimmt er eine Außenseiterposition ein.
Die 11jährige Tochter geht zur Hauptschule. Sie ist altersgemäß entwickelt und macht als einzige einen – abgesehen von den Erkältungen – gesunden Eindruck.
Der 10jährige Sohn zeigt Schwierigkeiten im sprachlichen Bereich. Er stammelt und ist für seine Umgebung kaum zu verstehen. Seine Nicht-Einschulung ist bislang niemand aufgefallen.
Der 9jährige Sohn hat einen angeborenen Hirnschaden. Er ist untergewichtig und sehr oft krank. Seit seiner Geburt wird in kurzen Abständen immer wieder eine Einweisung in die Kinderklinik erforderlich. Während dieser Krankenhausaufenthalte wird er vom Pflegepersonal gefördert und zeigt immer wieder Entwicklungsfähigkeit. Diese Ansätze können von der Mutter nicht ausgebaut werden, weshalb sein Entwicklungsstand ungefähr bei dem eines 2jährigen Kindes liegt.
Kürzlich hat die Hauptschule mitgeteilt, daß die 11jährige seit einigen Wochen höchst unregelmäßig zur Schule kommt. Diese Nachricht ist der Mutter mit der Aufforderung zugegangen, in der Hauptschule beim Klassenlehrer vorzusprechen. Hierfür ist ein Termin mitgeteilt worden. Da die Mutter nicht erschienen ist und keine Erklärung abgegeben hat, ist der Tatbestand dem örtlichen JA mitgeteilt worden. In der Mitteilung heißt es, die Schule habe Anlaß zu der Vermutung, daß die erzieherische Versorgung der Kinder unzulänglich sei.
Die zuständige SA des ASD hat daraufhin einen Hausbesuch bei den A's gemacht und anschließend unverzüglich Kontakt zur Sozialstation des Ortscaritasverbandes aufgenommen. Frau A hat bei dem Besuch geäußert, daß sie zwar alles gerne besser

machen möchte, sich aber so krank und überfordert fühle, daß sie dazu nicht imstande sei.
Wodurch könnte den Kindern geholfen werden?

Kapitel 4

Individuelle Leistungen der Jugendhilfe: Hilfe zur Erziehung außerhalb der eigenen Familie

XI. Annahme als Kind

Fall 28: Träger freier Jugendhilfe als Adoptionsvermittlungsstelle

Der DiCV X unterhält eine Beratungsstelle nach § 218b StGB. Aufgrund fachlicher Beratung und des Aufzeigens aller vorhandenen rechtlichen und sonstigen Hilfsmöglichkeiten entscheiden sich viele Frauen frei dafür, ihr erwartetes Kind auszutragen und zur Adoption freizugeben. Die Beratungsstelle steht daher vor der Aufgabe, jedes Jahr für ca. 25 Säuglinge Eltern zu suchen. Bisher hat sie sich der Hilfe verschiedener JÄ und freier Träger der Jugendhilfe bedient. Die Leiterin der Stelle ist nunmehr zur Einsicht gekommen, daß es wegen der notwendigen vertrauensvollen Zusammenarbeit mit den Müttern sinnvoller wäre, wenn die Stelle die Kinder selbst vermittelte.
Ist dies möglich?

Fall 29: Voraussetzungen, Wirkungen und Verfahren einer Annahme als Kind

Die 17jährige Schülerin X bringt ein ne. Kind S zur Welt, dessen Vater der wegen Rauschgiftsucht unter Betreuung stehende 20jährige Y ist. Da Y sich weigert, die Vaterschaft anzuerkennen, hat S Vaterschaftsfeststellungsklage erhoben. X und ihre Eltern wollen S auf keinen Fall behalten. Die Familie Z, die sich an die Adoptionsvermittlungsstelle des JA in A gewandt hat, möchte den zwei Wochen alten S, der sich noch im Krankenhaus befindet, adoptieren. Herr Z ist 26, Frau Z ist 21 Jahre alt. Sie haben eine 1jährige Tochter, die körperbehindert ist. Aus medizinischen Gründen werden die Eheleute Z keine weiteren Kinder haben.

1. Unter welchen Voraussetzungen können die Eheleute Z den S als Kind annehmen?
2. Welche Wirkungen hat die Adoption?
3. Wie würde das Adoptionsvermittlungsverfahren und das Annahmeverfahren ablaufen?

Fall 30: Weigerung der Mutter, ihr Kind abzugeben

Laurentia Lebegern hat einen ne. Sohn Isidor. Da ihr dieser bei ihrer Berufsausübung – sie ist Bardame – hinderlich war, gab sie ihn gleich nach der Geburt in ein Heim. Sie bezahlt pünktlich die Heimkosten, kümmert sich aber im übrigen kaum um das Kind. Zu Weihnachten und seinem Geburtstag kommt sie immer mit einer großen Kiste Spielsachen und Süßigkeiten, ansonsten läßt sie sich nicht blicken. I ist

jetzt 2 Jahre alt und hat keinerlei Beziehung zu seiner Mutter. In seiner Entwicklung ist er stark retardiert.
Der Heimleiter H hat die Lebegern bei ihrem letzten Besuch angesprochen und gefragt, ob sie I zur Adoption weggeben wolle; er könne ihn in eine gute Familie vermitteln, die I's Entwicklungsrückstände aufarbeiten könnte. Frau L will davon nichts wissen. Sie glaubt, daß sie aus Altersgründen ihren Beruf in wenigen Jahren nicht mehr werde ausüben können. Dann werde sie I vielleicht zu sich nehmen. Das bißchen Zurückgebliebensein bei ihm sei nicht tragisch; sie selbst sei auch ein »Spätentwickler« gewesen.
In seiner nächsten Mittelung an das LJA gem. §§ 47 II, 89 II Nr. 6 KJHG teilt H mit, daß I seiner Meinung nach dringend in einer Adoptivfamilie untergebracht werden müsse und daß er ohne Ergebnis mit Frau L darüber gesprochen habe.
Was wird das LJA veranlassen?

Fall 31: Rechtsfolgen der Einwilligungserklärung der leiblichen Eltern und der Inobhutnahme des Kindes durch Adoptiveltern

Die Einwilligung der Frau L in die Annahme des nun 3jährigen Kindes I durch die Familie A ist vom VormG ersetzt worden. Kurze Zeit danach, am 1. März, erteilt das JA der Familie A die Pflegeerlaubnis für I. Am 9. März (Wochenende) soll I in die Familie A kommen. Am 5. März erkrankt er jedoch an einer akuten Blinddarmentzündung und wird ins Krankenhaus eingeliefert, wo er opertiert wird. Drei Wochen danach wird er entlassen und kommt in die Familie A mit dem Ziel der späteren Adoption.
Bitte beantworten Sie im Hinblick auf die verschiedenen im Sachverhalt vorkommenden Zeitabschnitte folgende Fragen:

1. Wer hat die e. S über I?
2. Darf Frau L den I noch besuchen?
3. Wer zahlt den Unterhalt für I?
4. Wer bekommt für I Kindergeld?
5. Wessen Krankenkasse zahlt die Kosten des Krankenhausaufenthaltes?
6. Die Familie A wohnt in Y, 500 km von dem Ort X entfernt, in dem I bisher im Heim und im Krankenhaus war. Die A's holen I mit der Eisenbahn ab und müssen auch einmal in X übernachten. Können sie die hierdurch entstandenen Kosten von der Steuer absetzen?

Fall 32: Die Freiheit freier Träger

Der SkF e. V. der Stadt N (NW) unterhält u. a. einen ASD und seit einiger Zeit auch eine Schwangerschaftskonfliktberatungsstelle. Im Rahmen beider Dienste kommt es immer wieder vor, daß dem Verein Kinder zur Adoptionsvermittlung angeboten werden. Bisher haben die SA der betroffenen Abteilungen die Kinder absprachegemäß dem JA der Stadt N zur Vermittlung überlassen.
Nun überlegt der Vorstand der SkF, ob der Verein nicht selbst eine Adoptionsvermittlungsstelle einrichten soll.
Sie sind als Berufspraktikant beim SkF tätig. Der Vorstand beauftragt Sie zu überprüfen, inwieweit ein solcher Schritt zur Unabhängigkeit des SkF vom JA führt.

XII. Vollzeitpflege

Fall 33: Pflegekind im Sinne des KJHG

Ist für folgende Kinder eine Pflegeerlaubnis gem. § 44 I 1 KJHG erforderlich?

1. Nachbarn nehmen ein Kind gelegentlich zu sich, während die Mutter einkauft.
2. Die Mutter eines ne. Kindes bringt dieses bei ihren Eltern unter.
3. Berufstätige Eltern bringen ihr Kind während der Arbeitszeit bei einer befreundeten Familie unter.
4. Ein 17jähriger wohnt bei seinem Arbeitgeber.
5. Eine verwitwete junge Mutter, die berufstätig ist, gibt ihr Kind während der Arbeitszeit zu der Cousine ihres verstorbenen Mannes, die selbst ein Kind hat.
6. Eine mj Frau hat bereits vor der Geburt ihres Kindes (ne.) die Freundin ihrer verstorbenen Mutter gem. § 1774 S. 2 BGB zum VM für ihr Kind bestellen lassen. Nach der Geburt läßt sie das Kind tagsüber/über die Woche von dieser Frau betreuen.
7. Ein 15jähriger fährt für die Zeit der großen Ferien auf den Bauernhof einer mit seinen Eltern befreundeten Familie. Die Eltern erstatten die tatsächlich entstandenen Kosten.
8. Eine 12jährige vom Land besucht das Gymnasium in der Stadt und wohnt in dem der Schule angeschlossenen Internat (bei einer Familie, die schon seit langer Zeit Zimmer an Gymnasiasten vermietet).
9. Ein Ehepaar nimmt ein 15jähriges Mädchen und dessen Baby auf. Beide sind gemeinsam in einem Zimmer untergebracht.
10. Der SkF e. V. hat eine eigene Abteilung »Pflegekinder«. Er hat für das Kind K eine Dauerpflegestelle gefunden, die Familie fachlich überprüft und ist zu dem Ergebnis gekommen, daß die Familie und K zusammenpassen.
11. Der SkF e. V. ist anerkannte Adoptionsvermittlungsstelle. Nach Überprüfung der Bewerber B möchte er das Kind K in die Familie zur Adoptionspflege geben.
12. Familie F hat ein eigenes (K_1) und ein Dauerpflegekind (K_2) sowie K_3 zur Tagespflege. Da K_1–K_3 in die Schule gehen, möchte Frau F noch ein weiteres Tagespflegekind (K_4) aufnehmen. Die berufstätige Frau N aus der Nachbarschaft möchte ihr Kind gerne bei ihr unterbringen.

Fall 34: Ablehnung der Erteilung einer Pflegeerlaubnis

Die Eltern A wollen wegen ihrer Berufstätigkeit ihre 2jährige Tochter tagsüber fünf Tage die Woche zu den Eltern B geben, die schon mehrfach Tagespflegekinder aufgenommen haben. Die Eltern B sollen dafür monatlich 800 DM bekommen. Die Eltern B stellen einen Antrag auf Erteilung der Pflegeerlaubnis. Das JA lehnt den Antrag ab mit der Begründung, für das Kind sei keine Schlafgelegenheit vorhanden. Außerdem seien die Pflegeeltern evangelisch, die leiblichen Eltern jedoch katholisch.
Sie sind SA beim Orts-CV und werden von den Eltern B gefragt, was sie gegen diese Entscheidung machen könnten.

Fall 35: Haftung bei fehlender Pflegeerlaubnis

Die Eltern A geben ihr dreijähriges Kind K zu den Pflegeeltern B, ohne daß diese die erforderliche Erlaubnis des JA eingeholt haben.

1. Sie hatten nie vor, eine Erlaubnis einzuholen. Das Pflegekind K fügt dem Jungen J beim Spielen eine Körperverletzung zu, während Frau B auf einer Parkbank ein Buch liest. Die Krankenkasse der Eltern des Jungen J verlangt von den Pflegeeltern Ersatz des entstandenen Schadens. Diese weigern sich.
2. Sie hatten zwar vor, eine Pflegeerlaubnis einzuholen, haben aber versäumt, rechtzeitig vorher einen Antrag zu stellen. Eine Woche nach Inpflegenahme beantragten sie die Erlaubnis. Der unter 1. geschilderte Sachverhalt spielt sich ab, nachdem die Erlaubnis beantragt, jedoch bevor sie erteilt ist. Nach dem Eintritt des Schadensfalles schickt das JA die Erlaubnis.

Fall 36: Informationen für Pflegeeltern

Sie sind Jahrespraktikant im JA der Stadt K. Der JA-Leiter bittet Sie, ein Merkblatt zu entwerfen, das das JA (potentiellen) Pflegeeltern zur Information über Pflegekinder geben kann.
Was würden Sie in das Merkblatt schreiben?

Hinweis: Weitere Probleme zum Bereich Familienpflege enthalten die Fälle 1, 14, 42, 45–48, 52 Nr. 1, 53.

XIII. Heimerziehung, sonstige betreute Wohnform

Fall 37: Voraussetzungen einer Heimunterbringung

Die Mutter M des ne. Kindes K (1 Jahr alt) möchte wieder arbeiten gehen. Dabei ist ihr das Kind hinderlich. Sie versucht zunächst, es bei Nachbarn unterzubringen. Dies klappt jedoch nur teilweise. Dann ist das Kind vormittags und nachmittags abwechselnd bei verschiedenen Nachbarn. »Technisch« läuft zwar alles, dafür macht K nun Schwierigkeiten.
M wendet sich deshalb an das JA und bittet um Auskunft, unter welchen Voraussetzungen sie K in einem Heim unterbringen kann.

Fall 38: Ersetzung der Freiwilligkeit

Kind K, 5 Jahre alt, wird von seinem Vater, der ständig betrunken ist, laufend verprügelt. Die Mutter, die der Prostitution nachgeht, interessiert sich kaum für K. Im Kg ist K lieb und anhänglich, allerdings sehr schreckhaft und häufig nicht in der Lage, sich auf ein Spiel zu konzentrieren.
Die Erzieherin im Kg informiert das JA über die häuslichen Verhältnisse, weil sie um das Wohl des Kindes fürchtet. Der SA kommt zu dem Ergebnis, daß eine Herausnahme von K dringend notwendig, eine geeignete Pflegefamilie aber nicht vorhanden ist. Außerdem sind die Eltern unter keinen Umständen bereit, ihre Einwilligung zu einer anderweitigen Unterbringung zu geben.

Was sollte der SA unternehmen?

Fall 39: Verfahren und Auswahl der Hilfe bei Fremdunterbringung

Der 16jährige J hat seit seiner Schulentlassung mit 16 Jahren auf dem Bau gearbeitet. Nach etwa 8 Monaten ging er zunächst immer unregelmäßiger, schließlich gar nicht mehr arbeiten. Seinen Arbeitslohn hat er auf Drängen von Freunden mehrfach nicht zu Hause abgeliefert, vielmehr das Geld mit ihnen zum Trinken ausgegeben. Der Arbeitgeber hat der Mutter, die verwitwet ist, nunmehr eine Kündigung geschickt. Daraufhin ist J nur noch herumgestreunt und kaum nach Hause gekommen. Gestern teilte die Polizei der Mutter mit, ihr Sohn sei bei kleineren Einbrüchen erkannt worden. Die Mutter, die kränklich ist und seit dem Tod ihres Mannes vor drei Jahren an Depressionen leidet, ist willens, alles Nötige für J zu tun. Dieser ist ihr jedoch völlig entglitten. Ein Vertrauensverhältnis zwischen Mutter und Sohn besteht nicht mehr. J ist ganz unter den Einfluß seiner Clique geraten. M kommt ins JA, erzählt den vorstehend geschilderten Sachverhalt und bittet um Hilfe.
Was wird der SA machen?

XIV. Intensive sozialpädagogische Einzelbetreuung

Fall 40: Minderjähriger einer Randgruppe

Der heute 17jährige J hat sich seit seinem 4. Lebensjahr zunächst in wechselnden Pflegefamilien und seit seinem 12. Lebensjahr in zwei verschiedenen Erziehungsheimen befunden. Er galt jeweils als ungewöhnlich schwierig.
In der 1. Pflegestelle verunglückte der Pflegevater tödlich, als J gerade Vertrauen gefaßt hatte. In der 2. Pflegestelle wurden ein Jahr nach seiner Aufnahme Zwillinge geboren. Die Pflegeeltern hatten zuvor noch keine Kinder gehabt. Vom Zeitpunkt der Geburt der Zwillinge an fühlte J sich zurückgesetzt. Er entwickelte heftige Aggressionen gegen die Kleinkinder, die von den Pflegeeltern als bedrohlich für das Leben der Kinder empfunden wurden.
Das JA vermittelte J daraufhin (er war inzwischen 9 Jahre alt) in eine sog. heilpädagogische Pflegestelle, der er sich allerdings durch mehrfaches Fortlaufen entzog. Daraufhin wurden J's Auffälligkeiten als »drohende Verwahrlosung« iSd § 64 JWG eingestuft. Da seine Mutter (J ist ne. Geburt) nicht mitwirkungsbereit war, wurde die Anordnung einer Fürsorgeerziehung für geboten gehalten.
Im Erziehungsheim erwies sich J als noch schwieriger. Er nahm sich vor zu beweisen, daß er dieser Unterbringung ebenfalls entkommen könne. Er lief mehrmals fort und wurde anschließend in zwei weitere Heime verlegt.
Inzwischen ist J 17 Jahre. Er gilt als »heimgeschädigt« und als gefährdet, im Straßenmilieu der Nichtseßhaften-, Drogen- oder Kriminellenszene zu landen.
Der SA im JA, Abt. Fremdunterbringung, der für J zuständig ist, überlegt, ob er diesem statt Heimunterbringung eine intensive sozialpädagogische Einzelbetreuung (IspE) gem. § 35 KJHG »beantragen« soll. Da hierfür das LJA zuständig ist, müßte es dem Plan zustimmen. Der SA überlegt, wie er seine Vorstellungen für J dem LJA gegenüber begründen soll.

XV. Ausführungen von Fremdunterbringungen

Fall 41: Rechte der Pflegeeltern

Die Pflegeeltern B, die die Erlaubnis des JA besitzen, wollen

1. das 3jährige Pflegekind K unter Vorlage der Pflegeerlaubnis im Kg anmelden. Die Leiterin der Einrichtung verlangt die Einwilligung der leiblichen Eltern.
2. dem K die Polypen herausnehmen zu lassen. Der Arzt verlangt die Einwilligung der PSB.
3. den krebskranken K chemotherapeutisch behandeln lassen. Das Krankenhaus fragt nach der Einwilligung der Eltern. Diesen ist das Aufenthaltsbestimmungsrecht entzogen worden, und das JA ist insoweit g. V.

Fall 42: Elternrecht – Erziehungsrecht des Heimes

J ist gem. §§ 27, 34 KJHG in einem Heim. Die Heimleitung will, ohne den PSB zu fragen, folgende Maßnahmen durchführen:

1. J soll zum Erlernen des Verantwortlichseins in einer Gemeinschaft in den Sommerferien an einem Zeltlager teilnehmen.
2. J soll sich einer Operation unterziehen, damit seine Ohren nicht mehr abstehen und er somit nicht mehr ständig von seinen Kameraden verspottet werden kann.
3. J (10 Jahre alt) soll nicht auf die Haupt-, sondern auf die Realschule gehen.
4. J ist bei einem von X durch Fahrlässigkeit verursachten Verkehrsunfall leicht verletzt worden. Das Heim will Strafantrag wegen fahrlässiger Körperverletzung (§ 230 StGB) stellen.
5. J soll von seinem ersparten Taschengeld eine Gitarre kaufen, damit er – seinem Wunsch und seiner Begabung entsprechend – seine Freizeit sinnvoll nutzen kann.
6. J (16 Jahre alt) soll statt bei der Fa. X bei der Fa. Y arbeiten.
7. Der debile J (17 Jahre alt) soll im Blick auf seine nahende Volljährigkeit gem. § 1908a BGB unter Betreuung gestellt werden.

Wer entscheidet über diese Fragen?

Fall 43: Grundrechte Minderjähriger in der Heimerziehung

Folgende Maßnahmen werden von der Heimleitung H bzw. dem zuständigen Erzieher E gegen den 15jährigen J ergriffen:

1. Er bekommt Ohrfeigen, als E ihn – entgegen wiederholtem Verbot – mit einer Zigarette im Bett ertappt.
2. Über ihn wird eine Woche Arrest verhängt, weil er abends heimlich das Heim verlassen und sich mit seiner 14jährigen Freundin getroffen hat.
3. Alle seine Post wird kontrolliert, weil er auf dem Briefweg Kontakte zu einer Punkergruppe hat.
4. Er wird sonntags mit Gewalt in die Messe gebracht, weil seine streng katholischen Eltern großen Wert darauf legen, daß er regelmäßig den Gottesdienst besucht.

5. Es wird ihm verboten, sein Zimmer mit Plakaten von jungen Mädchen zu schmücken.

Ist hierin ein Verstoß gegen gesetzlich normierte Grundrechte zu sehen?

XVI. Zuständigkeit und Kostentragung

Fall 44: Höhe des Pflegegeldes

Die Pflegeeltern A haben seit drei Jahren ein 10jähriges Pflegekind K aus Z, wo die Eltern von K leben, in Dauerpflege. Sie wechseln ihren Wohnort von X nach Y. Bisher hatten sie monatlich 830 DM Pflegegeld erhalten. In Y sind nur 750 DM üblich. Das JA will ihnen auch nur in dieser Höhe zahlen.
Die Pflegeeltern möchten von Ihnen wissen, ob sie sich mit dieser Auskunft zufriedengeben müssen, oder was sie ggf. unternehmen können.

Fall 45: Pflegegeld für das Kind eines Pflegekindes

Die Pflegeeltern B nehmen das 15jährige Mädchen M und dessen 1monatigen Säugling S auf (s. o. Fall 33, Nr. 9). Sie beantragen für M und S das altersentsprechende Pflegekind. Das JA lehnt in Bezug auf S ab, da dieser kein Pflegekind iSd § 44 KJHG sei.
Sie sind SA bei der AW und werden von den B's um Rat gefragt.

Fall 46: Verwandtenpflegestelle

Frau G hatte mit ihrer Tochter T und dessen Ehemann M sowie deren zwei ehelichen Kindern (jetzt 12 und 14 Jahre) zusammen in einem Haushalt gewohnt. Als die Kinder 4 und 6 Jahre alt waren, ließen T und M sich scheiden. Sie zogen beide aus dem Haus von G aus und ließen die Kinder dort. Da die Eltern für die Kinder keinen Unterhalt zahlen konnten, beantragte und erhielt G vom zuständigen JA Pflegegeld. Als das für den Wohnort der G zuständige OVG entgegen der bis dahin üblichen Praxis entschieden hatte, daß der Anspruch von Kindern auf Erziehung auch dann von der »Familie« erfüllt werde, wenn sich Kinder in der Pflege von Großeltern befänden und daher kein Raum für das Eingreifen der öffentlichen Jugendhilfe bleibe, versagte das zuständige JA der G eine erneute Gewährung der zwischenzeitlich eingestellten wirtschaftlichen Hilfen. Es begründete dies damit, daß diese nicht mehr zulässig seien; wirtschaftlicher Bedürftigkeit könne nur nach den Bestimmungen des BSHG Rechnung getragen werden.

1. Wird Frau G, wenn sie sich gegen die Ablehnung der Zahlung von wirtschaftlicher Jugendhilfe zur Wehr setzt, Erfolg haben?
2. Könnte Frau G – unterstellt, es bestünde ein Anspruch auf Pflegegeld – diesen überhaupt geltend machen?

Fall 47: Heranziehung Unterhaltspflichtiger

Von der Abteilung »Pflegekinder/Adoptionsvermittlung« des JA wird der »Wirtschaftlichen Jugendhilfe« am 8. 4. 91 mitgeteilt, daß das Kind Margret F in der Pflegefamilie Hildegard und Fritz M am 7. 4. 91 untergebracht worden ist. Es wird um Gewährung von Pflegegeld und Erziehungsbeitrag gebeten.
Margret F ist am 30. 1. 91 in der Universitätsklinik Münster ne. geboren. In der Zeit vom 8. 2. bis 7. 4. 91 lebte das Kind bei der Mutter in Münster. Die Abteilung »Amtspflegschaft/Amtsvormundschaft« ist z. Zt. bemüht, den Vater des Kindes festzustellen.
Die Mutter wollte die Erziehung und Versorgung ihres Kindes ab 8. 4. 91 nicht mehr sicherstellen, weil sie »genug habe von der Aufregung mit Schwangerschaft und Geburt und das Kind erst mal nicht mehr sehen möchte«. Lieber gehe sie wieder ihrem Beruf als Friseuse nach. Da habe sie nur an 5 Tagen der Woche Dienst, aber das sei recht abwechslungsreich. Mit einem Kind sei man 24 Stunden unausgesetzt »verheiratet«. Das passe ihr nicht. Es sei ihr recht, daß das Kind so früh schon zu anderen Leuten komme. Da könne es erfahren, was Familie sei. Das könne sie, die Mutter, dem Kind nicht bieten.
Frau Helene F hat ein monatliches Nettoeinkommen von DM 1 267,64. Sie muß hiervon eine monatliche Miete von DM 500,– und bis zum 15. 2. 1995 eine monatliche Rate von DM 186,– für Einrichtungsgegenstände und DM 56,– für eine Lebensversicherung bestreiten. Für das Kind Margret bekommt sie DM 70,– Kindergeld monatlich.
Wieviel haben die Eltern zu den Kosten der Unterbringung beizutragen?

XVII. Erteilung von Betriebserlaubnissen und weitere Aufgaben des LJA

Fall 48: Einrichtungen unter Erlaubnisvorbehalt

Handelt es sich bei den folgenden Einrichtungen um solche, die eine Erlaubnis zum Betrieb benötigen?

1. Säuglingsheimen
2. Familie, die sechs fremde Kinder aufgenommen hat
3. Kindergarten
4. ein von einer Betreuerin im Freien durchgeführter Kinderspielkreis
5. Jugendherberge
6. Wohngemeinschaft
7. Erziehungsheim
8. Nachbarschaftsgruppe, bei der die Eltern sich bei der Betreuung der Kinder abwechseln
9. Kinderkrankenhaus
10. Familienferienheim
11. Offene Tür
12. Jugendhotel

Fall 49: Erteilung der Betriebserlaubnis und Befreiung von Meldepflichten

In der Stadt X ist eine »Initiative zum Schutz mißhandelter Kinder« entstanden. Sie hat einen Verein gegründet und sich ins Vereinsregister eintragen lassen. Ein Mäzen hat ein altes Haus und einen größeren Geldbetrag zur Verfügung gestellt, so daß sichergestellt ist, daß allein mit der gespendeten Summe ein Heim für 20 Kinder über einen längeren Zeitraum betrieben werden kann. Der Vereinsvorstand stellt beim LJA Y gem. § 85 II Nr. 6 KJHG den Antrag auf Erteilung einer Betriebserlaubnis und auf Befreiung der Anwendung des § 47 II KJHG.
Das LJA lehnt den Antrag ab mit folgenden Begründungen:

- Es bestehe kein Bedürfnis für ein solches Heim;
- dem Heim stünden zu wenige Fachkräfte zur Verfügung;
- es liege im freien Ermessen des LJA, von der Anwendung des § 47 II KJHG zu befreien (siehe § 47 III KJHG: »kann . . . befreien«) oder nicht.

1. Wie beurteilen Sie die Ablehnungsgründe?
2. Wie kann sich der Verein gegen die Versagung zur Wehr setzen?

Kapitel 5

Hilfen für junge Volljährige und behinderte junge Menschen

XVIII. Sozialisationshilfen

Fall 50: Hilfe für ein junges Paar mit Kind

Der 17jährige J (Vorgeschichte siehe Fall 40) wurde vom SA in IspE gem. § 35 KJHG übernommen. Dabei stellte sich heraus, daß J längst in der Nichtseßhaftenszene verkehrt. Er hat dort die 18jährige M kennengelernt, die ein Kind von ihm erwartet. M ist sich sicher, daß J der Erzeuger ist, und J stimmt dem gern zu. Im übrigen hat M bereits ein inzwischen 3jähriges Kind, das bei ihrer Mutter lebt. M steht unter Vormundschaft/Betreuung, die vom JA ausgeführt wird. Die Vormundschaft wurde vor Jahren als Minderjährigenvormundschaft eingerichtet, als M's Mutter die e. S. gem. § 1666, 1666a BGB entzogen werden mußte, weil sie M mißhandelt hatte. Nachdem ein medizinisches Gutachten festgestellt hatte, daß M geistig wesentlich behindert ist und an Epilepsie leidet, wurde sie mit Erreichung der Volljährigkeit wegen Geistesschwäche entmündigt und das JA weiterhin zum Vormund bestellt.

Gem. Art. 9 § 1 I 1, III des Gesetzes zur Reform des Rechts der Vormundschaft und Pflegschaft über Volljährige (Betreuungsgesetz – BtG) verwandelte sich diese Vormundschaft zum 1. 1. 92 in eine Betreuung, die alle Angelegenheiten des Betreuten (mit Ausnahme der Entscheidung über die Einwilligung in eine Sterilisation) erfaßt und bei der für den gesamten Aufgabenkreis ein Einwilligungsvorbehalt nach § 1903 BGB als angeordnet gilt. Gem. Art. 9 § 1 II wird der bisherige Vormund, also das JA, Betreuer.

M und J wollen sich nicht trennen lassen. Der SA erkennt, daß er J nur betreuen kann, wenn er M mit in den Hilfeprozeß einbezieht. Das ist in dem Lehrlingsheim, wo J vorübergehend Aufnahme gefunden hat, nicht möglich, weil hier nur junge Männer leben. Schließlich bekommt SA eine Zusage vom KOLPING-INTERNATIONAL, die in ihrem Hotelbereich ein Apartment zur Verfügung stellen wollen.

SA teilt die Entwicklung des Falles J dem LJA mit und »beantragt« zusammen mit einer entsprechenden Erklärung von J Zusage zu dieser Art der Unterbringung. Gleichzeitig teilt er dem JA als Vormund/Betreuer der M mit, was er mit M vorhabe. – Das LJA antwortet, J sei in 2 Monaten volljährig. Eine Fortsetzung der IspE komme nicht in Betracht, weil J weder eine Schul- noch eine Berufsausbildung fortsetzen wolle. Außerdem könne nicht J, sondern nur sein PSB einen solchen Antrag stellen. – Der Vormund/Betreuer von M verlangt, daß sichergestellt werden müsse, daß M auch nach der Entbindung im KOLPING-INTERNATIONAL wohnen könne. KOLPING lehnt ab.

Der SA überlegt, was für J und M und das erwartete Kind zu tun ist.

Fall 51: Heimunterbringung nach KJHG oder BSHG

Der 16jährige J ist ein Jugendlicher, um den sich zunächst nur die Mutter kümmerte und ihn stark verwöhnte. Er fiel im Alter von 11 Jahren bereits durch starken Konsum von Süßigkeiten und durch Rauchen auf. Mit 14 Jahren tat sich J zu Hause und in der Schule durch aggressives Verhalten gegen Mitschüler und Leistungsverweigerung hervor. Er mußte mehrfach wegen stärker werdender Verhaltensauffälligkeiten vom Unterricht beurlaubt werden. Auf Anraten der Schule wurde J mit 15 Jahren unter Mitwirkung des Gesundheitsamtes durch seine Eltern in einem Krankenhaus für Kinder- und Jugendpsychiatrie zur Untersuchung und Beobachtung untergebracht.
Das Gutachten stellte fest, daß die geistige und emotionale Entwicklung von J stark verzögert und gehemmt sei. Abschließend hieß es im Gutachten, J sei als seelisch wesentlich behindert iSd § 39 BSHG zu beurteilen und benötige Hilfe iSd § 100 BSHG.
Der SA ist zu dem Ergebnis gekommen, daß eine Heimunterbringung für J das Beste wäre. Er kennt ein Heim, das auch therapeutische Leistungen iSd § 27 III KJHG erbringen kann. Er spricht mit den Eltern von J und will diese davon überzeugen, daß eine Heimunterbringung das Beste für J wäre. Allerdings müßten sie den Antrag stellen und zur Mitarbeit bereit sein. Der Vater läßt die nötige Bereitschaft erkennen unter der Bedingung, daß J nicht in eine »Klapsmühle« komme. Der Erziehungszustand seines Sohnes sei durch die verwöhnende Haltung der Mutter ausgelöst worden. Jetzt sei eine straff geführte Heimerziehung nötig und nichts anderes. Die Mutter ist uneinsichtig. J habe einen schlechten Charakter, vielleicht sei er auch nicht normal. Sie wolle von all dem nichts mehr wissen, sie habe sich genug bemüht in all den Jahren.
Der SA bringt den Fall in eine Dienstbesprechung im JA, bei der der Amtsleiter anwesend ist. Dieser spricht sich für Eingliederungshilfe nach §§ 39, 100 BSHG aus. Dann sei die extrem kostspielige Angelegenheit beim überörtlichen Träger. SA hat Bedenken, weil er die Meinung der Eltern kennt. Von einem befreundeten Juristen läßt er sich sagen, grundsätzlich seien Leistungen nach dem KJHG verrangig, wenn es sich um eine seelische Behinderung handele. Der Vater hätte Anspruch darauf, Hilfe zur Erziehung nach dem KJHG zu erhalten. Und was die Mutter anbelange, so solle er doch Antrag nach §§ 1666, 1666a BGB beim VormG stellen. Dann sei die Unterbringung möglich.
Wie beurteilen Sie als SA diese Empfehlung?
Sie können unterstellen, daß bei M die Voraussetzungen nach § 1666 BGB erfüllt sind.

Kapitel 6

Vorläufige Maßnahmen

XIX. Inobhutnahme Minderjähriger

Fall 52: Rechtsgrundlage der Inobhutnahme

In welchen der nachstehenden Fälle ist eine Inobhutnahme MJ durch das JA (ohne vorherige vormundschaftsgerichtliche Genehmigung) möglich?

1. Die 15jährige M lebt seit Jahren in der Familie eines mit ihren Eltern befreundeten Gastwirtes, dessen Frau seit einiger Zeit öffentlich der Prostitution nachgeht.
2. Die 14jährige U lebt bei ihrer unverheirateten Mutter. Die Mutter unterhält nachts in ihrer Wohnung wechselnde Männerbekanntschaften. U erlebt das mit.
3. Der 16jährige J ist zu Hause »getürmt« und hält sich ohne Wissen seiner Eltern in einer Jugendkommune in Düsseldorf auf.
4. Der 17jährige A wird morgens obdachlos auf den Stufen des JA in Münster angetroffen. Er gibt an, aus einem Erziehungsheim in Hessen entwichen zu sein.
5. Die 14jährige ne. M wächst in einer Internatsschule auf, weil ihre ledige Mutter berufstätig ist. Jetzt verunglückt die Mutter tödlich. Der Vater kommt ins Internat und will die Tochter in seine Familie mitnehmen. Er sei jetzt ihr Nächster, sagt er. M will im Internat bleiben. Da sie weiß, daß der Vater 50 % der Internatskosten gezahlt hat, meint sie, er könne Rechte geltend machen. Um der Gefahr zu entgehen, läuft sie fort. Nachts trifft eine Polizeistreife sie an einem Autobahnrastplatz und bringt sie in die Jugendschutzstelle des nächstgelegenen Ortes. Sie wehrt sich gegen die Unterbringung, weil sie meint, als nächstes folge jetzt die Unterbringung bei ihrem Vater. »Lieber will ich da sein, wo meine Mutter jetzt ist«, weint sie und stellt in Aussicht, der Schutzstelle zu entfliehen. – Der SA möchte M einschließen, zögert aber, weil das Freiheitsberaubung ist.

Fall 53: Begriff der Inobhutnahme

1. Im Jugendamt geht freitags, kurz vor Feierabend, bei der SA, Frau Hilfreich, ein Anruf des Stationsarztes Dr. Medikus der benachbarten Kinderklinik ein. Er teilt mit, am vergangenen Wochenende sei von der Polizei ein 1½jähriges Kind, der kleine Moritz Molle, eingeliefert worden. Der Körper sei voller Hämatome, die auf Einwirkung mit stumpfen Gegenständen hinwiesen. Ebenfalls seien mehrere Knochenbrüche diagnostiziert worden. Moritz sei abgemagert und nicht altersgemäß entwickelt. Das Kind sei jetzt schon einige Tage in der Klinik und müsse dringend weiter medizinisch versorgt werden. Die Eltern seien jetzt bei ihm auf der Station und verlangten das Kind heraus. Er befürchte Schlimmes, wenn das Kind in diesem

Zustand entlassen würde. – Kann Frau H rechtlich verhindern, daß die Eheleute M das Kind aus der Klinik nehmen?

2. Am Montag geht ein Polizeiprotokoll ein, aus dem sich ergibt, daß am vorletzten Samstag eine Polizeistreife von Nachbarn der Familie M gerufen worden sei, um deren Familienstreit zu schlichten. In der Wohnung habe ein fürchterliches Chaos geherrscht. Herr M habe auf seine Frau eingeschlagen. Der kleine M habe wimmernd neben seinem Bettchen gelegen. Man habe ihn schließlich mit Zustimmung der Eltern in die Klinik gebracht.
Bei einem Hausbesuch von Frau H noch am gleichen Montag geben die Eheleute M zu, regelmäßig dem Alkohol zuzusprechen. Keiner von beiden geht regelmäßiger Arbeit nach. Die Wohnung macht einen total verschmutzten Eindruck. Beide räumen ein, das Kind sei ihnen hin und wieder lästig. Auf die Verletzungen angesprochen, kommt es zu widersprüchlichen Aussagen. Herr M sagt, das Kind sei die Treppe hinuntergefallen, Frau M, ihr Ehemann habe in seinem »besoffenen Kopp« auf den Kleinen eingedroschen, was er im übrigen häufiger mache, wenn das Kind ihn störe. – Frau H stellt noch fest, daß in der Wohnung total verschmutzte Kinderkleidung herumliege. Ihre Frage, ob das JA ihnen in irgendeiner Weise helfen könne, beantworten Eheleute M mit einem kategorischen Nein.
Frau H gewinnt bei einem Besuch im Krankenhaus in Gesprächen mit dem Arzt den Eindruck, daß Moritz von seinen Eltern nicht die notwendige Zuwendung erfährt. Eine Auswertung aller gesammelten Fakten und gewonnenen Eindrücke im JA führt zu dem Ergebnis, daß Moritz zumindest eine Zeitlang aus der Familie herausgenommen werden müßte. Die Eheleute M lehnen es ab, dazu ihre Einwilligung zu geben.
Haben das JA bzw. das VormG etwas zu veranlassen?

3. Unterstellen Sie, daß Moritz bei der Familie Schmitz in Familienpflege gegeben wird.
Beim nächsten Hausbesuch nach einigen Wochen erfährt Frau H, Eheleute M hätten sich telefonisch nach dem Befinden von Moritz erkundigt und für den nächsten Tag ihren Besuch angemeldet. Sie seien allerdings nicht erschienen.
Bei einem unverzüglich durchgeführten erneuten Hausbesuch bei den Eheleuten M wird noch einmal die Hilfe des JA angeboten und auf die dringende Notwendigkeit der Kontaktaufnahme zu Moritz hingewiesen. Frau H weist auch auf die Gefahr der Entfremdung bei einem so kleinen Kind hin.
Da Frau H erlebt, wie Moritz immer mehr in die Pflegefamilie hineinwächst, spricht sie bei den Eheleuten M das Thema einer »Abgabe« von Moritz an. Entrüstet weisen beide dieses Ansinnen zurück.
Nach fast zwei Jahren stellt Frau H fest, daß Herr und Frau M nicht ein einziges Mal ihr Kind besucht haben. In ihrer Familie hat sich nichts positiv verändert. Die Pflegeeltern Sch haben Moritz inzwischen so lieb gewonnen, daß sie ihn gerne für immer bei sich behalten möchten. Er nennt beide inzwischen Mama und Papa.
Legen Sie aus der Sicht der SA dar, welches die geeignete Hilfe für Moritz ist.

Kapitel 7

Rechtliche Fürsorge durch Vormundschaft, Pflegschaft und Beistandschaft

XX. Vormundschaft und Pflegschaft

Fall 54: Beginn der Vormundschaft

Laurentia Lebegern bringt ein ne. Kind zur Welt. Der Standesbeamte zeigt dem VormG gem. § 48 FGG die Geburt an und teilt dem JA gem. § 57 KJHG die Anzeige mit. Hat das VormG eine Vormundschaft über K einzuleiten?

Fall 55: Scheineheliche Kinder

Laurentia Lebegern ist mit Karlchen Lebegern verheiratet und bringt in der Ehe einen Sohn S zur Welt. Karlchen, der während der gesetzlichen Empfängnis als Matrose auf hoher See war, ficht die Ehelichkeit von S an. Das Gericht kommt zu dem Ergebnis, daß er nicht der Vater des S ist.

1. Wer sind die Parteien im Anfechtungsprozeß?
2. Wer hat nach erfolgreicher Anfechtung die e. S. für S?
3. Wie wäre es mit der e. S. (gewesen), wenn L sowohl bei der Geburt von S als auch bei Rechtskraft des Ehelichkeitsanfechtungsurteils mj gewesen wäre?
4. Wie wäre es dann, wenn sie nunmehr vj würde?

Fall 56: Beschränkt geschäftsfähige/voll geschäftsfähige Mutter

Die ledige 18jährige Laurentia Lebegern bringt das ne. Kind K zur Welt. Wenige Monate nach der Geburt wird sie wegen Rauschgiftsucht unter Betreuung gestellt.

1. Wie ist es mit der e. S. vor und nach der Betreuungsanordnung?
2. Wie wäre es, wenn Laurentia gleich nach der Geburt des ehelichen K Witwe geworden wäre?

Fall 57: Ausschluß von Amtsvormundschaft/Amtspflegschaft

Laurentia Lebegern, ledig, erwartet ein ne. Kind. Sie möchte weder eine Amtsvormundschaft noch eine Amtspflegschaft für K. Falls es jedoch nicht möglich sein sollte, daß sie die e. S. allein ausübt, soll ihr Vater VM oder PFL des K werden. L möchte über ihre Möglichkeiten beraten werden.

1. L ist vj.
2. L ist mj.

Fall 58: Ausländische ledige Mutter mit Kind

Die ledige Kroatin Ila arbeitet sei einigen Jahren in der Bundesrepublik. Sie bringt ein Kind zur Welt, dessen Vater der Deutsche Karlchen Lebegern ist.

1. Wer hat die e. S. über das Kind?
2. Wie wäre die Rechtslage, wenn die Mutter Türkin wäre?

Fall 59: Haftung des Amtspflegers

Herr Schlau ist Erzeuger des 8jährigen ne. Kindes K. Er möchte gerne nach Kanada auswandern. Er bietet dem SA des JA, das VM von K ist, eine Abfindungssumme von 30 000 DM an. Der Abfindungsvertrag gem. § 1615 e I BGB, der einen Verzicht des K auf weitergehende Ansprüche enthält, wird geschlossen und gem. Abs. 2 vom VormG genehmigt. Wegen der ständig steigenden Lebenshaltungskosten stellt sich bald heraus, daß der Betrag zu gering ist. Das JA erhebt daher eine Nachforderungsklage gegen den noch nicht ausgewanderten Schlau. Diese wird wegen des Vergleichs abgewiesen. Mittlerweile ist ein EinzelVM bestellt worden.

1. Was kann man tun, um dem Kind zu mehr Unterhalt zu verhelfen?
2. Wie wäre es, wenn ein Verein, z. B. der SkF, VM gewesen wäre, und dieser die Aufgabe einem Mitglied übertragen hätte?

XXI. Beistandschaft

Fall 60: Helfer für Alleinerziehende

Laurentia Lebegern ist geschieden und hat das Sorgerecht über die Kinder Hänsel und Gretel. Anfangs kommt der Ex-Ehemann seiner Unterhaltspflicht gegenüber Frau und Kindern regelmäßig nach. Nach etwa zwei Jahren jedoch stellt er alle Zahlungen ein und beruft sich auf Leistungsunfähigkeit.
L möchte nicht sofort einen Anwalt einschalten, ist jedoch ratlos, was sie tun soll.

1. Welche Möglichkeiten hätte L?
2. Wäre die Situation anders, wenn H und G ne. Kinder der ledigen L wären?

Kapitel 8

Mitwirkung in Gerichtsverfahren

XXII. Mitwirkung in Verfahren vor den Vormundschafts- und Familiengerichten

Fall 61: Befugnisse des JA (nach OLG Köln v. 13. 2. 1981, FamRZ 1981, 599)

Laurentia war mit Karlchen Lebegern verheiratet, hatte aber, seiner ewigen Seefahrerei überdrüssig, Antrag auf Scheidung gestellt. Das FamG hatte das JA mit Verfügung v. 17. 12. 1990 vom Verfahrensgegenstand unterrichtet und darum gebeten, sich gutachtlich zu der Frage zu äußern, wem der sich streitenden Eltern das Sorgerecht über das Kind Ignaz belassen werden solle. Im Laufe des Dezember erhielt die L einen Brief von ihrem Anwalt, in dem es hieß, daß »sie sich vom JA nicht im Hause herumschnüffeln lassen brauche«. Diesen Brief sandte der Anwalt in Kopie an das JA. Daraufhin rief die zuständige SA am 26. 1. 1991 beim FamG an und erkundigte sich, in welchem Umfang sie tätig werden solle. Der FamR bat sie ausdrücklich, auch aufgrund ihres persönlichen Eindrucks über das Verhältnis des Kindes zu den Eltern zu berichten. Über das mit dem JA geführte Gespräch verfaßte der Richter einen Aktenvermerk.

Als die SA am 1. 2. 1991 bei Laurentia einen angemeldeten Hausbesuch machen wollte, ließ diese sie nicht herein. Durch die geschlossene Tür ließ sie wissen, ihr Anwalt habe ihr gesagt, sie brauche keine Besuche des JA hinzunehmen. Als die SA erklärte, der Richter habe sie ausdrücklich beauftragt, einen Hausbesuch zu machen, teilte L mit, daß sie diese Anweisung anfechten werde.

1. Hat das JA die Befugnis, Hausbesuche zu machen und insbesondere mit Personen, zu denen es sich gutachtlich äußern soll, persönlichen Kontakt aufzunehmen?
2. Kann sich das JA bei Dritten (Großeltern, Nachbarn, Schulen etc.) die gewünschten Informationen holen?
3. Kann die L die »Anweisung« des Gerichts an das JA anfechten?

Fall 62: Inhalt der Unterrichtung gem. § 50 KJHG

Laurentia (s.o. Fall 61) hat sich zusammen mit Karlchen auf Scheidungsberatung durch das JA eingelassen. In sechs Sitzungen hat sich das JA bemüht, mit den beiden ein einvernehmliches Konzept zu erarbeiten, damit auch nach der Scheidung das Kindeswohl bestmöglich gewahrt ist.

1. L und K haben Einigkeit erzielt, daß L das Sorgerecht erhält, daß K jedoch während seiner Heimaturlaube ungehindert die Kontakte zu J pflegen und ausbauen darf.

2. Der Versuch der Erarbeitung eines einvernehmlichen Konzeptes ist gescheitert. K bleibt dabei, daß L eine chaotische Schlampe, eine Säuferin, eine Hure und völlig ungeeignet zur Erziehung von J sei. Er möchte J bei seinem Bruder unterbringen, der in demselben Stadtviertel wohnt und eine etwas ältere Tochter hat.

Der zuständige Richter des AmtsG-FamG Köln fragt telefonisch an, wann mit einer Mitteilung gem. § 50 KJHG zu rechnen sei.
Die SA möchte wissen, was sie dem FamG schreiben soll.

Fall 63: Verschiedene Wohnsitze von Vater und Mutter (nach OLG Köln v. 13. 9. 1985, FamRZ 1986, 707)

Laurentia (s. o. Fall 61) ist mit Ignaz in Köln geblieben, während Karlchen nach St. Pauli in Hamburg gezogen ist. Das AmtsG Köln, bei dem das Scheidungsverfahren anhängig ist, bittet das JA Köln um »Berichterstattung«. Dieses spricht sich für eine Übertragung der e. S. auf L aus. Das AmtsG Köln sendet eine Kopie der Stellungnahme an das JA Hamburg und bittet ebenfalls um »Berichterstattung«. Dieses teilt dem AmtsG Köln mit, daß es sich mangels Zuständigkeit in dieser Angelegenheit nicht äußern werde. Das AmtsG Köln beschwert sich daraufhin bei der Rechtsaufsichtsbehörde des JA Hamburg. Nunmehr legt das JA Hamburg gegen die gerichtliche Verfügung der Berichterstattung Beschwerde ein.

1. Wird das JA Hamburg mit seiner Beschwerde Erfolg haben?
2. Falls Sie die Beschwerde bereits für unzulässig halten:
   Durfte das JA die »Berichterstattung« verweigern?

XXIII. Mitwirkung in Verfahren nach dem Jugendgerichtsgesetz

Fall 64: Nichterscheinen der JGH zur Hauptverhandlung (nach LG Frankfurt v. 15. 5. 1984, ZfJ 1984, 435)

In der Hauptversammlung vor dem JugR des AG F erschien der Vertreter der JGH nicht, obwohl der Richter ihn unter Hinweis auf Säumnisfolgen förmlich zur Hauptverhandlung hatte laden lassen. Daraufhin vertagte der JugR die Hauptverhandlung und erlegte der Trägerin der JGH (Kommune) die infolge der Vertagung entstandenen Kosten auf. Hiergegen erhob die Kommune Beschwerde.
Wird sie damit Erfolg haben?

Fall 65: Beschlagnahme von Jugendamtsakten statt JGH (nach LG Bonn v. 29. 8. 1985, ZfJ 1986, 67)

Der 18jährige Peter Müller ist angeklagt, als Jugendlicher einen Betrug und eine Nötigung begangen sowie vorsätzlich im Straßenverkehr ein Fahrzeug geführt zu haben, obwohl er hierzu infolge des Genusses alkoholischer Getränke nicht in der Lage gewesen sei. Zwei Monate nach dem Volljährigwerden hatte der Angeklagte beim JA, Abteilung Jugendgerichtshilfe, eine Erklärung mit folgendem Wortlaut abgegeben: »Hiermit erkläre ich, daß zu der anberaumten Hauptverhandlung von seiten des JA Bonndorf weder ein mündlicher noch ein schriftlicher Bericht im

Rahmen der Jugendgerichtshilfe abgegeben werden soll. Aufgrund meiner Volljährigkeit bin ich befugt, diese Erklärung abzugeben. P. M.«
Das JA erklärte daraufhin gegenüber dem JugG, es sehe sich nicht in der Lage, gegen den Willen des Herrn P. M. JGH zuleisten. Da das JugG jedoch durch das Bundeszentralregister wußte, daß für P. M. FE bestanden hatte, forderte es vom JA die über den Angeklagten vorhandenen Akten heraus. Als das JA sich weigerte, diese herauszugeben, ordnete das Gericht die Beschlagnahme der Akten an, um – wie es sagte – auf diesem Wege die sozialen und fürsorgerischen Gesichtspunkte selber zu ermitteln. Hiergegen legte das JA Beschwerde ein.
Wird es damit Erfolg haben?

Dritter Teil

Lösungen der Fälle

Kapitel 1

Aufgaben und Träger der Jugendhilfe

I. Aufgaben der öffentlichen Jugendhilfe

Fall 1: Aufgaben des Jugendamtes

1. Gem. § 2 II Nr. 4 KJHG gehört es zu den Leistungen der Jugendhilfe, Hilfe zur Erziehung gem. § 33 KJHG zu gewähren. Gem. § 27 I KJHG besteht auf diese Leistung ein Rechtsanspruch (»... hat Anspruch auf Hilfe ...«). Dieser Anspruch, insbesondere iVm dem Wunsch- und Wahlrecht der Leistungsberechtigten gem. § 5 KJHG, kann aber nur befriedigt werden, wenn ausreichend Pflegestellen vorhanden sind. Und diese lassen sich idR nur finden, wenn geworben wird. Somit ist festzustellen, daß die JÄ A, B, C verpflichtet sind, um über einen genügend großen »Vorrat« an geeigneten Pflegestellen zu verfügen, eine angemessene Werbeaktivität zu entfalten. Die Behauptung der Finanznot kann keine Berücksichtigung finden.

2. Die LJÄ sind nicht vorgesetzte Behörden der JÄ. Die Kontrolle, ob die JÄ geltendes Recht verletzen (Rechtsaufsicht), liegt bei den kommunalen Aufsichtsbehörden (in NW: Regierungspräsident – RP). Der RP könnte tätig werden, z.B. durch entsprechende Hinweise, durch eine Visitation oder durch weitgehende Maßnahmen. Dem LJA dagegen, dem nach § 85 II KJHG die Sicherung der gleichmäßigen Erfüllung der Aufgaben der Jugendhilfe obliegt, stehen nur Maßnahmen mit empfehlenden Charakter zur Verfügung. Dem LJA bleibt es jedoch unbenommen, durch finanzielle Zuwendungen den Aufbau der gewünschten Pflegekinderwerbung zu ermöglichen. Dies gilt besonders im Hinblick auf die Aufgabe des LJA nach § 85 II Nr. 5 KJHG, wo ihm die Beratung des JA insbesondere für die Vermittlung einer Pflegeperson in schwierigen Einzelfällen obliegt. Mit Rücksicht auf den Gleichheitsgrundsatz müßte das LJA allerdings jedes JA bei Vorliegen der Voraussetzungen fördern. Ein Anspruch seitens der JÄ A, B, C auf finanzielle Zuwendung besteht nicht.

Fall 2: Verhältnis von SGB I, SGB X, KJHG zueinander

1. Reaktion des Sozialamtes

1.1 Das Sozialamt wird zunächst prüfen, ob es für einen derartigen Antrag überhaupt zuständig ist. Gem. §§ 96ff. BSHG sind die Träger der Sozialhilfe für die Gewährung von Sozialhilfe zuständig. Dazu kann in Einzelfällen auch die Unterbringung in einem Heim gehören (z.B. im Rahmen der §§ 39 und 72 BSHG). Ein Heimaufenthalt bei »normalen« Erziehungsschwierigkeiten fällt jedoch nicht darunter. Hierfür ist gem. §§ 34, 85 KJHG das JA zuständig. Gem. §§ 14, 16 I SGB I wird das Sozialamt daher dem J mitteilen, daß es für die Gewährung von Heimunterbringung nicht zuständig ist und daß es den Antrag gem. § 16 II SGB I an das zuständige JA weiterleitet.

2. Verfahrensmäßiger Ablauf beim JA

2.1 Das JA wird prüfen, ob der 15jährige J überhaupt eine Heimunterbringung beantragen kann.

J ist 15 Jahre alt, somit beschränkt geschäftsfähig. Er hat daher nur dann Rechte, die er eigenständig ausüben kann, wenn ein Gesetz ihm dies erlaubt. § 34 KJHG befaßt sich mit der von J gewünschten Heimerziehung. Dazu sagt § 27 KJHG, daß die PSB den Antrag zu stellen haben. Der MJ wird nicht erwähnt. § 36 I 1 SGB I dagegen führt aus, daß, wer das 15. Lebensjahr vollendet hat, Anträge auf Sozialleistungen stellen kann.
Die Gewährung einer erzieherischen Hilfe ist gem. §§ 11, 12, 27 SGB I eine Sozialleistung iSd SGB. – Die Frage ist nun, in welchem Verhältnis § 36 SGB I und §§ 27, 34 KJHG zueinander stehen. § 37 SGB I bestimmt sinngemäß, daß das SGB I gilt, sofern sich aus dem KJHG nichts Abweichendes ergibt (S. 1), daß jedoch eine Reihe von Vorschriften, u. a. § 36 SGB I, in jedem Fall Vorrang behält (S. 2). Es ist daher zu klären, was »nichts Abweichendes« in S. 1 meint. Bedeutet es, daß es dem Gesetzgeber verwehrt sein soll, in den besonderen Teilen des SGB überhaupt abweichende Regelungen zu schaffen, oder lediglich, daß der Mindeststandard der genannten Normen durch Spezialnormen nicht aufgehoben werden darf? Mit Sicherheit ist davon auszugehen, daß letzteres gelten soll; denn es wäre kein Grund ersichtlich, warum der Gesetzgeber bei der Gewährung von Sozialleistungen, die ja freiwillig in Anspruch genommmen werden, in den einzelnen Büchern nicht dem Bürger günstigere Regelungen sollte vorsehen dürfen. Daher ist es z. B. zulässig, daß das KJHG in den §§ 61–68 Datenschutzregelungen enthält, obwohl § 37 S. 2 SGB I festlegt, daß der Vorbehalt des S. 1 nicht für das 2. Kapitel von SGB X (= Schutz der Sozialdaten) gilt; denn die §§ 61–68 KJHG realisieren das Recht auf informationelle Selbstbestimmung der Art. 1, 2 GG[1] in stärkerem Maße als die §§ 67–85 SGB X.
Im vorliegenden Fall ist nun folgendes zu beachten: Das KJHG enthält keine Regelung hinsichtlich des Alters von jungen Menschen, die Leistungen der Jugendhilfe in Anspruch nehmen möchten. Das ist auch nicht nötig, weil Leistungsberechtigte nach der Konzeption des KJHG nicht die MJ, sondern die Erziehungsberechtigten sind. Das Recht des MJ aus § 36 SGB I kann daher nur den Inhalt haben, daß er das JA auf diese Weise zwingen kann, den PSB ein Leistungsangebot zu machen. Ob diese es annehmen, liegt allerdings zunächst in deren Ermessen. Erst wenn feststeht, daß der MJ gefährdet ist, muß das JA gem. § 50 III KJHG das VormG einschalten und dann dem MJ mit Einwilligung eines PFL die begehrte Leistung erbringen.[2]
2.2 Das JA wird die Eltern von J und J selbst anschreiben und zum Gespräch bitten. Dieser Aufforderung brauchen die Eltern nicht nachzukommen; denn die §§ 60, 61 SGB I gelten nur für denjenigen, der die Sozialleistung beantragt hat. Das

1 So das Volkszählungsurteil vom 15. 12. 83, NDV 1984, 4, 155
2 So im Ergebnis *Coester*, FamRZ 1991, 253/257

sind die Eltern gerade nicht. Sprechen die Schilderungen von J allerdings dafür, daß er zu Hause gefährdet ist, so darf das JA entgegen dem sonst geltenden Grundsatz auch bei anderen Personen als den Betroffenen Informationen einholen, § 62 III Nr. 1 iVm § 50 III KJHG, und dann ggf. das VormG in Kenntnis setzen.
Kommen die Eltern zu dem Gespräch, so hat das JA sie gem. § 14 SGB I iVm § 36 I KJHG zu beraten und ihnen, wenn sich die Darstellung des J als richtig erweist, die Leistung nach § 34 KJHG anzubieten. Sind sie trotz vorhandener Gefährdung von J nicht bereit, das Angebot anzunehmen, muß das JA das VormG anrufen.

3. Antrag der Eltern

Wenn nicht J, sondern seine Eltern den Antrag auf Gewährung einer Heimerziehung gestellt hätten, wäre dies im Rahmen von §§ 27, 34 KJHG geschehen. Hinsichtlich der Beratung durch die Behörde und der Aufklärungspflicht des Antragstellers würden sich keine Änderungen ergeben. §§ 8 I, 36 II 2 KJHG sehen vor, daß auch der MJ zu beraten, an der Auswahl der Einrichtungen und an der Ausgestaltung eines Hilfeplanes beteiligt werden soll. Es entspricht längst bewährter JA-Praxis, auch die MJ einzubeziehen. Insofern ist das »soll« idR als »muß« zu verstehen, wovon nur in einem atypischen Einzelfall abgewichen werden kann. In den JÄ weiß man, daß »es sich nicht auszahlt«, gegen den Willen eines MJ nur mit den PSB eine Heimerziehung zu vereinbaren. Die Heime sind heute so offen konzipiert, daß der MJ leicht ausreißen kann, wenn er den Hilfeplan nicht akzeptiert. J ist also aktiv an allen Planungen zu beteiligen.

II. Die Wahrnehmung von Aufgaben der Jugendhilfe durch Träger freier Jugendhilfe

Fall 3: Tätigkeitsbereich freier Träger

1. Es handelt sich bei der AW um einen Träger freier Jugendhilfe. Dieser ist grundsätzlich frei, übernommene Aufgaben nicht weiterzuführen. Jedoch könnte sich aus den §§ 4, 74, 80 KJHG etwas anderes ergeben. Hiernach soll die öffentliche Jugendhilfe mit der freien Jugendhilfe **partnerschaftlich zusammenarbeiten** (§ 4 I KJHG), die freie Jugendhilfe fördern (§§ 4 III, 74 II KJHG) und sie, sofern es anerkannte Träger sind, in allen Phasen ihrer Planung frühzeitig beteiligen (§ 80 III 1 KJHG). Zwar verpflichten diese Vorschriften nur den öffentlichen Träger, § 3 II 2 KJHG. Das JA kann der Verpflichtung aber nur nachkommen, wenn der freie Träger dem JA gegenüber eine Bindung eingeht, die sein Handeln für das JA kalkulierbar macht.
Im vorliegenden Fall ist der freie Träger jahrelang tätig gewesen. Er ist hierbei in erheblichem Umfang durch den öffentlichen Träger unterstützt worden. Dadurch sind Bindungen entstanden, die idR zumindest die Einhaltung einer angemessenen Kündigungsfrist erforderlich erscheinen läßt.
Hier liegt jedoch ein außergewöhnlicher Fall vor. Die sofortige Kündigung aller Mitarbeiter macht die Weiterarbeit unmöglich. Das JA hat dies akzeptiert, so daß von einer einverständlichen Beendigung der Arbeit des freien Trägers ausgegangen werden kann.

Es bleibt die Frage, ob das JA die Arbeit hätte fortsetzen müssen. Die bisher von dem freien Träger wahrgenommenen Aufgaben waren solche nach § 2 II Nr. 1–3 KJHG. Bei diesen, wie bei allen Aufgaben nach § 2 KJHG ist das JA verpflichtet, den **Bedarf festzustellen** und entsprechende Einrichtungen und Veranstaltungen anzuregen. Erst wenn sich trotz Anregung und Angebot der Förderung kein freier Träger findet, die für erforderlich gehaltene Einrichtung oder Veranstaltung zu schaffen, muß das JA selbst tätig werden (§§ 4 II, 79, 80 KJHG). Allerdings liegt es jetzt immer noch im pflichtgemäßen Ermessen des JA, in welcher Weise es aktiv werden will. Es ist nicht gehalten, eine bestimmte Art von Veranstaltung anzubieten. – Hier hat das JA den Bedarf in der Obdachlosensiedlung so eingeschätzt, daß eine Fortführung der Arbeit in der bisherigen Form nicht mehr erforderlich erscheint. Es verweist auf andere Einrichtungen im Stadtgebiet. Mit diesem Hinweis hat das JA seiner Verpflichtung Genüge getan, wenn die benannten Einrichtungen und Dienste tatsächlich die erforderlichen Kapazitäten haben.

2. Die Bewohner der Obdachlosensiedlung könnten nur dann auf einer Fortführung der Arbeit bestehen, wenn sie darauf einen **Rechtsanspruch** hätten. Das ist im vorliegenden Fall aus zwei Gründen nicht der Fall:
a) Auf Leistungen nach § 2 II Nr. 1–3 KJHG besteht nur im Rahmen der §§ 18 und 21 KJHG ein einklagbarer Anspruch (»haben Anspruch auf Beratung und Unterstützung«). In allen anderen Fällen handelt es sich lediglich um ein soziales **Reflexrecht**, d. h. die Begünstigten sind Objekte einer Pflicht, die dem JA ihnen gegenüber obliegt. Die Pflichterfüllung durch das JA kann der einzelne Bürger nicht einklagen. Es steht ihm allerdings frei, über den JHA politischen Einfluß auszuüben.
b) Wenn die vom öffentlichen Träger als Alternative angebotenen Einrichtungen und Dienste mit den nötigen Kapazitäten vorhanden sind, hätten die Bewohner der Siedlung höchstens über § 5 KJHG die Möglichkeit, die bisherigen Einrichtungen und Dienste zu fordern. Diese Vorschrift betrifft aber nur das Wählen-Können zwischen schon vorhandenen Angeboten. Sie zwingt den öffentlichen Träger nicht, Angebote zu schaffen, damit gewählt werden kann, insbesondere nicht, wenn Einrichtungen und Dienste freier Träger plötzlich nicht mehr zur Verfügung stehen, ohne daß dies im Verwaltungsbereich des öffentlichen Trägers läge.

3. Ob die in Anspruch genommenen Einrichtungen, Dienste und Veranstaltungen der Umgebung verpflichtet werden können, die Kinder und Jugendlichen aufzunehmen, hängt von ihrer Trägerschaft ab. Die **Schule** ist in der Wahrnehmung ihres Auftrags, Schüler zu unterrichten und schwache Schüler zu fördern, nur den Schulbehörden gegenüber verpflichtet. Die Schule braucht z. B. keine Schulaufgabenhilfe in Sonderveranstaltungen anzubieten.
Der **Pfarrkindergarten** ist als Veranstaltung eines freien Trägers frei in der Auswahl der Kinder, die er aufnehmen will. Im übrigen legt der Rat der Einrichtung die »Grundsätze für die Aufnahme von Kindern fest« (§ 7 I 2 GTK NW).
Für die **Jugendangebote** im Stadtgebiet gilt Entsprechendes, soweit es Veranstaltungen freier Träger sind. Lediglich soweit es sich um Jugendangebote des JA handelt, könnte der JA-Leiter durch entsprechende Anweisung dienstrechtliche Verpflichtungen schaffen.

Sollten alle angesprochenen Träger sich weigern, die ihnen angetragene Aufgabe wahrzunehmen, müßte das JA erneut den Bedarf prüfen und ggf. für entsprechende Angebote sorgen.
Erfolgen die Weigerungen der freien Träger, obwohl sie über entsprechende Kapazitäten verfügen, könnte dies eine Reduzierung der Förderung (s. § 74 KJHG) zur Folge haben.

4. Bei den bisher in der Obdachlosensiedlung durchgeführten Aufgaben handelt es sich – wie schon gesagt – weitgehend um Leistungen, auf die die Bürger keinen Rechtsanspruch haben. Trotzdem sind es alles »Aufgaben der Jugendhilfe«, die das **JA** im Rahmen seiner finanziellen Möglichkeiten wahrzunehmen hat. Für alle Aufgaben trägt es die **Planungsverantwortung**, § 79 KJHG, die Wahrnehmungsverantwortung hat es nur, soweit der Bedarf nicht durch Angebote freier Träger gedeckt ist.
Nur wenn das JA aufgrund pflichtgemäßer Prüfung zu dem Ergebnis kommt, daß ein Bedarf an erzieherischen Hilfen existiert, stellt sich die Frage, ob ein freier Träger die Aufgabe zu übernehmen bereit ist. Besteht zwar ein Bedarf, kann dieser aber durch vorhandene Einrichtungen und Veranstaltungen anderer freier Träger oder der Kommune selber gedeckt werden, so ist das JA befugt, die bisherige spezielle Förderung einzustellen. Unter dem Gesichtspunkt der Wirtschaftlichkeit ist es dazu u. U. sogar verpflichtet. Wenn der freie Träger daher seine spezielle Obdachlosenarbeit fortführen will, muß entweder feststehen, daß die vom JA zunächst ins Auge gefaßten Möglichkeiten (z. B. Pfarrkindergärten) doch nicht zur Verfügung stehen oder daß die erzieherischen Bedürfnisse der Betroffenen nur durch einen bestimmten Arbeitsansatz (z. B. gemeinwesenorientiert) fachlich abgesichert befriedigt werden können.

Kapitel 2

Generelle Leistungen der Jugendhilfe

III. Jugendarbeit, Jugendsozialarbeit, erzieherischer Kinder- und Jugendschutz

Fall 4: Anerkennung einer Kinderorganisation als freier Träger

1. Ablehnung der Anerkennung durch das JA

Das KJHG befaßt sich in § 75 mit der öffentlichen Anerkennung als Träger freier Jugendhilfe. In § 75 I Nrn. 1–4 sind vier Kriterien genannt, bei deren Vorliegen eine Anerkennung erfolgen kann:

a) Tätigkeit iSv § 1 KJHG (Nr. 1)

Gefordert wird eine Tätigkeit, die geeignet ist, den MJ zu Eigenverantwortlichkeit und Gemeinschaftsfähigkeit zu erziehen. § 1 KJHG betont die Subjektstellung des Kindes und Jugendlichen im Erziehungsprozeß. In der amtlichen Begründung[1] wird an dieser Stelle aus Erichsen[2] zitiert: »Erziehung soll hier nicht von der Warte und der Rechtsposition des Erziehenden betrachtet werden, sondern aus der Sicht des zu Erziehenden, des Kindes. Nicht das Recht der Eltern zur Erziehung, erst recht nicht andere Interessen, etwa an der Heranziehung der Kinder zu gesellschaftlicher und staatsbürgerlicher Tüchtigkeit stehen im Mittelpunkt des Norminteresses, sondern die eigene, ursprüngliche, subjektive Rechtsstellung des Kindes, die zu verwirklichen Aufgabe und Ziel jeder am Menschenbild des Grundgesetzes orientierten Erziehung ist.« – Sport ist an sich durchaus geeignet, zum Erziehungsziel des § 1 KJHG beizutragen. Sport erzieht zur Konzentration, zum Durchhalten, zur Rücksichtnahme, zur Fairness. Ob jedoch die Kinderorganisation »Wehrsport fürs Vaterland« dem Leitbild des § 1 KJHG entspricht, erscheint fraglich und bedarf näherer Prüfung, für die die Fallschilderung zu wenig hergibt.

b) Gemeinnützigkeit (Nr. 2)

Gemeinnützige Ziele[3] werden verfolgt, wenn die Tätigkeit ausschließlich und unmittelbar darauf gerichtet ist, die Allgemeinheit auf materiellem, geistigem oder sittlichem Gebiet selbstlos zu fördern. Die Voraussetzungen einer Anerkennung sind in den §§ 51–58 AO geregelt. Ob dies im vorliegenden Fall zutrifft, prüft das

---

1 BT-Drucks. 503/89, S. 44

2 Elternrecht, Kindesrecht, Staatsgewalt, Berlin 1985, S. 95

3 Körperschaften, die ausschließlich gemeinnützigen, mildtätigen oder kirchlichen Zwecken dienen, sind steuerfrei. Spenden für diese Zwecke können bei der Einkommensteuer als Sonderausgaben berücksichtigt werden.

Finanzamt mit Hilfe der Satzung und stellt ggfs. eine entsprechende Bescheinigung aus, die das JA seiner Entscheidung zugrunde legt.

c) Wesentlicher Beitrag zur Erfüllung der Aufgaben der Jugendhilfe (Nr. 3)

Gem. § 75 I Nr. 3 KJHG ist vom JA zu prognostizieren, ob aufgrund der fachlichen und personellen Voraussetzungen des Trägers damit gerechnet werden kann, daß dieser einen nicht unwesentlichen Beitrag zur Erfüllung der Aufgaben der Jugendhilfe zu leisten imstande ist. – Auch dieser Punkt kann ohne Kenntnis der Satzung und der Organisation des Vereins nicht beurteilt werden.

d) Gewähr für eine den Zielen des Grundgesetzes förderliche Arbeit (Nr. 4)

Für die Beantwortung der Frage, was diese Formulierung beinhaltet, sind die vom BVerwG[4] aufgestellten Grundsätze zu berücksichtigen.[5] Danach ist entscheidend für die Feststellung, ob eine Organisation diese Voraussetzung erfüllt, wie sich ihr Gesamtverhalten im Hinblick auf das GG bewerten läßt. Nicht von Bedeutung ist, ob bereits Maßnahmen aufgrund von Art. 9 II und 18 GG (Verbot verfassungswidriger Vereinigungen, Verwirkung von Grundrechten) ergriffen worden sind. Gewähr für eine den Zielen des GG förderliche Arbeit ist somit mehr als eine dem GG nicht widersprechende Arbeit.[6] Vielmehr bietet die fragliche Gewähr nur, wer nach seinem Gesamtverhalten keinen Anlaß gibt, daß seine grundgesetzfreundliche Einstellung bezweifelt werden kann, und wer in seiner Gesamtarbeit bei aller erlaubten Kritik auch die Normen des GG verteidigt und für sie eintritt. Was zu den unabdingbaren Grundwerten des GG gehört, hat das BVerfG in ständiger Rechtsprechung dargelegt: der Grundsatz der freiheitlich demokratischen Grundordnung, der Volkssouveränität, die Gewaltenteilung, die Verantwortlichkeit der Regierung, die Gesetzmäßigkeit der Verwaltung, das Mehrparteienprinzip, die Chancengleichheit für alle politischen Parteien, das Recht auf verfassungsmäßige Bildung und Ausübung einer Opposition. – Inwieweit im vorliegenden Fall der Kinderorganisation »Wehrsport fürs Vaterland« e. V. ihr Gesamtverhalten Anlaß gibt, an ihrer Grundgesetzfreundlichkeit zu zweifeln, kann aufgrund des wenig ergiebigen Sachverhalts nicht abschließend beurteilt werden. Allerdings sind die Tatsache, daß ihre Vorstandsmitglieder alle der Y-Partei angehören, die eindeutig faschistische Ziele verfolgt, und das Faktum, daß die Organisation Mitglied der »Internationalen Liga für Rassenreinheit« ist, starke Indizien dafür, daß tatsächlich eine Gewähr für eine den Zielen des GG förderliche Arbeit nicht gegeben ist.

Unterstellt jedoch, alle vier Voraussetzungen lägen vor, so hätte der Verein »Wehrsport fürs Vaterland« immer noch keinen Anspruch auf Anerkennung, da § 75 I KJHG lediglich eine Kann-Bestimmung ist. Der Verein hätte lediglich einen Anspruch auf fehlerfreie Ermessensausübung (§ 39 I SGB I). Diese müßte sich in dem schriftlich erlassenen Verwaltungsakt aus der Begründung ergeben (§ 35 I SGB X). – Einen Rechtsanspruch würde der Verein allerdings erwerben, wenn er

---

4 Urteil vom 20. 6. 1969, NJW 1969, 1784: betreffend die Förderungswürdigkeit des SDS.

5 Jetzt bestätigt durch BVerwG v. 16. 2. 1978, FEVS 1978, 265.

6 So auch OVG Münster v. 21. 8. 1968, DVBl. 1969, 51.

bei Erfüllung der Voraussetzungen des § 75 I Nrn. 1–4 KJHG das Vorliegen der Voraussetzung Nr. 3 durch dreijährige Tätigkeit auf dem Gebiet der Jugendhilfe nachgewiesen hätte (§ 75 II KJHG).

2. Ablehnung der Anerkennung durch das LJA

Das KJHG regelt diese Frage für den hier anstehenden Sachverhalt der Anerkennung als Träger freier Jugendhilfe nicht. Das KJHG gehört als ein Gesetz der »öffentlichen Fürsorge« iSv Art. 74 Nr. 7 GG zur konkurrierenden Gesetzgebung des Bundes. Für diesen Gesetzgebungsbereich haben die Länder nach Art. 72 I GG die Befugnis zur Gesetzgebung, solange und soweit der Bund von seiner Befugnis keinen Gebrauch macht. Sie bedürfen dafür keiner besonderen Ermächtigung. Für die Voraussetzungen öffentlicher Anerkennung wird außerhalb besonderer Ermächtigung Landesrecht erlassen. Für NW ist dies mit § 25 AG-KJHG NW geschehen.
Dort ist in § 25 I geregelt, daß es für die Frage, ob JA oder LJA für die Anerkennung zuständig sind, darauf ankommt, ob der freie Träger in einem oder mehreren JA-Bezirken tätig ist. – Da der Verein vorliegend nur lokale Bedeutung hat, ist das JA der Stadt Z, wo der e. V. seinen Sitz hat, zuständig.

3. Möglichkeiten des Vereins, sich gegen die Entscheidung zu wehren

Die Ablehnung der Anerkennung ist (gleichgültig, ob sie auf Unzuständigkeit oder auf sachliche Argumente gestützt ist) – ebenso wie die Anerkennung selbst – ein VA (vgl. § 31 SGB X). Gegen diesen kann der Verein bei der erlassenden Behörde innerhalb eines Monats Widerspruch einlegen, §§ 68 II, 70 VwGO, und bei ablehnendem Widerspruchsbescheid innerhalb eines Monats beim VG Verpflichtungsklage erheben, §§ 74, 113 IV VwGO.[7]

Fall 5: Förderung einer Jugendinitiative

Es handelt sich hier um Jugendarbeit iSv § 11 KJHG, die von einer Initiative von Jugendlichen angeboten wird, § 11 II 1 KJHG, und zwar – soweit ersichtlich – mit Schwerpunkten, wie sie in § 11 III KJHG genannt werden.
Die Bitte an das JA um finanzielle Unterstützung ist ein Antrag auf Förderung gem. **§ 74 KJHG**. Damit ihm stattgegeben werden kann, müssen die fünf Tatbestandsmerkmale dieser Vorschrift erfüllt sein. Das Vorhandensein einer Anerkennung kommt – anders als früher im JWG – dabei nicht vor. Die Frage der Anerkennung ist in § 75 KJHG als Grundlage für die (institutionelle) Zusammenarbeit zwischen öffentlicher und freier Jugendhilfe geregelt[8].
Wenn die Gruppe zunächst nur eine Unterstützung für »jetzt« wünscht, steht der Förderung nichts im Wege, es sei denn, aus den **Tatbestandsmerkmalen** Nrn. 1–5 ergäben sich Hindernisse, was zu prüfen ist:

1. »Fachliche Voraussetzungen« (Nr. 1) kann man hier als im erforderlichen Umfang gegeben ansehen. Üblicherweise werden derartige Clubs ehrenamtlich

7 Vgl. zu den Einzelheiten *Papenheim/Baltes*, Abschn. 50.4.2
8 BT-Drucks. 503/89, S. 96

geleitet. Gem. § 73 KJHG soll das JA diese Tätigkeit anleiten, beraten und unterstützen.

2. Weiter ist zu prüfen, ob der Club für eine zweckentsprechende und wirtschaftliche Verwendung der Mittel Gewähr bietet (Nr. 2) und ob vielleicht in diesem Rahmen die Gründung eines rechtsfähigen Vereins gefordert werden kann. Nicht rechtsfähige Vereine leiden oftmals daran, daß bei ihnen die Mitgliedfluktuation sehr stark ist und von diesen häufigen Wechseln auch der an sich verantwortliche Vorstand betroffen sein kann. Deshalb regt die Literatur teilweise an – und die Praxis handhabt es teilweise so –, Rechtsfähigkeit zu verlangen.[9]
Die Bedenken sind jedoch nicht stichhaltig. Bei beiden Arten von Vereinen muß ein Vorstand da sein.[10] Folglich ist gewährleistet, daß juristisch jemand zur Erstellung eines Jahresberichts und zur Abrechnung verpflichtet ist und somit auch haftbar gemacht werden kann. Bei kleinen Vereinen ist die Gefahr, daß das einzelne Mitglied vermögenslos ist, nicht größer als die Gefahr, daß kein Vereinsvermögen als Haftungsmasse mehr da ist. Daher kann im Regelfall keine Rechtsfähigkeit verlangt werden.
Schließt man sich dieser Ansicht an, ist die Ablehnung im vorliegenden Fall zu Unrecht erfolgt, wenn sich nicht aus den Nrn. 3–5 Bedenken anderer Art ergeben.

3. Daß der Club »gemeinnützige Ziele« verfolgt (Nr. 3), kann aufgrund der Sachverhaltsschilderung angenommen werden (s. hierzu o. Fall 4).

4. Als »angemessene Eigenleistung« (Nr. 4) wird die von den Clubmitgliedern eingebrachte Eigeninitiative anerkannt. Einige Aktivitäten sind ja schon mit Erfolg durchgeführt worden, bis jetzt ohne Förderung des JA.

5. Auch hinsichtlich der Verfassungsfreundlichkeit (Nr. 5) bestehen hier keine Bedenken.

Die fünf Voraussetzungen des § 74 I 1 KJHG liegen somit vor. In diesem Fall *soll* der Träger öffentlicher Jugendhilfe den freien Träger fördern. Das bedeutet, daß er ihn idR zu fördern *hat* und daß er nur bei Nachweis eines atypischen Falles die Förderung verweigern kann. – Allerdings betrifft § 74 I 1 KJHG keine stabile Dauerförderung. Wird diese angestrebt, so muß idR die Anerkennung als freier Träger gem. § 75 KJHG erfolgen (§ 74 I 2 KJHG). Hierfür könnte es vorliegend an Abs. 1 Nr. 3 („nicht unwesentlicher Beitrag") fehlen. § 75 I Nr. 2 KJHG dagegen kann die Jugendinitiative erfüllen, weil auch nicht rechtsfähige Vereine als gemeinnützig anerkannt werden können. Voraussetzung dafür ist lediglich eine körperschaftliche Struktur.
In jedem Fall ist die Begründung des JA falsch und die Ablehnung unter diesem Gesichtspunkt zu Unrecht ergangen. Ob die Ablehnung unter anderen Aspekten gerechtfertigt wäre, ergibt sich aus § 74 II–VI KJHG, die hier nicht geprüft werden können.

---

9 *Jans/Happe*, § 9 Anm. 3 B a.

10 Vgl. § 26 I BGB für den e. V. und RG v. 16. 5. 1928, HRR 1928 Nr. 1555 für den nicht eingetragenen Verein.

Fall 6: Ehrenamtliche Tätigkeit in der Jugendhilfe

1. Die Genehmigung der Nutzung für Kinder unter Auflage

Das JA hat den Ausbau der Umkleideräume mit einer Förderungszusage unterstützt, damit diese als Jugendfreizeitstätte genutzt werden können. Der Sportverein hat inzwischen Dienste und Veranstaltungen geschaffen, die die Gewährung von Leistungen nach dem KJHG ermöglichen (§ 74 II KJHG). Das JA ist allerdings nach dieser Vorschrift berechtigt, die Förderung von der Bereitschaft abhängig zu machen, diese Einrichtungen und Veranstaltungen nach Maßgabe der Jugendhilfeplanung anzubieten. Denn das JA ist gem. § 80 KJHG verpflichtet, im Rahmen seiner Planungsverantwortung, »Einrichtungen und Dienste so zu planen, daß ein möglichst wirksames Jugendhilfeangebot gewährleistet ist«, § 80 II 2 KJHG.
Zu den Überwachungspflichten gehört es, für angemessene Öffnungszeiten zu sorgen, und darauf zu achten, daß das Personal seiner Aufsichtspflicht gerecht werden kann. Dabei ist es nicht notwendig, daß es sich um hauptberufliches und auch nicht, daß es sich um Fachpersonal handelt. Es reicht, daß die dort Tätigen angeleitet und ausreichend überwacht werden. Die Mitteilung des JA, es werde sich davon überzeugen, wie die Auflagen erfüllt werden, ist die Ankündigung der Ausübung der »Heimaufsicht« (s. Kap. XVII).

2. Zur Strategie des freien Trägers

Ein freier Träger, der ein Jugendheim führt, hat das Recht, dies zu tun, solange er die Einrichtung selbst unterhalten kann und er die Durchführung im Einklang mit den geltenden Gesetzen garantiert. Dagegen hat er **keinen Anspruch auf finanzielle Förderung** in von ihm errechnetem Umfang. Das JA hatte die Arbeit des freien Trägers zunächst durchaus gefördert, indem es eine hauptamtliche Kraft finanzierte. Der Schwierigkeitsgrad dieser Arbeit ist nicht notwendig ein Grund, das hauptamtliche Personal aufzustocken. Eine Aufstockung könnte höchstens dann verlangt werden, wenn es sich um »andere Aufgaben« des § 2 III KJHG handelte und diese gem. § 76 KJHG auf den freien Träger übertragen worden wären.
Wenn daher der freie Träger die Arbeit im Heim mit Hauptamtlichen ausbauen will, muß er sich überlegen, wie er dies **kommunalpolitisch durchsetzen** kann. Dazu bedarf es zunächst der Berufung auf konkrete Aufgaben des Gesetzgebers, die anders nicht einzulösen sind. Es müßten Auffälligkeiten der Jugendlichen nach deren Art und Umfang benannt und dargelegt werden, daß deren Behandlung nur durch besonders geschulte – eben sozialpädagogisch vorgebildete – Fachkräfte geleistet werden kann. Demonstrationen Jugendlicher sind keine geeignete Argumentation zur Klärung von Sachfragen.
Der freie Träger müßte auch Zahlen beibringen, aus denen ersichtlich ist, warum der Personalschlüssel 1 zu X Heimbesuchern nicht reicht, der Schlüssel von 4 zu X Besuchern dagegen wohl.
Der freie Träger braucht sich nicht verpflichten zu lassen, ehrenamtliche Kräfte zu beschäftigen. Er kann dies ablehnen, muß dann allerdings damit rechnen, daß auch in dieser Frage konkrete Gründe hierfür von ihm erwartet werden.
Der freie Träger hätte hier auch eine Auflistung der Altersstruktur der Heimbesucher beibringen können. Wenn sich aus dieser ergeben hätte, daß darunter auch junge Erwachsene und Jugendliche im Grenzbereich der Volljährigkeit waren, wäre

eine Teilfinanzierung über § 41 KJHG denkbar gewesen. Hierfür wäre es allerdings erforderlich gewesen, Fakten vorzulegen, aus denen man hätte ersehen können, daß sich hier die Notwendigkeit von Sozialisationshilfen im engeren Sinn stellt.

Fall 7: Haftung in der Jugendarbeit

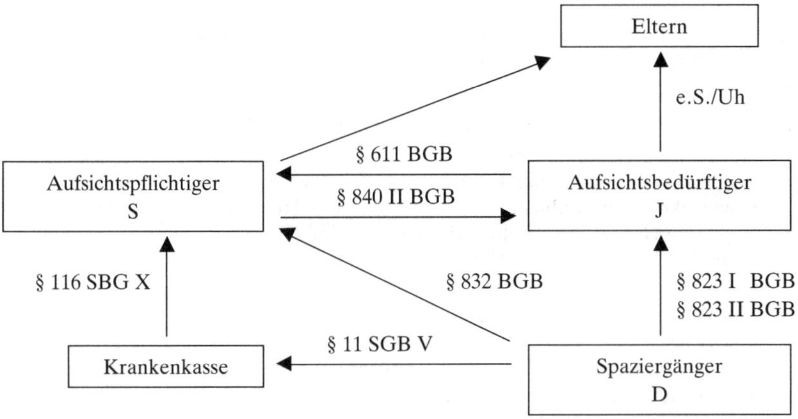

1. Die Krankenkasse des D nimmt S zu Recht gem. § 116 SGB X in Regreß, wenn S dem D zivilrechtlich haftet.

1.1 Anspruch des D gegen S aus § 832 BGB

a) Es müßte eine **aufsichtspflichtige Person** da sein. – Dies trifft für S zu.
b) Seine **Aufsichtspflicht** dürfte nicht nur moralischer Art (Gefälligkeit) sein, sondern müßte **auf Gesetz** (Abs. 1) **oder Vertrag** (Abs. 2) **beruhen**. – S hat mit den Eltern von J vereinbart, daß J mit S auf Radtour gehen und während dieser Zeit von S beaufsichtigt werden soll. Als Gegenleistung sollen dem S seine Unkosten bezahlt werden, wobei die Eltern von J sich an der Unkostentragung beteiligen (zu welchem Bruchteil hängt von der Verabredung der Eltern untereinander ab). Diese Abrede ist als Dienstvertrag iSd §§ 611 ff BGB zu qualifizieren, der dem J zugutekommen soll, § 328 I BGB. Da die Eltern des noch mj S hiermit einverstanden waren (§ 107 BGB), ist dieser Vertrag auch wirksam. S ist daher kraft Vertrages zur Führung der Aufsicht verpflichtet.
c) Es müßte eine **aufsichtsbedürftige Person** da sein. – MJ sind grundsätzlich aufsichtsbedürftig, vgl. § 1631 I BGB. Dies trifft auch für J zu.
d) Der Aufsichtsbedürftige müßte **einem Dritten Schaden zugefügt** haben. – Dies ist bei J der Fall. Die von ihm durch den Steinwurf verursachte Rechtsgutverletzung (Körper, Gesundheit) hat bei D einen Schaden hervorgerufen.
e) Diese Schadenszufügung müßte **widerrechtlich** sein. Grundsätzlich ist jede Rechtsgutverletzung widerrechtlich, es sei denn, dem Schädiger stünde ein Rechtfertigungsgrund zur Seite (z. B. Notwehr, Notstand, Einwilligung des Verletzten). –

J hatte keinen juristisch relevanten Grund, dem D einen Stein auf den Kopf zu werfen, daher war sein Vorgehen widerrechtlich.

Hinweis: Die Punkte a.–e. müssen als sogenannte klagebegründende Tatsachen von der Krankenkasse bewiesen werden. Die noch folgenden Punkte f.–g. dagegen werden dann zu ihren Gunsten vermutet. S kann sich jedoch entlasten, indem er nachweist, daß einer der Punkte f. oder g. nicht vorliegt.

f) Der Aufsichtspflichtige müßte seine **Aufsichtspflicht verletzt** haben. – Zu dieser Frage gibt der Sachverhalt zu wenig her, als daß er abschließend beurteilt werden könnte. Zwei Gründe für eine Aufsichtspflichtverletzung kommen hier in Betracht:

- Man könnte ihm vorwerfen, daß er J nicht überwacht hat. Daran ist zwar richtig, daß sich der Jugendgruppenleiter in der Regel nicht von der Gruppe oder von Teilen der Gruppe trennen darf. Es gibt jedoch Situationen (z.B. Betreuung eines erkrankten Teilnehmers), in denen eine Trennung unvermeidbar ist. So liegt es auch hier. Die Benutzung eines Sessellifts ist nun einmal nur möglich, wenn sich die Gruppe auflöst. Die Trennung als solche ist dem S daher nicht vorzuwerfen.
- Man könnte ihm anlasten, daß er die Gruppe vorher nicht genügend darauf hingewiesen hat, wie sie sich bei der Benutzung des Lifts verhalten muß. Trifft das zu, liegt in der Tat eine Aufsichtspflichtverletzung vor. In einem solchen Fall wäre weiter zu prüfen:

g) Die **Aufsichtspflichtverletzung** muß für den entstandenen **Schaden ursächlich** sein. – Ebenso wie bei § 823 I BGB genügt es bei § 832 BGB nicht, daß die Aufsichtsverpflichtung den Schaden im naturwissenschaftlichen Sinn verursacht hat; denn es kann nicht Zweck einer Norm sein, Verursacher für jede Art von Folgen haftbar zu machen. Die Rspr. hat daher die **Lehre von der adäquaten Kausalität** (sog. Adäquanztheorie) entwickelt. Diese besagt, daß eine Ursache nur dann zur Haftung für Folgen führen kann, wenn deren Eintritt nach der Lebenserfahrung nicht völlig unwahrscheinlich war. Die Ursache, die gesetzt worden ist, muß also »generell geeignet« sein, den eingetretenen Erfolg herbeizuführen.
In der Regel ist bei einer Gruppe, die im allgemeinen keine Schwierigkeiten macht (dies ist hier besonders deswegen anzunehmen, weil sie sich auf freier Vereinbarung unter persönlicher Absprache konstituiert hat), davon auszugehen, daß Anweisungen, deren Sinn den grundsätzlich einsichtigen Betroffenen erläutert wird, befolgt werden. Daher kann man auch hier vernünftigerweise annehmen, daß J sich anders verhalten hätte, wenn er vorher entsprechend ermahnt worden wäre, zumal er sonst als »bereitwillig gehorchend« beschrieben wird. Außerdem hätte ihn sicher bei Vergessen der Anweisung sein Kamerad daran erinnert oder ihn vom Werfen abgehalten.
h) Ergebnis: S würde dem D gem. § 832 BGB haften.

2. *S nimmt die Eltern von J zu Recht in Anspruch,* wenn
- J dem S ausgleichspflichtig ist und
- die Eltern von J diesem den Betrag schulden.

2.1 Eine Ausgleichspflicht zwischen J und S könnte sich aus § 840 II BGB iVm § 823 I oder § 823 II BGB ergeben.

2.1.1 Anspruch des D gegen J aus § 823 I BGB

a) J müßte ein **Rechtsgut** des D **verletzt** haben. Er hat Körper und Gesundheit des D beschädigt.
b) Die Rechtsgutverletzung müßte durch ein positives Tun oder durch ein Unterlassen, obwohl eine **Rechtspflicht** (nicht **moralische** Pflicht) zum Handeln bestand, herbeigeführt worden sein. Das Werfen mit Steinen ist positives Tun.
c) Zwischen dem Tun (Haftungsgrund) und dem Schaden müßte adäquate **Kausalität** bestehen. Adäquate Kausalität bedeutet, daß nur die Ereignisse als ursächlich und somit als haftungsbegründend gewertet werden, die im allgemeinen – und nicht nur unter besonders eigenartigen, unwahrscheinlichen Umständen (z.B. fahrlässiges leichtes Anfahren eines Bluters, der daran stirbt) – geeignet sind, einen Schaden der vorliegenden Art herbeizuführen.[11] – Im vorliegenden Fall konnte vernünftigerweise erwartet werden, daß durch »blinde« Steinwürfe aus dem Sessellift Spaziergänger getroffen und verletzt werden.
d) Die Verletzung des fremden Rechtsgutes müßte **widerrechtlich** (= rechtswidrig) sein. Widerrechtlich ist jede Rechtsgutverletzung, die nicht von einem Rechtfertigungsgrund getragen ist.[12] Im vorliegenden Fall ist kein Rechtfertigungsgrund erkennbar.
e) Die Rechtsgutverletzung müßte **schuldhaft** sein.
– Schuldhaftes Handeln setzt *Schuldfähigkeit* voraus. Diese kann gem. §§ 827, 828 BGB ausgeschlossen sein. Hier kommt, da J erst 12 Jahre alt ist, § 828 BGB in Betracht. Entscheidend für die Verantwortlichkeit ist danach, ob der MJ bei der Begehung der schädigenden Handlung die zur Erkenntnis der Verantwortlichkeit erforderliche Einsicht hatte. Von einem 12jährigen Jungen, der im übrigen keinerlei Auffälligkeiten zeigt und als ruhig geschildert wird, kann man erwarten, daß er übersieht, was er für Schäden mit dem ungezielten Werfen von Steinen verursachen kann. J ist daher schuldfähig.
– Schließlich müßte der Schädiger in zurechenbarer Weise, d.h. *vorsätzlich oder fahrlässig* gehandelt haben.
Vorsatz ist das Wissen und Wollen des rechtswidrigen Erfolgs, wobei das Wissen und Wollen der Verletzung des geschützten Rechtsgutes genügt, sich also nicht auf den Schaden zu erstrecken braucht. Vorsätzlich hat J nicht gehandelt; denn er wollte D nicht an Körper und Gesundheit verletzen.
Fahrlässigkeit ist das Außerachtlassen der im Verkehr (= objektiv) erforderlichen Sorgfalt, § 276 I 2 BGB. – Demnach hat J fahrlässig gehandelt; denn bei vernünftiger Überlegung in dieser Situation hätte ein vergleichbarer Jugendlicher die Steine nicht wahllos in die Gegend geworfen.
f) **Ergebnis:** J würde dem D gem. § 823 I BGB haften.

---

11 Vgl. für alle: *Palandt/Heinrichs*, Vorbem. 5b zu § 249 BGB.
12 S.o. 1.1 Buchst. e.

2.1.2 Anspruch des D gegen J aus § 823 II BGB

Demnach würde J haften, wenn er gegen ein den Schutz eines anderen bezweckendes Gesetz verstoßen hätte.
Schutzgesetze sind alle Rechtsnormen des privaten und öffentlichen Rechts, die nur oder zumindest auch (neben der Allgemeinheit) dem Schutz des einzelnen dienen.[13]
Beispiele: Jugendschutzgesetze, bau- und gesundheitsrechtliche Vorschriften, Mieterschutzgesetze, strafrechtliche Bestimmungen.
Hier liegt § 230 StGB (fahrlässige Körperverletzung) vor, weil J fahrlässig die Körperverletzung des D verursacht hat.[14]
Ergebnis: J würde dem D auch gem. § 823 II BGB iVm § 230 StGB haften.

2.1.3 Gemeinsame Haftung von J und S

Wie sich aus den obigen Erörterungen ergibt, haftet S gem. § 832 BGB und J gem. § 823 I und II BGB für den Schaden, der dem D entstanden ist. Demnach sind sie gem. § 840 I BGB *Gesamtschuldner*. Gem. § 421 BGB spricht man von Gesamtschuld, wenn die Schuldner in der Weise schulden, daß jeder die ganze Leistung zu bewirken verpflichtet, der Gläubiger die Leistung aber nur einmal zu fordern berechtigt ist. Liegt ein solcher Fall vor, so sind die Gesamtschuldner gem. § 426 I 1 BGB im Verhältnis zueinander zu gleichen Anteilen verpflichtet, soweit nicht ein anderes bestimmt ist. Eine derartige andere Bestimmung ist § 840 II BGB. Hiernach haftet bei einer Verantwortlichkeit des einen aus § 832 BGB und des anderen aus § 823 BGB der unmittelbare Schädiger gem. § 823 BGB allein.
Daher hat im vorliegenden Fall J im Innverhältnis den Schaden alleine zu tragen, und S kann den an die Krankenkasse gezahlten Betrag von ihm zurückverlangen.

2.1.4 Mitverschulden des S gem. § 254 BGB

Dem Anspruch des S gegen J könnte J entgegenhalten, daß den S ein Mitverschulden an der Entstehung des Schadens treffe, das schwerer als die eigene Schuld wiegt (§ 254 BGB). Denn

- zwischen den Eltern des J und S sei ein Beaufsichtigungsvertrag (§ 611 BGB) zugunsten des J geschlossen worden,
- und diesen Vertrag habe S schlecht erfüllt.

Zwar ist es richtig, daß zwischen den Eltern des J und dem S ein Dienstvertrag zugunsten des J bestand, den S dadurch verletzt hat, daß er versäumt hat, der Gruppe vor der Fahrt mit dem Sessellift Anweisungen zu geben. Dieses Fehlverhalten hat zur Verursachung des Schadens beigetragen. S hätte sich auch sagen müssen, daß durch ein solches Unterlassen bedingt Schadenersatzansprüche wegen Aufsichtspflichtverletzung auf ihn zukommen.
In einem solchen Fall, in dem der Gläubiger quasi gegen ein Gebot des eigenen Interesses verstoßen hat, kann der Schuldner nicht automatisch von seiner Verpflichtung freigestellt werden. Vielmehr gebietet es § 254 BGB abzuwägen, inwieweit der Schaden vorwiegend von dem einen oder dem anderen Teil verursacht

13 Vgl. *Palandt/Thomas*, § 832 Anm. 9 a) b).
14 Zu den Einzelheiten s. o. unter 2.2.1.

worden ist. Der Pflichtverletzung des S ist daher das Verhalten des J gegenüberzustellen.
J hat sich in einer Situation, in der S nicht mehr eingreifen konnte, ausgesprochen unsinnig verhalten. Er hätte sich sagen müssen, daß das ziellose Werfen mit Steinen dazu führen könnte, Wanderer zu verletzen. J hat somit die Sorgfalt außer acht gelassen, die nach Lage der Sache erforderlich erschien, um sich selbst vor Schaden (hier: Schadensersatzansprüchen) zu bewahren.[15] Selbst unter Berücksichtigung des Alters von J muß man zu dem Ergebnis kommen, daß sein Fehlverhalten erheblich schwerer wiegt als das des S. Daher kann J den Anspruch des S weder ausschließen noch einschränken.
J schuldet dem S somit gem. § 840 II BGB die Summe, die dieser an die Krankenkasse des D zu zahlen hat.

2.2 Verpflichtung der Eltern, dem J den geschuldeten Betrag zur Verfügung zu stellen.

Eine solche könnte sich aus der Unterhaltspflicht der Eltern ergeben, §§ 1602ff., 1610 BGB.
J und seine Eltern sind zwar in gerader Linie miteinander verwandt. Möglicherweise ist J auch bedürftig und sind die Eltern leistungsfähig. Die Befriedigung von Gläubigern gehört jedoch nach einhelliger Meinung nicht zum Lebensbedarf, den § 1610 II BGB meint.

2.3 Ergebnis:

S kann sich nicht an die Eltern halten. Lediglich J schuldet ihm die Summe, die er an die Krankenkasse des D zu zahlen hat. Da J vermögenslos sein wird, wird S das Nachsehen haben. Ihm bleibt höchstens die Möglichkeit, gegen J einen vollstreckbaren Titel zu erwirken (z.B. ein Anerkenntnisurteil), so daß er den Anspruch noch 30 Jahre lang durchsetzen kann (§ 195 BGB).

3. Erstattungsanspruch des S gegen den e. V.

Die gestellte Frage soll nur kurz auf der Basis einer Entscheidung des BGH[16] beantwortet werden, ohne daß die sonst zu dem Problem vertretenen Meinungen im Detail berücksichtigt werden.
Zunächst stellt der BGH klar, daß die Beziehung Stammesführer – Verein kein Arbeitsverhältnis sei, da der Stammesführer nur ehrenamtlich tätig werde. Auf diese Beziehung seien jedoch weitgehend die Bestimmungen des Auftrags (§§ 662ff. BGB) anzuwenden.
Da die Vereine auf ehrenamtliche Mitarbeit von Mitgliedern angewiesen seien, gehe es in der Regel nicht an, den Beauftragten mit dem vollen Risiko der im Interesse des Geschäftsherrn ausgeübten Tätigkeit zu belasten. Gerade bei der Verfolgung pfadfinderischer Ziele (einfaches Leben, sportliches Verhalten, Mut, Entschlossenheit...) seien Jugendleiter in verstärktem Maße der Gefahr ausgesetzt, die ihnen übertragenen Aufsichts- und Überwachungspflichten zu verletzen und

15 Vgl. *Palandt/Heinrichs*, § 254 Anm. 1a.
16 V. 5.12. 1983, NJW 1984, 789 m. Anm. *Lippert*, NJW 1984, 2266 und *Löwisch*, JZ 1984, 622.

sich dadurch schadensersatzpflichtig zu machen. Aus diesem Grund sei es gerechtfertigt, die im Arbeitsrecht entwickelten Gedanken der Risikozurechnung und der »gefahrengeneigten Tätigkeit« auf das Auftragsverhältnis zu Ehrenamtlichen zu übertragen. Wenn der Stammesführer weder vorsätzlich noch fahrlässig gehandelt habe, sei sein Freistellungsanspruch dem Grunde nach gerechtfertigt. Ob er damit auch gänzlich freigestellt werde oder sich sein Fehlverhalten wenigstens zum Teil anrechnen lassen müsse, sei abzuwägen.
Als Ergebnis ist damit festzuhalten, daß der BGH den Anspruch des Stammesführers gegen den e. V. auf Aufwendungsersatz gem. § 670 BGB bejaht hat.

4. Nachtrag:

Unabhängig davon, wer nun im Endergebnis den Schaden zu tragen hat, wäre dem S zu raten gewesen, vor der Fahrt eine **Haftpflichtversicherung** abzuschließen. Bei Jugendgruppen empfiehlt sich das Jugendversicherungswerk[17]. Diese Versicherung hätte Schäden aus der vertraglich übernommenen Aufsichtspflicht (§ 832 BGB) und die Ansprüche der Veranstaltungsteilnehmer untereinander – nicht dagegen Ansprüche Dritter gegen einzelne Veranstaltungsteilnehmer – abgedeckt. Um das letztgenannte Risiko aufzufangen, bedürfte es des Abschlusses einer allgemeinen Haftpflichtversicherung der Eltern der Teilnehmer für diese.

IV. Förderung der Erziehung in der Familie

Siehe die Lösungen der Fälle 22, 51 und 62.

V. Tageseinrichtungen und Tagespflege

Fall 8: Kindergärten im Sinne des KJHG und GTK NW

1. Kein Kg; aus § 1 S. 1 GTK NW ergibt sich, daß es sich um Einrichtungen handeln muß, in denen sich Kinder für einen Teil des Tages oder ganztags, jedoch regelmäßig aufhalten. Hierzu fehlt es vorliegend. Ferner handelt es sich nur um eine Bewahrung und nicht auch um Förderung, Erziehung und Bildung, vgl. § 2 GTK. Außerdem sind Kaufhäuser keine Träger iSd § 11 GTK NW.

2. kein Kg; Kirchen können zwar Träger von Kgen sein, vgl. § 11 GTK iVm § 75 III KJHG; aber es fehlt wie unter Nr. 1 an der Regelmäßigkeit, wahrscheinlich auch an der Bildungsarbeit.

3. kein Kg; Betriebe sind nicht Träger iSd § 11 GTK NW.

4. kein Kg; es handelt sich nicht um Tageseinrichtungen, s. § 1 GTK NW.

5. wohl kein Kg; selbst wenn das Angebot regelmäßig stattfindet und die Gruppe zusammenbleibt, außerdem sozialpädagogische Fachkräfte und andere Mitarbeiter iSd § 22 III KJHG vorhanden sind und schließlich die Kinder betreut, gebildet und

---

17 Wegen der Einzelheiten siehe *Seipp*, S. 75ff.

erzogen werden (§ 22 II KJHG, § 2 I 1 GIK), so fehlt es doch an einer »Einrichtung«. Zu § 45 KJHG[18] führt nämlich die Regierungsbegründung aus, daß nur orts- und gebäudebezogene Einrichtungen gemeint seien. Dasselbe muß dann wohl für § 22 KJHG gelten.

6. kein Kg; in der Regel wird es schon an der notwendigen Trägerschaft, § 11 GTK, scheitern, mit Sicherheit wird es an der sozialpädagogischen Betreuung fehlen, § 22 II GTK. Sicher ist auch hier erst recht keine Einrichtung vorhanden.

7. kein Kg; der Landschaftsverband ist kein Träger iSd KgG NW.

8. kein Kg; der Zweck der Veranstaltung ist nicht die Betreuung, Bildung und Erziehung von Kindern (§ 22 II KJHG), sondern die Ausbildung von Studenten. Außerdem ist die KFH kein Träger iSd § 11 I GTK NW.

Fall 9: Trägerschaft bei Kindergärten; Rechtsbeziehungen in Kindergärten

1. Schaffung eines Kg

1.1 Nach §§ 22, 24, 79 KJHG iVm § 10 GTK NW hat das JA dafür zu sorgen, daß die erforderlichen Kg zur Verfügung stehen.
1.2 Gem. § 4 II KJHG muß das JA erforschen, wer bereit wäre, die Trägerschaft für einen Kg zu übernehmen. Der potentielle Träger muß willens und in der Lage sein, einen bedarfsgerechten und geeigneten Kg zu schaffen, § 11 GTK NW, und die notwendigen Eigenleistungen gem. §§ 13 und 18 GTK NW (zu den Bau- und Einrichtungskosten 75 %; zu den Betriebskosten 27 % der Personalkosten sowie von den Sachkosten einen Betrag, der sich auf ¾ der Betriebskosten beläuft) zu erbringen.
1.3 Als Träger kommen gem. § 11 GTK NW in Betracht:
a) Kreise
b) kreisfreie Städte
c) kreisangehörige Gemeinden
d) Gemeindeverbände
e) Anerkannte Träger der freien Jugendhilfe, z. B.

- Wohlfahrtsverbände (Arbeiterwohlfahrt, Caritas, Diakonisches Werk, Deutscher Paritätischer Wohlfahrtsverband, Deutsches Rotes Kreuz, Zentralwohlfahrtsstelle der Juden)
- Kirchen und sonstige Religionsgemeinschaften des öffentlichen Rechts,
- andere Träger, die gem. § 75 I KJHG anerkannt worden sind.

1.4 Gemäß § 10 IV GTK NW hat das JA die Erziehungsberechtigten der in den vorgesehenen Wohnbereichen wohnenden, noch nicht schulpflichtigen Kinder (also auch die, deren Kinder jünger als drei Jahre sind) zu befragen, welche Grundrichtung der Erziehung sie wünschen. Wünsche von Minderheiten (z. B. Wünschen nach Montessori-Kg oder Wunsch einer konfessionellen Minderheit nach eigenem Kg) sind angemessen zu berücksichtigen.
1.5 Gemäß dem im KJHG § 4 II verankerten Subsidiaritätsprinzip haben freie Träger – soweit sie die gesetzlichen Voraussetzungen erfüllen – Vorrang vor den öffent-

18 BT-Drucks. 11/5948, 83.

lichen Trägern. Ist kein geeigneter freier Träger vorhanden, soll ein Kreis-JA zunächst die kreisangehörigen Gemeinden anregen, den Kg zu übernehmen, § 11 III GTK NW. Sind weder die Gemeinden ohne eigenes JA noch ein Gemeindeverband bereit oder in der Lage, dann hat das JA selbst die erforderliche Einrichtung zu schaffen, § 11 III GTK NW.

2. Anmeldung

Das Recht der Anmeldung zum Kg ist Teil des elterlichen Sorgerechts (Erziehung und Aufenthaltsbestimmung). Deshalb sind zuständig gemäß:

2.1 §§ 1626, 1629 I, 1631 I BGB: beide Elternteile
2.2 § 1705 iVm §§ 1626 I, 1629 I, 1631 I BGB: die Mutter des ne. Kindes
2.3 § 1754 iVm §§ 1621 I, 1629 I, 1631 I BGB: die Adoptiveltern
2.4 § 38 I Nr. 4 oder gem. § 1630 III BGB die Pflegeeltern. Sofern die PSB etwas anderes erklärt haben: die PSB. Sofern der Richter für diesen Bereich gem. §§ 1666, 1666a iVm § 1909 BGB einen PFL bestellt hat: der PFL.
2.5 § 1672 BGB: falls das FamG Vater oder Mutter die e. S. übertragen hat, muß diese(r) anmelden, sonst beide.
2.6 § 1671 BGB: der Inhaber der e. S. oder bei § 1671 V BGB der PFL oder VM.

3.1 Gremien

Der Träger des Kg hat die Erziehungsberechtigten der den Kg besuchenden Kinder einzuladen, § 3 III VO über die Zusammensetzung, Größe und Wahl des Elternrates sowie die Zusammensetzung des Kindergartens (VO). Diese bilden die **Elternversammlung** (EV), § 5 GTK NW. Die EV wählt den **Elternrat** (ER), § 6 GTK NW. Er besteht aus mindestens drei Erziehungsberechtigten, höchstens aus so vielen Personen, wie der Kg Gruppen hat, § 1 I VO. Im vorliegenden Fall (50 Kinder) werden zwei Gruppen à 25 Kinder gebildet werden,[19] so daß der ER aus drei Personen bestehen wird. Der ER, der Leiter der Einrichtung, die mit der Leitung der Gruppen betrauten pädagogischen Kräfte sowie vom Träger bestellte Vertreter – deren Zahl die Zahl der Mitglieder des ER's nicht übersteigen darf – bilden zusammen den Rat der Einrichtung (KgR), §§ 7 GTK NW, 5 VO. Näheres regelt der RdErl. vom 20. 9. 1972.[20]
Alle Gremien müssen sich eine Geschäftsordnung geben. Der RdErl. vom 20. 9. 1972 enthält drei Mustergeschäftsordnungen.

3.2 Aufgaben und Rechte der Gremien

3.2.1 Elternversammlung, § 5 GTK NW

- Sie wählt den ER.
- Sie kann von dem Träger und den im Kg tätigen Kräften Auskunft über alle den Kg betreffenden Fragen verlangen.
- Sie kann sich dazu äußern.

---

19 Abschnitt 13.1 der Richtlinien für Tageseinrichtungen für Kinder, RdErl. des MAGS des Landes NW vom 30. 11. 1973.

20 S. o. III.

3.2.2 Elternrat, § 6 GTK NW

- Er soll das Interesse der Erziehungsberechtigten für die Arbeit des Kg beleben.
- Er soll die Zusammenarbeit aller Betroffenen fördern.
- Er ist vom Träger über alle wesentlichen Fragen, die die Einrichtung betreffen, zu informieren.
- Er ist vor Einstellung und Entlassung der pädagogisch tätigen Kräfte, die auf Dauer angestellt sind, zu hören (keine Entscheidungsbefugnis).

3.2.3 Rat der Einrichtung § 7 GTK NW

- Er soll die Grundsätze der Erziehungs- und Bildungsarbeit beraten.
- Er soll sich um die erforderliche räumliche und sachliche Ausstattung und um eine ausreichende und qualifizierte personelle Besetzung bemühen.
- Er soll die Grundsätze für die Aufnahme von Kindern vereinbaren.
- Er soll die Erziehungsberechtigten umfassend informieren und an der Willensbildung beteiligen.
- Er tagt mindestens dreimal jährlich.

3.3 Elterninitiative

Wenn der **Träger des Kg ein e. V.** sein soll, kann er seine Tätigkeit erst aufnehmen, wenn er als juristische Person existent ist.

Dafür ist folgendes erforderlich:
- Gründung des Vereins (7 Mitglieder), §§ 56, 59 BGB
- Schaffung einer Satzung, §§ 25, 57–59 BGB
- Wahl eines Vorstandes, §§ 26, 59 II Nr. 2 BGB
- Anmeldung des Vereins zur Eintragung im Vereinsregister, §§ 21, 55, 59 BGB
- Eintragung und Bekanntmachung der Eintragung, §§ 64–66 BGB.

Ist ein e. V. Träger des Kg, ist Funktion und Stellung der EV problematisch. Dann sind nämlich EV nach dem GTK und Mitgliederversammlung (MV) gemäß BGB identisch. Nach der Konzeption des Gesetzgebers hat die EV gegenüber der »Kg-Politik« des Trägers eine Kontrollfunktion. Wenn der Träger faktisch etwas außerhalb des Kg Stehendes ist (z. B. wenn Träger die Kommune oder eine Kirchengemeinde ist), ist dies gut möglich. Wenn die EV jedoch gleichzeitig Träger ist, kann sie sich nicht selber kontrollieren. Weil das Gesetz aber EV, ER und Rat der Einrichtung zwingend vorschreibt, ist es in einem solchen Fall notwendig, als Träger des Kg nicht die MV, sondern den Vorstand fungieren zu lassen.

Fall 10: Einrichtung eines Hortes durch Elterninitiative

1. Beratung durch das JA

1. Eine Verpflichtung des JA zur Beratung der Eltern könnte sich aus § 14 SGB I ergeben. Aus dem Grundsatz, wonach das speziellere Gesetz das allgemeinere verdrängt, ist hier jedoch das KJHG anwendbar, das die Beratungspflicht regelt. Nach § 25 KJHG sollen Mütter, Väter und andere Erziehungsberechtigte, die die Förderung von Kindern selbst organisieren wollen, beraten werden. Das GTK als Spezialgesetz für Kindertageseinrichtungen enthält keine eigenen Beratungsvorschriften.

2. Elterninitiative als Träger von Horten

Die Eltern tragen vor, daß sie als Elterninitiative auch die auf Dauer angelegte finanzielle Unterstützung der zuständigen Jugendhilfeträger in Anspruch nehmen möchten. Hierfür ist erforderlich, daß sie als Träger anerkannt sind, § 74 I 2 KJHG. Dies ergibt sich aus § 11 GTK. Die Frage der Anerkennung ist in § 75 I KJHG geregelt. **Voraussetzung** für eine **Anerkennung** ist:
2.1 Der Verein muß auf dem **Gebiet der Jugendhilfe** iSd § 1 KJHG tätig sein. Das trifft zu, wenn er die Ziele, die für Horte in § 3 GTK beschrieben sind, verfolgt (Nr. 1).
2.2 Der e. V. muß **gemeinnützig** sein.[21] – Was dies bedeutet, wurde in Fall 4 unter 1 b und in Fall 5 beschrieben und dürfte hier vorliegen (Nr. 2).
2.3 Der Verein muß aufgrund der fachlichen und personellen Voraussetzungen erwarten lassen, daß er einen **nicht unwesentlichen Beitrag** zur Erfüllung der Aufgaben der Jugendhilfe zu leisten imstande ist (Nr. 3). – Der unbestimmte Gesetzesbegriff »nicht unwesentlicher Beitrag« ist nicht rein statistisch auf die gesamte Jugendhilfe bezogen zu betrachten, sondern auf den Beitrag im Bereich der jeweils beabsichtigten Arbeit. Da Hortplätze in der Bundesrepublik immer noch sehr rar sind, ist das Zur-Verfügung-Stellen von 20 Plätzen in einer Stadt wie Köln sehr viel, also zweifelsfrei »nicht unwesentlich«. – Ferner müssen die fachlichen und personellen Voraussetzungen für die geplante Maßnahme erfüllt sein. Da es sich vorliegend um eine Elterninitiative handelt und das KJHG dazu auffordert, die »selbstorganisierte Förderung von Kindern zu unterstützen (§ 25 KJHG), ist davon auszugehen, daß an solche Träger nicht dieselben hohen fachlichen Anforderungen wie an rein professionell betriebene Einrichtungen gestellt werden sollen. Es wird aber sicher für jede Gruppe zumindest eine Fachkraft da sein müssen. Im übrigen können die Väter und Mütter sich selber an der Arbeit beteiligen.
2.4 Der Verein muß die **Gewähr** für eine den Zielen des **Grundgesetzes** förderliche Arbeit bieten (Nr. 4).[22] – Was dies bedeutet, wurde in Fall 4 unter 1 d) dargestellt. Im vorliegenden Sachverhalt müßte, da die Initiative noch nicht tätig geworden ist und somit ihre konkrete Arbeit nicht überprüft werden kann, die Satzung ausreichen, um eine Diagnose zu stellen.

3. Förderung

Hinsichtlich der Förderung gilt § 74 KJHG als allgemeine Norm im Bereich der Jugendhilfe sowie die §§ 12, 13 und 16–18 GTK als besondere Normen. Über die in § 75 KJHG genannten Erfordernisse der fachlichen Voraussetzungen (Nr. 1), der gemeinnützigen Ziele (Nr. 3) und der Grundgesetzfreundlichkeit (Nr. 5) ist die Gewähr für eine zweckentsprechende und **wirtschaftliche Verwendung der Mittel** (Nr. 2) erforderlich.[23] Hierzu gehört eine ordentliche Verwaltung und Verwendung der öffentlichen Mittel. Weiter ist die gewissenhafte Beachtung der Anweisungen und Richtlinien der Länder zur Verwendung der Mittel zu beachten. Für größere Zuwendungen ist es erforderlich, vom Träger zu verlangen, daß er sich die Rechtsform einer juristischen Person gibt, die vom Wechsel der Mitglieder unabhängig ist,

21 S. o. 1. Teil II.
22 S. o. Fälle 4 und 5.
23 Vgl. § 26 Abs. 1 RHO.

wobei bei Zurverfügungstellung höherer Geldsummen entsprechende Sicherheiten vorbehalten werden können.
Bei Trägern, die in erheblichem Umfang Jugendhilfe leisten und öffentliche Mittel in Anspruch nehmen, kann, um auch die wirtschaftliche Mittelverteilung sicherzustellen, verlangt werden, daß kaufmännische oder administrative Fachkräfte beschäftigt werden.
Schließlich muß der Träger eine **angemessene Eigenleistung** erbringen (Nr. 4). Wie hoch diese ist, ergibt sich aus dem GTK und wird in den nachfolgenden Abschnitten differenzierter dargestellt.

4. Zuschuß zu den Bau- und Einrichtungskosten

Was unter die Bau- und Einrichtungskosten fällt, ist in § 12 GTK differenziert beschrieben.[24] Von diesen hat der örtliche Träger grundsätzlich mindestens 75 % zu übernehmen (§ 13 II GTK). Dieser Anteil erhöht sich unter den Voraussetzungen des § 13 IV GTK auf 90–95 %. Die Erhöhung hängt davon ab, ob es sich um einen finanzschwachen Träger handelt oder um eine Einrichtung in einem sozialen Brennpunkt, und davon, ob es eine Initiative von Eltern ist, deren Kinder 90 % der Besucher der Einrichtung stellen und die in den Beschlußgremien die erforderlichen qualifizierten Mehrheiten haben.

5. Zuschuß zu den Betriebskosten

Was zu den Betriebskosten (Personalkosten und Sachkosten) gehört, ist in § 16 GTK geregelt. Ein Teil der Betriebskosten ist durch Elternbeiträge abzudecken (§ 17 GTK), deren Höhe sich nach der Leistungsfähigkeit der Eltern richtet (Anlage zu § 17 III GTK). Im übrigen gewährt der örtliche Träger der öffentlichen Jugendhilfe einen Zuschuß von mindestens 73 % der Personalkosten. Der Zuschuß der Personalkosten wird zum Ausgleich der Sachkosten um ein Viertel erhöht (§ 18 II GTK). Unter bestimmten Voraussetzungen wird auch ein Zuschuß von 73 % zur Kaltmiete gewährt (§ 18 II 3 GTK). Finanzschwache Träger und Einrichtungen in sozialen Brennpunkten erhalten mindestens 90 % der Betriebskosten erstattet, und wenn es sich dabei um Elterninitiativen handelt, mindestens 95 %.

Anmerkung:

Wegen der sehr hohen Investitionskosten werden für Horte, insbesondere durch Elterninitiativen, in der Regel keine Neubauten errichtet, sondern lediglich Räume angemietet. Dann sind als Investititionskosten nur die Erstausstattung und Einrichtung sowie die Betriebskosten aufzubringen.

---

24 Zu den Einzelheiten s. o. Fall 4.

Fall 11: Haftung in einer Kindertageseinrichtung

1. Haftung, wenn die Elterninitiative X e. V. Träger des Kg ist

1.1 Ansprüche der M gegen J gem. § 823 I BGB

a) **Rechtsgutverletzung:** Körper, Gesundheit, Eigentum von M sind beeinträchtigt;
b) durch **positives Tun** des J, indem er nämlich der M einen Stock vor die Füße schleudert und sie zu Fall bringt;
c) **adäquate Kausalität** zwischen Schaden und Tun ist vorhanden;
d) das Tun ist **rechtswidrig**, da kein Rechtfertigungsgrund vorliegt;
e) **Verschulden:** J ist nicht verantwortlich gem. § 828 I BGB;
f) **Ergebnis:** keine Haftung des J.

1.2 Ansprüche der M gegen J gem. §§ 823 I, 829 BGB

Dies ist ggf. zum Schluß zu prüfen, da die Anwendung des § 829 BGB nur möglich ist, wenn kein anderer haftet.

1.3 Ansprüche der M gegen P gem. § 832 II iVm § 832 I BGB

a) Der Kg hat **kraft Vertrages** zwischen M, vertreten durch ihre Eltern, und dem e. V., vertreten durch den Vorstand, die **Aufsicht** über J **übernommen** und diese Pflicht (vertraglich) auf P übertragen.
b) L ist mj und bedarf daher der Aufsicht (vgl. §§ 1626, 1631 BGB).
c) J hat einem **Dritten**, der M (das gilt auch, wenn sie zur Gruppe gehört), **Schaden** (Körper, Gesundheit, Eigentum) **zugefügt**.
d) Dies war **widerrechtlich**, da J keinen Rechtfertigungsgrund hatte.
e) P hat jedoch ihre **Aufsichtspflicht** nicht **verletzt**. Sie konnte nicht überall gleichzeitig sein und hatte eine zweite Aufsichtsperson mit.
f) **Ergebnis:** keine Haftung der P.

1.4 Ansprüche der M gegen E gem. § 832 II iVm § 832 I BGB

a)–d) wie bei 1.3.
e) E hat ihrer **Aufsichtspflicht nicht genügt**. Sie hätte versuchen müssen, M vor den Schlägen des J zu bewahren.
f) Zwischen dem Nichterfüllen der Aufsichtspflicht und dem eingetretenen Schaden liegt **adäquate Kausalität** (vgl. zu dem Begriff Fall 7, 1.1g). Wenn E sofort eingegriffen hätte, wäre der Schaden verhindert worden.
g) **Ergebnis:** E haftet auf Ersatz der Arztkosten und des zerrissenen Mantels.

1.5 Ansprüche der M gegen den Träger für E gem. § 31 BGB

a) Dann müßte E **»verfassungsmäßig berufener Vertreter«** (= Organ) des e. V. sein.
Die Rspr. legt den Organbegriff weit aus, um zu verhindern, daß durch Ausschluß des § 31 BGB und über die Anwendbarkeit des § 831 BGB Haftungsansprüche vereitelt werden. Sie sieht daher nicht einmal vor, daß die Tätigkeit des Vertreters in der Satzung vorgesehen ist. »Es genügt, daß dem Vertreter durch die allgemeine Betriebsregelung und Handhabung bedeutsame wesensmäßige Funktionen der juri-

stischen Person zur selbständigen, eigenverantwortlichen Erfüllung zugewiesen sind und er die juristische Person insoweit repräsentiert.«[25] Nicht einmal eine Weisungsgebundenheit im Innenverhältnis steht der Anwendung der §§ 30, 31 BGB entgegen, sofern der Vertreter nach außen selbständig auftritt.[26]
Ob E in diesem Sinne Organ ist, kann nicht abschließend beantwortet werden. Von der Leiterin eines Kindergartens wird man dies evtl. annehmen können, von einer einzelnen Erzieherin eher nicht. Unterstellt, E sei Organ:
b) Sie müßte **einem Dritten Schaden zugefügt** haben durch eine zum Schadenersatz verpflichtende Handlung. Dies könnte in Form deliktischen oder vertragsverletzenden Handelns geschehen. – Eine zum Schadenersatz verpflichtende Handlung liegt vor, da sie den Tatbestand des § 832 BGB erfüllt hat.
c) Die Schadenszufügung müßte **in Ausführung** (Gegensatz wäre: anläßlich der Ausführung) **der ihr zustehenden Verrichtung** erfolgt sein. – Dies trifft ebenfalls zu.
d) **Ergebnis:** Der Verein haftet, wenn E Organ ist. Ist sie es nicht, gilt folgendes:

1.6 Ansprüche der M gegenüber dem Träger für E gem. Kg-Vertrag iVm § 278 BGB

a) Der Träger müßte **Schuldner** und M müßte **Gläubiger** sein. – Das trifft aufgrund des Kg-Vertrages zu.
b) E müßte **»Erfüllungsgehilfe«** sein. Erfüllungsgehilfe ist nach einhelliger Auffassung, wer nach den tatsächlichen Gegebenheiten des Falles mit dem Willen des Schuldners bei der Erfüllung einer diesem obliegenden Verbindlichkeiten als seine Hilfsperson tätig wird.[27] Dabei ist die Art der Beziehung zwischen Schuldner und Helfer völlig gleichgültig. Der Helfer kann selbständig oder auch subaltern sein. Auch Weisungsgebundenheit ist nicht notwendig. – In diesem weiten Sinn ist E für den e. V. tätig, da sie Aufgaben wahrnimmt, die der Erfüllung des Kg-Vertrages dienen.
c) Den Erfüllungshilfen müßte ein **Verschulden**, das zur Vertragsverletzung führt, treffen. Dies ist, wie unter 1.4 dargestellt, der Fall.
d) **Ergebnis:** Der Verein muß für den Schaden einstehen.

1.7 Ansprüche der M gegen den Träger für E gem. § 831 BGB

a) E müßte **»Verrichtungsgehilfe«** sein. Verrichtungsgehilfe ist, wem von einem anderen, von dessen Weisungen er mehr oder weniger abhängig ist, eine Tätigkeit übertragen worden ist.[28] Auch hier ist die Art der Beziehung zwischen Geschäftsherrn und Gehilfen ohne Bedeutung, allerdings muß er weisungsgebunden sein. – Dies trifft für eine Erzieherin im Verhältnis zu ihrem Arbeitgeber zu.
b) E müßte einem **Dritten Schaden zugefügt** haben. – Das ist zu bejahen, denn durch die Verletzung ihrer Aufsichtspflicht ist sie mittelbar für die Schadenszufügung ursächlich und verantwortlich.
c) Die Schadenszufügung müßte **in Ausführung der Verrichtung** erfolgt sein. – Auch dies trifft zu.

---

25 *Palandt/Heinrichs*, § 31 Anm. 2b.

26 Beispiel: Chefarzt einer organisatorisch unselbständigen Klinik, der im medizinischen Bereich weisungsfrei arbeitet – BGH v. 22. 4. 1980, NJW 1980, 1901.

27 Vgl. für alle *Palandt/Heinrichs*, § 278 Anm. 3a.

28 Vgl. für alle *Palandt/Thomas*, § 831 Anm. 3a.

d) Die Schadenszufügung müßte **widerrechtlich** sein. – E hatte keinen Rechtfertigungsgrund dafür, nichts zur Hilfe der M zu unternehmen.
e) Der Geschäftsherr (e. V.) müßte es **versäumt haben**, die E **sorgfältig auszuwählen und/oder zu überwachen**. – Zu diesem Punkt kann bei dem vorliegenden Sachverhalt nichts gesagt werden. In der Praxis ist es jedoch in der Regel so, daß sich der Geschäftsherr entlasten (»exkulpieren«) kann und dann nicht haftet.

1.8 Ansprüche der M gegen den Träger der gesetzlichen Unfallversicherung gem. § 636 RVO

a) Gemäß dem **»Gesetz über die Unfallversicherung für Schüler und Studenten sowie Kinder in Kindergärten« v. 18. 3. 1971** unterstehen Kg-Kinder – ohne Rücksicht auf die Trägerschaft des Kg – gem. § 539 I Nr. 14 RVO dem Schutz des § 636 RVO.
b) Die Versicherung **übernimmt** Schäden, für die Träger und Personal **einzustehen** haben. – Hier haften der e. V. gem. § 278 BGB und E gem. § 832 BGB. Diese Haftung übernimmt die Versicherung.
c) Die Haftung nach der RVO bezieht sich allerdings nur auf **Körperschäden**. Daher muß die Versicherung nur für den Armbruch einstehen, den zerrissenen Mantel kann sie nicht ersetzen.
Der Schaden, für den die Versicherung haftet, darf nicht vorsätzlich herbeigeführt sein, § 636 I Alt. 1 RVO. – Das trifft hier zu.
e) Der Schaden darf **nicht bei der »Teilnahme am allgemeinen Verkehr«** entstanden sein, § 636 I 1 Alt. 2 RVO. Das wäre z. B. dann der Fall, wenn eine Erzieherin ein Kind in ihrem PKW mitgenommen hätte und in einen Unfall verwickelt worden wäre. Dann würden die Schäden, die über das hinausgehen, was nach der RVO zu zahlen ist, von der Kfz-Haftpflichtversicherung getragen. – Diese Konstellation ist hier nicht gegeben.
f) M dürfte **kein »Dritter«** sein, für diese sieht die RVO keine Haftung vor. – M ist im Verhältnis zu J zwar Dritter, aber »dritte« Kg-Kinder fallen auch unter den Schutz des Gesetzes, vgl. § 637 IV RVO.
g) **Ergebnis:** Die gesetzliche Unfallversicherung haftet für die Kosten des Armbruchs.

1.9 Gesamtergebnis, wenn die Elterninitiative e. V. Träger des Kg ist

M bekommt die Kosten des Armbruchs von der Unfallversicherung ersetzt, den zerrissenen Mantel wahlweise vom Träger oder der Erzieherin. Diese haften nämlich als Gesamtschuldner (§§ 840, 421 BGB). Weil der Träger in der Regel zahlungskräftiger ist, wird sie sich an diesen halten.
Die Versicherung kann nicht Regreß nehmen, da weder E noch der e. V. vorsätzlich oder grob fahrlässig gehandelt haben.
Der Träger könnte versuchen, bei E **aus dem Arbeitsvertrag Rückgriff** zu nehmen. Das ist aber nur dann möglich, wenn der Träger wirklich Schadenersatz leisten muß. Das ist nicht der Fall, wenn er privat haftpflichtversichert ist oder selber unter die nach RVO Versicherten fällt. Ist er jedoch nicht versichert, kommt ein Regreß in Betracht. Bei dessen Geltendmachung sind jedoch die Fürsorgepflicht des Arbeitgebers gegenüber dem Arbeitnehmer und der Grundsatz von Treu und Glau-

ben (§ 242 BGB) zu berücksichtigen. Pädagogische Tätigkeit ist in der Regel[29] sog. **gefahrengeneigte Tätigkeit**. Bei dieser Art von Tätigkeit muß der Träger bzw. seine private Haftpflichtversicherung den Schaden allein tragen, wenn dem Pädagogen keine grobe Fahrlässigkeit zur Last zu legen ist.[30]

2. Haftung, wenn die Kommune Träger des Kg ist[31]

2.1 Haftung der E gem. § 832 BGB, wenn sie Angestellte ist

Ergebnis wie oben unter 1.4.

2.2 Haftung der E gem. § 839 BGB, wenn sie Beamtin ist

a) Beamtin
b) Amtspflicht gegenüber Dritten: Das Erziehen und Bilden von Kindern im Vorschulalter.
c) Verschulden: Da E lediglich fahrlässig gehandelt hat, gilt Abs. 1 S. 2: E haftet nur, wenn kein »anderer« haftet. Als »anderer« kommt die Kommune in Betracht.[32]

2.3 Haftung der Gemeinde gemäß dem Kg-Vertrag iVm § 278 BGB

a) Zwischen der Kommune und M, vertreten durch ihre PSB, besteht ein Kg-Vertrag.[33]
b) E ist Erfüllungsgehilfin.[34]
c) Sie hat schuldhaft (fahrlässig) Vertragspflichten (Aufsichtsführung) verletzt und so einen Schaden herbeigeführt.
d) **Ergebnis:** Die Gemeinde haftet, wie wenn sie »in Person« gehandelt hätte.

2.4 Haftung der Gemeinde gem. Art. 34 GG iVm § 839 BGB (Beamtin) oder § 832 BGB (Angestellte)

a) Jemand (= Beamter, Angestellter, Arbeiter): E fällt darunter.
b) Innehabung eines öffentlichen Amtes: Erziehung, Bildung und Betreuung von Kindern im Vorschulalter für die Kommune.
c) Verletzung der ihm Dritter gegenüber obliegenden Amtspflicht bei Ausübung des Amtes: Bei dem Spaziergang mit den Kindern ist nicht ordnungsgemäß beaufsichtigt worden.
d) **Ergebnis:** Die Gemeinde haftet.

---

29 Wegen der Ausnahmen s. *Ollmann*: Beaufsichtigung als »gefahrengeneigte Arbeit«, ZfJ 1984, 462.
30 Vgl. dazu *Palandt/Heinrichs*, § 276 Anm. 5c; *Palandt/Putzo*, § 611 Anm. 14b.
31 Vgl. hierzu *Papenheim/Baltes*, Abschn. 48.2ff.
32 S. u. S. 2.3 und 2.4.
33 = öffentlich-rechtlicher Vertrag: OVG Berlin v. 25. 9. 1976, FamRZ 1976, 539.
34 S. o. 1.6.

2.5 Haftung des Trägers der gesetzlichen Unfallversicherung gem. § 636 RVO

Hier gilt das zu 1.8 Ausgeführte.

2.6 Gesamtergebnis, wenn die Kommune Träger des Kg ist

Die gesetzliche Unfallversicherung haftet für den Körperschaden. E und die Kommune haften wegen des Mantels, wobei die Kommune die Haftung der E übernehmen muß.
Gem. Art. 34 S. 2 GG kann sie auch nicht Rückgriff nehmen, da E nicht grob fahrlässig gehandelt hat.

3. Haftung, wenn die Kirchengemeinde Träger des Kg ist

3.1 Haftung der E gem. § 832 BGB

Hier gilt das zu 1.4 Ausgeführte.

3.2 Haftung der Kirchengemeinde gem. §§ 89, 31 BGB

Diese ist, wie unter 1.5 dargelegt, grundsätzlich möglich. Jedoch ist es hier noch unwahrscheinlicher als dort, daß E »Organ« ist.

3.3 Haftung der Kirchengemeinde gemäß Kg-Vertrag iVm § 278 BGB und gem. § 831 BGB

Wenn E nicht Organ ist, gilt alles, was zu 1.6 und 1.7 dargestellt wurde.

3.4 Haftung der gesetzlichen Unfallversicherung gem. § 636 RVO

Hier gelten die Ausführungen zu 1.8.

3.5 Gesamtergebnis, wenn die Kirchengemeinde Träger des Kg ist

Hinsichtlich des gebrochenen Armes haftet die gesetzliche Unfallversicherung.
Hinsichtlich des Mantels haftet die Kirchengemeinde gem. § 278 BGB und gem. § 832 BGB. Wegen der Gesamtschuldnerschaft und des möglichen Rückgriffs gelten die Ausführungen zu 1.9.

Kapitel 3

Individuelle Leistungen der Jugendhilfe: Hilfe zur Erziehung in der eigenen Familie

VI. Ambulante erzieherische Betreuung

Fall 12: Alkoholkranke Mutter

Gem. § 27 I KJHG hat Davids Vater Anspruch auf Hilfe zur Erziehung, wenn

1. eine dem Kindeswohl entsprechende Erziehung nicht gewährleistet ist und
2. Hilfe zur Erziehung für die Entwicklung des Kindes geeignet und notwendig ist.

Liegt die 1. Voraussetzung vor und ist Hilfe nötig, so ist

3. die konkrete Hilfe gem. dem Grundsatz der Verhältnismäßigkeit aus dem Katalog der §§ 28–35 KJHG oder gem. § 27 II 1 (»insbesondere«) auszuwählen.

Im folgenden werden diese drei Punkte einzeln durchgeprüft.

1. Ist bei David eine dem Kindeswohl entsprechende Erziehung nicht gewährleistet?

Ob eine dem Kindeswohl entsprechende Erziehung gewährleistet ist, ist unter objektiven Gesichtspunkten festzustellen. Dies ist immer dann der Fall, wenn eine relevante »Mängellage im Erziehungsprozeß« (so die Formulierung in der Gesetzesbegründung[1]) vorliegt. Diese, nicht ein der Mängellage zugrundeliegender Faktor, ist Auslöser für das staatliche Hilfeangebot. Es kommt also nicht darauf an, ob die Mängellage auf Unfähigkeit bei den Eltern, deren Bösartigkeit oder Egoismus zurückzuführen ist. Entscheidend ist einzig, daß der Optimalstand des § 1 I KJHG nicht erreicht ist und daß die Eltern ohne die Hilfe gem. § 1 III KJHG ihre Pflichten aus § 1 II KJHG, die dem Erreichen des Ziels nach § 1 I KJHG dienen, nicht erfüllen können.
Da – wie das BVerfG wiederholt betont hat – die Pflicht des Staates gem. Art. 6 GG nicht erst dann einsetzt, wenn die Familie bereits hilfebedürftig geworden ist, sondern auch darin besteht, Hilfebedürftigkeit zu verhindern (= Prävention), liegt eine Mängellage iSd § 27 I KJHG auch schon dann vor, wenn das Nichterreichen von Zielen iSd § 1 I KJHG lediglich droht.
Jedoch ist die »Meßlatte« – hier die Feststellung der Mängellage – in jedem Fall § 1 I KJHG. In diesem Sinne ist »normal« die eigenverantwortliche und gemeinschaftsfähige Persönlichkeit, die am Ende des Erziehungsprozesses stehen soll. Das vorherige Auftreten von Mängellagen kann das Erreichen dieses Ziels verzögern oder gänzlich verhindern. Das verspätete Erreichen oder das Verfehlen des Ziels wird

1 BT-Drucks. 11/5948, S. 68.

vermutlich dann eintreten, wenn altersentsprechende Teilziele bereits vorher nicht bewältigt sind.
Eine dem Kindeswohl entsprechende Erziehung ist daher dann nicht gewährleistet, wenn der Erziehungsstand eines MJ unter Berücksichtigung seines Alters, seiner Veranlagung und seiner Sozialisationsbedingungen nicht angemessen ist.
Daß **Alter** und **Anlage** bei der Beurteilung des Erziehungsstandes zu berücksichtigen sind, ist in Fachkreisen unstreitig. Kontrovers ist allerdings die Frage der Berücksichtigung von **Sozialisationseinflüssen**.
In der Rspr. hat sich das OLG Hamm[2] in anderem Zusammenhang (zu §§ 1748, 1666 BGB) eindeutig für eine Berücksichtigung ausgesprochen. Es heißt dort[3] u. a.: »Aber das sozio-kulturelle Milieu der Eltern, in welches ein Kind hineingeboren wird und dessen positiven wie negativen Gegebenheiten es schicksalhaft ausgesetzt ist, darf bei Entscheidungen nach § 1748 BGB ebenso wie nach § 1666 BGB nicht unberücksichtigt bleiben ... wird die schicksalhafte Bindung eines Kindes an ein mit gewissen Mängeln behaftetes erzieherisches Milieu von der Rechtsordnung – weil unvermeidlich – hingenommen, solange die Mängel den Grad einer unvertretbaren Gefährdung des Erziehungszwecks (§ 1 JWG) noch nicht erreichen ...«
Derselben Meinung sind Jans/Happe,[4] wenn sie auf die sozialen Unterschiede in der Bevölkerung hinweisen und einen »mittelschichtorientierten« Beurteilungsmaßstab ablehnen.
Da die Sozialisation für den Menschen ein genauso wichtiger Faktor wie die Veranlagung ist, sind – auch wenn ihre Gewichtung nicht unstreitig ist – beide bei der Frage des angemessenen Erziehungsstandes zu berücksichtigen.
Es ist nun also zu prüfen, ob Davids Erziehungsstand nicht mehr »normal« ist oder ob er zumindest abzuweichen droht.
Von David wissen wir, daß er

- häufig geistesabwesend ist,
- sich nur schwer konzentrieren kann,
- schlecht ißt,
- krank aussieht.

Ob diese Symptome dafür sprechen, daß David schon vom »Normalen« abweicht, ist fraglich. Sein »abweichendes Verhalten« hat bislang keinen gravierenden Umfang angenommen. Er ist nicht aggressiv, weder gegen sich noch gegen andere. Die Gefahr des Abweichens besteht jedoch; denn wenn man ihm aus diesem Zustand nicht »heraushilft«, könnten ihm Schäden im zwischenmenschlichen, schulischen und körperlichen Bereich drohen. Dies genügt, um öffentliche Jugendhilfe eingreifen lassen zu können.
Als Zwischenergebnis ist daher festzuhalten, daß eine dem Wohl Davids entsprechende Erziehung nicht gewährleistet ist.

---

2 V. 17. 1. 1984, ZfJ 1984, 364.
3 S. 370.
4 Gesetz zur Neuregelung des Rechts der elterlichen Sorge, § 1666 Anm. 13.

2. Ist Hilfe zur Erziehung für die Entwicklung von David notwendig?

In der Frage der Erforderlichkeit von Hilfe zur Erziehung führt § 27 II 2 KJHG aus, daß diese sich nach dem erzieherischen Bedarf unter Berücksichtigung des engeren sozialen Umfeldes richtet.

2.1 **Erzieherischer Bedarf**: Nach der Sachverhaltsbeschreibung spricht vieles dafür, daß der 10jährige David eine Art Trauerarbeit leistet. Er liebt seine Mutter, weiß aber, daß er sich innerlich von ihr lösen muß, weil er in ihrem Krankheitszustand nicht bei ihr bleiben kann. Wegen dieses »Rückzugs« fühlt er sich schuldig. Er macht sich Vorwürfe, daß er die Mutter allein läßt. – In dieser Situation braucht David einen einfühlsamen Gesprächspartner, der ihm vermittelt, daß er keine Schuldgefühle zu haben braucht, und daß die Mutter es ohne ihn schaffen muß, ihr Leben verantwortlich zu gestalten.

2.2 **Ressourcen der PSB**: Diesen Gesprächsbedarf kann der Vater, der im übrigen guten Willens ist, nicht befriedigen, weil er selbst in dem Problem gefangen ist. Die Tatsache, daß er sich an das JA wendet, zeigt seine Hilflosigkeit, aber gleichzeitig seine Bereitschaft, alles Erforderliche für seinen Sohn mitzutragen.

Die Mutter als diejenige, die die Probleme des Kindes verursacht hat, ist als Ansprechpartnerin erst recht ungeeignet. Ob sie der Gewährung einer erzieherischen Hilfe zustimmen würde, geht aus dem Sachverhalt nicht hervor. Ggf. müßte eine familiengerichtliche Sorgerechtsregelung nach § 1672 BGB oder eine vormundschaftsgerichtliche Schlichtung nach § 1628 BGB, im äußersten Notfall ein vormundschaftsgerichtlicher Sorgerechtsentzug gem. §§ 1666, 1666a BGB angestrebt werden. Dies alles könnte das JA gem. § 50 III KJHG veranlassen.

Solange die Mutter jedoch nicht ausdrücklich protestiert, kann man davon ausgehen, daß sie – da ihr das Wohl des Kindes sicher am Herzen liegen wird – mit einer Hilfe des JA einverstanden ist.

2.3 **Sonstige Ressourcen im Umfeld**: Daß das sonstige nähere Umfeld irgendwelche stabilisierende Faktoren für David bereithielte, ist dem Sachverhalt nicht zu entnehmen (z. B. liebevolle Großeltern oder ein einfühlsamer Lehrer). Daher muß Hilfe zur Erziehung angeboten werden.

3. Welche Hilfe ist geeignet?

Man könnte die Frage auch mit der Sprache der Medizin formulieren: **Welche Hilfe ist** – angesichts eines bestimmten Befundes und der Erklärung der Auffälligkeiten (= Diagnose) – **indiziert?** Man könnte es auch schlichter formulieren, wie Schrapper u. a.[5] es schon zu Zeiten des JWG taten: **Welche Hilfe ist die richtige?** Die Antwort hängt jedenfalls vom erzieherischen Bedarf und dem sozialen Umfeld ab. Juristisch betrachtet ist die Hilfe die richtige, die dem Grundsatz der Verhältnismäßigkeit entspricht. Das bedeutet, daß die Hilfe so wirksam wie nötig sein muß, aber so wenig wie möglich in die Privatautonomie der Betroffenen eingreifen darf.

Nach diesem Grundsatz haben ambulante Hilfen Vorrang vor stationären (vgl. § 1666a BGB).

Es ist daher als erstes zu prüfen, ob ein Milieuwechsel notwendig ist. Eine Herausnahme aus einer Familie kommt u. a. insbesondere dann in Betracht,

5 *Schrapper* u. a.: Welche Hilfe ist die richtige? 1987.

- wenn die Bedrohung von den Eltern ausgeht oder
- wenn die elterliche Unfähigkeit keine Änderung der Situation zuläßt oder
- wenn das das Kind umgebende sonstige Milieu bedrohlich ist und die Eltern es nicht davor schützen können.

Alle diese Konstellationen liegen hier nicht vor. Da die Mutter ausgezogen ist und der Vater sich sehr um das Kind bemüht, genügt auf jeden Fall eine ambulante, familienunterstützende Hilfe.
An ambulanten Hilfen stehen nach dem Gesetz zur Verfügung:

- EB, § 28 KJHG,
- SGA, § 29 KJHG,
- EBst, § 30 KJHG,
- SpFH, 31 KJHG.

Darüber hinaus läßt das Wort »insbesondere« in § 27 II 1 KJHG den Einsatz aller möglichen anderen Hilfen zu, die pädagogisch sinnvoll sind. Auf dieser Basis kommt vor allem die ambulante erzieherische Betreuung (AeB) in Betracht, die in der Praxis der JÄ eine große Bedeutung hat.
Im vorliegenden Fall kann die **SpFH** sofort ausgeschieden werden, da sie für Fälle gedacht ist, in denen auch unter Versorgungsgesichtspunkten einer Fremdunterbringung vorgebeugt werden soll.
Eine **EB** könnte dann in Betracht gezogen werden, wenn es bei David darum gehen sollte, die Ursachen (drohenden) Fehlverhaltens aufzudecken und evtl. therapeutisch zu bearbeiten. Im vorliegenden Fall sind die Ursachen von Davids Verhalten weitgehend bekannt. Daß bei seiner Symptomatik eine Therapie notwendig ist, erscheint nicht zwingend. Vielmehr deuten Begabung, Reife, Sensibilität und Verbalisierungsfähigkeit von David darauf hin, daß es sich um eine Krise handelt, die ein SA ohne Zusatzausbildung mit seinem methodischen Handwerkszeug bewältigen kann. EB kommt daher nicht in Frage.
Bei der **SGA** steht vor allem das soziale Lernen im Vordergrund. Da David auf diesem Gebiet keine Defizite aufweist, kommt diese Art der Hilfe nicht in Betracht.
Die **EBst** dient vorwiegend der Bewältigung von Entwicklungsproblemen eines MJ und soll seine Verselbständigung fördern. Bei der beschriebenen Krise von David kommt diese Hilfe ebenfalls nicht in Betracht.
Aus dem Katalog der »benannten« Hilfen ist daher keine für David geeignet. Übrig bleibt die **AeB,** die von der Praxis als eine Art Auffanghilfe benutzt wird in den Fällen, in denen pädagogisch geholfen werden muß, das Gesetz aber nichts »Passendes« vorsieht. Diese Hilfe wäre auch hier angemessen, weil sie es erlaubt, mit völlig unkonventionellen Mitteln zu reagieren. Z.B. könnte David angeboten werden, daß er – ohne vorgegebenen Rhythmus – den SA im JA »besucht«, wenn er besonders traurig oder besonders zornig auf seine Mutter ist oder wenn er in der Schule große Schwierigkeiten hat.
Ergebnis: Den Eltern von David ist als Hilfe zur Erziehung eine AeB des Sohnes anzubieten.

4. Anmerkungen:

4.1 Auch wenn die AeB völlig formlos und im Gesetz nicht einmal vorgesehen ist, wird – um des Klienten willen und der eigenen Kontrolle wegen – dringend empfohlen, sich auch hier gewisse Förmlichkeiten aufzuerlegen. So sollte z. B. nicht nur ein **Aktenvermerk** über Beginn und anvisiertes Ziel bzw. Ende gemacht, sondern der Klient bzw. die Eltern **angeschrieben** und zumindest das Grobziel der Betreuung sowie die abgesprochenen Modalitäten des Vorgehens noch einmal ausdrücklich schriftlich benannt werden.
Ferner sollte man eine Art **Erziehungs- bzw. Betreuungsplan** erstellen und sich nach jedem Kontakt mit dem Klienten Rechenschaft über das Tun und das Erreichte ablegen. Nur so kann vermieden werden, daß die ambulante Betreuung zur belastenden Daueraufgabe wird, in die nach und nach u. U. ganze Generationen mit immer wieder den gleichen Symptomen einbezogen werden. Bleibt trotzdem eine Dauerbetreuung nötig, so sollte versucht werden, andere Ressourcen für diese Aufgabe zu erschließen (Verwandte, Nachbarn, Schule, freie Träger . . .).
4.2 Wie bereits angedeutet, ist die gewissenhafte **Aktenführung** Teil guten methodischen Arbeitens. Dabei dürfen die festgehaltenen Aspekte nicht nur – wie bei der Sachverhaltsschilderung geschehen – Befundcharakter[6] haben, sondern müssen konkrete Einzelfakten benennen. Deshalb würde es nicht genügen zu vermerken, daß David überdurchschnittlich reif und sensibel ist. Statt dessen wäre etwa festzuhalten: David brachte zum Ausdruck, daß er seine Mama trotz des widerlichen Trinkens lieb habe und er ihr gerne helfen möchte . . .

VII. Beratung und Beratungsdienste

Fall 13: Träger von Erziehungsberatungsstellen

1. **Gem. § 28 KJHG iVm § 2 II Nr. 4 KJHG** ist Erziehungsberatung in entsprechenden Beratungsstellen eine Aufgabe der JÄ. Traditionsgemäß gehört jedoch die EB zu den Aufgaben, die primär von freien Trägern angeboten werden. Die öffentliche Jugendhilfe soll nur dann eine EB anbieten, wenn anerkannte Träger freier Jugendhilfe keine EB anbieten können (§ 4 II KJHG – Subsidiaritätsprinzip). – Zunächst ist aber das JA Ansprechpartner für das Anliegen, denn das JA ist gem. § 3 II 2 KJHG Leistungsverpflichteter.
Die Kommune als Träger öffentlicher Jugendhilfe hat gem. § 79 I KJHG die **Gesamtverantwortung** einschließlich der **Planungsverantwortung** für die Erfüllung der Aufgaben nach dem KJHG. Sie muß den Bedarf feststellen (§ 80 I KJHG), Einrichtungen und Dienste, die gebraucht werden, planen (§ 80 II KJHG) und die freien Träger in die Bedarfsfeststellung und -deckung einbeziehen (§ 80 III KJHG). – Die Bürgerinitiative sollte sich daher an die zuständige Abteilung des JA (= Verwaltung) und darüber hinaus an Mitglieder des Jugendhilfeausschusses wenden, der ausdrücklich für die Jugendhilfeplanung zuständig ist (§ 71 II Nr. 2 KJHG). Das JA wird zunächst vorhandene freie Träger fragen, ob sie diese Aufgabe übernehmen können. Wenn sich hier niemand findet und es auch nicht gelingt, den Bedarf auf andere Weise zu befriedigen (z. B. unter Mithilfe des etwa vorhan-

6 S. o. Teil 1, Frage (110).

denen Schulpsychologischen Dienstes), muß das JA selbst eine EBSt eröffnen. Jedenfalls ist das Betreiben einer EBSt keine Angelegenheit, die von einer Bürgerinitiative oder einer Selbsthilfegruppe getragen werden kann.

2. Die EBSt wird idR nicht »in einer Rechtsform« betrieben, d. h. sie ist normalerweise nicht selbständige juristische Person, die am Rechtsleben teilnimmt. Vielmehr ist es gewöhnlich so, daß sie eine Einrichtung (»unselbständige Anstalt«)[7] eines anderen Rechtsträgers ist. Dieser Rechtsträger kann ein freier oder ein öffentlicher Träger sein.
Als freie Träger kommen in Betracht:

- Wohlfahrtsverbände,
- JP (e. V., Stiftungen, GmbH)
- Kirchen.

Als öffentliche Träger kommen u. a. in Betracht:

- Kreise und kreisfreie Städte (§ 69 I KJHG), ggf. auch kreisangehörige Gemeinden (§ 69 II KJHG),
- Körperschaften, Anstalten oder Stiftungen des öffentlichen Rechts.

Fall 14: Pflegekind in der Erziehungsberatung

1. Normalerweise hat der PSB zu entscheiden, ob das Kind in die EB geschickt wird. Durch eine Inpflegegabe des Kindes wird das Personensorgerecht grundsätzlich nicht eingeschränkt.
Die leiblichen Eltern übertragen jedoch durch den Pflegevertrag Erziehungsfunktionen (allerdings widerruflich) auf die Pflegeeltern, soweit es der Erziehungszweck erfordert. Dazu gehört, daß die Pflegeeltern notfalls auch eine EB aufsuchen können.
Ist kein ausdrücklicher Pflegevertrag abgeschlossen worden, ergibt sich aus dem Gesetz direkt, nämlich aus § 38 I Nr. 1 KJHG eine Regelung. Der Besuch einer EB ist heutzutage zu den Rechtsgeschäften des täglichen Lebens zu zählen und kann damit von Pflegeeltern veranlaßt werden.

2. Ein Hindernis für die Geltendmachung eines Rechtes gem. § 38 I Nr. 1 KJHG könnte sich im vorliegenden Sachverhalt aus § 38 II KJHG ergeben. Denn beide Eltern haben sich gegen den Besuch einer EB ausgesprochen. Allerdings hat der Vater aufgrund des Eingriffs nach §§ 1666, 1666a BGB keine elterliche Sorge mehr. Wenn die Mutter wegen Trunksucht unter Betreuung steht, berührt das an sich ihre elterliche Sorge nicht; denn obwohl ihr Betreuer ihr g. V. ist (§ 1902 BGB), bleibt sie selbst voll geschäftsfähig, es sei denn, es lägen die Voraussetzungen des § 104 Nr. 2 BGB vor. Sie kann daher der Durchführung der Erziehungsberatung rechtswirksam widersprechen mit der Folge, daß diese nicht durchgeführt werden kann.
Ist allerdings die Durchführung sehr wichtig für das Pflegekind und die Weigerung der Mutter ein Mißbrauch der e. S., dann hat das JA gem. § 50 III KJHG das VormG einzuschalten, damit die Hilfe zur Erziehung für das Kind geleistet werden kann.

---

7 Vgl. dazu *Papenheim/Baltes*, Abschn. 3.2.1.2.

Fall 15: Schweigepflicht des Arztes

Er weigert sich zu Recht, wenn ein Preisgeben des Gutachtens ein »unbefugtes« Offenbaren eines fremden Geheimnisses iSd § 203 StGB ist. Befugt ist das Offenbaren bei Einwilligung oder mutmaßlicher Einwilligung des Betroffenen (GoA gem. §§ 677 ff BGB) oder in den Fällen, wo eine gesetzliche Meldepflicht besteht (BSeuchG, GeschlG, ...). (In anderen Fallkonstellationen kommen auch noch andere Rechtfertigungsgründe für ein Offenbaren in Betracht, z. B. §§ 32, 34 StGB – Notwehr, Notstand[8]). Fraglich ist, ob hier eine Einwilligung der PSB vorlag, da sie ja mit der EB einverstanden war.
Ein allgemeines Einverständnis zur Durchführung von EB deckt alle üblichen und im konkreten Fall notwendigen Maßnahmen ab (z. B. Auskünfte bei Schule, Lehrherrn), wohl aber nicht die Einholung von Gutachten, die Befragung von Nachbarn und dgl. Hier sollte – auch im Interesse einer vertrauensvollen Zusammenarbeit mit den PSB – deren gesonderte Einwilligung beigebracht werden. Im vorliegenden Fall gilt dies ganz besonders, da die Mutter offensichtlich bewußt vermieden hat, der EBSt den begutachtenden Arzt zu benennen.

Fall 16: Amtshilfe und Datenschutz zwischen Behörden

1. Verpflichtung von EBSt, Schulpsychologischem Dienst und Jugendpsychiatrie

1.1 Die kommunale EBSt in Rundlingen

a) Die EBSt in Rundlingen könnte gem Art. 35 I GG verpflichtet sein, der EBSt in Bonndorf entsprechende Auskunft zu geben. Dieser Vorschrift zufolge haben alle Behörden des Bundes und der Länder sich gegenseitig Rechts- und Amtshilfe zu leisten. Nach einhelliger Ansicht sind von dieser Verpflichtung auch die kommunalen Behörden betroffen.[9]
b) Art. 35 I GG gilt jedoch nur insoweit unmittelbar, als andere Gesetze ihn nicht konkretisieren. Solche Konkretisierungen enthält das **SGB X in den §§ 3–7**. Hiernach sind Behörden von Sozialleistungsträgern (§ 12 SGB X) verpflichtet, einander Amtshilfe zu gewähren, wenn die ersuchende Behörde nicht oder nicht auf sinnvolle Weise in der Lage ist, die von ihr verfolgten Ziele mit eigenen Mitteln zu erreichen, § 4 I SGB X. – EBSt in kommunaler Trägerschaft, somit auch die in Rundlingen, sind unselbständige Einrichtungen von Behörden, die nach dem SGB zur Amtshilfe verpflichtet sind. Müßte die EBSt in Bonndorf alle Untersuchungen durchführen, ohne auf die in Rundlingen zurückgreifen zu können, wäre dies mit unverhältnismäßigem Aufwand verbunden. Die EBSt in Bonndorf könnte die in Rundlingen daher um ihre Untersuchungsergebnisse bitten.
c) Trotz Vorliegens dieser Voraussetzungen des § 4 I SGB X darf die ersuchte Behörde die Hilfe nicht leisten, wenn sie hierzu **aus rechtlichen Gründen nicht in der Lage** ist (§ 4 II 1 Nr. 1 SGB X) oder wenn (bei Urkunden, Akten oder Auskünften) die Vorgänge nach einem Gesetz oder ihrem Wesen nach geheimgehalten werden müssen (§ 4 II 2 SGB X). Nach zutreffender Ansicht[10] kommt der Aufzählung

---

8 Vgl. dazu *Schuschke*, Caritas-Korrespondenz 3/1986, 41.
9 *Maunz/Dürig*, Grundgesetz, Art. 35 Rz. 4.
10 Vgl. *Meyer/Borgs* für das – insoweit – gleichlautende Verwaltungsverfahrensgesetz, § 5 Rz. 10.

in S. 2 keine eigenständige Bedeutung zu; inhaltlich ist sie schon in S. 1 Nr. 1 enthalten. Es handelt sich bei S. 2 also nur um eine Hervorhebung wegen der großen praktischen Bedeutung.
Hier kommt als Rechtsgrundlage für eine Geheimhaltungspflicht § 35 I 1 SGB in Betracht, der u. a. bestimmt, daß der Bürger ein Recht darauf hat, daß sein Sozialgeheimnis[11] nicht unbefugt geoffenbart wird. Wann eine Offenbarung zulässig ist, wird von § 35 II SGB I iVm §§ 67–77 SGB X sowie §§ 64f KJHG präzisiert.

- Nach **§ 67 S. 2 Nr. 1 SGB X** dürfen personenbezogene Daten mit Einwilligung (= schriftliche vorherige Zustimmung) geoffenbart werden. – Diese wollen die Eltern J offenbar gerade nicht geben, sonst hätten sie die Informationen der EBSt in Rundlingen nicht verschwiegen.
- Ferner darf das Sozialgeheimnis offenbart werden, wenn eine gesetzliche Offenbarungsbefugnis gem. **§§ 68–77 SGB X** vorliegt. Hier kommt § 68 SGB X in Betracht, der im Rahmen der Amtshilfe die Verpflichtung zur Offenbarung »weniger empfindlicher Daten« (Vor- und Familienname, Geburtsdatum, Geburtsort, derzeitige Anschrift, derzeitiger Arbeitgeber) vorsieht. – Da im vorliegenden Fall eine psychosoziale Diagnose oder ein psychologisches Gutachten gewünscht wird, hilft § 68 SGB X hier nicht weiter.
- Des weiteren kommt **§ 69 SGB X** in Frage, der u. a. vorsieht, daß die Offenbarung personenbezogener Daten zulässig ist, soweit sie für die Erfüllung einer gesetzlichen Aufgabe nach diesem Gesetzbuch erforderlich ist (Abs. 1 Nr. 1). – Die Leistung von Erziehungsberatung und das Anbieten anderer erforderlicher Hilfen, falls ein MJ aus medizinischen Gründen nicht erziehbar und ihm deshalb gem. § 39 BSHG Eingliederungshilfe zu leisten ist, gehört zu den Aufgaben nach dem SGB. Demnach **dürfte** die EBSt in Rundlingen die gewünschten Auskünfte geben. Fraglich ist jedoch, ob sie dies im Rahmen der Amtshilfe müßte. Der Gesetzeswortlaut spricht dagegen, der Zweck des Gesetzes jedoch dafür. Der Gesetzgeber sieht nämlich die Träger von Sozialleistungen als Einheit an, die alle die Zielsetzung des § 1 SGB I verwirklichen. Deswegen kann es nicht sein Wille gewesen sein, es in die Entscheidungsbefugnis des jeweiligen Trägers zu stellen, ob er die anderen Träger an seinen Erkenntnissen teilhaben läßt. Man wird daher die Verpflichtung zur Auskunft des § 68 SGB X auch auf die §§ 69–77 SGB X erstrecken müssen, wenn die Offenbarung im Rahmen eines Amtshilfeersuchens erbeten wird.[12] – Demnach müßte die EBSt in Rundlingen der in Bonndorf die gewünschten Mitteilungen machen.
- Zu prüfen ist aber weiterhin, ob nicht **§ 76 SGB X** die an sich vorhandene Offenbarungsbefugnis wieder einschränkt. Diese Vorschrift regelt den Sachverhalt, daß z. B. ein Arzt, Psychologe oder Sozialarbeiter (Personen, die in § 203 I und III StGB aufgezählt sind) einem Sozialleistungsträger iSd § 35 SGB I personenbezogene Daten zugänglich gemacht hat und nunmehr die Offenbarungungsbefugnis dieses Trägers in Frage steht. Hierzu bestimmt § 76 I SGB X, daß die Offenbarung nur unter den Voraussetzungen zulässig ist, unter denen diese Person selbst offenbarungsbefugt wäre.

11 Einzelangaben über persönliche und sachliche Verhältnisse = personenbezogene Daten sind als Sozialgeheimnis zu wahren. Zu den Einzelheiten s. *Papenheim/Baltes*, Abschn. 31.0.

12 So auch *Giese*, ZfF 1980, 217/220.

Bei diesem Wortlaut des § 76 SGB X ist nicht ganz klar, ob der Psychologe etc., der die personenbezogenen Daten zugänglich gemacht hat, in der Behörde des angegangenen Sozialleistungsträgers tätig ist (Psychologe in der EBSt Rundlingen hat Gutachten erstellt und dies der Behörde als solcher zugänglich gemacht; diese wird um Amtshilfe gebeten) oder in einer fremden Behörde (Psychologe eines freien Trägers oder freiberuflich tätiger Psychologe hat Gutachten für die EBSt Rundlingen erstellt und diese wird um Amtshilfe ersucht). Eigentlich dürfte das Gesetz nur den letzten Fall meinen; denn bei dieser Konstellation darf der Geheimnisträger seine personenbezogenen Daten zugänglich machen. Wenn er nämlich durch Vertrag oder im Rahmen der Amtshilfe verpflichtet ist, eine Untersuchung durchzuführen, dann muß er das Untersuchungsergebnis natürlich weitergeben. Hat dagegen ein Arzt etc. innerhalb einer Klinik oder ein Psychologe innerhalb eines Beratungsdienstes eine Untersuchung gemacht, dann ist er (ausgenommen wohl Amts- und Truppenärzte) nicht verpflichtet, diese seine Erkenntnisse (unverfremdet) seinen Vorgesetzten zur Kenntnis zu bringen.[13]

Geht man von dieser Interpretation des § 76 SGB X aus, so findet er im vorliegenden Fall keine Anwendung.

d) Demnach müßte die EBSt Rundlingen der EBSt Bonndorf ihre Untersuchungsergebnisse mitteilen.

Dieses Ergebnis hat aber deswegen möglicherweise keinen Bestand, weil es im Bereich der Erziehungsberatung weitere Normen gibt, die spezieller als die §§ 68–78 SGB X sind. Es handelt sich um die §§ 61–67 KJHG. Diese Bestimmungen können wegen § 37 SGB I (s. dazu o. Fall 2) nicht in Widerspruch zu den §§ 67 ff SGB X stehen, sie dürfen jedoch das Grundrecht auf informelle Selbstbestimmung aus Art. 1, 2 GG (so das BVerfG im sog. Volkszählungsurteil von 1983) stärker schützen, als es das SGB X macht. Sie können deshalb die Offenbarungsbefugnis des SGB X weiter einschränken und gehen dann insoweit dem SGB X vor.

Es ist daher zu prüfen, ob die **§§ 64, 65 KJHG** die an sich gem. § 69 SGB X zulässige Offenbarung doch nicht gestatten.

§ 64 II KJHG, dies ist von § 64 der einzige Tatbestand, der im vorliegenden Sachverhalt in Betracht kommt, bestimmt, daß eine Offenbarung, die nach § 69 SGB X zulässig ist, nach KJHG trotzdem nicht erlaubt ist, wenn dadurch der Erfolg einer zu gewährenden Leistung in Frage gestellt wird. Mit »Leistung« sind die Leistungen der Jugendhilfe (nicht die nach § 11 SGB I) gemeint, die in § 2 II KJHG aufgezählt sind; denn Adressat der Norm sind nicht alle Leistungsträger iSd § 12 SGB I, sondern nur der Träger der öffentlichen Jugendhilfe. Bei der Gewährung von Erziehungsberatung dreht es sich um eine solche Leistung. Daher dürfte die Offenbarung der Untersuchungsergebnisse der EBSt in Rundlingen gegenüber der EBSt in Bonndorf nur dann erfolgen, wenn dadurch der Erfolg der Erziehungsberatung durch die EBSt in Rundlingen (nicht die in Bonndorf!) nicht in Frage gestellt wird. Da diese Beratung bereits abgebrochen ist, kann der Erfolg nicht mehr in Frage gestellt werden. Also wäre gem. § 64 II KJHG die Offenbarung gem. § 69 SGB X nicht verboten.

---

13 Vgl. zur Problematik *H.-H. Kühne* (Hrsg.), Berufsrecht für Psychologen, Baden-Baden 1987, S. 140 ff; *Lackner*, StGB, 18. Aufl., München 1989, § 203 Anm. 6 a) aa).

Des weiteren ist nun zu prüfen, ob sich ein Offenbarungshindernis aus § 65 KJHG ergibt. Normadressat des § 65 KJHG ist nicht der Sozialleistungsträger, sondern »der Mitarbeiter eines Trägers der öffentlichen Jugendhilfe«. Der Kreis der Betroffenen geht also weiter als in § 203 StGB, der nur für bestimmte Berufsgruppen eine Schweigepflicht anordnet. Die Frage ist nun, ob § 65, der dem Mitarbeiter eine bestimmte Verhaltensweise vorschreibt, auch für die Behörde gilt. Dies muß unbedingt bejaht werden; denn es ist nicht vorstellbar, daß der Träger etwas offenbaren darf, was der einzelne Mitarbeiter verschweigen muß. Die weiteren Einschränkungen des § 65 müssen daher auch für ein JA und seine unselbständigen Einrichtungen wie EBSt gelten. Es sind deshalb die Voraussetzungen des Offenbarungshindernisses des § 65 zu prüfen.

- Die Untersuchungsergebnisse der EBSt Rundlingen sind »personenbezogene Daten« (s. § 35 I 1 SGB I).
- Diese sind dem Mitarbeiter der EBSt Rundlingen »anvertraut« worden. Anvertraut ist ein Geheimnis, wenn es dem Mitarbeiter in innerem Zusammenhang mit der Ausübung des Berufs schriftlich, mündlich oder auf andere Weise unter Umständen mitgeteilt wird, aus denen sich die Anforderung des Geheimhaltens ergibt. Dies trifft nicht nur zu für die Fakten, die der Klient dem Mitarbeiter mitteilt, sondern auch für die fachlichen Folgerungen, die der Mitarbeiter aus den Fakten zieht, gleichgültig, ob der Klient die Folgerungen akzeptiert oder – wie hier – bestreitet. Daher fallen die Untersuchungsergebnisse der EBSt unter die anvertrauten Daten.
- Diese personenbezogenen Daten sind dem Mitarbeiter »zum Zweck persönlicher und erzieherischer Hilfe« anvertraut worden; denn EB ist gem. §§ 27, 28 KJHG eine Hilfe zur Erziehung.

Die zu diesem Zweck anvertrauten Daten dürfen grundsätzlich nicht, ausnahmsweise in drei Fällen, offenbart werden:

1. mit Einwilligung des Anvertrauenden. Dies liegt hier gerade nicht vor; denn die Eltern des J haben der EBSt in Bonndorf diese Informationen bewußt verschwiegen.

2. gem. § 50 III KJHG, wenn angesichts einer Gefährdung des Kindeswohls ohne diese Mitteilung eine für die Gewährung von Leistungen notwendige gerichtliche Entscheidung nicht ermöglicht werden könnte. Dieser Fall ist hier ebenfalls nicht gegeben, da es nicht um eine Mitteilung an das FamG/VormG, sondern an eine andere EBSt geht.

3. unter den Voraussetzungen, unter denen eine der in § 203 StGB genannten Personen dazu befugt wäre. Eine solche Befugnis ist nach der strafrechtlichen Rspr. und Lit.[14] in folgenden Fällen vorhanden:

- mutmaßliche Einwilligung des Betroffenen (Geschäftsführung ohne Auftrag, §§ 677 ff BGB).
- gesetzliche Anzeigepflicht (z.B. § 138 StGB, GeschlG, BSeuchG, VO zur Bekämpfung ansteckender Krankheiten, BtMG, §§ 76, 77 AuslG).

---

14 Vgl. z.B. *Dreher/Tröndle*, StGB, 45. Aufl., München 1991; *Lackner*, StGB, 18. Aufl., München 1989, jeweils § 203 mwN.

- Einschaltung als Sachverständiger (z. B. Arzt, Psychologe, SA),
- prozessuale Zeugnispflicht gem. § 52 StPO,
- rechtfertigender Notstand gem. § 34 StGB,
- Informationspflicht gegenüber den Eltern gem. Art. 6 II GG iVm §§ 1 II, 9 KJHG.

Alle diese Ausnahmen greifen hier nicht ein.
Da also keine der in § 65 KJHG genannten Offenbarungsbefugnisse gegeben ist, besteht die Pflicht zur Verschwiegenheit mit der Folge, daß die EBSt Rundlingen der EBSt Bonndorf keine Auskunft geben darf.
e) Ergebnis: Die EBSt Rundlingen darf daher der EBSt Bonndorf ihre Untersuchungsergebnisse nicht mitteilen.

1.2 Der Schulpsychologische Dienst in Rundlingen

Für diesen könnte sich die Verpflichtung zur Amtshilfe aus den §§ 4–8 VwVfG ergeben.
Die Unterstellung einer behördlichen Tätigkeit unter das allgemeine Verwaltungsverfahren (VwVfG) oder das Sozialverwaltungsverfahren (SGB X) ist nicht unbedeutend, da die Gesetze – trotz streckenweiser wörtlicher Übereinstimmung – erhebliche Unterschiede aufweisen. § 2 VwVfG zählt die Materien auf, für die das VwVfG nicht gelten soll. § 1 SGB X dagegen besagt pauschal, daß das SGB X für die Verwaltungstätigkeit der Behörden anzuwenden ist, die nach dem SGB ausgeübt wird. Da das KJHG und das BSHG besondere Teile des SGB sind und zudem in § 2 II Nr. 4 VwVfG ausdrücklich ausgenommen sind, ist es sicher, daß sie nicht dem allgemeinen Verwaltungsverfahren unterstehen.
Fraglich ist nun, wo ein Schulpsychologischer Dienst einzuordnen ist, ob in der Jugendhilfe oder im Schulwesen. Hiervon hängt ab, welchem Gesetz seine Verwaltung untersteht. Gesetzliche Grundlagen für eine organisatorische Kategorisierung gibt es nicht. Deshalb hat die Praxis sich eigene Bahnen gebrochen. Daher kommen auch beide Formen vor: der Schulpsychologische Dienst als Teil der Schulverwaltung und als Teil der Jugendhilfe. Da er es jedoch primär mit der schulischen Entwicklung zu tun hat, wird man ihn eher dem Schulbereich zurechnen.[15] Im folgenden sollen beide Möglichkeiten untersucht werden.

1.2.1 Der Schulpsychologische Dienst in der Schulverwaltung

Hier stellt sich als erstes die Frage, ob das VwVfG des Bundes oder das des jeweiligen Bundeslandes (z. B. VwVfG NW) anzuwenden ist. § 1 VwVfG des Bundes macht hierzu differenzierte Angaben. Viele Bundesländer, u. a. NW, haben – wohl auch um eine weitere Komplizierung zu vermeiden – das VwVfG weitestgehend wortgleich übernommen. Für NW jedenfalls kann in dem uns interessierenden Bereich der Amtshilfe und Geheimhaltung das VwVfG des Bundes angewandt werden, ohne daß abgegrenzt werden müßte; denn die Bestimmungen für Bund und Länder sind insoweit identisch.
Nach § 5 I Nr. 4 oder 5 VwVfG kann die EBSt in Bonndorf den Schulpsychologischen Dienst in Rundlingen grundsätzlich um Amtshilfe ersuchen. Zu prüfen ist

15 So wohl *Jans/Happe*, § 5 Anm. 55 Cb.

jedoch, ob die ersuchte Behörde die Hilfe aus irgendeinem Grund nicht leisten darf. In Betracht kommt – wie unter 1.1 im Hinblick auf das SGB X – § 5 II S. 1 Nr. 1 VwVfG (sie hierzu **aus rechtlichen Gründen nicht in der Lage** ist) oder S. 2 (die Vorgänge nach einem Gesetz oder ihrem Wesen nach geheimgehalten werden müssen). – Wann eine Geheimhaltung grundsätzlich notwendig ist, sagt § 5 BDSG[16]. Er bestimmt, daß die Beteiligten einen Anspruch darauf haben, daß ihre Geheimnisse von der Behörde nicht unbefugt geoffenbart werden. Die Frage ist nun, in welchem Verhältnis § 5 BDSG zur Amtshilfe steht. Soweit ersichtlich, wurde zu § 30 VwVfG überwiegend die Meinung[17] vertreten, die Antwort sei § 203 II 2 StGB bzw. § 35 SGB I zu entnehmen. Das bedeutet, daß personenbezogene Daten, soweit sie für die Aufgaben der öffentlichen Verwaltung erhoben worden sind, für den Behördenverkehr grundsätzlich frei sind (Grundsatz der Zweckbindung). – Demnach müßte der Schulpsychologische Dienst Rundlingen seinen Vorgang der EBSt in Bonndorf überlassen, soweit diese ihn zur Erfüllung ihrer Aufgaben benötigt.

Jetzt taucht insofern ein Problem auf, als die Behörde als solche nicht notwendig Kenntnis von den gewünschten Vorgängen hat, sondern nur der einzelne Arzt, Psychologe etc., der den Patienten/Klienten betreut hat. Hier wird – wie oben ausgeführt – angenommen[18], daß der Arzt und Psychologe, mutmaßlich auch der SA/SP, innerdienstlich nicht auskunftsverpflichtet sind. Schließt man sich dieser Meinung an, so muß man zu dem Ergebnis kommen, daß folglich Arzt, Psychologe, SA/SP auch nicht verpflichtet sind, ihrer Behörde die gewünschte Kenntnis zu verschaffen, damit diese einem an sich zulässigen Amtshilfeersuchen nachkommen kann.

Als **Ergebnis** ist somit festzuhalten, daß der Schulpsychologische Dienst dem Amtshilfeersuchen nicht nachkommen kann, da der für den Fall zuständig gewesene Psychologe oder SA/SP seiner Behörde die erforderliche Kenntnis nicht verschaffen darf. Das gilt sowohl für seine eigenen Ergebnisse als auch für die des eingeschalteten Arztes der Jugendpsychiatrie.

1.2.2 Der Schulpsychologische Dienst in der Jugendhilfe

a) Hier ist – wie unter 1.1 – § 4 I SGB X die Rechtsgrundlage für die grundsätzliche Möglichkeit der EBSt Bonndorf, den Schulpsychologischen Dienst von Rundlingen um Amtshilfe zu bitten.

Allerdings kann dieser die Amtshilfe über § 35 I SGB I verweigern, da die Voraussetzungen des § 35 II SGB I iVm § 69 SGB X wegen § 65 KJHG nicht vorliegen.

b) Diese Weigerungspflicht bezieht sich nicht nur auf die Daten, die der Schulpsychologische Dienst (SPD) selber erhoben hat, sondern auch auf das Gutachten, das die Jugendpsychiatrie für den SPD erstellt hat. Denn für letzteres gilt zwar nicht § 65 KJHG, weil die Daten dem SPD nicht anvertraut sind; wohl aber greift § 76 I SGB X ein, der dem SPD die Offenbarung nur unter denselben Voraussetzungen gestattet wie dem Psychiater, der das Gutachten gemacht hat. Dieser ist nicht offen-

---

16 Diese Vorschrift ist am 1. 6. 1991 mit dem neuen BDSG in Kraft getreten. Vorher war das Datengeheimnis in § 30 VwVfG geregelt. Entsprechendes hat sich auch im Landesrecht geändert: Das Datengeheimnis ist nicht mehr als § 30 im VwVfG NW, sondern in § 6 DSG NW geregelt.

17 Z. B. *Knemeyer*, NJW 1984, 2241/2243.

18 Vgl. *H.-H. Kühne*, aaO (FN 12), und *Lackner*, aaO (FN 12); Grundsatzthesen der DV, NDV 1986, 227/230.

barungsbefugt, weil die unter 1.1d) zu § 203 StGB genannten Ausnahmen nicht vorliegen.
Das somit hinsichtlich des Gutachtens gem. § 76 I SGB X bestehende Offenbarungsverbot wird auch nicht durch § 76 II SGB X aufgehoben. Selbst wenn der SPD nicht der Schule, sondern der Jugendhilfe untersteht, ist die Beurteilung der richtigen Einschulung keine Sozialleistung. Dies wäre höchstens der Fall, wenn der SPD die Jugendpsychiatrie um ein Gutachten gebeten hätte, um selber eine Therapie durchzuführen.
c) **Ergebnis:** Der Schulpsychologische Dienst in Rundlingen braucht der EBSt Bonndorf weder seine eigenen Erkenntnisse noch die der Jugendpsychiatrie mitzuteilen.
d) **Anmerkung:** Hätte die EBSt Rundlingen die Jugendpsychiatrie eingeschaltet, wäre die Situation anders. Bei evtl. Durchführung einer Therapie durch die EBSt Rundlingen hätte es sich um die Erbringung einer Sozialleistung gehandelt. Deswegen wäre die Offenbarung gem. § 76 II 1 SGB X befugt gewesen. Allerdings hätte sich dann die Frage gestellt, welche Bedeutung der S. 2 des Abs. 2 hat, wonach der Betroffene der Offenbarung widersprechen kann. Unterstellt, er bedeute, daß er Betroffene immer vorher gefragt werden muß: Stimmt der Betroffene nun zu, hätten wir eine Einwilligung iSd § 67 S. 1 Nr. 1 SGB X, so daß die Sonderregelung des § 76 II 2 SGB X überflüssig wäre. Lehnt er ab, kann § 76 II 1 SGB X nicht angewandt werden.
Dies hat die Konsequenz, daß – verfolgt er die Sozialleistung weiter – die Begutachtung erneut durchgeführt werden muß oder, falls sie nicht mehr durchgeführt werden kann, diese wegen fehlender Mitwirkung des Betroffenen (§§ 60–66 SGB I) zu dessen Lasten geht. Das Ergebnis ist zwar als vom Gesetzgeber gewollt denkbar. Sehr sinnvoll erscheint es indes nicht. Da der Wortlaut des § 76 II 2 SGB X auch anders als der des § 67 S. 1 Nr. 1 SGB I nicht von Einwilligung, sondern von Widerspruch spricht, liegt es nahe, ihn anders, etwa folgendermaßen zu interpretieren: Eine eigene Aufforderung ist nicht nötig. Ergibt sich jedoch aus Verhalten oder Äußerung des Betroffenen, daß er gegen eine Einbeziehung dieser Daten ist, dürfen sie nicht verwertet werden.

1.3 Die Jugendpsychiatrie in Rundlingen

Die Jugendpsychiatrie gehört zum Gesundheitswesen und untersteht somit dem allgemeinen Verwaltungsverfahrensgesetz. Es gelten daher insofern die Ausführungen zum Schulpsychologischen Dienst, wenn er in die Schulverwaltung eingegliedert ist. Es besteht demnach eine grundsätzliche Amtshilfepflicht, deren Durchsetzung jedoch an der Schweigepflicht des Psychiaters scheitert.

2. Die ersuchte EBSt in Rundlingen in Trägerschaft des Diakonischen Werks

Das SGB X gilt gemäß seinem § 1 nur für **Behörden**. Deshalb müssen gem. §§ 3–7 SGB X nur öffentliche Sozialleistungsträger Amtshilfe leisten, ebenso wie Abs. 35 GG nur öffentliche Stellen zur Amts- und Rechtshilfe verpflichten kann. Bei der unter 2. vorliegenden Konstellation ist die ersuchende Stelle eine Behörde, die ersuchte Stelle ein freier Träger.
Da die EBSt kein Sozialleistungsträger iSd SGB ist, kann für sie keine Verpflichtung zur Amtshilfe bestehen. Auch die Erwähnung der freien Träger in §§ 17 III,

27 II, 28 II SGB I ändert daran nichts.[19] Umgekehrt sind Klienten solcher Stellen auch nicht gem. § 35 SGB I geschützt, da die Verpflichtung zur Wahrung des Sozialgeheimnisses nur Sozialleistungsträger iSd SGB betrifft. Allerdings unterliegt der freie Träger als solcher kraft des mit ihm abgeschlossenen Beratungsvertrages und seine Mitarbeiter gem. § 203 StGB der Schweigepflicht, sofern die Betroffenen sie nicht hiervon entbinden. – Die EBSt des Diakonischen Werks ist daher nicht verpflichtet, ihre Erkenntnisse an einen öffentlichen Träger weiterzugeben; berechtigt ist sie dazu, wenn der Betroffene im Einzelfall eingewilligt hat.

3. Die ersuchende EBSt in Bonndorf in Trägerschaft des CV

Bei dieser Konstellation ist die ersuchende Stelle ein freier Träger, die ersuchte Stelle eine Behörde. Da nicht nur die Pflicht zur Leistung von Amtshilfe an die Behördeneigenschaft gebunden ist, sondern auch das Recht auf Amtshilfe, ist das Ergebnis dasselbe wie bei der vorausgehenden Fallkonstellation:
Der CV kann vom öffentlichen Träger die gewünschten Auskünfte nur erhalten, wenn der Betroffene eingewilligt hat (§§ 35 II SGB I iVm 67 S. 1 Nr. 1 SGB X).[20]

Fall 17: Meldepflichten freier Träger

1. Für den **CV als freien Träger** gelten zwar die datenschutzrechtlichen Bestimmungen des SGB I, SGB X, KJHG nicht, wohl aber trifft ihn aufgrund seines Beratungsvertrages die Nebenpflicht (aus § 242 BGB), personenbezogene Daten nicht unbefugt zu offenbaren. Für den einzelnen Mitarbeiter ergibt sich diese Pflicht aus § 203 StGB. Beide, sowohl Träger als auch SA, dürfen solche Daten daher nur dann weitergeben, wenn eine Offenbarungsbefugnis besteht.
Eine Offenbarungsbefugnis besteht
zum einen dann,

- wenn der Betroffene einwilligt,

zum anderen,

- wenn gesetzliche Normen dies verlangen oder
- zumindest gestatten.

Da hier nach einer Verpflichtung des SA gefragt ist, kommen nur § 138 StGB, gesetzliche Auskunfts- und Meldepflichten[21] oder Pflichten gegenüber dem öffentlichen Träger aus einem evtl. Subventionsverhältnis in Betracht. Letztere betreffen nicht Polizei oder Staatsanwaltschaft. Auskunfts- oder Meldepflicht sind ebenfalls nicht ersichtlich. Und eine Anzeigepflicht gem. § 138 StGB scheitert daran, daß es sich weder um eine der in § 138 StGB genannten Straftaten handelt, noch daß die Begehung der Straftat noch verhindert werden könnte.

2. Wenn es sich um eine **kommunale EBSt** handelte, wäre das Ergebnis das gleiche. Hier würde sich die Pflicht zur Verschwiegenheit für den Träger aus § 35 SGB I

---

19 So auch *André*, Verwaltungsverfahren im Sozialgesetzbuch, NDV 1981, 8.
20 Zu Abschn. 2 und 3 vgl. *K. Hümmerich*, in: Mörsberger: »Datenschutz im sozialen Bereich«, S. 120 ff.
21 S. o. Fall 16 1.1 d) Punkt 3.

iVm §§ 67–78 SGB X iVm §§ 61–67 KJHG ergeben, für den einzelnen Mitarbeiter ebenfalls aus § 203 StGB und zusätzlich aus § 65 KJHG. Ein Rechtfertigungsgrund iSd § 203 StGB oder ein Offenbarungsgrund iSd § 65 KJHG ist nicht ersichtlich.

Fall 18: Zeugnisverweigerungsrecht des Sozialarbeiters

1. Weigerung des SA bei der Kommune

Gem. § 53 StPO steht im **Strafverfahren** weder dem SA noch dem Psychologen als solchem ein ZVR zu. Diese Regelung, soweit sie den SA betrifft, ist – so das BVerfG in seinem Beschluß v. 19. 7. 1972[22] – nicht verfassungswidrig, weil das Interesse des Staates an einer Strafverfolgung höher zu bewerten ist als das Geheimhaltungsinteresse des Klienten.[23]
Ist jedoch der SA – gleichgültig, ob im Beamten- oder Angestelltenverhältnis – im **öffentlichen Dienst** tätig, so gilt für ihn § 54 StPO. Das bedeutet, er kann das Zeugnis so lange verweigern, als sein Dienstherr ihm keine Aussagegenehmigung erteilt hat. Der Dienstherr wiederum darf überhaupt nur in bestimmten Fällen eine Aussagegenehmigung erteilen, nämlich wenn er damit nicht das Sozialgeheimnis verletzt. Wann dies der Fall ist, regeln die §§ 67ff SGB X und die §§ 61ff KJHG.
Hier kommen als Normen, bei deren Vorliegen das Sozialgeheimnis nicht verletzt wird, die §§ 69, 73 SGB X sowie die §§ 64, 65 KJHG in Betracht.
a) Nach **§ 69 I Nr. 1 SGB X** sind personenbezogene Daten zu offenbaren[24], soweit dies zur Erfüllung gesetzlicher Aufgaben nach dem SGB erforderlich ist. Die Formulierung läßt offen, wer die gesetzliche Aufgabe zu erfüllen hat, der Offenbarende oder der Datenempfänger. Also kann dies für beide der Fall sein. Da Empfänger vorliegend das Gericht wäre und dieses kein Sozialleistungsträger ist, ist hier nur zu prüfen, ob die Kommune mit der Offenbarung eine Aufgabe nach dem SGB erfüllte. Wie sich aus § 50 III KJHG ergibt, kann auch die Information eines Gerichts die Erbringung einer Jugendhilfeleistung sein. Ob das aber zutrifft, muß der Jugendhilfeträger selber entscheiden. Das Gericht kann auf diese Weise keine Informationen erzwingen. Gem. § 69 I Nr. 1 SGB X iVm § 54 StPO kann das Strafgericht also keine Informationen erhalten.
b) Gem. **§ 73 SGB X** ist eine Offenbarung personenbezogener Daten im Rahmen eines Strafverfahrens zulässig, soweit sie auf richterliche AO erforderlich ist zur Aufklärung

1. eines Verbrechens oder

2. eines Vergehens, soweit sich das Auskunftsersuchen auf Vor- und Familiennamen, Geburtsdatum und -ort, derzeitige und frühere Anschriften sowie derzeitige und frühere Arbeitgeber beschränkt.

Das bedeutet, daß der **SA im öffentlichen Dienst** in Strafverfahren praktisch nur bei Verbrechen (zur Definition siehe § 12 StGB) zur Aussage verpflichtet ist, im übrigen durch sein ZVR geschützt ist.

---

22 NDV 1972, 331.

23 Vgl. zu dieser Entscheidung und der dazu erschienenen Literatur: *Fieseler/Herborth*, 3. Aufl., S. 89.

24 Zu der Auslegung »ist zulässig« als Pflicht s. o. Fall 17.

c) Diese Verpflichtung aus § 73 SGB X wird auch **nicht** durch **§ 64 KJHG** ausgeschlossen, da dieser sich nur auf die Offenbarung gem. § 69 SGB X bezieht.
d) Allerdings errichtet **§ 65 KJHG** eine weitergehende Barriere, die aber hier nicht wirksam wird, weil § 73 SGB X sich bei Vergehen sowieso nur auf die Preisgabe der »harten Daten« (§ 72 I 2 SGB X) bezieht und nach diesen vorliegend nicht gefragt ist.
Der Dienstherr würde also mit einer Aussagegenehmigung das Sozialgeheimnis verletzen. Daher darf er keine Aussagegenehmigung erteilen.

2. Weigerung des SA beim CV

Handelt es sich um einen freien Träger, so gilt zwar § 53 StPO, nicht aber § 54 StPO. Das führt dazu, daß SA bei freien Trägern und somit Klienten bei freien Trägern schlechter stehen als bei öffentlichen Trägern. Dieses Ergebnis stößt unter dem verfassungsrechtlichen Gebot der Gleichbehandlung (Art. 3 GG) auf große Bedenken, muß aber – solange das Gesetz nicht geändert oder § 53 StPO nicht für verfassungswidrig erklärt worden ist – hingenommen werden.

3. Verfahren gem. § 1671 BGB

In diesem Fall würde es sich nicht um ein Strafverfahren handeln, sondern um einen **Rechtsstreit vor dem FamG**. Für derartige Verfahren gilt § 383 ZPO. Hier sind zwar als Berechtigte, das Zeugnis zu verweigern, SA/SP auch nicht ausdrücklich genannt. Sie lassen sich aber unter Abs. 1 Nr. 6 subsumieren (Personen, denen kraft ihres Amtes, Standes, ... Tatsachen anvertraut sind, deren Geheimhaltung... durch gesetzliche Vorschrift geboten ist – diese wäre hier § 203 StGB sowie beim öffentlichen Träger zusätzlich § 65 KJHG) und besitzen somit ein ZVR, sofern ihnen, im Vertrauen darauf, daß Dritte darüber nicht informiert werden, persönliche Geheimnisse anvertraut worden sind.

4. Erzwingung der Aussage

Gem. § 70 StPO kann gegen Zeugen, die zu Unrecht die Aussage verweigern, ein **Ordnungsgeld**, notfalls **Ordnungshaft** bis zu sechs Monaten verhängt werden.

Fall 19: Schwangerschaftsabbruch einer Minderjährigen

1. Bescheinigung über Sozialberatung

Die S ist mj und steht daher unter e. S. Im Rahmen dieser Schutzbeziehung zwischen Kindern und Eltern haben diese in der Regel einen Anspruch darauf, an allen rechtsrelevanten Entscheidungen beteiligt und von Dritten über alle das Kind betreffenden Angelegenheiten informiert zu werden. Dieses Elternrecht endet allerdings dort, wo das Kind ein eigenständiges Recht hat. Z. B. haben Eltern, deren 15jähriger Sohn im Internat ist, kein Recht gegenüber der Schule zu erfahren, ob der Sohn regelmäßig den Sonntagsgottesdienst besucht, da er gem. § 5 RelKErzG religionsmündig ist.
Im vorliegenden Fall ist daher zu prüfen, ob **erstens** die SA eine Bescheinigung gem. § 218 StGB ohne Zustimmung der Eltern ausstellen darf, und wenn ja, ob **zweitens** die Eltern hiervon wenigstens in Kenntnis zu setzen sind.

1.1 Eine **Beratung ohne nachfolgende Ausstellung** einer Bescheinigung ist einer Beratung bei Telefonseelsorge, Kindertelefon oder ähnlichen Einrichtungen für Menschen in Konfliktsituationen vergleichbar. Die Sozialberatung ist nach allgemeiner Ansicht auch für MJ generell zugänglich. In der Bayerischen Bekanntmachung zum Vollzug des bayerischen Schwangerschaftsberatungsgesetzes v. 23. 5. 1980 heißt es z. B. ausdrücklich: »Eine mj Schwangere bedarf für die Beratung nicht der Zustimmung ihres gesetzlichen Vertreters, der Anspruch auf Beratung ist höchstpersönlicher Art.«
Da die Sozialberatung in allen Bundesländern kostenfrei zu erteilen ist, entsteht auch nicht die Frage nach einer Kostenübernahme durch öffentliche Kostenträger oder private Versicherungsträger.
Grundsätzlich anders ist die Situation, wenn **der Beratung rechtsrelevante Maßnahmen folgen**. Um eine solche handelt es sich z. B., wenn eine Therapie eingeleitet werden soll. Gleiches gilt im vorliegenden Fall, da die Ausstellung einer Bescheinigung gem. § 218b StGB die Möglichkeit eines straflosen Schwangerschaftsabbruchs eröffnet. Hier müssen die Eltern einwilligen, wenn nicht spezielle Normen vorhanden sind, die den MJ für die jeweilige Situation handlungsfähig machen. – Im vorliegenden Fall könnte als besondere Vorschrift § 36 I 1 SGB I in Betracht kommen. Dieser setzt voraus, 1. daß der MJ das 15. Lebensjahr vollendet hat und 2. daß er eine »Sozialleistung« begehrt. Was dies ist, bestimmt § 11 SGB I. Hiernach zählen zu den Sozialleistungen Sach-, Geld- und Dienstleistungen, wobei zu den Dienstleistungen die persönlichen und erzieherischen Hilfen gehören. Beratung ist eine persönliche Hilfe. Wegen ihrer besonderen Bedeutung erwähnt § 14 SGB I sie ausdrücklich. Demnach besteht Anspruch auf Beratung selbst dann, wenn in den einzelnen Büchern des SGB eine Beratung nicht ausdrücklich erwähnt ist.
Schwangerschaftskonfliktberatung (Beratung über die zur Verfügung stehenden öffentlichen und privaten Hilfen für Schwangere, Mütter und Kinder) ist eine Hilfe in einer besonderen Lebenslage, und zwar zur Überwindung einer besonderen sozialen Schwierigkeit iSd § 72 BSHG. Sie ist keine Leistung der Jugendhilfe, z. B. gem. § 18 KJHG, da es nicht um Aspekte der e. S., sondern um das Austragen des Kindes geht. Geleistet wird sie in der Regel von eigens dafür eingerichteten Stellen in öffentlicher oder privater Trägerschaft. Daß diese Art von Beratung aufgrund einer Vorschrift außerhalb des SGB (nämlich § 218b StGB) erbracht wird, ändert nichts daran, daß es sich um eine Sozialleistung iSd SGB handelt.
Die Beratung nach § 218b StGB, d. h. einschließlich der Erteilung der Bescheinigung, ist also eine Sozialleistung, die von S, da sie 15 Jahre alt ist, ohne Einwilligung ihrer Eltern in Anspruch genommen werden kann. Daß S sich hier an das DW wendet, »Sozialleistungen« aber nur von Sozialleistungsträgern iSd SGB gewährt werden müssen, spielt hierbei keine Rolle. Denn wenn Sozialleistungen in Form von Dienstleistungen gemäß dem Grundsatz der Subsidiarität von freien Trägern angeboten werden, sind sie in dem Umfang zu erbringen wie von öffentlichen Trägern.
1.2 Zu prüfen ist weiter, ob die Schwangerschaftskonfliktberatungsstelle **nachträglich den g. V.** von der durchgeführten Beratung **informieren** muß. § 36 I 2 SGB I bestimmt, daß »der Leistungsträger den gesetzlichen Vertreter über die Antragstellung und die erbrachten Sozialleistungen« unterrichten soll. Diese Formulierung drückt zwar aus, daß der Behörde ein Ermessensspielraum zusteht, daß sie aber nur

in ganz gewichtigen Ausnahmefällen von der grundsätzlichen Mitteilungspflicht absehen darf.
Hier stellt sich nun die Frage, ob diese Regelung verfassungsgemäß ist, oder ob nicht die Eltern, gestützt auf Art. 6 II 1 GG – einen uneingeschränkten Informationsanspruch haben.
Mit diesem Problem, jedoch in Verbindung mit einer anderen Rechtsnorm, hatte sich das BVerfG[25] zu beschäftigen. In dem dortigen Fall ging es um § 13 II 3 des Bremischen Schulverwaltungsgesetzes. Dieser bestimmt, daß sog. Schulberater neben der beamten- und dienstrechtlichen Schweigepflicht einer besonderen Schweigepflicht unterliegen, die auch gegenüber den Erziehungsberechtigten gilt, falls deren Unterrichtung Gesundheit und Wohlergehen des betroffenen MJ gefährden würde. Zu dieser Regelung führt das BVerfG aus, daß sie verfassungswidrig weit oder verfassungskonform eng interpretiert werden könne und daß sie daher eng auszulegen sei. Dies bedeute, daß die Eltern grundsätzlich zu informieren seien. Eine Nichtinformation komme normalerweise nicht in Betracht. Jedenfalls setze sie immer eine Abwägung aller Umstände des Einzelfalls, etwa des Alters und der Reife des betroffenen Schülers, seiner familiären Beziehungen und sonstiger Abhängigkeiten innerhalb und außerhalb der Schule voraus. Der Berater müsse ferner das Elternhaus so gut kennen, daß er die Folgen einer Information aufgrund konkreter Tatsachen richtig einschätzen könne. Erscheine die Familie nicht gänzlich verständnislos, so werde es zunächst Aufgabe des Beraters sein, auf die Eltern einzuwirken, sich der Probleme des Kindes anzunehmen. Als verfassungskonform könne eine Auslegung des § 13 II BremSchulVwG nur angesehen werden, die das Schweigerecht des Beraters gegenüber den Erziehungsberechtigten auf die Ausnahmefälle begrenze, in denen konkrete Tatsachen vorlägen, welche bei Information der Erziehungsberechtigten die unmittelbare und gegenwärtige Gefahr einer körperlichen oder seelischen Schädigung des Kindes wahrscheinlich mache.
Diese Ausführungen lassen sich sinngemäß auf die grundsätzliche Informationspflicht der Behörde gem. § 36 I 2 SGB I übertragen. Allerdings wird man hier differenzieren müssen je nachdem, um welche Sozialleistungen es sich handelt. Ein Schulberater hat die Möglichkeit, über die Lehrer manches über das Elternhaus des Kindes in Erfahrung zu bringen, ohne daß die Eltern bemerken müssen, daß ihr Kind einen Berater aufgesucht hat. Der Schwangerschaftskonfliktberater wird sich mit geringeren Wahrscheinlichkeiten begnügen müssen und dürfen; denn er hat in der Regel kaum die Möglichkeit, Recherchen über die Eltern anzustellen, ohne gleichzeitig preiszugeben, daß jemand aus der Familie bei ihm um Rat nachgesucht hat. Er ist also darauf angewiesen, der Klientin zu glauben oder nicht. Allerdings wird er die als wahr angenommenen Fakten ebenso sorgfältig abwägen müssen wie der Schulberater. Desgleichen wird auch von ihm zu fordern sein, daß bei einer Information der Erziehungsberechtigten die unmittelbare und gegenwärtige Gefahr einer körperlichen oder seelischen Schädigung des mj Klienten nicht wahrscheinlich sein darf. Eine solche Gefahr wird insbesondere dann drohen, wenn die MJ in schwere Konflikte mit ihren Eltern geraten wird, etwa weil diese eine Abtreibung zwar verurteilen, aber auch keinesfalls bereit sein werden, der MJ psychischen und materiellen Beistand zu gewähren.

---

25 V. 9. 2. 1982, FamRZ 1982, 463 m. Anm. *Fehnemann*, FamRZ 1982, 753 = JZ 1982, 325 m. Anm. *Starck*, JZ 1982, 329.

Im vorliegenden Fall wird daher die SA die Eltern von S nicht zu informieren brauchen.

*2. Abbruch**

Bei der Frage, ob der Abbruch selber auch ohne Einwilligung des g.V. durchgeführt werden kann, ist zu unterscheiden zwischen der Einwilligung in die strafrechtlich relevante Körperverletzung und der auf Inanspruchnahme der »Leistung« Schwangerschaftsabbruch.

2.1 In bezug auf die **Körperverletzung** steht die h.M.[26] auf dem Standpunkt, daß sich die Einwilligungsfähigkeit von MJ nicht nach der zivilrechtlichen Geschäftsfähigkeit richtet, sondern ausschließlich nach der Fähigkeit, Wesen, Bedeutung und Tragweite des Eingriffs voll zu erfassen und seinen Willen danach zu bestimmen. – Nach der vorliegenden Sachverhaltsschilderung ist davon auszugehen, daß S die erforderliche Reife besitzt, rechtswirksam in die Körperverletzung einzuwilligen.

2.2 In bezug auf die Inanspruchnahme der **Leistung** Schwangerschaftsabbruch ist weiter zu differenzieren, ob die MJ in einer gesetzlichen oder einer privaten Krankenkasse versichert ist.

2.2.1 Ist sie **gesetzlich versichert**, so gelten für sie die Bestimmungen von SGB I, SGB V und RVO. Demnach kann sie – sofern sie nicht sowieso selber versichert ist – im Rahmen der Familienhilfe (§ 10 SGB V) selbständig Leistungen der Krankenversicherung in Anspruch nehmen. Zu diesen gehören auch die Leistungen bei einem nicht rechtswidrigen** Schwangerschaftsabbruch (§ 200f RVO). Nicht rechtswidrig ist ein Schwangerschaftsabbruch dann, wenn

- die Schwangere rechtswirksam einwilligt (§ 218a I Nr. 1 StGB),
- eine Indikation vorliegt (§ 218a I Nr. 2, II StGB),
- die Fristen eingehalten sind (§ 218a III StGB),
- die notwendigen Beratungen und Feststellungen durchgeführt worden sind (§§ 218b, 219 StGB).

Ist die Schwangere mj, so gilt auch für die Krankenversicherung § 36 SGB I. Demnach kann sie ab Vollendung des 15. Lebensjahres rechtswirksam Leistungen in Anspruch nehmen. Es gelten insoweit die Ausführungen unter 1.

2.2.2 Ist die MJ **privat versichert**, ist die Situation juristisch insofern anders, als hier zwischen Arzt und Patientin ein Behandlungsvertrag geschlossen wird (nach RVO dagegen besteht keine Vertragsbeziehung zwischen Patientin und Arzt, nur zwischen Arzt und Krankenversicherungsträger). Dieser unterliegt den Grundsätzen des Zivilrechts.

---

* Hierzu wäre das Urteil des BVerfG v 28. 5. 1993, FuR Sonderheft 1/1993 zu berücksichtigen! Aus technischen Gründen ist dies in der vorliegenden Auflage nicht mehr möglich.

** Nach der o.g. BVerfG-Entscheidung ist der Abbruch bei der sozialen Indikation rechtswidrig, so daß Leistungen der gesetzlichen Krankenkasse nicht, wohl dagegen Leistungen nach dem BSHG in Betracht kommen.

26 Vgl. für alle *Lackner*, Strafgesetzbuch, 19. Aufl., München 1991, vor § 32, Anm. II 5c)aa).

In bezug auf zivilrechtliche **Behandlungsverträge** wurde längere Zeit – in Vorgriffe auf den damals zur Verabschiedung anstehenden **§ 1626a BGB** des Entwurfs zur Reform des elterlichen Sorgerechts[27] – die Meinung vertreten, daß ein MJ wirksam in eine Heilbehandlung einwilligen könne, wenn er fähig sei, Grund und Bedeutung der Heilbehandlung einzusehen und seinen Willen hiernach zu bestimmen. Der Fall einer Heilbehandlung hätte im Zusammenhang mit einem Schwangerschaftsabbruch dann vorgelegen, wenn dieser **aufgrund einer medizinischen Indikation** hätte vorgenommen werden sollen. Zu den Voraussetzungen für eine solche Indikation hätten auch schwerwiegende psychische Erkrankungen aufgrund der Schwangerschaft gezählt. – Anders wäre es jedoch gewesen, wenn ein Abbruch aufgrund einer sozialen Indikation geplant gewesen wäre, denn eine Schwangerschaft wird nach allgemeiner Überzeugung nicht als Krankheit angesehen. Ein solcher Abbruch hätte daher unter keinem Gesichtspunkt als zu **Heil**zwecken erforderlich betrachtet werden können.
Da der § 1626a BGB jedoch mit voller Absicht des Gesetzgebers nicht Gesetz geworden ist, kann er auch nicht dafür herangezogen werden, wegen §§ 2, 106 BGB nicht wirksame Rechtsgeschäfte wirksam zu machen.
Zu fragen ist allerdings weiter, ob über die Grundsätze der rechtswirksamen Einwilligung MJ bei **höchstpersönlichen Rechtsgeschäften** (vgl. z.B. §§ 1728 III, 1740b III, 1750 III BGB) ein anderes Ergebnis zu erzielen ist. Gemeinsam ist den genannten Fällen, in denen der MJ selbständig entscheiden kann, daß es sich zwar einerseits um die Verfügung eigener Rechtsgüter (Sorgerecht, soweit es von MJ ausgeübt werden kann bzw. Stellung als leibliche Mutter überhaupt) handelt, daß aber andererseits eine andere Person, nämlich das Kind, von den Auswirkungen betroffen ist. Bei der Einwilligung in einen Schwangerschaftsabbruch sieht die Konstellation nicht anders aus. Bei der Schwangeren ist ihre Mutterposition berührt, betroffen ist aber auch das Kind, das vom Augenblick der Nidation an als selbständiges Rechtsgut (vgl. § 218 StGB) und in gewissen Grenzen auch schon als eigene Rechtspersönlichkeit (vgl. §§ 844 II 2, 1923 II, 1912 BGB) von unserem Staat und seiner Rechtsordnung geschützt wird. Der Unterschied besteht jedoch in folgendem: Daß MJ rechtswirksam selbständig Rechtsgeschäfte vornehmen können, ist sowohl im wirtschaftlichen (vgl. §§ 107, 110, 112, 113 BGB) als auch im familiären Bereich (s.o.) die Ausnahme und bedarf daher besonderer gesetzlicher Regelung. Soweit diese vorhanden ist, ist sie abschließend und kann nicht im Wege der Analogie auf andere Lebenssituationen übertragen werden. Hinzu kommt, daß die vergleichsweise herangezogenen Vorschriften im Interesse des davon betroffenen Kindes bestehen und das VormG darüber hinaus prüft, ob der Vorgang dem Kindeswohl dient. Dies beides ist beim Schwangerschaftsabbruch nicht der Fall. Der Gesetzgeber hätte daher, hätte er die rechtswirksame Einwilligung MJ zulassen wollen, dies ausdrücklich regeln müssen.
Unter zivilrechtlichen Gesichtspunkten kann daher die MJ mit dem Arzt keinen wirksamen Vertrag abschließen. Das bedeutet jedoch nicht, daß der Arzt den Abbruch nicht vornehmen darf; denn strafbar macht er sich unter keinen Umständen, wenn die strafrechtlichen Voraussetzungen vorliegen (s.o.). Jedoch erwirbt er weder der MJ noch deren Eltern gegenüber einen Honoraranspruch: Die MJ hat sich wegen fehlender Geschäftsfähigkeit nicht verpflichten können; ein Vertrag der

27 BT-Drucks. 7/2060, S. 18.

Eltern zugunsten der MJ (§ 328 BGB) ist nicht abgeschlossen worden; Verträge zu Lasten Dritter (der Eltern) gibt es nicht. Allerdings ist der Vertrag der MJ nicht gleich völlig nichtig, sondern zunächst schwebend unwirksam (§ 108 BGB). Es steht dem Arzt frei, nachträglich die Eltern zur Genehmigung aufzufordern und auf diesem Wege doch noch ein Wirksamwerden des Vertrages und somit die Entstehung des Honoraranspruchs herbeizuführen.
Die fehlende Wirksamkeit des Vertrages schließt jedoch nicht aus, daß der Vertrag dennoch »erfüllt« werden kann. Dies ist nicht nur möglich durch Bezahlung »aus der eigenen Tasche«, sondern auch mit Hilfe der privaten Krankenkassen. Diese sehen nämlich in ihren Versicherungsbedingungen fast alle folgendes vor: Wenn ein Kind nicht selbständig versichert ist, sondern über einen Elternteil, dann besteht trotzdem zwischen Kind und Versicherung ein eigener Vertrag, für den allerdings der versicherte Elternteil Bezahler ist. Wenn eine Arztrechnung eingereicht wird, zahlt die Versicherung nicht nur an den Bezahler, sondern auch an den Einreicher. Wenn daher eine MJ um Erstattung der ihr in Rechnung gestellten Abbruchkosten bittet, so zahlt die private Krankenkasse ihr ohne weiteres, d. h. ohne die Eltern einzuschalten, den Betrag aus. Damit hat sie die Möglichkeit, dem Arzt das verlangte Honorar zukommen zu lassen.
Eine Variante könnte noch darin liegen, daß die Eltern der MJ nicht nur privat versichert, sondern auch **beihilfeberechtigt** sind (vgl. z. B. §§ 88 LBG NW iVm der Beihilfeverordnung – BVO NW). Zwar ist ein nicht rechtswidriger Schwangerschaftsabbruch beihilfefähig, jedoch beihilfeberechtigt ist nur der jeweilige Beamte, nicht dagegen seine Angehörigen, deren Aufwendungen beihilfefähig sind. Wenn daher der Elternteil, über den die MJ versichert ist, beihilfeberechtigt ist, kann die MJ nicht selbständig Beihilfeanträge stellen. Da im Fall der Beihilfeberechtigung die Versicherung auf die Beihilfe abgestimmt ist, kann die MJ ohne Zustimmung der Eltern nur einen Teil des Arzthonorars, und zwar den von der Versicherung, erhalten. Möglicherweise wird der Arzt unter diesen Umständen den Abbruch ganz verweigern oder nachträglich noch versuchen, das Resthonorar von den Eltern zu bekommen (obwohl diese nichts schulden).
Als **Ergebnis** ist daher festzuhalten, daß die SA die S dahingehend zu beraten hat, daß der Arzt den Abbruch in jedem Fall ohne Einwilligung der Eltern vornehmen darf und daß er in der Regel auch sein Honorar erhalten wird, sei es vom Träger der gesetzlichen Krankenkasse, sei es von der privaten Krankenversicherung.

3. Hilfe zur Austragung

Die Absicht, eine Schwangerschaft auszutragen, erfordert keinen juristischen relevanten, sondern lediglich einen natürlichen Willen. Einen solchen hat auch eine MJ mit der Folge, daß ihre Entscheidung ausschlaggebend ist. Anderes muß lediglich dann gelten, wenn sich die MJ mit einem solchen Entschluß ernsthaft gesundheitlichen Gefahren aussetzen würde.

4. Nachtrag:

Bei Zugrundelegung dieser Lösung ist in Umkehrung auch die Frage zu beantworten, wann ein SA seine Schweigepflicht gem. § 203 StGB verletzt, wenn er den Eltern eines MJ von dessen Besuch in einer Beratungsstelle in Kenntnis setzt. Der SA offenbart dann unbefugt ein fremdes Geheimnis, wenn der MJ in dem betroffenen Bereich selbst zuständig ist. Für eine schlichte Beratung ist der MJ selber rechtszuständig. Deshalb darf der SA die Eltern hierzu nicht informieren. Das gilt sowohl dann, wenn die MJ in der Beratung einen Abbruch intendiert, als auch dann, wenn sie Schutz vor ihren abbruchwilligen Eltern erbittet.

Fall 20: Weigerung des Personensorgeberechtigten, in den Schwangerschaftsabbruch einer Minderjährigen einzuwilligen

1. Auch wenn Sie »nur« der Meinung sind, daß die Eltern ohne Sachkompetenz und in einer den MJ gefährdenden Weise entscheiden wollen (also notwendig ist nicht, daß die Eltern nach Ihrer Ansicht »falsch« entschieden haben), können Sie den VormR gem. § 50 III KJHG informieren. Dieser wird damit in den Stand gesetzt, von Amts wegen ein Verfahren gem. § 1666 BGB einzuleiten. Ferner könnte das JA selber einen entsprechenden »Antrag« stellen. Auch S könnte auf Ihr Anraten das Gericht informieren.

2. Ziel eines solchen Vorgehens könnte in allen drei Konstellationen sein, den Richter die Einwilligung in einen Schwangerschaftsabbruch ersetzen zu lassen (§ 1666 II BGB) oder die e. S. im Hinblick auf das Entscheidungsrecht einschränken und durch einen PFL wahrnehmen zu lassen (§ 1666 I, 1909 BGB). Da der Richter im Rahmen der freiwilligen Gerichtsbarkeit ohnehin nicht an Anträge gebunden ist, würde ein Antrag auf das Ergreifen der erforderlichen Maßnahmen genügen.

3. Der Richter wird eine geeignete Maßnahme treffen, wenn die Voraussetzungen des § 1666 I BGB vorliegen. Im vorliegenden Fall müßte daher folgendes gegeben sein:

- Gefährdung des körperlichen, geistigen oder seelischen Wohls des MJ,
- Elterliches Fehlverhalten (Mißbrauch der e. S., Vernachlässigung des Kindes oder unverschuldetes Versagen),
- Kausalität zwischen 1. und 2.,
- Unfähigkeit oder Unwilligkeit, die Gefahr abzuwenden.

4. Hier ist nun speziell zu prüfen, ob das Nichteinwilligen der Eltern in den von S angestrebten Schwangerschaftsabbruch einen Mißbrauch der e. S. darstellt.
Im Rahmen eines möglichen Schwangerschaftsabbruchs sind zwei Arten der Einwilligung zu unterscheiden:

- die gem. § 218a I Nr. 1 StGB in den an sich gem. § 218 StGB strafbaren Abbruch,
- die rechtsgeschäftliche in die ärztliche Behandlung entweder als Einwilligung in den Abschluß eines zivilrechtlichen Behandlungsvertrages oder – wie im Fall 19 ausgeführt – als Nichtverweigerung der Inanspruchnahme der Sozialleistung Schwangerschaftsabbruch.

Im Bereich des **Strafrechts** kommt es für die Wirksamkeit einer Einwilligung nicht auf das Erreichen eines bestimmten Alters an, sondern auf die geistige und sittliche Reife, die Bedeutung und Tragweite einer Rechtsgutverletzung und seiner Gestattung dazu zu ermessen. Nach der Schilderung im Sachverhalt soll (aus Vereinfachungsgründen) davon ausgegangen werden, daß S die notwendige **Reife nicht**

besitzt, vielmehr den Schwangerschaftsabbruch als einfachste Lösung ihres Problems ansieht. Sie bedarf daher insoweit der Einwilligung ihres g. V.
Im Bereich des **Zivilrechts** spielt die Reife keine Rolle, vielmehr entscheiden feste Altersgrenzen (Volljährigkeit) und die vier abschließend aufgezählten Ausnahmen für Verträge (§§ 107, 110, 112, 113 BGB) über die Wirksamkeit von solchen Rechtsgeschäften. Insoweit benötigt S deshalb ohnehin die Zustimmung des PSB.
Im Bereich des **öffentlichen Leistungsrechts** gilt dasselbe, wenn die an sich ab Vollendung des 15. Lebensjahres vorhandene Handlungsfähigkeit gem. § 36 II 1 SGB I wirksam eingeschränkt worden ist.
Die Eltern von S müßten daher für einen rechtlich zulässigen Schwangerschaftsabbruch zwei Einwilligungen erteilen (Strafrecht und Zivil- oder Sozialrecht). Zu überlegen ist nun, ob das Verhalten der Eltern im Zusammenhang mit der Entscheidungsfindung als Fehlverhalten zu qualifizieren ist. Verbal stützen die Eltern ihre Entscheidung auf moralisch-ethische Gründe, insbesondere darauf, daß sie einen Abbruch vor ihrem Gewissen nicht verantworten könnten. Eine solche Haltung ist an sich beachtenswert.[28] Sie ist nur wenig glaubhaft, wenn gleichzeitig geäußert wird, man könne es nicht verhindern, wenn die MJ sich etwas antun oder die Schwangerschaft illegal abbrechen werde, und wenn man nicht bereit ist, der MJ die bei einer ungewollten Schwangerschaft noch mehr als sonst notwendige moralische und materielle Unterstützung zu geben. Eine Familie muß – insbesondere auch mj Kindern gegenüber – bereit sein, selbst zugunsten eines abgeglittenen Mitglieds Opfer zu bringen und an sich berechtigte moralische Vorstellungen zugunsten von Hilfe zurückzustellen. Weil es hieran im vorliegenden Fall gänzlich fehlt, ist eine elterliche Ablehnung des Schwangerschaftsabbruchs ein Mißbrauch des Sorgerechts, unabhängig davon, ob die Entscheidung nachher im Ergebnis aufrechtzuerhalten ist oder nicht. Man könnte formulieren: Das Fehlverhalten liegt nicht in der Entscheidung als solcher, sondern in der Art der Entscheidungsfindung und den fehlenden nötigen Alternativangeboten.[29]
Dieses Verhalten, das die Eltern trotz Gesprächs mit dem JA nicht zu ändern bereit sind, ist ursächlich dafür, daß die MJ in eine schwere Gefährdung geraten muß, würde die Entscheidung und die damit für die MJ verbundenen Konsequenzen akzeptiert.

5. Die vom Richter zu ergreifende erforderliche Maßnahme kann gem. Abs. 2 auch darin bestehen, daß er selber eine notwendige Erklärung ersetzt. Ein solches Tätigwerden kommt im vorliegenden Fall jedoch nicht in Betracht; denn das Fehlverhalten liegt nicht in der Nichtabgabe der Einwilligung, sondern in der Art der Entscheidungsfindung und dem sonstigen Verhalten der Eltern. Wenn in diesem Bereich anstelle der Eltern eine andere Person tätig werden soll, muß sie mehr tun dürfen als nur »Ja« oder »Nein« zu sagen. Der Richter kann daher nicht statt der Eltern entscheiden. Er muß einen PFL bestellen, dessen Kompetenz sich auf den gesamten Bereich der Schwangerschaft erstreckt. Er muß – lehnt er einen Abbruch ebenfalls ab – das »richtig« machen (lassen) können, was die Eltern »falsch« gemacht haben. Bei seiner Entscheidung wird er eine Güterabwägung in der Weise

---

28 So LG Berlin v. 20. 11. 1979, FamRZ 1980, 285, LG München I v. 24. 7. 1978, FamRZ 1979, 850.

29 So im Ansatz LG Berlin, aaO, jedoch nicht ganz deutlich.

vorzunehmen haben, daß er den Rauschmittelmißbrauch und die sich daraus möglicherweise für S und ihr Kind ergbenden negativen Folgen dem Schutzanspruch des ungeborenen Lebens (Art. 2 II 1, 1 I GG) gegenüberstellt.

6. **Ergebnis:** Da das beschriebene Verhalten der Eltern einen Sorgerechtsmißbrauch darstellt, ist ihnen insoweit die e. S. zu entziehen und auf einen PFL zu übertragen.[30]

Fall 21: Beschlagnahme von Unterlagen einer Drogenberatungsstelle

1. Zulässigkeit der Verfassungsbeschwerden

Gem. § 13 Nr. 8a BVerfGG iVm Art. 93 I Nr. 4a GG kann jedermann mit der Behauptung, durch die öffentliche Gewalt in einem seiner Grundrechte verletzt zu sein, Verfassungsbeschwerde zum BVerfG erheben. Allerdings kann sie gem. § 90 II 1 BVerfGG in der Regel erst dann eingelegt werden, wenn der Rechtsweg erschöpft ist. Ausnahmsweise ist eine Erschöpfung der Rechtswege nicht notwendig, wenn die Verfassungsbeschwerde von allgemeiner Bedeutung ist oder dem Beschwerdeführer bei vorheriger Ausschöpfung des Rechtsweges schwere Nachteile entstünden, § 90 II 2 BVerfGG.

1.1 Im vorliegenden Fall wollen sich die Betroffenen gegen die Durchsuchung der Drogenberatungsstelle gem. §§ 102, 103, 105 StPO und gegen die Beschlagnahme der Klientenakten gem. §§ 94, 98 StPO zur Wehr setzen. Der Durchsuchungsbefehl und die Beschlagnahmeanordnung sind richterliche Beschlüsse, die von den Beschuldigten gem. § 304 I StPO mit dem Rechtsmittel der Beschwerde angefochten werden können. Dies ist bei dem Gericht einzulegen, das den Beschluß erlassen hat, § 306 I StPO. Hält er sie für unberechtigt, gibt es sie weiter an das Beschwerdegericht. Gegen dessen Entscheidung ist nur in Ausnahmefällen eine weitere Beschwerde möglich, § 310 StPO.

Die **Beschlagnahmeanordnung** des AG ist vom LG bestätigt worden. Eine weitere Beschwerde dagegen ist nicht möglich. Im Hinblick auf die Beschlagnahme ist also der Rechtsweg erschöpft, so daß die Verfassungsbeschwerde insoweit zulässig ist.

Der **Durchsuchungsbefehl** wurde nicht zunächst mit dem Rechtsmittel der Beschwerde angegriffen. Jedoch ist das BVerfG in vorliegendem Fall davon ausgegangen, daß dieser Teil der Verfassungsbeschwerde von allgemeiner Bedeutung sei, so daß sich die Erschöpfung des Rechtsweges insoweit erübrigt.

1.2 Neben der Erschöpfung des Rechtsweges muß für die Zulässigkeit der Verfassungsbeschwerde eine Grundrechtsverletzung behauptet werden und möglich sein.

Die 1. Beschwerdeführerin ist der CV e. V., der 3. der Leiter der Drogenberatungsstelle. Für beide sind keine Rechte ersichtlich, in denen sie verletzt sein könnten.

Die weiteren Beschwerdeführer sind Klienten. Sie könnten durch die Beschlagnahme, nicht durch die Durchsuchung, in ihrer Intim- und Privatsphäre betroffen sein.

---

30 A. A. LG Berlin, aaO, das nur das Recht, über den Abbruch zu bestimmen und die entsprechenden Verträge abzuschließen, entzogen hat. Das LG München, aaO, ist zu gar keinem Entzug gekommen, weil die Eltern alle nur denkbaren Anstrengungen unternommen haben, ihrer Tochter zu helfen.

1.3 **Zwischenergebnis:** Die Verfassungsbeschwerde des e. V. und der Klienten sind im beschriebenen Umfang zulässig.

2. Begründetheit der Verfassungsbeschwerden

2.1 Der Durchsuchungsbefehl

Gem. Art. 13 I GG kann ein e. V. Träger von Grundrechten sein. Der gegen ihn gerichtete Durchsuchungsbefehl ist im vorliegenden Fall (insoweit ist der Sachverhalt nicht klar genug) rechtswidrig, weil er keinerlei tatsächliche Angaben über den Inhalt des Tatvorwurfs enthalten hat und zudem weder die Art noch den denkbaren Inhalt der Beweismittel, denen die Durchsuchung gilt, hat erkennen lassen. Ein solcher Durchsuchungsbefehl entspricht nicht rechtsstaatlichen Mindestanforderungen (abgeleitet aus Art. 20 GG).

2.2 Die Beschlagnahmeanordnung

Sie könnte den CV in seinem Grundrecht aus Art. 2 I GG (allgemeine Handlungsfreiheit) und die Klienten in ihrem Grundrecht aus Art. 2 I, 1 I GG (Achtung der Intim- und Privatsphäre) jeweils iVm dem Grundsatz der Verhältnismäßigkeit verletzen.
Diese angesprochenen Grundrechte stehen den Betroffenen grundsätzlich zu. In Ausnahmesituationen kollidieren jedoch deren Rechte mit anderen schutzwürdigen Interessen. In solchen Fällen muß abgewogen werden, welche Interessen schwerer wiegen.
Vorliegend steht **auf der einen Seite** das Interesse der Allgemeinheit an der Gewährleistung einer funktionstüchtigen Strafrechtspflege (Art. 2 II GG). Diese soll auch die von Drogen ausgehenden Suchtgefahren bekämpfen und darf dafür u. a. das Zwangsmittel der Beschlagnahme einsetzen.
Auf der anderen Seite sind die Belange der ebenfalls im Gemeinwohlinteresse geforderten Gesundheitsfürsorge zu berücksichtigen (Art. 20 I GG, Sozialstaatsprinzip). Hier wirken staatliche und freie Kräfte im öffentlichen Interesse zusammen. Die spezielle Hilfe für Suchtkranke und Gefährdete wird von Drogenberatungsstellen geleistet. Diese können nur arbeiten, wenn ein Vertrauensverhältnis zwischen Berater und Klienten besteht. Wenn der Klient damit rechnen muß, daß seine Äußerungen – einschließlich des Geständnisses strafbarer Handlungen – Dritten zugänglich werden, wird er die Hilfe nicht in Anspruch nehmen.
Bei der **Gewichtung** der Interessen ist folgendes zu berücksichtigen:

- Die Beschlagnahme von Akten ist nur eines der Instrumente, die den Strafverfolgungsbehörden zur Verfügung stehen.
- Drogenabhängige geben so gut wie nie die Namen von Händlern preis, so daß die Chance, in Akten Namen zu finden, gering ist.
- Drogenabhängige, die Drogen erwerben, stehen – im Vergleich zu den Händlern – gemäß dem BtMG nur unter geringen Strafandrohungen.
- § 201 I Nr. 4 StPO schützt das Vertrauen der Klienten auf die Geheimhaltung von Angaben, die in der Beratung gemacht werden.
- Bund, Länder und Kommunen manifestieren ihr Interesse an einer Funktionsfähigkeit von Drogenberatungsstellen, indem sie diese mit beträchtlichen Mitteln fördern.

- Beratungsstellen, die öffentlich anerkannt sind (vgl. § 203 I Nr. 4 StPO), können nicht ohne weiteres als Drogenumschlagplätze verdächtigt werden.
- Beratungsstellen, die erkennbar Vorkehrungen gegen Drogenhandel getroffen haben, können nicht aufgrund der Tatsache, daß ihre Klienten sich Drogen besorgen, der Gefahr der Aktenbeschlagnahme ausgesetzt werden; denn bei dem Ausreichen eines solchen »Betriebsverdachts« würde das Beratungswesen zusammenbrechen.

Aus all diesen Überlegungen folgt, daß die Strafrechtspflege keineswegs immer über der Gesundheitsfürsorge steht, daß sie im Einzelfall aber durchaus Vorrang haben kann. Ob dies der Fall ist, hängt von den jeweiligen Umständen ab.
Im vorliegenden Fall verstößt die Beschlagnahme gegen den Grundsatz der Verhältnismäßigkeit und ist daher verfassungswidrig. Das AG stützte seine AO nämlich nur auf den – durch die Existenz der Beratungsstellen bereits bewiesenen – »Verdacht«, daß die Klienten Drogen bezogen haben. Auch das LG begründete seine Bestätigung der AO lediglich mit dem selbstverständlichen »Verdacht«, daß – wo Süchtige seien – auch Händler sein müßten.

2.3 Ergebnis

Die Verfassungsbeschwerde des CV ist sowohl hinsichtlich des Durchsuchungsbefehls als auch hinsichtlich der Beschlagnahmeanordnung begründet. Die Verfassungsbeschwerde der Klienten wird in bezug auf die Beschlagnahme Erfolg haben.

Fall 22: Beratung und Unterstützung von Eltern

1. Wegen der Erziehungsprobleme könnte sich M an das JA oder das VormG wenden. Wegen des Unterhalts könnte M prozessieren, wobei sie sich der Hilfe eines Rechtsanwalts (Kosten! Evtl. Beratungs- und Prozeßkostenhilfe) oder des Ja (kostenlos) bedienen könnte.

2. Sowohl im Hinblick auf die **Erziehung** als auch auf den **Unterhalt** enthält § 18 I KJHG eine Regelung. Er bestimmt, daß Elternteile, die alleine für einen MJ zu sorgen haben, einen Rechtsanspruch auf Beratung und Unterstützung bei der Ausübung der PS einschließlich der Geltendmachung von Unterhalts- oder Unterhaltsersatzansprüchen haben. M kann sich also an das zuständige JA wenden.

3. Gem. § 1631 III BGB hat auch das **VormG** die Eltern bei der Ausübung der PS zu unterstützen. M müßte daher einen konkreten erzieherischen Wunsch vorbringen, in dessen Rahmen der VormR die Mutter unterstützen könnte. Beispielsweise könnte der Richter Gespräche mit dem Jugendlichen führen über Berufswahl, Freizeitverhalten, Alkoholgenuß; Empfehlungen für das Verhalten in bestimmten Situationen aussprechen etc.
Da die Geltendmachung von Unterhalt Teil der PS ist, könnte der Richter auch insoweit um Rat gefragt werden.
Gem. § 49 I Nr. 1c FGG hat das VormG das JA vor einer Entscheidung gem. § 1631 III BGB anzuhören. Diese Bestimmung ist unklar, wie sie es schon vor der Reform des KJHG 1991 war. Es ist nämlich zweifelhaft, worüber das Gericht hier »entscheiden« soll. Sicher kann Entscheidung nicht bedeuten, daß das JA vom Gericht beraten wird. Der Richter kann entweder selbst beratend tätig werden, oder er kann M

darauf hinweisen, daß sie gem. § 18 I KJHG einen Anspruch darauf hat, vom JA unterstützt zu werden.

4. Zur Durchsetzung der **Unterhaltsansprüche im Klagewege** ist das JA allerdings gem. § 50 III KJHG nicht befugt. Hier bieten sich zwei andere Möglichkeiten an:

- Die Entscheidung gem. § 1707 S. 1 Nr. 2 BGB kann gem. § 1707 S. 3 BGB wieder geändert werden mit der Folge, daß das JA insoweit wieder AmtsPFL gem. § 1706 Nr. 2 BGB ist.
- Das VormG kann das JA gem. §§ 1685, 1690 BGB zum Beistand bestellen, der dann insoweit die Rechtsstellung eines PFL (§ 1909 BGB) hat.

VIII. Soziale Gruppenarbeit

Fall 23: Segelfahrt im Ijsselmeer

Die Finks haben gem. § 27 I KJHG für Lars Hilfe zur Erziehung beantragt. Da sie gem. § 1630 III BGB zum PFL bestellt sind, sind sie insoweit PSB und damit anspruchsberechtigt.
Es ist nun zu prüfen, ob die Voraussetzungen des § 27 KJHG vorliegen.

1. Eine dem Wohle von Lars entsprechende Erziehung darf nicht gewährleistet sein. Hiervon kann nach dem mitgeteilten Sachverhalt ausgegangen werden (aus Vereinfachungsgründen wird dies nicht näher dargestellt).

2. Die Hilfe muß für seine Entwicklung notwendig und geeignet sein. Bei der Prüfung dieses Punktes sind drei Aspekte zu berücksichtigen:

- der konkrete erzieherische Bedarf,
- die Ressourcen der PSB,
- das übrige soziale Umfeld.

a) Erziehungsziele für Lars **(= Bedarf)** sind vor allem:
– Gemeinschaftsfähigkeit, die gerade in Berufen notwendig ist, wo Menschen über längere Zeit auf engstem Raum zusammenleben müssen, wie es auf Schiffen der Fall ist. Im übrigen scheint L nicht einmal eine »normale« Soziabilität entwickelt zu haben, die ihn befähigt, befriedigende Beziehungen zu Mitmenschen in unterschiedlicher Intensität zu unterhalten.
– Die Entwicklung einer realistischen Sichtweise und Einschätzung seiner beruflichen Fähigkeiten und Möglichkeiten und die Toleranz, auch Phasen durchzustehen, die dem Lustprinzip nicht entsprechen.
b) Die **PSB** haben sich hilfesuchend an das JA gewandt, sind also bereit, mit einer Fachbehörde zu kooperieren.
c) Aus dem **übrigen sozialen Umfeld** ist nichts Positives bekannt. Die Großeltern waren in früheren Jahren hilflos; die Schule tritt lediglich kontrollierend auf; Freunde, die L stützen könnten, scheinen nicht vorhanden zu sein.

Unter Berücksichtigung dieser Aspekte ist nach der notwendigen und geeigneten Hilfe zu suchen. Da die Pflegeeltern zunächst nur eine Ferienmaßnahme wünschen, sind lediglich die ambulanten, d.h. familienergänzenden Hilfen der §§ 28–32 KJHG in die Überlegungen einzubeziehen.

In Betracht kommen könnte der Besuch einer Erziehungsberatungsstelle (§ 28 KJHG). In der EB könnte diagnostisch geklärt werden, inwieweit der frühkindliche Schock beim Tod der Mutter mitursächlich gewesen sein mag für seine Entwicklung zum Einzelgänger mit Verhaltensproblemen (Schulversäumnisse). Evtl. könnte durch die EB eine Therapie angeboten werden.
Für eine rasche Hilfe, die hier von den Pflegeeltern erbeten wird, ist jedoch eine EB z.Zt. nicht geeignet. Für die jetzt anstehende Frage, welche ambulante Hilfe als geeignet angeboten werden könnte, ist Lars' Hauptinteresse zur Orientierung heranzuziehen. Er möchte Kapitän werden und hat nur Schiffe im Sinn. Ob er bereits Gelegenheit gehabt hat, einmal mit einem Schiff zu reisen, teilt der Sachverhalt nicht mit.
Im zuständigen JA gibt es einmal jährlich ein Angebot, das sich »Segelfahrt im Ijsselmeer« nennt. Dabei geht es um SGA, die gelegentlich einer Segelfahrt betrieben wird. Diese Art abenteuer-orientierter Angebote in der Jugendhilfe wird gern eingesetzt für Jugendliche, die im Umgang mit anderen Schwierigkeiten haben und auch durch ihr sonstiges Verhalten erkennen lassen, daß ihre Entwicklung nicht den »normalen« Verlauf nimmt. Rechtsgrundlage für ein solches Angebot der JA ist § 29 KJHG. Im vorliegenden Fall kommt es durchaus für Lars in Betracht. Da ein Vorkurs absolviert werden muß, kann seine grundsätzliche Haltung getestet werden, ob er bereit und fähig ist, sich in das Gruppengeschehen einzufügen. Wenn Lars, der gem. § 8 KJHG an der Auswahl der Hilfe zu beteiligen und gem. § 36 KJHG über alle Einzelheiten im Zusammenhang mit diesem Unternehmen zu beraten und aufzuklären ist, bereit ist, sich darauf einzulassen, kann er für die Segelfahrt zugelassen werden.
Eine andere Hilfe ist vorläufig nicht in Betracht zu ziehen. Falls die SGA nicht erfolgreich verläuft oder falls Lars aufgrund der Erfahrungen im Vorkurs nicht zu einer Teilnahme an der Segelfahrt bereit ist, muß erneut über eine Hilfe nachgedacht werden.

IX. Erziehungsbeistandschaft, Betreuungshilfe

Fall 24: Voraussetzung für die Bestellung eines Erziehungsbeistandes

I. Zuständigkeit des JA X

1.1 Im Recht schlechthin unterscheidet man verschiedene Arten der Zuständigkeit, und zwar sowohl im Hinblick auf Gerichte als auch Behörden:

- **Internationale Zuständigkeit:** sie regelt die Frage, ob deutsche Behörden/Gerichte in Fällen mit Auslandsberührung (z.B. ausländische Staatsangehörigkeit, Belegenheit von Vermögen im Ausland, Aufenthalt von Deutschen im Ausland, unerlaubte Handlung oder Vertragsabschluß im Ausland) tätig werden dürfen.
- **Sachliche Zuständigkeit:** Sie bestimmt, welches Gericht in erster Instanz für eine Angelegenheit bzw. welche Art von Behörde (JA/Ordnungsamt/Gesundheitsamt) sowie welche von gleichartigen Behörden (JA/LJA) zuständig ist.
- **Örtliche Zuständigkeit:** Sie regelt die Frage, welche Behörde/welches Gericht die bzw. das geografisch zuständige ist.

- **Funktionelle Zuständigkeit:** Sie regelt die Frage, welches Rechtspflegeorgan/ Verwaltungsorgan (Verwaltung des JA/JHA) tätig werden muß.

1.2 **Im Rahmen des KJHG** spielt bei deutschen MJn die sachliche, örtliche und funktionelle, bei ausländischen MJn darüber hinaus die internationale Zuständigkeit eine Rolle.

- Die **sachliche Zuständigkeit** ist in § 85 I KJHG geregelt. Dieser bezieht sich für die inhaltliche Frage – also die Regelungsgegenstände – auf §§ 2ff KJHG, soweit das JA zuständig ist; soweit das LJA zuständig ist, sind die Regelungsgegenstände in § 85 II KJHG aufgezählt.
  Weitere Vorschriften zur sachlichen Zuständigkeit enthalten § 2 I AdVermiG, §§ 21 I Nr. 1, 31 AG-KJHG NW, §§ 10, 11, 14 GTK NW.
- Die **örtliche Zuständigkeit** ist in §§ 87–87e KJHG geregelt. Sie ist grundsätzlich abhängig vom gewöhnlichen Aufenthalt der Eltern, hilfsweise vom überwiegenden bzw. tatsächlichen Aufenthalt des Kindes.
  Normalerweise tritt kein Zuständigkeitswechsel ein, wenn das Kind/der Jugendliche seinen Aufenthalt wechselt. Lediglich nach § 86 VI KJHG wird statt des JA am g. A. der Eltern das JA am g. A. der Pflegeeltern zuständig, wenn ein MJ zwei Jahre bei einer Pflegeperson lebt und sein Verbleib dort auf Dauer zu erwarten ist.
- Die **internationale Zuständigkeit:** Die internationale Zuständigkeit ist zu unterscheiden vom Anwendungsbereich einer Norm. Im Privatrecht ist diese Unterscheidung sinnvoll, weil es nur um die **Anwendung** fremden Rechts auf einen Rechtsfall geht. Jedes Gericht auf der Welt kann anderes als sein eigenes Recht anwenden. Anders ist es im öffentlichen Recht. Im Rahmen der Eingriffverwaltung (z.B. Maßnahmen der Ordnungsbehörden, des Gesundheitsamtes, des Ausländeramtes) sind die deutschen Behörden immer international zuständig, wenn sich die Ausländer hier befinden. Das ergibt sich aus dem Charakter des öffentlichen Rechts, in dem das sog. Territorialitätsprinzip gilt. Im Rahmen der Leistungsverwaltung muß, sofern der Ausländer eine Leistung in Anspruch nehmen möchte, eine besondere Norm die internationale Zuständigkeit der deutschen Behörden vorsehen. Normen zur internationalen Zuständigkeit finden sich in internationalen Abkommen oder im nationalen Recht (§ 30 SGB I § 6 II KJHG). Internationale Abkommen, die für den Bereich der Hilfen zur Erziehung gelten, sind das **Europäische Fürsorgeabkommen (EFA)** vom 11. 12. 1953, in Kraft für die Bundesrepublik seit dem 15. 5. 1956[31], sowie das **Haager Minderjährigenschutzabkommen (MSA)** v. 5. 1. 1961, in Kraft für die Bundesrepublik seit dem 17. 9. 1971[32]. Das MSA ist für Deutschland gem. Art. 13 I auf alle MJn unabhängig von der Staatsangehörigkeit anzuwenden. Deshalb können wir allen ausländischen MJn erzieherische Hilfen gewähren. Gehören die MJn allerdings einem Staat an, der nur Mitglied des EFA ist, so ist die Hilfe nach dem EFA zu erbringen, was sachlich aber keinen Unterschied macht.

---

31 Mitglieder: Belgien, Dänemark, Frankreich, Griechenland, Großbritannien, Irland, Island, Italien, Luxemburg, Malta, Niederlande, Norwegen, Portugal, Schweden, Spanien, Türkei.

32 Mitglieder: Frankreich, Luxemburg, Niederlande, Österreich, Portugal, Schweiz, Spanien, Türkei.

– Die **funktionelle Zuständigkeit** wird bei der Frage nach einer einzelnen Leistung nur ganz begrenzt eine Rolle spielen. Für das Gewähren von Leistungen ist nämlich nie der JHA, sondern immer die Verwaltung zuständig (vgl. §§ 70, 71 KJHG). Lediglich in einem Fall taucht die Zuständigkeitsfrage auf, und zwar bei der Adoptionsvermittlung. Hier ist nicht »das JA« zu handeln befugt, sondern eine vom JA eingerichtete Adoptionsvermittlungsstelle (§ 2 AdVermiG).

1.3 **Im vorliegenden Fall** sind also die internationale, die sachliche und die örtliche Zuständigkeit zu prüfen.

– **Internationale Zuständigkeit:** Italien ist Mitglied der EFA. Also können italienische MJ auf dieser Basis erzieherische Hilfen erhalten. Allerdings bezieht sich das EFA – wie sich aus seiner Geschichte ergibt – nur auf die Hilfen der Fremdunterbringung. Sollte sich daher herausstellen, daß nur eine ambulante Hilfe nötig ist, müßte die internationale Zuständigkeit auf das MSA gestützt werden. In diesem Fall sind die deutschen Behörden gem. Art. 1 MSA zuständig, wenn

(1) der Betroffene mj ist (Art. 12 MSA: Minderjährigkeit iSd MSA = Minderjährigkeit aufgrund von Heimat- **und** Aufenthaltsrecht);
(2) es sich um eine Schutzmaßnahme handelt (Einzelmaßnahme, die von Behörden/Gerichten [= Verwaltungsakte/Verträge/Beschlüsse] getroffen werden, um Person oder Vermögen des MJ zu schützen);
(3) der MJ seinen gewöhnlichen Aufenthalt in einem Mitgliedsstaat hat (Art. 13 I MSA);
(4) die Schutzmaßnahme nicht willkürlich in ein gesetzliches Schutzverhältnis eingreift (Art. 3 MSA: sog. Anerkennungstheorie[33], Schutzverhältnisse sind Rechtsbeziehungen zum Schutz von Personen oder Vermögen der MJ, die kraft Gesetzes entstehen).
Die 17jährige und der 3jährige sind mj iSd MSA. Die Gewährung einer ambulanten erzieherischen Hilfe ist eine Schutzmaßnahme. M hat ihren gewöhnlichen Aufenthalt in Deutschland. Die Gewährung von erzieherischer Hilfe bei pädagogischer Notwendigkeit ist kein willkürlicher Eingriff in das gesetzliche Schutzverhältnis e.S., sondern eine Hilfsmaßnahme zum Schutz der Person von M und K. Somit wäre eine internationale Zuständigkeit aufgrund des MSA gegeben.

– **Sachliche Zuständigkeit:** Die Prüfung der sachlichen Zuständigkeit ist gemäß den oben gemachten abstrakten Ausführungen die Prüfung der Frage, ob es auf den konkreten Fall bezogen im weitesten Sinne Dinge gibt, die das JA möglicherweise zu tun haben könnte. Welche Hilfe dann konkret ins Auge gefaßt wird, ist Gegenstand der Prüfung der Begründetheit des Antrags.
[**Hinweis!** Logisch muß zunächst nach möglichen Tätigkeiten **des JA schlechthin** gefragt werden, bevor die Frage nach der geografischen Zuständigkeit aufgeworfen wird. Daher ist die sachliche Zuständigkeit immer vor der örtlichen zu prüfen!
Wenn noch offen ist, welche Hilfe in Betracht kommt, ist die sachliche Zuständigkeit auch vor der internationalen zu prüfen; denn es gibt keine internationale Zuständigkeit für Hilfen schlechthin, sondern nur im Blick auf bestimmte Hilfen.]
Da sowohl auf der Basis des EFA als auch des MSA erzieherische Hilfen nach

---

33 Vgl. zu den Einzelheiten *Oberloskamp*, MSA, Art. 1 RdNrn. 150ff.

deutschem Recht zu gewähren sind, ist also zu überlegen, welche Hilfen nach KJHG evtl. möglich wären.

Vorliegend kommt für M in Betracht:
§ 19 KJHG: Mutter-Kind-Einrichtung
§ 27 KJHG: AeB
§ 28 KJHG: EB
§ 29 KJHG: SGA
§ 30 KJHG: Erziehungsbeistandschaft

Für K kommt in Betracht:
§ 27 KJHG: AeB
§ 28 KJHG: EB
§ 30 KJHG: Erziehungsbeistandschaft
§ 32 KJHG: Erziehung in einer Tagesgruppe
§ 33 KJHG: Pflegefamilie
§ 34 KJHG: Heimerziehung
§ 21 AdVermG: Annahme als Kind durch die Großeltern oder Fremde.

Jedenfalls ist das JA sachlich zuständig.
[**Hinweis!** Wenn – wie hier – nach der Möglichkeit einer bestimmten Hilfe gefragt wird, braucht unter der sachlichen Zuständigkeit eigentlich nur die Frage in Bezug auf diese Hilfe beantwortet zu werden. Aus Übungsgründen und zum besseren Abwägen bei der Verhältnismäßigkeit sind vorliegend trotzdem alle theoretisch möglichen Hilfen aufgelistet.]

– **Örtliche Zuständigkeit:** § 86 KJHG stellt auf den »gewöhnlichen Aufenthalt« ab. Dies ist – anders als der Wohnsitzbegriff des BGB (§ 11) – kein Rechtsbegriff. Vielmehr kommt es darauf an, wo die Eltern tatsächlich ihren **Lebensmittelpunkt** haben. Wenn M und deren Eltern ihren gewöhnlichen Aufenthalt im Bezirk des JA X haben, ist dieses örtlich zuständig.

2. EBst für M gem. § 30 KJHG

In Fällen mit Auslandsberührung ist nicht nur nach der internationalen Zuständigkeit, sondern auch nach dem **anzuwendenden Recht** zu fragen. Denn – vgl. die Normen des EGBGB – es ist keineswegs selbstverständlich, daß beispielsweise der international zuständige deutsche Richter – vgl. 606a ZPO – die Betroffenen auch nach deutschem Recht zu scheiden hat – vgl. Art. 17 EGBGB –.
Vorliegend ergeben sich insoweit allerdings keine Schwierigkeiten, da sowohl auf der Basis des EFA (vgl. Art. 1: »... in gleicher Weise wie seinen eigenen Staatsangehörigen und unter den gleichen Bedingungen die Leistungen der ... Fürsorge ... zu gewähren ...«) als auch auf der des MSA (vgl. Art. 21: »Die nach Art. 1 zuständigen Behörden haben die nach ihrem innerstaatlichen Recht vorgesehenen Maßnahmen zu treffen«) deutsches Recht anzuwenden ist.
Es ist daher **nach deutschen Recht**, folglich **gem. §§ 27, 30 KJHG, zu prüfen**, ob der M ein EBst bestellt werden kann.
Da nach der Systematik des KJHG nicht der MJ einen Erziehungsanspruch gegen den Staat, sondern seine Eltern einen Hilfeanspruch gegen den Staat auf Unterstützung bei der Erziehung haben, ist im folgenden zu prüfen, ob die Eltern von M

einen Anspruch darauf haben, daß ihre Tochter einen Erziehungsbeistand erhält. Es müssen daher die in den §§ 27, 30 KJHG enthaltenen Voraussetzungen erfüllt sein.

2.1 Eine dem Wohl der Jugendlichen entsprechende **Erziehung** dürfte **nicht gewährleistet** sein. Ob eine dem Wohl entsprechende Erziehung gewährleistet ist, bemißt sich nach § 1 I KJHG, der die eigenverantwortliche und gemeinschaftsfähige Persönlichkeit als Ergebnis einer angemessenen Erziehung beschreibt[34].

Im vorliegenden Fall hat M bereits mit 14 Jahren ein Kind. Sie kümmert sich jedoch nicht darum, überläßt es vielmehr ihren Eltern, denen sie im übrigen kein Vertrauen entgegenbringt. Statt an diese, lehnt sie sich an ständig wechselnde Freunde an und akzeptiert das, was die Eltern ihr empfehlen, in keiner Weise. In der Lehre zeigt sie auch kein Engagement, sie tut vielmehr nur gerade so viel, daß sie nicht hinausgeworfen wird.

Aus diesem Bild ergibt sich, daß M sich anders verhält, als vergleichbare Jugendliche dieses Alters. Zwar ist es für 13–17jährige entwicklungsentsprechend, sich von den Eltern abzulösen. Bei **»normalen«** Jugendlichen ist aber gerade der Wunsch, sich an einen anderen jungen Menschen zu binden, sehr stark, nicht dagegen das Bestreben, sich ständig neue Partner zu suchen. Bei ihr liegt daher eine Bindungsunfähigkeit, zumindest eine Bindungsscheu vor. Bei anderen Jugendlichen dieses Alters ist auch durchaus schon der Wunsch vorhanden, Verantwortung zu übernehmen und darin die Bestätigung ihrer Person zu finden. Hieran fehlt es bei M völlig. M zeigt mit diesem Verhalten weder eine altersgemäße Eigenverantwortlichkeit noch eine angemessene Gemeinschaftsfähigkeit. Eine ihrem Wohl entsprechende Erziehung ist daher nicht gewährleistet.

2.2 Die ausgewählte Hilfe zur Erziehung, also die Erziehungsbeistandschaft, muß für die Entwicklung von M **geeignet und notwendig** sein. Dies ist zu prüfen auf der Basis

1. des erzieherischen Bedarfs,
2. des Willens der Bereitschaft und der Fähigkeit des PSB,
3. der Ressourcen des sonstigen sozialen Umfelds.

Mit dem Begriffspaar »geeignet und notwendig« umschreibt das Gesetz das im Verwaltungsrecht allgemein gültige Prinzip der Verhältnismäßigkeit[35]. Eine Maßnahme soll wirksam sein, aber dennoch nicht zu sehr in die Sphäre des Betroffenen eingreifen (so wenig wie möglich, so viel wie nötig).

2.2.1 In jedem Fall muß es jedoch nötig sein, daß **überhaupt Hilfe geleistet** wird. Selbst wenn nämlich aktuell ein erzieherischer Bedarf besteht, ist es nicht zwingend, daß das JA interveniert. Es kann z. B. sein, daß die Abweichung vom »Normalen« sich voraussichtlich von allein behebt (Kaufhausdiebstähle in der Pubertät) oder daß sich die Umstände so ändern, daß der erzieherische Bedarf vermutlich von alleine abklingen wird (kranke Mutter ist wieder gesund; Umzug, der mit Schulwechsel verbunden ist; positiver Einfluß einer Freundin . . .). In diesen Fällen wäre die Gewährung einer erzieherischen Hilfe nicht notwendig. Im vorliegenden Fall ist nicht ersichtlich, wodurch sich die Situation ohne Intervention verändern sollte.

2.2.2 Ist Hilfe dagegen notwendig, muß weiter geprüft werden, welche Hilfe geeig-

---

34 S. zu den Einzelheiten o. Fall 12.

35 Vgl. hierzu *Papenheim/Baltes*, Abschn. 16.2.

net, d.h. die richtige Hilfe ist. Vorliegend ist um eine Erziehungsbeistandschaft gebeten worden. Diese kann, da sie eine ambulante Hilfe ist, nur gewährt werden, wenn zur Beseitigung der Gefährdung **keine Herausnahme** des MJ aus dem gefährdenden Milieu und keine Bereitstellung des pädagogischen Schonraums einer Institution oder einer fremden Familie erforderlich sind und wenn es genügt, daß eine pädagogische Fachkraft die Familie und den jungen Menschen unterstützt.

- Für M würde eine Unterbringung in einem Erziehungsheim eine Trennung von K bedeuten. Dies würde für beide zu einer weiteren Entfremdung führen. M könnte nicht lernen, daß sie zwar aufgrund ihres Alters ein Recht darauf hat, ein Leben zu führen, das ihr die Entwicklung ihrer Persönlichkeit gestattet; daß sie aber wegen des Kindes keine solche Freiheit wie andere Jugendliche ihres Alters für sich in Anspruch nehmen kann, vielmehr auf K Rücksicht nehmen und zu diesem eine feste Beziehung entwickeln muß. Zwar wäre es denkbar, M zu empfehlen, K zur Adoption wegzugeben. Aber diesen Schritt sollte das JA erst nach dem Scheitern eines anderen Hilfeversuchs tun. Wegen K wäre daher ein Verbleiben Ms in der Familie erstrebenswert.
- Eine Unterbringung in einer Mutter-Kind-Einrichtung würde die Trennung von ihrem Kind vermeiden, würde aber statt dessen eine Trennung und damit weitere Entfremdung von den Eltern bedeuten. Da die Eltern jedoch gewillt zu sein scheinen, sich um das Kind zu kümmern, sollte eine Herausnahme von M und K aus dem Elternhaus vermieden werden.
- Vermutlich würde M auch ihre Lehrstelle verlieren, wenn sie außerhalb der Familie untergebracht werden müßte. Diese Überlegung spricht ebenfalls dafür, sie bei ihren Eltern zu belassen.
- Die Eltern sind auch kooperationsbereit, was sich darin äußert, daß sie sich freiwillig zum JA begeben und um Hilfe bitten.
- Schließlich hat sich offenbar bisher keine Fachkraft bemüht, die außerordentliche Situation aufzuarbeiten, die für M durch ihre frühe Mutterschaft entstanden ist. Auch die Frage, warum M so früh Kontakte zu Männern gesucht hat, müßte geklärt werden. Bevor auf diesem Wege keine Anstrengungen unternommen worden sind, sollte M nicht aus der Familie genommen werden.

Das Belassen der M in ihrer Familie wäre daher ausreichend.

2.2.3 Zu prüfen ist weiter, ob die Bestellung eines EBst **geeignet** ist. Sie ist nicht geeignet, wenn eine andere, weniger einschneidende Maßnahme genügen würde. In Betracht kommt z.B.: Warnungen, Ermahnungen, Belehrungen durch das JA, Schule, Kirche, Jugendverbände, Wohlfahrtsverbände, VormR oder ambulante erzieherische Betreuung, EB, soziale Gruppenarbeit. Im vorliegenden Fall ist das Verhalten von M jedoch so, daß eine einmalige oder sporadische Intervention keinen Erfolg verspricht. Vielmehr braucht sie über längere Zeit eine feste Bezugsperson, die kontinuierlich zur Verfügung steht. Auch wäre es gut, wenn eine neutrale Person in die Familie käme, die bei dem doppelten Konflikt Ms – einerseits Ablösung von den Eltern, andererseits Abhängigkeit von ihnen wegen K – vermitteln könnte. Aus diesen Gründen ist die Bestellung eines EBst notwendig.

2.3 **Ergebnis:** Der Bitte der Eltern hinsichtlich M kann entsprochen werden.

3. EBSt für K gem. § 30 KJHG

3.1 Die Eltern von M, also Großeltern von K, haben für diesen um die Bestellung eines Erziehungsbeistandes gebeten. Hier ist zunächst zu prüfen, ob die Großeltern hierauf überhaupt einen Anspruch haben können.
Nach § 27 KJHG **hat ein PSB Anspruch** auf Hilfe. Wer PSB iSd KJHG ist, bestimmt § 7 I Nr. 5. Danach ist PSB, wem allein oder gemeinsam mit einer anderen Person nach den Vorschriften des BGB die Personensorge zusteht. Nach dem BGB ist Personensorgerechtsinhaberin für ein ne. Kind die Mutter gem. § 1705 BBG. Ist diese allerdings mj, ruht ihre e. S. in Teilbereichen, § 1673 II 1, 2 BGB. Da M nicht zur Vertretung von K berechtigt ist, § 1673 II 2 HS. 2 BGB, braucht K einen g. V., § 1773 I BGB. Dies ist seit seiner Geburt das JA als AmtsVM, § 1791 c I 1 BGB. M hat nur die tatsächliche PS, diese übt sie neben dem VM aus, § 1673 II 2 HS. 1 BGB. M und der VM sind daher beide iSd § 7 I Nr. 5 PSB. Die Großeltern sind es jedenfalls nicht.
Diese Regelungen gelten allerdings zunächst nur für **deutsche Mütter**. Ob sie auch bei italienischen Müttern eingreifen, beantwortet das Internationale Privatrecht. Hier bestimmt Art. 20 II EGBGB, daß das Rechtsverhältnis zwischen den Eltern und einem ne. Kind dem Recht des Staates unterliegt, in dem das Kind seinen g. A. hat. Danach gilt auch für italienische Mütter deutsches Recht. Diese Norm wird auch nicht durch die speziellere Regelung des Art. 3 MSA verdrängt, der vorsieht, daß ein Schutzverhältnis, das nach dem innerstaatlichen Recht des Staates, dem der MJ angehört (= Italien), kraft Gesetzes besteht, in allen Vertragsstaaten anzuerkennen ist. Zwar wäre die e. S. nach italienischem Recht ein solches Schutzverhältnis, das der Aufenthaltsstaat anzuerkennen hätte. Diese Pflicht gilt nach der Rspr. des BGH[36] jedoch nur dann, wenn das gesetzliche Schutzverhältnis des Heimatstaates (= Italien) mit einer Schutzmaßnahme des Aufenthaltsstaates (= Deutschland) konkurriert, nicht dagegen, wenn die Konkurrenz ein weiteres gesetzliches Schutzverhältnis des Aufenthaltsstaates ist. Es bleibt also dabei, daß K nach deutschem Recht unter gesetzlicher AmtsVM nach § 1791 c I 1 BGB steht.
Die Großeltern sind somit zwar nicht PSB. Sie sind jedoch **Erziehungsberechtigte** iSd § 7 I Nr. 6 KJHG. Denn Erziehungsberechtigter ist nicht nur der PSB, sondern auch jede sonstige Person über 18 Jahren, soweit sie aufgrund einer Vereinbarung mit dem PSB nicht nur vorübergehend und nicht nur für einzelne Verrichtungen Aufgaben des PS wahrnimmt. Die Großeltern betreuen und erziehen das Kind mit Zustimmung der Mutter und des VM.
Die Frage ist nun, ob auch der Erziehungsberechtigte Anspruch auf Hilfe zur Erziehung hat oder nur der PSB.
Das KJHG enthält in § 7 präzise Begriffsbestimmungen. Auf diese nimmt es in den verschiedenen Normen differenziert und abgestuft Bezug. Wenn es daher den Erziehungsberechtigten, die nicht PSB sind, einen Anspruch auf Hilfe zur Erziehung hätte einräumen wollen, so hätte es die Erziehungsberechtigten bestimmt ausdrücklich in § 27 KJHG genannt (wie z. B. in § 28 KJHG als Adressat von Erziehungsberatung). Die Großeltern haben daher keinen Anspruch auf Hilfe zur Erziehung.
Allerdings ist ihr »Antrag« nicht völlig wertlos. Da Hilfen nach dem KJHG auch

36 V. 2. 5. 1990, FamRZ 1990, 1103.

ohne förmlichen Antrag zu erbringen sind, ist der Wunsch der Großeltern als Anregung an das JA zu qualifizieren, den PSB erzieherische Hilfe anzubieten. Von deren Einverständnis hängt dann die Annahme ab. Allerdings wird ein solches Angebot nur erfolgen, wenn es sinnvoll erscheint. Deshalb ist zu prüfen, ob die M und der VM gem. §§ 27, 30 KJHG Anspruch darauf haben, daß dem K ein Erziehungsbeistand bestellt wird.

3.2 Eine dem Wohl von K entsprechende Erziehung dürfte nicht gewährleistet sein. Für die Beurteilung dieser Frage ist wieder § 1 KJHG heranzuziehen[37]. Ks Verhalten weicht von dem anderer Kinder in dem Alter ab. Mit 3½ Jahren hat sich ein Kind in der Regel von seinen Bezugspersonen so weit gelöst, daß es in der Lage ist, in den Kg zu gehen. Diese Fähigkeit hat K. Er hat aber noch nicht gelernt, sich in die Gemeinschaft des Kg einigermaßen einzufügen. Ihm fehlt daher das seinem Alter entsprechende Maß an Soziabilität.

Auch sein Verhalten zu Hause weicht von der Norm ab. K braucht die häuslichen Gegenstände lediglich, um seine Aggressionen abzureagieren. Auf Aggressionen deuten auch seine permanenten Trotzreaktionen hin, die zeigen, daß er sich nicht verstanden fühlt.

Eine angemessene Erziehung ist somit nicht gewährleistet.

3.3 Der EBst müßte für die Entwicklung von K die **geeignete und notwendige Hilfe** sein.

3.3.1 Das Kind hat bisher keine gesunden Beziehungen zu seiner Mutter entwikkeln können. Nähme man es aus der Familie, fiele diese Möglichkeit endgültig fort. Außerdem beruht seine Schädigung wohl hauptsächlich darauf, daß die Mutter-Kind-Beziehung gestört ist. Diese Beziehung kann aber voraussichtlich nur normalisiert werden, wenn das Kind bei der Mutter bleibt. Von daher scheint es geradezu geboten, K nicht ins Heim oder eine Pflegefamilie zu geben.

Eine ambulante Hilfe ist aber nur dann sinnvoll, wenn diejenigen, bei denen sich das Kind befindet, mitwirkungsbereit und -fähig sind. Die derzeitige Beziehung M–K wäre nicht dazu geeignet, der M Positives zu attestieren. Es ist jedoch zu berücksichtigen, daß M einen EBst erhalten soll, der wohl auch an dieser Problematik mit ihr arbeiten wird, und daß die Großeltern, bei denen sich M und K befinden, sich tatkräftig um beide bemühen. Es kann daher wohl von einigen erzieherischen Ressourcen ausgegangen werden.

3.3.2 Steht fest, daß eine ambulante Hilfe ausreicht, so ist weiter zu prüfen, ob die EBst geeignet ist.

Hier stellt sich zunächst die Frage, ob **bei bestehender Amtsvormundschaft** noch ein EBst bestellt werden sollte. Ob dies überhaupt rechtlich möglich ist, ist streitig. Möglich müßte es dann sein, wenn der EBst mehr Rechte als der PSB hätte. Grundsätzlich hat ein VM dieselben Rechte wie die elterlichen Sorgerechtsinhaber. Anders könnte es hier deshalb sein, weil die Amtsvormundschaft wegen MJ der Mutter besteht. In diesem Fall hat sie das Nebensorgerecht neben dem VM, und ihrer Meinung müßte sich der VM beugen, auch wenn er anderer Ansicht wäre.

Hinzu kommt, daß der VM, insbesondere wenn er die tatsächliche PS nur neben der M ausübt und das Kind bei der Mutter lebt, vorrangig Funktionen des g. V. und nicht des Erziehers ausübt. Auch ist zu bedenken, daß Amtsvormundschaften häufig nicht von pädagogischen Fachkräften, sondern von Verwaltungsfachkräften

37 S. o. Fall 12.

geführt werden. Dies dürfte bei »normalen« Kindern problemlos sein, bei erziehungsschwierigen jedoch nicht genügen. Ebenso wie Eltern in solchen Fällen Hilfe zur Erziehung in Anspruch nehmen, muß dies auch der VM können. Daher bestehen gegen das Nebeneinander beider Funktionen keine Bedenken.
Die weitere Frage ist, ob die Erziehungsbeistandschaft die **richtige Hilfe** für K ist. Zwar sieht das Gesetz für keine der Hilfen Altersgrenzen vor, weder nach oben noch nach unten. Aber manche Hilfen eignen sich besser für größere, manche besser für kleinere Kinder. Bei der EBst spielt das Ziel der Verselbständigung eine so wichtige Rolle, daß der Gesetzgeber es ausdrücklich in das Gesetz geschrieben hat. Das spricht dafür, Erziehungsbeistände vorrangig für Jugendliche zu bestellen.
Hinzu kommt, daß die Arbeit eines EBst eher eine partnerschaftliche Erziehungsarbeit ist, gleichgültig ob sie als Einzelfallhilfe oder als Gruppenarbeit geleistet wird. Ein 3jähriges Kind braucht mehr einen fürsorglichen Helfer, der emotionale Nähe geben kann. Es sieht daher so aus, als wenn für K eher Erziehungsberatung z. B. in Form von Spieltherapie oder Erziehung in einer Tagesgruppe in Betracht käme. Abschließend kann dies hier nicht beantwortet werden.
3.3.3 Ergebnis: Die Bestellung eines EBst für K kommt wohl nicht in Betracht.

Fall 25: Rechtsmittel gegen die Ablehnung der Bestellung eines Erziehungsbeistandes

1. Die Bestellung eines EBst gem. §§ 27, 30 KJHG und die Ablehnung der Bestellung sind VAe (vgl. § 31 S. 1 SGB X), die durch **Widerspruch** bei der erlassenden Behörde (§ 68 VwGO) und Klage beim VG angegriffen werden können. Im vorliegenden Fall der Ablehnung der Bestellung müßte nach dem Vorverfahren eine **Verpflichtungsklage** erhoben werden, da der Erlaß eines VA (Bestellung der EBst und nicht nur die Aufhebung der Ablehnung) begehrt wird (§ 113 IV VwGO). Antrags- bzw. klageberechtigt sind die PSB, nicht der SA des freien Trägers; denn er ist nicht in seinen Rechten betroffen. Darüber hinaus hat auch J gem. § 11 I Nr. 2 SGB X iVm §§ 36 I, 11 SGB I das Recht, Widerspruch einzulegen bzw. Klage zu erheben.

2. Widerspruch bzw. Klage werden Erfolg haben, wenn der erlassene VA **rechtswidrig** war und die PSB **Anspruch** auf Gewährung eines EBst haben.
2.1 Der ablehnende Bescheid ist ergangen, ohne daß die Betroffenen angehört wurden.
§§ 27, 30 KJHG, die sich mit der Hilfe zur Erziehung befassen, sagen nichts darüber aus, daß eine Anhörung stattfinden muß.
§ 24 I SGB X, der die Anhörungspflichten im Sozialverwaltungsverfahren beschreibt, nennt als Anzuhörende die Beteiligten, sofern in deren Rechte eingegriffen wird. Beteiligte sind gem. § 12 I SGB X u. a. die Antragsteller. Da gem. § 27 KJHG die Eltern den Anspruch stellen müssen und auch gestellt haben, hätten sie nach § 24 I SGB X angehört werden müssen, bevor ihr Antrag abgelehnt wurde[38]. Für die Anhörung MJ enthält das SGB X keine speziellen Bestimmungen, wohl aber das KJHG, § 8 I 1, der sich nach der Begründung des Gesetzes[39] an die Bestimmungen im Verfahren der freiwilligen Gerichtsbarkeit anlehnt (§§ 50b, 55c, 59, 64a

38 *Papenheim/Baltes*, Abschn. 38.3.15.
39 BT-Drucks. 11/3948, S. 51.

FGG). Dieser legt fest, daß Kinder und Jugendliche nicht nur anzuhören, sondern entsprechend ihrem Entwicklungsstand an allen sie betreffenden Entscheidungen der öffentlichen Jugendhilfe zu beteiligen sind. Der SA des JA hätte daher mit J ein eingehendes Gespräch führen müssen. Da dies und die Anhörung der Eltern unterblieben ist, müßte der VA aufgehoben werden.
2.2 Der PSB des J und dieser selbst begehren die Bestellung eines EBst. EBst ist Hilfe zur Erziehung, auf die der PSB einen einklagbaren Anspruch hat, wenn die gesetzlichen Voraussetzungen vorliegen. Hier hat der SA des freien Trägers festgestellt, daß die Voraussetzungen der §§ 27, 30 KJHG vorliegen. Darum muß ein EBst bestellt werden.

Fall 26: Erziehungsbeistandschaft, wenn nur ein Elternteil Hilfe zur Erziehung beantragt

Grundsätzlich haben Eltern, die nicht geschieden sind und keine besondere Sorgerechtsregelung veranlaßt haben (§ 1672 BGB), die e. S. gemeinsam.
Das bedeutet, daß im Normalfall beide Elternteile gemeinsam für das Kind als g. V. handeln müssen. Das KJHG benutzt den Begriff des g. V. gar nicht, sondern den des PSB, womit die Person gemeint ist, die im tatsächlichen und rechtlichen Bereich der PS zu handeln befugt ist. Dies sind idR die Eltern gemeinsam. § 7 I Nr. 5 KJHG bestimmt denn auch: »Im Sinne dieses Buches ist ... PSB, wem allein oder gemeinsam mit einer anderen Person nach den Vorschriften des BGB die PS zusteht.« § 27 KJHG spricht davon, daß »ein PSB« Anspruch auf Hilfe zur Erziehung hat. Das dürfte bedeuten, daß dann, wenn **der PSB** aus zwei Personen besteht, auch einer allein bereits Anspruch auf Hilfe hat. Wäre gemeint, daß nur beide gemeinsam den Anspruch besitzen, so hätte sprachlich formuliert werden müssen: »**Der PSB** hat Anspruch ...«.
Ob in einem Fall, wenn von zwei PSB nur einer einen Antrag stellt, diesem stattgegeben werden kann, ist dann keine Frage der Antragsbefugnis, sondern eine der Verhältnismäßigkeit der Hilfe. Wenn es auf die Mitwirkung beider Elternteile ankommt, wird – wenn nur einer die Hilfe will – diesem Antrag nicht stattgegeben werden können.
Im vorliegenden Fall leben die Eltern getrennt und der Vater entzieht sich allen Verpflichtungen. Hier würde der Bestellung eines EBst ohne seine Zustimmung nichts entgegenstehen.

X. Sozialpädagogische Familienhilfe

Fall 27: Versagen der Mutter bei Erziehung und Versorgung

Eine erzieherische Hilfe durch einen öffentlichen oder freien Träger der Jugendhilfe ist dann zu gewähren, wenn eine dem Wohl des Kindes/Jugendlichen entsprechende **Erziehung nicht gewährleistet ist**. Für diesen Fall gibt § 27 I KJHG einen **Anspruch auf Hilfe** und zwar die Hilfe, die für die Entwicklung des Kindes geeignet und notwendig ist.

1. Fehlende Gewährleistung einer angemessenen Erziehung

Der **12jährige Sohn** ist körperlich und geistig retardiert. Im schulischen Sektor wird diesen Defiziten durch den Besuch der Sonderschule begegnet. Im familiären Bereich geschieht nichts zur Beseitigung seiner Auffälligkeiten.
Die **11jährige Tochter**, die die Hauptschule besucht, zeigt im geistigen Bereich keine Auffälligkeiten. Jedoch schwänzt sie seit einiger Zeit die Schule. Dies könnte eine Ursache darin haben, daß sie ihre Umwelt aufmerksam machen will, in was für häuslichen Verhältnissen sie sich befindet. Ihr Verhalten wäre dann Ausdruck der Bitte um Hilfe.
Der **10jährige Sohn** zeigt in der Sprachentwicklung gravierende Abweichungen und wird im geistigen Bereich stark retardiert sein, da er bisher keine Schule besucht hat.
Der **9jährige Sohn** hat einen Gehirnschaden und den Entwicklungsstand eines 2jährigen.
Keines der Kinder wird in seiner individuellen und sozialen Entwicklung gefördert, wie § 1 III Nr. 1 KJHG es fordert. Dadurch sind sie anderen Kindern gegenüber benachteiligt. Sie sind überdies körperlich gefährdet, weil Frau A nicht imstande ist, sie ausreichend zu pflegen und zu ernähren. Sie erfüllen daher alle vier das Tatbestandsmerkmal der Nicht-Gewährleistung der Erziehung.

2. Notwendige und geeignete Hilfe

2.1 Unter dem Gesichtspunkt der **Notwendigkeit** ist zu prüfen, ob ein Milieuwechsel für die vier Kinder erforderlich ist oder ob sie in der Familie bleiben können.
Für ein Herausnehmen aus der Familie spricht, daß dann die Mutter einmal gesundheitlich gründlich behandelt werden und evtl. eine Kur machen könnte. Ferner spricht dafür, daß die Auffälligkeiten der Kinder in so unterschiedlichen Bereichen liegen, daß eine ambulante Hilfe viel Können, Zeit und Geduld aufbringen müßte.
Gegen eine Herausnahme spricht, daß die Kinder einerseits kaum gemeinsam außerhalb der Familie untergebracht weden können, andererseits aber aneinander zu hängen scheinen. Auch der Kontakt zu ihrer Oma ist sehr gut. Weiter spricht dagegen, daß die Distanz zu ihrer Mutter durch eine Trennung noch größer würde.
Bei **Abwägung** der Für und Wider spricht mehr für eine Belassung der Kinder in der Familie.
2.2 Fraglich ist nun, welche ambulante Hilfe **geeignet ist** und somit gewährt werden sollte. In Betracht kommen gem. §§ 28–32 KJHG:

- AeB,
- EB,
- SGA,
- Erziehungsbeistandschaft
- SpFH.

Die Hilfe, die bei dem vorliegenden Sachverhalt Erfolg versprechen soll, muß die Mutter sehr stark einbeziehen, und zwar vor allem auch in Dingen, die die Pflege der Kinder und die Versorgung des Haushalts betreffen.
Frau A ist bereit, an der Veränderung der Situation mitzuarbeiten, wenn sie dabei ausreichend unterstützt wird. Daß sie Hilfe annimmt, hat sie gezeigt, indem sie die Hilfe von ihrer Mutter und Nachbarn entgegengenommen hat. Sie wird jetzt bewei-

sen müssen, daß sie auch tatsächlich in der Lage ist, Hilfe nicht nur zu konsumieren, sondern selber an der Veränderung der Situation mitzuarbeiten.
Bei dieser Situation scheiden EB, EBst und SGA aus. Wichtig wird auch sein, daß derjenige, der die Hilfe leistet, möglichst oft und regelmäßig präsent ist, um Frau A anzuleiten und zu ermutigen. Dies wird ein SA/SP, der im Rahmen des ASD die Familie betreut, nicht leisten können.
Übrig bleibt daher nur die spFH als einzig geeignete Hilfe iSv § 27 KJHG. In § 31 KJHG wird die Handhabung dieser Hilfe vorgestellt und mitgeteilt, sie sei in der Regel auf längere Dauer angelegt.
Im übrigen plädiert die Praxis[40] in folgenden Konstellationen für den Einsatz von spFH:

- Familien mit Kindern in besonderen Krisen- und Konfliktsituationen;
- Erziehungsunfähigkeit von Familien, in denen Vernachlässigung vorliegt oder Verwahrlosung droht;
- überforderte Elternteile in kinderreichen Familien, z. B. bei schnell aufeinanderfolgenden Geburten;
- überforderte Elternteile in der Mehrkinderfamilie mit einem oder mehreren behinderten oder langfristig kranken Kindern;
- psychische Labilität eines Elternteils und dadurch Überforderung und Unfähigkeit beider Elternteile, die anfallenden Aufgaben und Probleme ohne fremde Hilfe zu bewältigen;
- längere, jedoch vorübergehende Abwesenheit eines Elternteils zur Unterstützung bei Wiedereingliederung in den Familienverbund;
- alleinstehender überforderter Elternteil mit mehreren Kindern;
- Kinder, die in Heimen oder Pflegefamilien sind und in die Ursprungsfamilie zurückgeführt werden können, wenn spFH geboten wird;
- Integrationshilfen bei der Eingliederung in ein neues Umfeld.

Vorliegend treffen für Frau A gleich mehrere Spiegelstriche zu, u. a. der 1.–5. und 7. Es sollte daher versucht werden, sie und damit die Kinder durch eine Familienhelferin zu unterstützen. Diese müßte Frau A bei der Erziehung der Kinder beraten und anleiten, sie im Umgang mit Behörden (Schule, JA, Ärzte) unterstützen und mit ihr Grundkenntnisse der Haushaltsführung einüben.
Daneben könnte Frau A u. a. folgende Leistungen der Sozialhilfe in Anspruch nehmen: vorbeugende Gesundheitshilfe (§ 27 I Nr. 3 BSHG), Krankenhilfe (Nr. 4), Hilfe zur Weiterführung des Haushalts (Nr. 10).

---

40 Vgl. hierzu u. a. die Konzeption der Diözesan-Caritasverbände in NW, Mitt. LJA W-L 73/1982, 28, die Empfehlungen des Deutschen Caritasverbandes, Caritas-Korrespondenz 1987, 4/6 f; die Empfehlungen der AG der kommunalen Spitzenverbände NW, Mitt. LJA WL 1988, 55 f. Vgl. auch 8. Jugendbericht Abschn. 6.6, S. 139/140.

Kapitel 4

Individuelle Leistungen der Jugendhilfe: Hilfe zur Erziehung außerhalb der eigenen Familie

XI. Annahme als Kind

Fall 28: Träger freier Jugendhilfe als Adoptionsvermittlungsstelle

1. Gem. § 2 I AdVermiG ist Adoptionsvermittlung (siehe AdVermiG) Aufgabe des JA und des LJA. Nach § 2 II AdVermiG sind ferner zur Adoptionsvermittlung berechtigt:

- die örtlichen und zentralen Stellen
  - o des Diakonischen Werks
  - o des Deutschen Caritasverbandes
  - o der Arbeiterwohlfahrt
- und die diesen Verbänden angeschlossenen Fachverbände (z.B. SkF)
- sowie sonstige Organisationen (z.B. früher Terre des Hommes), wenn die Stellen von der nach Landesrecht zuständigen Behörde als Adoptionsvermittlungsstellen anerkannt sind. Nach § 4 I AdVermiG ist die Anerkennung zu erteilen (= Rechtsanspruch), wenn der Nachweis erbracht wird, daß die Stelle die Voraussetzungen des § 3 AdVermiG erfüllt.

2. Gem. § 3 S. 2 AdVermiG müssen Adoptionsvermittlungsstellen mit mindestens einer hauptamtlichen Fachkraft besetzt sein, wobei nach S. 1 dieser Vorschrift Fachkräfte solche Personen sind, die aufgrund ihrer Ausbildung und ihrer beruflichen Erfahrung zur Adoptionsvermittlung geeignet sind. Obwohl das Gesetz dies nicht ausdrücklich ausspricht, besteht in der Literatur völlige Einmütigkeit, daß hiermit primär Sozialarbeiter und Sozialpädagogen gemeint sind.

3. Auf unseren Fall übertragen bedeutet dies folgendes: Der CV ist ein freier Träger iSd § 2 II AdVermiG, der zur Adoptionsvermittlung berechtigt ist, wenn die damit beauftragte Stelle von der zuständigen Behörde (in NW: MAGS) anerkannt ist. Dies wiederum setzt voraus, daß der CV eine hauptamtliche Fachkraft, also z.B. einen SA, für diese Aufgabe einstellt. Die Frage ist, ob ein zur Adoptionsvermittlung eingestellter SA sich nur hiermit beschäftigen oder nebenher auch noch Beratung gem. § 218b StGB betreiben dürfte. Für das JA sieht § 2 AdVermiG vor, daß es Adoptionsvermittlung nur durchführen darf, »wenn es eine Adoptionsvermittlungsstelle eingerichtet hat«. Aus dieser Formulierung wird gefolgert[1], daß das Gesetz der Ergänzung des Aufgabenkatalogs der Adoptionsvermittlungsstelle durch Zuweisung anderer sachverwandter Aufgaben nicht entgegenstehe, wenn dies im Einzelfall zweckmäßig erscheint. Es müsse nur sichergestellt sein, daß die

1 Vgl. *Tack*, ZblJugR 1977, 1/3.

Adoptionsvermittlung den eigentlichen Aufgabenschwerpunkt der Adoptionsvermittlungsstelle bilde.
Da das, was für JÄ gilt, auch für die freien Träger möglich sein muß, kann der zur Adoptionsvermittlung eingestellte SA außerdem im Hinblick auf § 218b StGB beraten.
In der Praxis kommt allerdings die Kombination Schwangerschaftskonfliktberatungsstelle/Adoptionsvermittlungsstelle kaum vor, da die Träger zu Recht befürchten, daß der Berater den Schwangeren gegenüber nicht mehr ganz unbefangen sein könnte.

Fall 29: Voraussetzungen, Wirkungen und Verfahren einer Annahme als Kind

1. Voraussetzungen der Annahme als Kind

1.1 Voraussetzungen, die die Belange des Kindes schützen

1.1.1 Die Annahme soll dem Wohl des Kinds dienen und zur Begründung eines Eltern-Kind-Verhältnisses führen, § 1741 I BGB. Hier soll insbesondere die Stabilität der Ehe, die Erziehungsfähigkeit der Bewerber und ein Eltern-Kind-gerechter Altersabstand überprüft werden. – Aus dem Sachverhalt läßt sich insoweit nichts Negatives feststellen. – Ferner muß das Kind eine angemessene Zeit in Adoptionspflege gewesen sein, § 1744 BGB. Das Wort »angemessen« deutet darauf hin, daß die Dauer sich nach den Bedürfnissen des Einzelfalles richten soll. Trotzdem geht die Praxis zuweilen ziemlich starr von einem Jahr aus.
1.1.2 Der Adoptionswillige muß zu dem Kreis derer gehören, die gem. § 1741 II–IV BGB annehmen dürfen. Das ist bei dem Ehepaar der Fall.
1.1.3 Die Annahme darf die Interessen des Kindes nicht gefährden, § 1745 BGB. – Hier wäre zu prüfen, ob die Tatsache, daß das Ehepaar Z ein behindertes Kind hat, für S nachteilig sein könnte. In der Regel wird dies nicht der Fall sein. Lediglich wenn die Eltern erhebliche Kräfte in das eigene Kind investieren müßten, könnte das Adoptivkind zu kurz kommen. Im vorliegenden Sachverhalt ist Derartiges nicht festzustellen.
1.1.4 Die Annehmenden müssen unbeschränkt geschäftsfähig sein, § 1743 IV BGB, und die in § 1743 I–II BGB gestellten Alterserfordernisse erfüllen. – Da Herr Z 26 und Frau Z 21 Jahre alt sind, bestehen keine Bedenken.
1.1.5 Gem. § 1746 BGB müssen das Kind und/oder sein g. V. in die Annahme einwilligen. – S ist noch keine 14 Jahre alt, deshalb ist nur sein g. V. zuständig. Da S das ne. Kind einer mj Mutter ist, ist das JA gem. §§ 1673 II, 1773, 1791c BGB AmtsVM und daher g. V. Falls das JA ohne triftigen Grund die Einwilligung verweigert, kann diese durch das VormG ersetzt werden, § 1746 III BGB, oder das JA kann als VM entlassen werden, §§ 1887 II BGB.

1.2 Voraussetzungen, die die Belange des Annehmenden schützen

1.2.1 Gem. § 1752 BGB äußert der Annehmende seinen Willen dadurch, daß er einen Antrag auf Annahme als Kind stellt. – Dies müßten Herr und Frau Z tun.
1.2.2 Gem. § 1745 BGB dürfen Interessen der Kinder des Annehmenden nicht beeinträchtigt werden. – Hier wären entsprechende Überlegungen wie unter 1.1.3 anzustellen.

1.3 Voraussetzungen, die die Belange der leiblichen Eltern schützen

1.3.1 Gem. § 1747 II 1 BGB muß die **Mutter** des ne. Kindes in die Adoption **einwilligen**. Dieses Recht ist Ausfluß des verfassungsrechtlich geschützten Elternrechts gem. Art. 6 GG. Es steht einem leiblichen Elternteil daher unabhängig davon zu, ob er Inhaber der e. S. ist. Gem. § 1750 III 2 BGB bedarf er bei beschränkter Geschäftsfähigkeit nicht einmal der Einwilligung seines g. V. Bei Geschäftsunfähigkeit oder wenn er aus sonstigen Gründen zur Abgabe einer Erklärung dauernd außerstande oder sein Aufenthalt dauernd unbekannt ist, ist seine Einwilligung gar nicht erforderlich, § 1747 IV BGB. Die Einwilligungserklärung kann rechtswirksam erst dann abgegeben werden, wenn das Kind acht Wochen alt ist, § 1747 III BGB. – Für unseren Fall bedeutet das, daß die X wenn S zwei Monate als ist, ohne Zustimmung ihrer Eltern eine Einwilligungserklärung abgeben kann.
1.3.2 Der **Vater** des ne. Kindes hat gem. § 1747 BGB kein Einwilligungsrecht in der Form, daß das Vorliegen seiner Zustimmung Adoptionsvoraussetzung wäre. Nach § 1747 II 2 BGB hat er lediglich ein Vorrecht vor dritten Adoptionsbewerbern (nicht der Mutter gegenüber), das sich durch Annahme oder Legitimation des Kindes realisieren läßt. Im übrigen kann er zum Schutz der Beteiligten eine **Verzichtserklärung** abgeben. Auch diese ist wiederum keine Adoptionsvoraussetzung, so daß das Kind auch dann rechtswirksam vermittelt werden kann, wenn keine Verzichtserklärung vorliegt. Umgekehrt braucht die Verzichtserklärung auch nicht vormundschaftsgerichtlich ersetzt zu werden, wenn der Vater sich weigert, sie abzugeben.
Alle diese Rechte (Vorrang des Vaters vor Dritten, Möglichkeit des Verzichts) hat ein Vater allerdings nur, wenn er **Vater im juristischen Sinn** ist, d. h. seine Vaterschaft aufgrund Anerkennung oder gerichtlicher Feststellung (§ 1600 a BGB) feststeht. Solange lediglich Klage erhoben ist, ist weder eine »Einmischung« von Seiten des »Vaters« zu befürchten, noch ist darauf hinzuwirken, daß er eine Verzichtserklärung abgibt.
Wenn der Vater – wie hier – **unter Betreuung** (§ 1896 BGB) steht, hat er (wenn er die Vaterschaft wirksam anerkannt hat) theoretisch die genannten Möglichkeiten ebenfalls. Im Normalfall führt nämlich die Betreuung nicht zur Einschränkung der Geschäftsfähigkeit, auch wenn der Betreuer die Position eines g. V. hat (§ 1902 I 1 BGB). Anderes gilt nur, wenn ein Einwilligungsvorbehalt gem. § 1903 I 1 BGB angeordnet worden ist. Dann steht der Betroffene punktuell einem beschränkt Geschäftsfähigen gleich (§ 1902 I 2 BGB). Allerdings kann für höchstpersönliche Rechtsgeschäfte kein Einwilligungsvorbehalt angeordnet werden (§ 1902 II Alt. 3 BGB). Sowohl die Kindesannahme selber als auch ein Verzicht auf sie sind solche höchstpersönlichen Rechte (für den Verzicht zu folgern aus § 1750 III 2 BGB). Sollte der Vater selber adoptieren wollen, so würde dies zwar nicht an § 1743 IV BGB scheitern, wohl aber daran, daß eine solche Kindesannahme in den seltensten Fällen dem Kindeswohl dienen wird (§ 1741 I BGB).
Eine andere Frage ist, ob das JA als g. V. des Kindes verpflichtet ist, dafür Sorge zu tragen, daß die wahren Abstammungsverhältnisse geklärt werden, und ob eine Annahme erst dann rechtswirksam ausgesprochen werden kann, wenn die **Abstammung feststeht**. Sicher ist, daß die Tatsache, daß die Vaterschaft ungeklärt ist, einer Adoption von Gesetzes wegen nicht entgegensteht. Folglich kann auch eine Klageerhebung ein eingeleitetes Adoptionsverfahren nicht beeinträchtigen. Andererseits hat das ne. Kind ein Recht darauf, seine blutsmäßige Abstammung festgestellt zu

sehen. Diesem Recht kann allerdings § 1758 II BGB entgegenstehen. Von dem Zeitpunkt an, wo die leibliche Mutter eine Einwilligungserklärung abgegeben hat, dürfen nämlich Tatsachen, die geeignet sind, die Annahme aufzudecken – dazu gehört auch die Vaterschaftsfeststellung – nur mit Zustimmung des Annehmenden und des Kindes (vertreten durch seinen g. V.) offenbart und ausgeforscht werden. In diesem möglichen Konflikt sollte das JA zwar einerseits den Wunsch der Adoptiveltern nach Konsolidierung der Verhältnisse des Kindes akzeptieren, andererseits aber versuchen, bei den Eltern Verständnis dafür zu wecken, daß die Abstammung geklärt werden sollte, weil das Kind eines Tages mit Sicherheit danach fragen wird. Übertragen auf unseren Fall bedeutet dies:
Da Y im juristischen Sinne noch nicht Vater von S ist, braucht das JA ihn nicht gem. § 51 III KJHG über seine Rechte aus § 1747 II 2, 3 BGB zu belehren. Weil Y seine Vaterschaft leugnet, ist auch nicht davon auszugehen, daß er Interesse daran haben wird, seine potentiellen Rechte auszuüben. Deshalb wird es unschädlich sein, S bereits in Adoptionspflege (§ 1744 BGB) zu geben. Dennoch sollte das JA als AmtsVM sich weiterhin um die Feststellung der Vaterschaft bemühen. Indes ist sie nicht Voraussetzung für das wirksame Zustandekommen einer Annahme von S durch Ehepaar Z.

2. Wirkungen der Annahme als Kind

2.1 Die Rechtsbeziehungen von S zu seiner leiblichen Mutter erlöschen, § 1755 BGB. Rest-Rechtsbeziehungen bleiben erhalten in § 11 I Nr. 1 StGB, § 4 I 2 EheG, § 1755 I 2 BGB, § 383 I Nr. 3 ZPO, § 52 I Nr. 2 StPO.
2.2 S wird voll in die Familie Z eingegliedert, § 1754 BGB. In der Regel erwirbt er als Geburtsnamen den Familiennahmen des Annehmenden, § 1757 I 1 BGB. Ausnahmen sind in Abs. 2 genannt.
2.3 Durch die Annahme als Kind ist eine Beziehung hergestellt worden, die der der leiblichen Eltern-Kind-Beziehung entspricht. Deshalb kann die Adoption auch nur in Ausnahmefällen, die in §§ 1759–1963 BGB abschließend aufgezählt sind, aufgehoben werden.

3. Verfahren der Adoptionsvermittlung und Annahmeverfahren

3.1 Die Eltern Z müssen sich, wenn sie S als Kind annehmen wollen, an eine **Adoptionsvermittlungsstelle** iSd § 2 AdVermiG wenden. Diese werden dann zur Vorbereitung der Vermittlung unverzüglich die sachdienlichen Ermittlungen bei den Adoptionsbewerbern, bei dem Kind und seiner Familie durchführen, § 7 I 1 AdVermiG. Dabei wird insbesondere zu prüfen sein, ob die Adoptionsbewerber unter Berücksichtigung der Persönlichkeit des Kindes und seiner Bedürfnisse für die Annahme des Kindes geeignet sind, § 7 I 2 AdVermiG.
3.2 Sind die Ermittlungen abgeschlossen, und sind die Voraussetzungen des § 7 I 2 AdVermiG gegeben, so hat die Adoptionsvermittlungsstelle dafür zu sorgen, daß die Beteiligten die erforderlichen **Einwilligungserklärungen** abgeben: die Mutter X gem. § 1747 II 1 BGB und das JA gem. § 1746 I BGB. Diese bedürfen der notariellen Beurkundung, § 1750 I 2 BGB, sind bedingungs- und befristungsfeindlich und unwiderruflich, § 1750 II BGB. Vertretung ist unzulässig, § 1750 III 1 BGB. Die Erklärungen werden wirksam, wenn sie dem VormG zugehen, § 1750 I 3 BGB.
3.3 Sind die Ermittlungen positiv abgeschlossen und Einwilligungen vorhanden, so

hat das JA den Adoptionsbewerbern die **Pflegeerlaubnis** zu erteilen, § 8 AdVermiG iVm § 44 KJHG. Hiernach kann das Kind in Adoptionspflege gegeben werden, § 8 AdVermiG iVm § 1744 BGB. – Während der Durchführung der Ermittlungen und während der Adoptionspflege haben die Annehmenden einen Rechtsanspruch auf Beratung und Unterstützung, § 9 AdVermiG.
3.4 Haben die Annehmenden das Kind eine angemessene Zeit in Pflege gehabt, § 1744 BGB, so können sie einen **Antrag beim VormG** an ihrem Wohnsitz (§ 43b I FGG) stellen. Der Antrag muß notariell beurkundet sein, § 1752 I BGB, ist bedingungs- und befristungsfeindlich, kann nicht durch einen Vertreter gestellt werden, § 1752 II 1 BGB, ist aber widerruflich bis zum Ausspruch der Annahme, vgl. § 1750 IV 1 BGB.
Die übrigen Einwilligungserklärungen müssen dem Antrag beigefügt sein, § 1750 I 1 BGB, sofern sie dem Gericht nicht schon vorher zugegangen sind.
3.5 Das Gericht hat nun gem. § 56d FGG eine **gutachtliche Äußerung** der mit der Angelegenheit befaßten Adoptionsvermittlungsstelle einzuholen. War keine Adoptionsvermittlungsstelle eingeschaltet, hat sich gem. § 49 I Nr. 1m) FGG das JA – in der Regel der ASD – dazu zu äußern. Die Stellungnahme soll darüber Auskunft geben, ob das Kind und die Familie zur Annahme geignet sind.[2] – Das Gericht muß ein **Kind** über 14 Jahren gem. §§ 55c, 50b II FGG **hören**. Auch ein Kind unter 14 Jahren hat es in der Regel anzuhören, §§ 55c, 50b I FGG. Im übrigen kann es weitere Ermittlungen nach pflichtgemäßem Ermessen vornehmen, § 12 FGG.
3.6 Sind die materiellen und formellen Voraussetzungen für die Annahme als Kind festgestellt, so spricht das VormG die **Annahme durch Beschluß** aus, § 56e FGG. Der Beschluß wird mit Zustellung der Annehmenden wirksam und ist unanfechtbar, § 56e S. 2, 3 FGG. Ein ablehnender Beschluß kann gem. § 20 II FGG vom Antragsteller mit der einfachen Beschwerde angefochten werden.

Fall 30: Weigerung der Mutter, ihr Kind abzugeben

1. Das LJA wird die **zentrale Adoptionsstelle** des LJA einschalten, die – neben sonstigen Aufgaben – nach § 12 AdVermiG dafür zuständig ist, zu überprüfen, für welche Kinder in den Heimen ihres Bereiches die Annahme als Kind in Betracht kommt. Die zentrale Adoptionsstelle wird die zuständige Adoptionsvermittlungsstelle in Kenntnis setzen, die dann ihre Tätigkeit gem. § 7 I AdVermiG aufnehmen kann.

2. Hält diese den K für geeignet für eine Annahme und hat sie eine passende Adoptivfamilie für ihn, wird sie prüfen, ob die **Einwilligung** der Frau L durch das VormG gem. § 1748 BGB **ersetzt** werden kann. Dies ist in vier Fällen zulässig, nämlich bei

- anhaltend gröblicher Pflichtverletzung oder
- Gleichgültigkeit und jeweils
  wenn das Unterbleiben der Adoption dem Kind zu unverhältnismäßigem Nachteil gereichen würde; oder
- schwerer Pflichtverletzung und
  wenn das Kind voraussichtlich dauernd nicht mehr der Obhut des Elternteils anvertraut werden kann; oder

---
2 Zum Inhalt einer gutachtlichen Stellungnahme s. o. Teil 1, Frage (98).

– bei dauernder Unfähigkeit zur Pflege und Erziehung wegen besonders schwerer geistiger Gebrechen und
wenn das Kind ohne Annahme nicht in einer Familie aufwachsen könnte und dadurch in seiner Entwicklung schwer gefährdet wäre.

Im vorliegenden Fall kommt Gleichgültigkeit in Betracht. Ist die Adoptionsvermittlungsstelle der Überzeugung, daß diese vorliegt, wird sie Frau L einladen und sie gem. § 51 I 1, 2 KJHG darüber belehren, daß ihre fehlende Einwilligung in die Annahme ihres Sohnes vom Gericht ersetzt werden kann, wenn sie ihr Verhalten nicht innerhalb der nächsten drei Monate ändert. Sie wird ferner gem. § 51 II KJHG darüber beraten, welche Möglichkeiten es gibt, daß sie I selber versorgen oder in eine Pflegestelle geben kann.

3. Sind die drei Monate abgelaufen und hat Frau L weder ihr Verhalten geändert noch von den angebotenen Hilfen Gebrauch gemacht, wird das Kind, vertreten durch seinen g. V. (gem. § 1706 Nr. 1 BGB ist dies das JA), **beim VormG** den **Antrag** stellen, daß die Einwilligung seiner Mutter in die Annahme ersetzt wird.[3] Diesem Antrag wird der Richter, wenn das Vorliegen der Tatbestandsmerkmale des § 1748 II BGB sowie § 51 KJHG nachgewiesen ist, durch Beschluß stattgeben.

Fall 31: Rechtsfolgen der Einwilligungserklärung der leiblichen Eltern und der Inobhutnahme des Kindes durch Adoptiveltern

1. Elterliche Sorge

Gem. § 1751 I 1 HS. 1 BGB ruht mit der Einwilligung eines Elternteils in die Annahme seine e. S. Eine gerichtlich ersetzte Einwilligung ist auch eine Einwilligung; daher gilt die zitierte Bestimmung auch für den vorliegenden Fall: die e. S. von Frau L ruht. Gem. § 1751 I 2 HS. 1 BGB wird das JA VM. Dies würde nur dann nicht gelten, wenn I bereits vorher einen VM erhalten hätte oder der andere Elternteil die e. S. (noch) alleine ausübt.

2. Umgangsrecht

Ab dem Zeitpunkt der rechtskräftigen Ersetzung der Einwilligung darf Frau L die Befugnis, mit dem Kind persönlichen Umgang zu pflegen, nicht mehr ausüben, § 1751 I 1 HS. 2 BGB. Dies bedurfte einer ausdrücklichen Regelung im Gesetz, weil idR ein Elternteil, dem die e. S. nicht zusteht, ein Umgangsrecht behält, § 1634 I BGB.

3. Unterhalt

Sobald die Eltern des Kindes die erforderliche Einwilligung erteilt haben und das Kind in die Obhut des Annehmenden mit dem Ziel der Annahme aufgenommen ist, sind die Annehmenden dem Kind vor den Verwandten des Kindes unterhaltspflichtig, § 1751 IV 1 BGB. Im vorliegenden Fall ist zu klären, wann die **Inobhutnahme**

3 Dieses Verfahren kann als sog. Zwischenverfahren im Rahmen des Verfahrens nach § 1752 BGB oder auch vorab durchgeführt werden. Vgl. OLG Celle v. 4. 4. 1978, ZfF 1978, 159.

erfolgt ist. Nach dem Entwurf des Rechtsausschusses[4], der dem nunmehr geltenden § 1751 BGB entspricht, liegt ein Inobhutnehmen dann vor, wenn die Annehmenden die Verantwortung für das Kind übernehmen. Dies ist nicht schon dann der Fall, wenn die Pflegeerlaubnis erteilt wird. Meistens wird es aber dann vorliegen, wenn das Kind in den Haushalt des Annehmenden aufgenommen wird. Es kann aber auch schon vorhanden sein, wenn das Kind zunächst noch im Heim bleibt oder in ein Krankenhaus kommt, weil es behandelt werden muß, die Annehmenden aber trotzdem schon regelmäßig Kontakt zu dem Kind haben.
Im vorliegenden Fall sollte I am 09. März zu den As kommen. An diesem Termin hätte, wenn alles wie geplant geklappt hätte, eine Inobhutnahme vorgelegen. Der Krankenhausaufenthalt von drei Wochen liegt größtenteils nach dem 9. März. Für diesen Teil des Krankenhausaufenthaltes wird man – trotz auswärtiger Unterbringung – von einer Inobhutnahme ausgehen können. Da I aber offenbar nur aus pädagogischen Gründen (am Wochenende bekommen auch Kinder im Heim Besuch oder werden abgeholt; die Annehmenden haben mehr Zeit als in der Woche) bis zum 9. März im Heim bleiben sollte, ist anzunehmen, daß sich seine Adoptiveltern bereits ab Einlieferung ins Krankenhaus intensiv um ihn gekümmert haben. Der Termin der Inobhutnahme ist daher der 5. März. Ab diesem Tag sind die künftigen Annehmenden unterhaltspflichtig.
Exkurs: In der Regel hat ein Kind, auch wenn es ne. ist, zwei Unterhaltspflichtige: Mutter und Vater. Der ne. Vater braucht keine Einwilligungserklärung gem. § 1747 II 1 BGB abzugeben. Deswegen erhebt sich die Frage, wann seine Unterhaltspflicht erlischt. § 1751 IV 1 BGB stellt eindeutig auf Abgabe der **Einwilligung** ab und nicht auch auf eine Verzichtserklärung (§ 1747 II 3, 4 BGB) des ne. Vaters. Deshalb besteht seine Unterhaltspflicht rechtlich fort, auch wenn er auf das Kind verzichtet hat. Die Praxis allerdings versucht, solchen kooperationsbereiten Vätern entgegenzukommen, indem sie sie nach Möglichkeit vor Rückgriffansprüchen verschont.

4. Kindergeld

Hierzu kann das BGB keine Regelung enthalten, da es sich bei Ansprüchen auf Kindergeld um Ansprüche gegen einen öffentlichen Leistungsträger handelt.
Das BKGG bestimmt, was ein Kind iSd Gesetzes ist und wer Anspruchsberechtigter ist.
Kinder, die sich in Adoptionspflege befinden, sind Pflegekinder. Nach § 2 I 1 Nr. 2 BKGG werden Pflegekinder (Personen, mit denen der Berechtigte durch ein familienähnliches, auf längere Dauer berechnetes Band verbunden ist, sofern er sie in seinen Haushalt aufgenommen hat und ein Obhuts- und Pflegeverhältnis zwischen diesen Personen und ihren Eltern nicht mehr besteht) berücksichtigt. (Umgekehrt stellt § 2 I 3 BKGG klar, daß ein Kind, das mit dem Ziel der Annahme als Kind in die Obhut des Annehmenden aufgenommen ist und für das die zur Annahme erforderliche Einwilligung der Eltern erteilt ist, bei den leiblichen Eltern nicht berücksichtigt wird.)
Nach § 3 I BKGG kann für jedes Kind nur einmal Kindergeld gewährt werden. Erfüllen mehrere Personen die Anspruchsvoraussetzungen, so regelt § 3 II BKGG

4 BT-Drucks. 7/5087 zu § 1751 IV BGB, Abschnitt 6.

die Rangfolge. Gem. Nr. 1 gehen Pflegeeltern den leiblichen Eltern vor. Somit sind jetzt die Eltern A anspruchsberechtigt.
Zu prüfen bleibt noch, ab wann die Eltern A Kindergeld beziehen können. Aus § 3 BKGG läßt sich der Grundsatz entnehmen, daß in jedem Fall nur einmal Kindergeld gezahlt werden darf. Wenn in einem Monat verschiedene Personen die Voraussetzung zur Inanspruchnahme von Kindergeld erfüllen, zahlt die Praxis das Geld für den ganzen Monat demjenigen, der die Voraussetzungen zuerst erfüllt hat.

5. *Krankenversicherung*

In der Regel ist das Pflegekind über die leiblichen Eltern, notfalls über das JA krankenversichert.[5]
Diese Regelung kann für das Adoptivpflegekind nicht gelten. Denn dadurch, daß das Gesetz die künftigen Adoptiveltern schon in der Adoptionspflegezeit unterhaltspflichtig macht, bringt es zum Ausdruck, daß das Pflegekind schon weitestgehend seinen künftigen Adoptiveltern zugeordnet werden soll. Deswegen bestimmt § 10 IV 2 SGB V, daß Kinder, die mit dem Ziel der Annahme als Kind in die Obhut des Annehmenden aufgenommen sind und für die die zur Annahme erforderliche Einwilligung der Eltern erteilt ist, als Kinder des Annehmenden gelten und daher bei diesen mitversichert sind.
Bei Neugeborenen, die gleich nach dem Krankenhausaufenthalt in ihre künftige Familie gegeben werden, nehmen die Kassen das Kind im allgemeinen sogar auf freiwilliger Basis auf. Im vorliegenden Fall wird man daher davon ausgehen können, daß I spätestens ab dem 1. April bei seinen Adoptiveltern mitversichert ist, aufgrund möglicher Absprachen evtl. sogar früher.

6. *Steuerliche Entlastung*

In Betracht könnte kommen eine Absetzung der entsprechenden Kosten als außergewöhnliche Belastung iSd § 33 EStG. Dieser lautet:
»(1) Erwachsen einem Steuerpflichtigen zwangsläufig größere Aufwendungen als der überwiegenden Mehrzahl der Steuerpflichtigen gleicher Einkommensverhältnisse und gleichen Familienstands (außergewöhnliche Belastungen), so wird auf Antrag die Einkommensteuer dadurch ermäßigt, daß der Teil der Aufwendungen, der die dem Steuerpflichtigen zumutbare Belastung übersteigt, vom Gesamtbetrag der Einkünfte abgezogen wird.
(2) Aufwendungen erwachsen dem Steuerpflichtigen zwangsläufig, wenn er sich ihnen aus rechtlichen, tatsächlichen oder sittlichen Gründen nicht entziehen kann und soweit die Aufwendungen den Umständen nach notwendig sind und einen angemessenen Betrag nicht übersteigen . . .«
Der springende Punkt im vorliegenden Fall ist die Frage, ob es sich bei den Kosten um Aufwendungen handelt, die dem Steuerpflichtigen zwangsläufig entstanden sind, weil er sich ihnen aus sittlichen Gründen nicht entziehen konnte.
Zu dieser Frage gibt es eine Reihe untergerichtlicher Urteile, die sich alle – soweit ersichtlich – mit den Kosten der Adoption von Kindern aus der Dritten Welt beschäftigen. Hierzu vertritt das FinG Berlin[6] die Meinung, daß es sich um außerge-

5 S. dazu u. Fall 36.
6 V. 4. 2. 1975, EFG 1975, 310 und v. 3. 1. 1980, EFG 1980, 237.

wöhnliche Belastungen handele. Das FinG Köln[7] sowie die OFD Köln[8] sind der Ansicht, daß die Reisekosten des Kindes zu berücksichtigen seien, nicht jedoch die von Begleitpersonen. Die Mehrheit der Gerichte schließlich steht auf dem Standpunkt, daß es sich unter keinem Gesichtspunkt um außergewöhnliche Belastungen handele[9]. Dieser Meinung hat sich der BFH[10] angeschlossen.

Fall 32: Die Freiheit freier Träger

1. Wenn einem freien Träger Kinder zur Vermittlung angeboten werden, darf er sie – wenn er nicht **anerkannte Adoptionsvermittlungsstelle** iSd §§ 2 II, 4 AdVermiG ist[11] – nicht vermitteln. Tut er es trotzdem, handelt er gem. §§ 5 I, 14 AdVermiG ordnungswidrig und kann mit einem Bußgeld bis zu 10000,– DM belegt werden. Wäre der SkF e. V. dagegen anerkannte Adoptionsvermittlungsstelle, könnte er in eigener Regie Eltern für das Kind suchen.

2. Ein Kind, dessen Annahme gerichtlich ausgesprochen werden soll, muß sich eine angemessene Zeit in **Adoptionspflege** befunden haben, § 1744 BGB. Für die Aufnahme des Kindes benötigten die künftigen Adoptiveltern früher eine **Pflegeerlaubnis,** § 8 AdVermiG iVm § 44 I 1 KJHG a. F., weil die Adoptionspflege nicht als Aufnahme im Rahmen von Hilfe zur Erziehung (Abs. 1 S. 2 Nr. 1) galt. Seit Inkrafttreten der Novelle entfällt die Pflegeerlaubnis für alle Adoptivpflegekinder, gleichgültig, ob die Adoptionsvermittlung durch die AdVermSt eines JA oder eines freien Trägers erfolgt ist.

3. Bevor der VormR eine Annahme als Kind ausspricht, ist er verpflichtet, gem. § 56d FGG die betroffene Adoptionsvermittlungsstelle bzw. gem. § 49 I Nr. 1m FGG das zuständige JA **anzuhören**[12]. Die anerkannte Adoptionsvermittlungsstelle eines freien Trägers kann die Aufgabe der Abgabe einer gutachtlichen Stellungnahme eigenverantwortlich wahrnehmen, § 2 II AdVermiG.

4. Wenn leibliche Eltern die Einwilligungserklärung in die Adoption ihres Kindes abgegeben haben, § 1747 BGB, oder wenn ihre Einwilligung durch den Richter ersetzt worden ist, § 1748 BGB, **ruht** gem. § 1751 I 1 BGB **ihre e.S.,** gem. 1751 I 2 BGB wird das JA AmtsVM. Fraglich ist nun, ob das **JA als AmtsVM abgelöst** werden kann oder ob sogar eine vorzeitige Bestellung eines VM den Eintritt der Amtsvormundschaft verhindern kann. Im Hinblick auf einen freier Träger, der als Adoptionsvermittlungsstelle tätig ist, könnte großes Interesse daran bestehen, für das künftige Adoptivkind auch als VM tätig werden zu dürfen.
An sich könnten freie Träger der Jugenhilfe auch Vormundschaften führen. Voraussetzung dafür ist gem. § 1791a BGB:

---

7 V. 4. 4. 1984 – IK 70/83 – n. r.
8 Erlaß v. 16. 12. 1982 – S 2284 – 13 – St 121.
9 So zuletzt Hess. FinG v. 11. 3. 1982, 520; FinG Berlin v. 22. 3. 1983, EFG 1984, 71; FinG Köln v. 28. 2. 1985, EFG 1985, 503; Hess. FinG v. 22. 3. 1985, EFG 1985, 559.
10 V. 5. 1. 1990 – AZ III B 53/89.
11 S. o. Fall 28.
12 Vgl. hierzu o. Frage (109).

- Der Träger muß ein e.V. sein, §§ 21ff BGB.
- Er muß vom LJA für hierfür geeignet erklärt worden sein, § 54 KJHG.

Ob nun ein hiernach berechtigter Träger auch Vormundschaften im Rahmen des § 1751 BGB übernehmen darf, ist bisher umstritten. Soweit ersichtlich, wird in Praxis und Literatur dabei überhaupt nur die Frage diskutiert, ob das JA als AmtsVM **abgelöst**, nicht dagegen ob es von vornherein **ausgeschaltet** werden kann[13].
U.E. muß eine **Ablösung** möglich sein, weil das Gesetz dies in anderen Fällen der Amtsvormundschaft/-pflegschaft, in denen die Interessenlage mit der hier vorliegenden durchaus vergleichbar ist, auch zuläßt. Ob auch eine **Verhinderung des Eintritts** der Amtsvormundschaft rechtlich möglich ist, scheint dagegen unsicher. Außer wenn bereits vorher eine Vormundschaft besteht, kann sonst eine Vormundbestellung »mit aufschiebender Wirkung« nur im Hinblick auf eine bevorstehende Geburt (vgl. § 1791c I 1 HS. 2, § 1709 S. 2 BGB) vorgenommen werden. Für den Fall eines Ehelichkeitsanfechtungsurteils dagegen (§ 1791c II 2 BGB, 1709 S. 3 BGB) ist sie nicht vorgesehen. Somit ist es zulässig, daß der freie Träger das JA im Rahmen des § 1751 I 2 BGB ablöst. Dagegen besteht keine Möglichkeit, den Eintritt der Amtsvormundschaft zu verhindern.

5. Der SA sollte daher dem Vormund des e.V. folgende Auskunft geben: Das Gesetz sieht in verschiedenen Bereichen die Möglichkeit vor, den Handlungsspielraum der freien Träger zu erweitern. Um im Rahmen der Adoptionsvermittlung zu größtmöglicher Freiheit zu kommen, sollte der SkF e.V. folgendes anstreben:

- Seine Anerkennung als Adoptionsvermittlungsstelle gem. §§ 2 II AdVermiG.
- Seine Eignungserklärung für die Führung von Vereinsvormundschaften gem. § 54 KJHG.

XII. Vollzeitpflege

Fall 33: Pflegekind im Sinne des KJHG

Vorbemerkung: Der Begriff Pflegekind kommt im KJHG – im Unterschied zu anderen Gesetzen – überhaupt nicht vor. § 23 KJHG spricht von Tagespflege, § 32 von Familienpflege, § 33 von Vollzeitpflege. Alle diese Begriffe werden als bekannt vorausgesetzt. Auch **§ 44 KJHG** definiert nur die **Pflegeperson**. Allerdings kann man daraus folgern, was ein Pflegekind ist, nämlich: Ein Minderjähriger, dem außerhalb seines Elternhauses in einer Familie regelmäßig Betreuung oder Unterkunft gewährt wird. Für ein solches Kind benötigt die Pflegeperson normalerweise eine Pflegeerlaubnis (Erlaubnisvorbehalt). In den Ausnahmefällen, die in den Sätzen 2 und 3 aufgezählt werden, braucht die Pflegeperson keine Pflegeerlaubnis. Trotzdem handelt es sich um eine Pflegeperson und somit um ein Pflegekind. Auch in diesen Fällen hat die Pflegeperson Anspruch auf Beratung und Unterstützung (§ 37 II KJHG).
Definiert ist das **Pflegekind** in **§ 56 II Nr. 2 SGB I**. Diese Definition entspricht der in SGB V (§ 10 IV 2), im BKGG (§ 2 I Nr. 2 – s.o. Fall 31 Punkt 4), im WoGG (§ 4 I Nr. 7 iVm WoGVwV Abschn. 4.12) und im Steuerrecht (§ 32 I EStG iVm EStR

---

13 Vgl. zu den Meinungen *Oberloskamp*, Wie adoptiere ich . . ., S. 125.

Abschn. 177). Dieser Begriff ist enger als der des KJHG, weil es primär um finanzielle Zuwendungen bzw. Vergünstigungen geht. Dieser Gesichtspunkt ist im KJHG nachrangig. Hier steht vielmehr die pädagogische Hilfe und ihre Gewährleistung im Vordergrund, das Pflegegeld ist nur eine Annex-Leistung. Wegen des weiten Pflegekindbegriffs wäre es **nicht** sinnvoll, nach dem **Pflegekind iSd KJHG** zu fragen. Die Fragestellung ist einzuengen auf die Notwendigkeit der **Erteilung einer Pflegeerlaubnis**.

1. Es fehlt nicht nur an der Regelmäßigkeit iSd Abs. 1, sondern ist auch erlaubnisfrei, weil es sich um eine Tagespflege handelt (Abs. 1 S. 2 Nr. 6).

2. Verwandte 2. Grades: Keine Erlaubnis (§ 44 I S. 2 Nr. 3 KJHG).

3. Regelmäßig für einen Teil des Tages untergebracht: Keine Erlaubnis (§ 44 S. 3 Nr. 2 KJHG). Anderes würde nur gelten, wenn im selben Haushalt schon mehr als zwei weitere Kinder in Tagespflege oder über Tag und Nacht betreut würden.

4. 17 Jahre, bei Arbeitgeber: Erlaubnis. Weder § 44 KJHG noch das AG-KJHG NW sehen Altersbegrenzungen oder Sonderkonditionen für Arbeitgeber vor.

5. Verwandte 5. Grades: Erlaubnis (§ 44 I S. 2 Nr. 3 KJHG a. e. c.).

6. a) Tagespflege: keine Erlaubnis (Abs. 1 S. 2 Nr. 6); b) Wochenpflege: VM = PSB: keine Erlaubnis (Abs. 1 S. 2 Nr. 2).

7. Große Ferien = weniger als acht Wochen: Keine Erlaubnis (§ 44 I S. 2 Nr. 4 KJHG). Die Kostenerstattung ist bedeutungslos. Selbst wenn die Gasteltern dafür ein Honorar bekämen und regelmäßig in den Ferien Pflegekinder aufnähmen (= gewerbsmäßig), würde dies keine Rolle spielen. Im übrigen gilt gem. § 43 KJHG, daß das JA berechtigt ist, trotz fehlender Pflegekindeigenschaft die Inpflegegabe oder das Verbleiben von MJn zu untersagen bzw. diese bei Gefahr in Verzug zu entfernen und anderweitig unterzubringen.

8. a) Nicht Familienpflege, sondern Schülerheim iSv § 45 I 2 Nr. 2 KJHG. Dieses ist nicht erlaubnispflichtig, wenn es landesrechtlicher Schulaufsicht untersteht.
b) Da die Familie regelmäßig Unterkunft bietet: Pflegekind (§ 44 I 1 KJHG).

9. Im Rahmen des § 44 I 1 KJHG ist fraglich, ob sich das Baby »außerhalb des Elternhauses« in einer Familie befindet. Es lebt bei seiner 15jährigen Mutter, die aufgrund ihres Alters nur die tatsächliche Personensorge nebem dem VM = JA hat, §§ 1791 c, 1673 II 2 HS. 1 BGB. Sie besitzt zwar für sich und den Säugling ein eigenes Zimmer, jedoch führt sie weder einen eigenen Haushalt, noch verfügt sie über eigenen Hausstand. In einem solchen Fall kann nicht von einem »Elternhaus« gesprochen werden, in dem sich das Baby befindet. Vielmehr ist es – ebenso wie seine 15jährige Mutter – sowohl hinsichtlich Versorgung als auch hinsichtlich Erziehung den Pflegeeltern zugeordnet. Wenn aber die bloße Anwesenheit der Mutter, ohne daß diese in überwiegend eigener Zuständigkeit für das Kind sorgt, keine Unterbringung »im Elternhaus« bedeutet, dann befindet sich das Baby in der Pflegestelle außerhalb des Elternhauses[14]. (Eine Ausnahme gem. § 44 I S. 2 Nr. 3 KJHG

---

14 *Jans/Happe*, § 27 Anm. 4 Nr. 5.

liegt nicht vor, da nicht die Pflegekindeigenschaft im Hinblick auf seine ne. Mutter, sondern die in Bezug auf die Pflegeeltern zu prüfen ist.)
Ergebnis: Das JA muß für Mutter und Kind eine Pflegeerlaubnis erteilen. Diese Konsequenz erscheint gerechtfertigt; denn es kann bezüglich der Notwendigkeit staatlichen Schutzes keinen Unterschied machen, ob der AmtsVM das Baby bei der Pflegefamilie seiner 15jährigen Mutter beläßt oder er es bei einer anderen Pflegestelle unterbringt. Anders wäre es nur, wenn die mj Mutter bei ihren eigenen Eltern lebte.

10. K ist Pflegekind gem. § 44 I 1 KJHG, wenn nicht die Ausnahme des § 44 I 2 Nr. 1 KJHG eingreift. Hiernach bedarf keiner Erlaubnis, wer eine MJ »im Rahmen von Hilfe zur Erziehung aufgrund einer **Vermittlung durch das JA** (Hervorhebung durch Verf.) betreut oder ihm Unterkunft gewährt«. Im vorliegenden Fall erfolgt die Vermittlung durch den SkF im Rahmen des § 33 KJHG. Also scheint die Ausnahme nicht vorzuliegen. Dieses Ergebnis ist jedoch deswegen unbefriedigend, weil der Grund für die Einführung dieser Regelung darin bestand, sinnlose Mehrfachprüfungen überflüssig zu machen. Daß die Ausnahmebestimmung gleichwohl die Vermittlung nur durch das JA voraussetzt, hat seinen Grund darin, daß das JA – trotz der Möglichkeit der freien Träger, Leistungen (§ 2 II KJHG) der Jugendhilfe zu erbringen (§ 3 II 1 KJHG) – die Gesamtverantwortung für die Jugendhilfe trägt (§ 79 KJHG) und auch bei einer Beteiligung freier Träger letztverantwortlich bleibt (§ 76 II KJHG). Dies schließt aber nicht aus, freie Träger weitgehend selbständig die Aufgabe der Jugendhilfe wahrnehmen zu lassen, sofern in fachlicher Hinsicht keine Bedenken hiergegen bestehen. Im vorliegenden Sachverhalt wäre das der Fall, wenn der SkF und das JA auf der Basis des § 4 II KJHG eine Vereinbarung des Inhalts getroffen hätten, daß nur der SkF im JA-Bezirk Pflegestellenvermittlung betreibt und das JA sich in diesem Bereich allenfalls betätigt, wenn Leistungsberechtigte dies ausdrücklich gem. § 5 KJHG vom JA verlangen, weil sie nicht mit einem konfessionellen oder einem katholischen Träger kooperieren wollen. In dieser Konstellation wäre der SkF in die Position des JA gerutscht, und es würde sich um eine »Vermittlung durch das JA« iSd § 44 I 2 Nr. 1 KJHG handeln, für die keine Erlaubnis nötig ist. Voraussetzung hierfür wäre allerdings, daß es sich um einen anerkannten Träger handelte (§ 4 II KJHG), sei es, daß ein Anerkennungsverfahren gem. § 75 I KJHG durchgeführt worden ist, sei es, daß der Träger kraft Gesetzes anerkannt ist (§ 75 III KJHG). Denn nur dann ist gewährleistet, daß fachlich qualifizierte Arbeit durch ihn geleistet wird, die es erübrigt, daß das JA alles und dann eine Erlaubnis erteilt. Für dieses Ergebnis sprechen auch die Ausführungen zur nächsten Nummer.

11. Der SkF e. V. ist anerkannte AdVermSt gem. § 2 II. Gibt er ein Kind in Adoptionspflege, so liegt für die Pflegeperson eine Erlaubnisfreiheit gem. Abs. 1 S. 3 Nr. 1 vor. Wenn eine Pflegeperson sogar dann keine Pflegeerlaubnis benötigt, wenn ihr ein Kind zur geplanten (irrevisiblen) Adoption anvertraut wird, dann ist nicht einzusehen, warum sie eine Erlaubnis brauchen soll, wenn es sich »nur« um eine (revisible) Dauerpflege handelt.

12. Bei der Frage, ob Frau F eine Pflegeerlaubnis für K_4 braucht, zählt K_1 als eigenes Kind nicht mit. Im übrigen kommt es gem. Abs. 1 S. 3 Nr. 2 darauf an, ob schon »mehr als zwei« fremde Kinder im Haus sind, wobei es gleich ist, ob es Tagespflege

oder Dauerpflegekinder sind. Da K_2 und K_3 nicht »mehr als zwei« sind, wird für K_4 keine Pflegeerlaubnis benötigt.

Fall 34: Ablehnung der Erteilung einer Pflegeerlaubnis

1. Rechtsbehelfe

Sie ist – ebenso wie die Erteilung selbst – ein VA, vgl. § 31 S. 1 SGB X. Gegen diesen kann man, da es sich um eine Selbstverwaltungsaufgabe handelt, bei der erlassenden Behörde (das JA) innerhalb eines Monats (§ 70 VwGO) Widerspruch einlegen, § 68 II VwGO, und wenn diesem nicht stattgegeben wird, innerhalb eines Monats nach Zustellung des Widerspruchbescheides beim VG Klage (Verpflichtungsklage)[15] erheben, § 74 VwGO. Der Widerspruch bzw. die Klage werden Erfolg haben, wenn der VA, d. h. die Ablehnung der Erteilung der Pflegeerlaubnis,

- rechtswidrig war und
- der Antragsteller Anspruch auf Erteilung der Pflegeerlaubnis hat, § 113 IV VwGO.

2. Rechtswidrigkeit

Da das Kind Pflegekind iSd § 44 Nr. 6 KJHG ist, benötigen die Eltern B eine Pflegeerlaubnis.
Begründung 1 der Ablehnung (fehlende Schlafgelegenheit): Ein 2jähriges Kind braucht auch tagsüber eine Schlafstelle (Gefährdung des leiblichen Wohls). Die Frage ist jedoch, ob diese nicht im Wege einer Auflage (Erlaubnis ist wirksam, kann bei Nichterfüllung jedoch widerrufen werden) hätte nachgefordert werden können. Im Gegensatz zu § 45 KJHG, der in Abs. 2 ausdrücklich die Möglichkeit von Nebenbestimmungen vorsieht, fehlt Derartiges in § 44 KJHG. In der Begründung des Gesetzes[16] ist dazu zu lesen, daß auf diese Möglichkeiten verzichtet worden sei, weil sich die damit verbundene Rechtsunsicherheit für den Bestand des Pflegeverhältnisses negativ auswirke. Unter diesem Gesichtspunkt ist die sofortige Versagung in Ordnung. Allerdings hätte das JA im Rahmen seiner Beratungspflicht gem. § 37 II KJHG die Pflegepersonen vor Erlaß des VA hierauf hinweisen und ihnen die Möglichkeit geben müssen, eine Schlafgelegenheit anzuschaffen. Insofern ist der VA mangelhaft.
Begründung 2 der Ablehnung (andere Konfession) ist inhaltlich nicht gerechtfertigt. Zwar ist bei einer Unterbringung durch das JA auch dieser Aspekt zu berücksichtigen. Legen aber die PSB selbst kein übermäßiges Gewicht auf diese Frage, so kann das JA sie nur in Extremfällen als Grund für eine Verweigerung (Gefährdung des seelischen Wohls) vorbringen (vgl. § 17 Buchst. b) AG-KJHG NW).

---

15 (15) Näheres zur Verpflichtungsklage siehe *Papenheim/Baltes*, Abschn. 50.0.
16 BT-Drucks. 11/5948 S. 83.

3. Rechtsanspruch

Liegen die Voraussetzungen der §§ 33, 44 KJHG iVm §§ 16ff AG-KJHG NW vor, so muß das JA die Pflegeerlaubnis erteilen. Diese Meinung, d.h. daß der Begriff »Wohl des Kindes« ein gerichtlich überprüfbarer unbestimmter Rechtsbegriff (Folge: bei Vorliegen der Voraussetzungen habe ich einen Rechtsanspruch; dieser geht nur dahin, daß das Ermessen fehlerfrei ausgeübt wird, weil verschiedene richtige Lösungen denkbar sind), hat sich seit der Entscheidung des OVG Berlin vom 11.2. 1960[17] durchgesetzt[18] und ihren Niederschlag in § 44 II, III KJHG gefunden. Allerdings ist der Anspruch der Pflegeperson kein originäres, sondern ein Reflexrecht. Das heißt, bei Erfüllung der Voraussetzungen des KJHG besteht der Anspruch dann, wenn die PSB mit der Unterbringung bei dieser Pflegeperson einverstanden sind (§ 27 KJHG).

Fall 35: Haftung bei fehlender Pflegeerlaubnis

Die Krankenkasse kann von den Pflegeeltern Ersatz verlangen, wenn die Pflegeeltern zivilrechtlich haften. In diesem Fall ist nämlich der Schadensersatzanspruch des Kindes gegen die Pflegeeltern auf die Krankenkasse übergegangen, § 116 SBG X.

1. In Betracht kommt eine Haftung der Pflegeeltern aus § 832 BGB. Dann müßten die Bs kraft Gesetzes oder Vertrages zur Aufsichtsführung verpflichtet sein. Kraft Gesetzes, nämlich gem. § 1626, 1631 BGB, verpflichtet sind lediglich die Eltern A. Die Bs können also höchstens kraft Vertrages verpflichtet sein.
Die Eltern A und B haben vereinbart, daß K bei ihnen (B) untergebracht werden sollte. Eine solche Abrede ist ein Vertrag. Bei einem Pflegevertrag muß jedoch gem. § 44 I 1 KJHG eine Pflegeerlaubnis eingeholt werden. Es fragt sich daher, ob das Nichtvorliegen der Erlaubnis für die Wirksamkeit des Vertrages eine Bedeutung hat. Gem. § 134 BGB sind Rechtsgeschäfte, die gegen ein gesetzliches Verbot verstoßen, nichtig. § 44 KJHG stellt, obwohl als Gebot formuliert, ein solches Verbot dar; denn § 104 I 1 KJHG behandelt die Aufnahme eines Pflegekindes ohne Erlaubnis als Ordnungswidrigkeit, woraus deutlich wird, daß eine solche Aufnahme verboten ist.
Der Vertrag war somit nichtig[19]. Eine Haftung der Bs gem. § 832 BGB unmittelbar kommt daher nicht in Betracht, da weder eine Aufsichtspflicht kraft Gesetzes noch eine solche kraft Vertrages besteht. Allerdings ist es fraglich, ob die Pflegeeltern nicht unter anderen Gesichtspunkten dennoch haften müssen. Das bisher gewonnene Ergebnis wirft Zweifel auf, weil ein Unterlassen, das in den Risikobereich der Pflegeeltern fällt und auf das die leiblichen Eltern nur wenig Einfluß nehmen können, dazu führt, daß die Pflegeeltern im Ergebnis besser stehen, als wenn sie sich gesetzestreu verhalten und die Pflegeerlaubnis eingeholt hätten. Die Rspr. und ihr folgend die Rechtslehre kennt eine Reihe von Konstellationen, in denen sie trotz

---

17 RdJ 1961, 351.

18 Vgl. zu dem Unterschied im einzelnen: *Papenheim/Baltes*, Abschn. 12.2.

19 Die Meinung von *Wienand* in *Schellhorn/Wienand*, § 44 RdNr. 13, daß die Nichtigkeit nur eintritt, wenn die Pflegeeltern keine Erlaubnis bekommen hätten oder würden (Gefahrenabwehr), kann nicht richtig sein, weil die Gültigkeit oder Wirksamkeit dann von nachträglich durchzuführenden Untersuchungen abhinge.

Fehlens einer vertraglichen Grundlage zu quasi-vertraglicher und/oder deliktischer Haftung kommt. Dies gilt z. B. für das Verschulden bei Vertragsabschluß (»culpa in contrahendo« – auch wenn es letztlich nicht zum Vertragsabschluß kommt), für den faktischen Arbeitsvertrag, für die Haftung von Stiefeltern gem. §§ 823, 832 (wobei hier allerdings evtl. das Vorliegen eines Vertrages bejaht werden kann), aufgrund »faktischer Verfügungsmacht« etc.[20]. Letzter Haftungsgrund ist hier meistens der Grundsatz von Treu und Glauben (§ 242 BGB). Ob dieser Grundsatz bei fehlerhaften Pflegeverträgen immer anzuwenden sein wird, ist nicht eindeutig zu beantworten. Sicher wird er dort eingreifen können, wo die leiblichen Eltern aufgrund des Verhaltens der Pflegeeltern darauf vertrauen durften, daß diese eine Pflegeerlaubnis einholen würden. Hätten jedoch leibliche und Pflegeeltern – sozusagen konspirativ – die Nichteinholung der Pflegeerlaubnis vereinbart, dann werden die leiblichen Eltern wegen nicht ordnungsgemäßer Delegation der Aufsichtspflicht zumindest mithaften müssen.

2. Hier sollte die Erlaubnis eingeholt werden. Dies ist auch eine Woche nach Inpflegenahme geschehen. Das KJHG enthält keine Bestimmung, wonach die Pflegeerlaubnis idR vor der Inpflegegabe einzuholen ist, dies in Ausnahmefällen aber auch nachträglich möglich sein sollte. Hieraus könnte man folgern, daß eine nachträgliche Einholung jedenfalls nie zurückwirken kann. Dieses Ergebnis stößt allerdings auf Bedenken, weil die künftigen Pflegeeltern sich ja eigentlich gesetzestreu verhalten wollten. Zur Lösung dieses Gegensatzes könnte man die Regelung aus § 44 I 2 Nr. 4 KJHG heranziehen, die vorsieht, daß einer Pflegeerlaubnis nicht bedarf, wer einen MJ bis zur Dauer von acht Wochen betreut oder ihm Unterkunft gewährt. Da nach dem Wortlaut dieser Norm es ersichtlich nicht auf das subjektive Moment der geplanten Dauer, sondern es darauf ankommt, was konkret geschieht, kann das Nichteinholen der Pflegeerlaubnis innerhalb von acht Wochen noch kein Verstoß gegen § 44 I 1 KJHG sein. Deswegen genügt es auch, wenn die Erlaubnis erst eine Woche nach Inpflegegabe eingeholt wird. Bis zur Dauer von acht Wochen ist ein Pflegevertrag ohne nötige Pflegeerlaubnis schwebend unwirksam, bei rechtzeitiger Einholung der Erlaubnis wird er rückwirkend unwirksam, § 184 BGB. Daher bestand bereits vorher für die Bs eine Verpflichtung kraft Vertrages, das Kind zu beaufsichtigen. Dieser Pflicht ist Frau B schuldhaft nicht nachgekommen. Die Pflichtverletzung war ursächlich dafür, daß K den X widerrechtlich (d. h. ohne Rechtfertigungsgrund) verletzen konnte. Demnach haften die Bs für den entstandenen Schaden.

Fall 36: Informationen für Pflegeeltern

1. **Fortbestand der e. S. der leiblichen Eltern** (persönlicher Kontakt, gesetzliche Vertretung).

2. **Rechte der Pflegeeltern** aufgrund eines ausdrücklichen der eines mutmaßlichen Pflegevertrages. Im letzteren Fall enthält § 38 KJHG einige Orientierungspunkte. Möglichkeit der leiblichen Eltern, die Pflegeeltern zum Pfleger bestellen zu lassen (§ 1630 III BGB).

---

20 Vgl. MünchKomm/*Mertens* § 823 RNrn. 322 ff und § 832 RNr. 13.

3. **Zahlung von Pflegegeld, Kosten der Erziehung, Sonderbedarf.** Als Basis für die Ermittlung des »notwendigen Lebensunterhalts« dienen in den meisten Kommunen die Empfehlungen des DV, die in regelmäßigen Abständen entsprechend den gestiegenen Lebenshaltungskosten fortgeschrieben werden. Sie belaufen sich für das Jahr 1991 in den alten Bundesländern/Beitrittsländern auf[21]:

628,–/521,–DM (bis 7 Jahre),
719,–/599,–DM (bis 14 Jahre),
875,–/736,–DM (bis 18 Jahre), wobei jeweils 300 DM für Kosten der Erziehung hinzuzurechnen sind.

4. **Krankenversicherung.** Das Kind kann über die leiblichen Eltern oder über die Pflegeeltern gesetzlich krankenversichert sein (§ 10 I, IV SGB V). Trifft beides nicht zu und ist auch keine private Krankenversicherung vorhanden, so leistet das JA Krankenhilfe gem. § 40 KJHG.

5. **Kindergeld.** Gem. §§ 22 I Nr. 2 BKGG erhalten die Pflegeeltern Kindergeld, wenn das Kind mit den Pflegeeltern durch ein familienähnliches, auf längere Dauer berechnetes Band verbunden ist, sofern das Kind in den Haushalt aufgenommen ist und ein Obhut- und Pflegeverhältnis zwischen dem Pflegekind und den leiblichen Eltern nicht mehr besteht.
Kindergeld wird gem. § 39 VI KJHG auf das Pflegegeld angerechnet.

6. **Haftpflicht- und Unfallversicherung**
6.1 **Haftpflichtversicherung:** eine Versicherung, die Schäden abdeckt, die das Pflegekind einem Dritten zufügt.
In der Praxis gibt es vier verschiedene Verfahren, Schäden dieser Art zu regulieren:

- der öffentliche Träger schließt eine Sammelhaftpflichtversicherung für Pflegeeltern ab,
- die Pflegeeltern schließen eine Einzelversicherung ab; die Prämien sind von dem, der Pflegegeld zu zahlen hat, zu übernehmen,
- weder öffentliche Träger noch Pflegeeltern schließen eine Versicherung ab, der öffentliche Träger übernimmt etwaige Schäden,
- Pflegeeltern müssen für entstandene Schäden selber oder über eine von ihnen zu finanzierende Versicherung aufkommen.

Problematisch an Haftpflichtversicherungen ist, daß – ebenso wie bei einer natürlichen Familie – Schäden, die im Innenverhältnis entstehen (Pflegekind – Pflegeeltern; Pflegekind – leibliches Kind; Pflegekind 1 – Pflegekind 2) nicht abgedeckt werden können.
6.2 **Unfallversicherung:** eine Versicherung, die Körperschäden abdeckt, die einem Pflegekind aufgrund eines Unfalls entstehen. Bei Aufenthalt des Pflegekindes in Kg und Schule greift die gesetzliche Unfallversicherung (RVO) ein, nicht dagegen, wenn das Kind in einem Hort ist. Abgedeckt werden von privaten Unfallversicherungen in diesem Rahmen alle Schäden, die nicht von den Pflegeeltern oder deren im Haushalt lebenden Angehörigen verursacht worden sind.
Hinsichtlich der Kostentragung für eine Unfallversicherung kommen die gleichen Möglichkeiten wie für eine Haftpflichtversicherung in Betracht.

---

21 DV, NDV 1991, 1 bzw. 375.

7. **Beratungs- und Unterstützungsaufgabe des JA.** Diese wird durch individuelle Betreuung durch das JA oder durch Arbeit mit Pflegeelterngruppen durchgeführt (§ 37 KJHG).

8. **Dauer** und Kündigung **des Pflegevertrages**, Auswirkungen des Widerrufes der Pflegeerlaubnis, Möglichkeiten des JA, das Kind aus der Pflegefamilie herauszunehmen (§ 43 KJHG).

9. **Steuerliche Behandlung des Pflegegeldes, insbesondere des Erziehungsbeitrags**
9.1 Wird das **Pflegegeld aus öffentlichen Kassen** (vom JA) bezahlt, so kommt es darauf an, ob es sich um ein Pflegekindschaftsverhältnis iSd § 32 I Nr. 2 EStG handelt. Ein solches liegt vor, wenn die Pflegeeltern zu der betreuten Person in einer familienähnlichen Beziehung wie zu einem leiblichen Kind stehen[22]. Diese Voraussetzung ist bei Tages- oder Kurzzeitpflege nicht erfüllt.
Haben Eltern ein Pflegekind iSd § 32 I Nr. 2 EStG, so ist das Pflegegeld ieS (d. h. der Unterhaltsanteil) steuerfreie Einnahme iSd § 3 Nr. 11 EStG[23]. Dasselbe gilt für den Erziehungsbeitrag[24]. Handelt es sich nicht um ein Pflegekind iSd Steuerrechts, so ist der Unterhaltsanteil wiederum steuerfrei[25]. Der Erziehungsbeitrag ist jedoch steuerpflichtige Einnahme gem. § 18 I Nr. 3 EStG. Allerdings wird pro Kind und Monat eine Betriebsausgabenpauschale von 150 DM anerkannt. Handelt es sich nachweislich um ein erziehungsschwieriges oder behindertes Kind, so beträgt die Pauschale 300 DM[26].
9.2 Wird das **Pflegegeld von privater Seite** gezahlt, so werden Unterhaltsanteil und Erziehungsbeitrag nicht unterschieden. Der gesamte Beitrag ist steuerpflichtige Vergütung gem. § 18 I Nr. 3 EStG[27]. Pro Kind und Monat können jedoch folgende Betriebsausgaben pauschal abgezogen werden: Bei Tagespflege 480 DM; bei Teilzeitpflege der entsprechende Anteil; bei Wochenpflege von 5 Tagen 580 DM, von 6 Tagen 640 DM; bei Vollzeit-/Dauerpflege 750 DM[28].

10. **Steuerliche Entlastungen durch Pflegekinder.** Kinder iSd EStG sind Dauerpflegekinder[29]. Bei Vorhandensein von Kindern sieht das Steuerrecht u. a. in folgenden Bereichen Vergünstigungen vor: Kinderfreibetrag; zumutbare Belastung; Kinderbetreuungskosten; Hausgehilfin; Kirchensteuer; Wohnungsbauprämie; Arbeitnehmersparzulage; Ausbildungsfreibetrag; Pauschbetrag für Körperbehinderung.

---

22 BMF-Schreiben v. 7. 2. 1990, BStBl. I S. 109.
23 BMF-Schreiben v. 7. 2. 1990, s. o. FN 21.
24 BMF-Schreiben v. 7. 2. 1990, s. o. FN 21.
25 BMF-Schreiben v. 16. 12. 1986, IV B 4 – S. 2121 – 67/86, DB 1987, 72.
26 BMF-Schreiben v. 1. 8. 1988, BStBl. 1988 I, S. 239.
27 BMF-Schreiben v. 20. 1. 1984, BStBl. I S. 134.
28 BMF-Schreiben v. 1. 8. 1988, s. o. FN 25.
29 Vgl. § 32 I 1 EstG und die dazu gehörigen Lohnsteuerrichtlinien.

XIII. Heimerziehung, sonstige betreute Wohnform

Fall 37: Voraussetzungen einer Heimunterbringung

Gem. § 36 I 1 KJHG ist M vor ihrer Entscheidung über die Inanspruchnahme einer Hilfe zur Erziehung zu beraten und auf die möglichen Folgen für die Entwicklung des Kindes hinzuweisen.
Auf Hilfe zur Erziehung hat sie gem. § 27 KJHG einen Rechtsanspruch, wenn

- eine dem Wohl von K entsprechende Erziehung nicht gewährleistet und
- die Hilfe für seine Entwicklung geeignet und notwendig ist.

1. Nicht-Gewährleistung des Kindeswohls. Dies ist der Fall, wenn das Kind objektiv – die Gründe hierfür spielen keine Rolle – nicht so versorgt ist, daß seine Erziehung iSd § 1 I KJHG sichergestellt ist. Wenn eine Mutter arbeiten **muß** und sich nicht um ihr Kleinkind kümmern kann, ist dies der Fall.

2. Notwendigkeit und Geeignetheit der Hilfe. Wenn M aufgrund des Beratungsgesprächs und der Information darüber, wie schädlich die Trennung des Kindes von der Mutter sein kann, nicht bereit ist, auf ihre Arbeit zu verzichten, und sie keine Möglichkeit hat, das Kind anderweitig (Großeltern, Elterninitiative) zu versorgen, muß die öffentliche Jugendhilfe Hilfe zur Erziehung (HzE) leisten. Ob im vorliegenden Fall allerdings die Heimunterbringung das Richtige ist, ist zweifelhaft. Es sollte zunächst versucht werden, eine Tagespflegestelle oder Kindertageseinrichtung zu finden. Wenn das scheitert, dürfte im allgemeinen bei einem einjährigen Kind einer Vollzeitpflege vor der Heimunterbringung der Vorzug zu geben sein. Allerdings taucht hier häufig das Problem auf, daß sich das Kind so fest an die Pflegeeltern bindet, daß seine leiblichen Eltern es nicht ohne weiteres wieder herausnehmen können. Das Heim dagegen birgt für so kleine Kinder immer noch die Gefahr, diese zu hospitalisieren.
Aus allem folgt, daß eine Fremdunterbringung iSv §§ 33, 34 KJHG vorliegend besser gar nicht vorgenommen würde.

Fall 38: Ersetzung der Freiwilligkeit

In Betracht kommt die Unterbringung von K in einem Heim gem. §§ 27, 34 KJHG. Der SA hat bei der Prüfung des § 27 I KJHG festgestellt, daß

- eine dem Wohle des K entsprechende Erziehung nicht gewährleistet und
- Hilfe für seine Entwicklung notwendig ist.

Er ist ferner zu dem Ergebnis gekommen, daß bei Berücksichtigung des erzieherischen Bedarfs und des sozialen Umfelds ein Milieuwechsel erforderlich ist.
Gleichgültig, welche konkrete Hilfe aus dem Katalog der §§ 33–35 KJHG nun die geeignete ist, so ist in jedem Fall Voraussetzung, daß die PSB den Anspruch auf Hilfe geltend machen (§ 27 I KJHG). Wenn sie sich weigern, Hilfe in Anspruch zu nehmen, dann kann das JA seine Hilfefunktion nicht wahrnehmen. In einer solchen Situation muß das JA gem. § 50 III KJHG das VormG anrufen, damit das Gericht zur Gefahrenabwehr tätig werden kann. In einer gutachtlichen Stellungnahme müßte das JA das Vorliegen der Voraussetzungen des § 1666 I BGB darlegen:

- elterliches Fehlverhalten: Mißbrauch der e. S. durch den Vater, Vernachlässigung durch die Mutter
- Gefährdung des Kindes: Anlaß zur Annahme, daß ohne Einschalten einer Hilfe das Erziehungsziel des § 1 I KJHG nicht erreicht werden kann
- Kausalität zwischen Fehlverhalten und Gefährdung
- Unfähigkeit oder Unwilligkeit der Eltern, die Gefahr abzuwenden.

Liegen diese Voraussetzungen vor, so hat das Gericht die erforderliche Maßnahme zu treffen. Das JA sollte, muß aber nicht, dem Richter eine sinnvolle Maßnahme vorschlagen. Möchte es J in einem Heim unterbringen und wollen die Eltern dies nicht, so muß ihnen mindestens das Recht zur Inanspruchnahme von HzE und das Aufenthaltsbestimmungsrecht entzogen werden. Sind über die Unterbringung hinausgehende Maßnahmen nötig, die von § 38 KJHG nicht gedeckt sind oder bei denen zu erwarten ist, daß sie trotz der Nennung in § 38 KJHG von den Eltern nicht akzeptiert werden, so muß die Personensorge auch in diesen Sektoren entzogen werden.
Nach dem das Sorgerecht in dieser Weise einschränkenden Beschluß des VormG kann das JA dann auf Antrag des gem. § 1909 BGB bestellten Pflegers K in einem Heim unterbringen.

Fall 39: Verfahren und Auswahl der Hilfe bei Fremdunterbringung

1. Da die M um Hilfe zur Erziehung gem. § 27 KJHG bittet, wird der SA zunächst die nötigen **Informationen sammeln**, um beurteilen zu können, ob die Voraussetzungen für die Gewährung von Hilfe vorliegen.
Da das JA eine »Stelle« iSd § 61 KJHG ist, ist es dabei an die Vorschriften der §§ 62–67 KJHG gebunden. Gem. § 62 I KJHG darf der SA Daten nur insoweit erheben, als ihre Kenntnis für eine Entscheidung über die erbetene Hilfe nötig ist. Diese Daten sind »beim Betroffenen« (das ist der, um dessen Daten es geht) zu erheben, also bei J und dessen g. V., d. h. der M. Eine Erhebung bei Dritten ist jedoch auch mit Einwilligung des Betroffenen möglich, so daß der SA mit Zustimmung der Mutter auch Gespräche mit dem Arbeitgeber führen könnte.
Die gewonnenen Informationen dürfte der SA, soweit dies zur Erfüllung der Aufgabe nötig ist, in Akten speichern (§ 63 KJHG) und zur Entscheidung über die Hilfe verwenden (§ 64 I KJHG). Falls die Polizei ihn wegen der Einbrüche um Informationen bittet, dürfte er diese nicht weitergeben. Hier steht zum einen § 64 II KJHG entgegen, da eine weitere vertrauensvolle Zusammenarbeit mit M sicher nicht möglich wäre, wenn er J an die Polizei »verpfiffe«. Zum anderen besteht auch gem. § 65 KJHG eine personengebundene Schweigepflicht, weil ihm die personenbezogenen Daten zum Zwecke erzieherischer Hilfen anvertraut worden sind und einer der in den Nrn. 1–3 genannten Ausnahmetatbestände nicht vorliegt.

2. Nach Sammeln der Informationen durch Gespräche mit M und J und evtl. weiteren Personen muß der **SA** gem. § 27 KJHG **entscheiden**, ob eine dem J entsprechende Erziehung nicht gewährleistet ist und ggf. ob eine Hilfe zur Erziehung notwendig ist.
2.1 Aufgrund der mitgeteilten Erkenntnisse ist folgendes zu sagen: Das Verhalten von J zeigt, daß er seine Rolle in der Arbeitswelt und Gesellschaft bisher nicht gefunden hat. Von sich aus hat er sich nicht mit geeigneten Personen identifizieren

können; die, an die er sich jetzt hängt, sind ungeeignet für eine soziale Rollenfindung. Seine Mutter hat ihm dabei ebenfalls nicht helfen können. Durch den Tod ihres Mannes hat sie jeden Halt verloren und sich ersatzweise an den Sohn geklammert. Auch in der Antriebsstuktur fehlt ihm jede Steuerung. Er handelt nur, wenn er zu etwas Lust hat. Ohne Intervention kann J das Erziehungsziel der eigenverantwortlichen und gemeinschaftsfähigen Persönlichkeit (§ 1 I KJHG) nicht erreichen.

2.2 Bei der Auswahl der konkreten **Hilfe**, die im **Team** zu erfolgen hat (§ 36 II 1 KJHG), ist im Rahmen der Notwendigkeitsprüfung zunächst zu klären, ob eine Herausnahme von J aus der Familie (Milieuwechsel) notwendig ist.
a) Dafür ist einerseits maßgebend, ob die Mutter zur Änderung des J beitragen kann, andererseits, wie sich der Ortswechsel für den MJ aus beruflichen oder sonstigen Gründen auswirken kann. J ist im Moment arbeitslos, sein Arbeitgeber hat ihm wegen seines ständigen Fehlens gekündigt. Von daher wäre eine anderweitige Unterbringung nicht schädlich. Falls eine neue Stelle für ihn gefunden würde, könnte er besser überwacht werden. Falls zur Zeit keine Stelle für ihn zu finden wäre, könnten ihm gem. § 27 III 2 iVm § 13 II Ausbildungs- und Beschäftigungsmaßnahmen angeboten werden.
Mit einer Fremdunterbringung von J könnte auch erreicht werden, daß er aus seinem ihm schädlichen Freundeskreis herausgelöst wird.
Die Mutter scheint so mit ihren eigenen Problemen belastet, daß sie nur die Bereitschaft, nicht aber die Fähigkeit besitzt, J wirklich zu helfen. Sie hat überhaupt keinen Einfluß auf ihren Sohn. Sie ist so schwach, daß sie ihre eigenen Probleme auch nach Jahren immer noch nicht in den Griff bekommen hat. Auch für sie wäre eine Trennung von dem Jungen gut, damit sie zunächst mit ihren eigenen Problemen fertig werden und sich danach verstärkt um J kümmern könnte. Die Herausnahme aus der Familie wäre daher unter allen Gesichtspunkten positiv zu beurteilen.
b) Zu prüfen bleibt, ob eine **Heimunterbringung** nötig ist, oder ob J besser in eine Pflegefamilie, ein Lehrlingsheim, eine Wohngemeinschaft oder dgl. kommen sollte.
Ein **Lehrlingsheim** kommt nur dann in Betracht, wenn bei einem Jugendlichen eine gewisse Stabilität vorhanden ist, weil in diesen Einrichtungen die soziale Kontrolle durch Mitbewohner ein wichtiger Faktor der Hilfe ist. An einer solchen Stabilität fehlt es J völlig. Wohl aufgrund des fehlenden Vaters gerade in der Pubertät sucht J eine starke Persönlichkeit, an die er sich anlehnen kann. Wegen der schon eingetretenen Schädigung müßte die Person pädagogisch und psychologisch geschult sein, daß sie die Störungen von J mit ihm aufarbeiten kann.
Eine solche Vaterfigur könnte J vielleicht am ehesten in einer **Pflegefamilie** (§ 33 KJHG) finden. Da er aber ein stark abweichendes Verhalten zeigt, wäre eine normale Familie mit ihm überfordert. Zweifelhaft ist auch, ob er die persönliche Nähe einer Familiengemeinschaft aushält, zumal er als Einzelkind aufgewachsen ist und jetzt schon lange mit seiner Mutter allein lebt. Es ist daher sehr zweifelhaft, ob sich eine geeignete Familie finden ließe.
Das weiteren käme eine **Wohngemeinschaft** (WG) in Betracht, sofern sich bei deren geringer Zahl überhaupt ein freier Platz in einer solchen finden ließe. WGs stellen allerdings hohe Anforderungen an Selbständigkeit, Konfliktfähigkeit und persönliche Reife der Jugendlichen. Ob das bei dem geschilderten Sachverhalt für J zutrifft, ist mehr als fraglich. Sein Verhalten zeigt vielmehr, daß er sich vor Verant-

wortung drückt und eine so schwache Persönlichkeit ist, daß seine »Freunde« mit ihm machen können, was sie wollen.
Schließlich wäre noch an eine **intensive sozialpädagogische Einzelbetreuung** in Form des betreuten Wohnens gem. § 35 KJHG zu denken. Sie soll zur sozialen Integration und zur eigenverantwortlichen Lebensführung verhelfen. Aber auch diese Hilfeform setzt eine gewisse Reife und Selbstverantwortlichkeit voraus, die bei J nicht vorzufinden ist.
Wenn daher dem SA nicht eine Pflegestelle mit pädagogisch geschulten Pflegeeltern zur Verfügung steht, wird die Unterbringung in einem Heim die einzig richtige Hilfe sein.

3. Nachdem sich das Team diese Möglichkeiten überlegt hat, wird der SA gem. § 36 I KJHG ein **beratendes Gespräch mit J und M** führen. Er wird ihnen empfehlen, die Hilfe in Form von Heimerziehung zu beantragen. Bei der Auswahl der Einrichtung oder Pflegestelle sind M und J zu beteiligen, § 36 I 3 KJHG. Ihren Wünschen ist zu entsprechen, sofern sie nicht mit unverhältnismäßigen Mehrkosten verbunden sind, § 36 I 4 KJHG. Zusammen mit dem Heim soll ein **Hilfeplan** (s. o. Frage 20) aufgestellt werden, der Feststellungen über den erzieherischen Bedarf, die Art der zu gewährenden Hilfe und die notwendigen Leistungen (was das bedeutet, ist nicht ganz klar, jedenfalls nicht Leistungen iSd § 2 II KJHG) enthält, § 36 II 2 HS. 1 KJHG. Dieser Plan soll regelmäßig überprüft und fortgeschrieben werden, § 36 II 2 HS. 2 KJHG.

4. Ist J dann in einem Heim untergebracht, so soll währenddessen **mit M gearbeitet** werden, um die Rückführung von J zu ermöglichen, § 37 I 2, 3 KJHG.

XIV. Intensive sozialpädagogische Einzelbetreuung

Fall 40: Minderjähriger einer Randgruppe

1. **Vorbemerkung:** Vor Inkrafttreten des KJHG am 1. 1. 1991 galt das Jugendwohlfahrtgesetz (JWG). Es kannte zwei Formen der Fremdunterbringung:
a) die formlose Unterbringung, die lediglich erforderte, daß der Anspruch des Kindes auf Erziehung nicht erfüllt war (§§ 1, 5 I Nr. 8 und Nr. 8 JWG). Sie wurde vom JA gewährt.
b) die öffentliche Erziehung, die in Gestalt der Freiwilligen Erziehungshilfe (FEH) Gefährdung oder Schädigung des MJ und Wille und Bereitschaft des PSB zur Mitwirkung oder in Gestalt der Fürsorgeerziehung (FE) Verwahrlosung oder drohende Verwahrlosung voraussetzte. Die FEH wurde vom LJA gewährt, die FE wegen fehlenden Willens des PSB vom VormG angeordnet.
Art. 15 des KJHG bestimmt, daß abweichend von Art. 1 § 89 I KJHG bis zum 31. 12. 1994 das LJA in einigen Bereichen zuständig bleibt. Es handelt sich um die Fortführung bereits angeordneter FE bzw. gewährter FEH und um die Gewährung neuer Hilfen nach §§ 32–35 und 41, wenn die MJ gefährdet oder geschädigt sind und es sich um besonders schwierige Fälle handelt.
Unter der Geltung des JWG war heftig umstritten, was die Begriffe »Gefährdung« und »Schädigung« bedeuten und in welchem Verhältnis sie zu den Begriffen »Verwahrlosung« und »drohende Verwahrlosung« standen. Es genügt zu wissen, daß

beide Begriffspaare ein starkes Abweichen vom »Normalen«, d.h. dem körperlich, geistig und seelisch tüchtigen Menschen (§ 1 JWG), meinten.

2. Wenn J in der letzten Phase der Geltung des JWG als von Verwahrlosung bedroht beschrieben worden ist, dann bedeutet dies, daß seine Dissozialität, sein abweichendes Verhalten, seine Verhaltensstörungen ein gravierendes Ausmaß angenommen haben und daß für ihn gem. Art. 15 KJHG weiterhin das LJA zuständig ist.
Es bedeutet aber nicht, daß die alten JWG-Vorschriften zur öffentlichen Erziehung noch fortgelten. Vielmehr bestimmt Art. 18 KJHG Abs. 4, daß eine vom VormG angeordnete FE von Amts wegen aufzuheben und zu prüfen ist, ob Maßnahmen nach § 1666 BGB erforderlich sind.
Im vorliegenden Fall wissen wir, daß die Mutter von J einer Heimunterbringung nicht zugestimmt hatte. Trotzdem könnte es sein, daß sie jetzt mit der Gewährung von Hilfen einverstanden wäre. Dies wäre zunächst festzustellen. Falls das nicht zutrifft, müßte zunächst das VormG im nötigen Umfang in die PS der Mutter eingreifen.

3. Bei dem oben beschriebenen Erziehungsstand überlegt der SA, ob er für J IspE anregen soll.
Diese Art der Betreuung ist vom KJHG in § 35 vorgesehen. Sie soll Jugendlichen gewährt werden, die einer intensiven Unterstützung zur sozialen Integration und zu einer eigenverantwortlichen Lebensführung bedürfen. Die Hilfe ist in der Regel auf längere Zeit angelegt und soll den individuellen Bedürfnissen des Jugendlichen Rechnung tragen.
Aus dem Wortlaut des Gesetzes ergeben sich keine konkreten Voraussetzungen für die Gewährung der Hilfe. Ihre Entstehungsgeschichte[30] zeigt jedoch, daß sie für die Jugendlichen »erfunden« worden ist, die mit keinem gängigen Jugendhilfeangebot mehr aufgefangen werden konnten (Punker, Prostituierte, Drogenabhängige, Nichtseßhafte ...). Vor allem handelt es sich um Jugendliche, die immer wieder aus Erziehungsheimen – insbesondere aus geschlossenen – entwichen und dann herumstreunten (»auf Trebe gingen«). Hier versuchte die Jugendhilfe, zunächst im Rahmen der öffentlichen Erziehung, später auch im Rahmen der formlosen Unterbringung, an die Betroffenen »heranzukommen«. Häufig geschah dies, indem ein möbliertes Zimmer für den Jugendlichen angemietet und er in seiner Lebensführung (Arbeit, Verwaltung von Geld, Freunde, Freizeit) intensivst begleitet wurde (Schutzhilfe, Aufsichtshilfe, Jugendberatung, betreutes Wohnen). Da die Betreuung sehr stark auf die individuelle Lebenssituation des jungen Menschen abgestellt ist, erfordert sie mitunter eine Präsenz bzw. Ansprechbereitschaft des Pädagogen rund um die Uhr[31].
Im vorliegenden Fall ist J inzwischen 15 Jahre alt. Nach seiner bisherigen Entwicklung kann nicht davon ausgegangen werden, daß er einen Schulabschluß erreicht hat. Eine Berufsausbildung scheint nicht im Blick zu sein. Vielmehr scheint J ein bestätigendes Beispiel zu sein für die anhaltend kritische Diskussion über Sinn und Nutzen der geschlossenen Heime. Er hat sich den in den Heimen angebotenen Hilfen entzogen wie den in den offenen Erziehungsstellen. Die Gefahr, daß er ganz auf

30 Vgl. BT-Drucks. 11/5948, S. 72.
31 So BT-Drucks. 11/5948, S. 73.

der Straße bleibt und/oder kriminell wird, ist sehr groß. Wenn er nämlich die Unterhaltsleistungen der Heime nicht in Anspruch nimmt, muß er seinen Bedarf ja irgendwie anders decken.
Die IspE scheint die einzige Möglichkeit zu sein, J noch irgenwie zu erreichen. Der SA könnte versuchen, ihm ein möbliertes Zimmer zu beschaffen, und er könnte sich mit J zusammen darum kümmern, zumindest einen Arbeitsplatz als Hilfsarbeiter zu finden. Im übrigen könnte er sich im Rahmen von intensiven Beratungsgesprächen darum bemühen, daß J neue Lebensperspektiven findet.

XV. Ausführung von Fremdunterbringungen

Fall 41: Rechte der Pflegeeltern

1. Die Antwort hängt davon ab, ob die Pflegeeltern als Vertreter der leiblichen Eltern einen wirksamen Erziehungsvertrag mit dem Träger des Kg abschließen können. Die leiblichen Eltern sind grundsätzlich Inhaber der e. S. und damit zur Vertretung des Kindes berechtigt, §§ 1626 I, 1629 I BGB. Durch die wirksame Inpflegegabe des Kindes wird die e. S. der leiblichen Eltern nicht eingeschränkt. Sie übertragen lediglich einige ihrer Befugnisse widerruflich auf die Pflegepersonen. Welche Befugnisse dies sind, folgt aus §§ 1630 III, 1909 BGB bzw. §§ 1666, 1909 BGB oder aus dem ausdrücklich abgeschlossenen Pflegevertrag oder hilfsweise aus § 38 KJHG.
Von vormundschaftsgerichtlicher Übertragung und ausdrücklichem Pflegevertrag steht nichts im Sachverhalt. Also greift § 38 KJHG ein. Demnach sind Pflegeeltern – sofern der PSB nicht etwas anderes erklärt hat – berechtigt, diesen in einer Reihe von Fällen zu vertreten. Im vorliegenden Sachverhalt könnten die Nr. 1 oder die Nr. 4 ein eigenständiges Handeln der Pflegeeltern rechtfertigen. Man könnte daran denken, die Anmeldung eines Kindes in den Kg heutzutage als »Rechtsgeschäft des täglichen Lebens« iSd Nr. 1 anzusehen. Dem könnte aber die Nr. 4 entgegenstehen, die den Besuch einer Tageseinrichtung ausdrücklich benennt und Entscheidungen in diesem Zusammhang nur im Rahmen der Grundentscheidung des PSB dem Kompetenzbereich der Pflegeeltern zuordnet. Der vorliegende Fall enthält keine Angaben zu einer »Grundentscheidung des PSB«. Man wird daher fragen müssen, wie Eltern in einem solchen Fall normalerweise entscheiden. Auch wenn wir noch kein flächendeckendes 100%iges Angebot an Kindergartenplätzen haben und der Rechtsanspruch auf einen Kindergartenplatz noch etwas auf sich warten läßt (s. o. Frage 32), so ist es doch das Bestreben der meisten Eltern, ihre Kinder so bald wie möglich in den Kindergarten zu schicken. Daher wird man normalerweise davon ausgehen können, daß die PSB nichts dagegen einzuwenden haben, daß ihr Kind einen Kindergarten besucht. Es handelt sich daher um ein Rechtsgeschäft des täglichen Lebens.

2. Wenn im Pflegevertrag hinsichtlich ärztlicher Behandlung keine ausdrückliche Regelung getroffen worden ist, greifen die Vermutungen des § 38 KJHG ein. Die Heilbehandlung kommt in den vier genannten Fällen nicht namentlich vor. Ärztliche Behandlung könnte jedoch »eine sonstige Sozialleistung« iSd Nr. 3 sein. Dagegen spricht aber, daß die zuvor aufgezählten Sozialleistungen alle Geldleistungen sind und von ihrer Verwaltung die Rede ist. Die Heilbehandlung bei gesetzlicher

Krankenversicherung ist dagegen eine Sachleistung. Also hilft die Nr. 3 den Pflegeeltern nicht.
Man könnte aber auch die Nr. 1 als Rechtsgrundlage heranziehen. Sie benennt, anders als die Nrn. 2–4, keine bestimmten Rechtsgeschäfte, sondern agiert mit der allgemeinen Kategorie der »Rechtsgeschäfte des täglichen Lebens«. Was diese bedeutet, ist nirgendwo definiert. Aber sicherlich sind damit auch »normale« ärztliche Behandlungen wie z. B. Vorsorgeuntersuchungen gemeint. Ob auch eine Polypenoperation dazu zählt, ist nicht eindeutig. Das Ziehen eines Milchzahnes dürfte bestimmt noch dazu gerechnet werden, folglich wohl auch die Entfernung von Polypen, die heute schon vielfach ohne großen Aufwand ambulant gemacht wird. Dann ist die Zustimmung der leiblichen Eltern nicht nötig.

3. Aus den vorherigen Ausführungen ergibt sich, daß eine chemotherapeutische Behandlung in jedem Fall vom g. V. genehmigt sein muß. Da das JA nur Aufenthaltsbestimmungspfleger ist, müssen die Eltern einwilligen.

Fall 42: Elternrecht – Erziehungsrecht des Heimes

1. Für die Beantwortung der Frage ist entscheidend, wer die Rechte im Hinblick auf den im Heim befindlichen Jugendlichen ausüben kann.
MJ stehen grundsätzlich unter e. S., §§ 1626, 1629 BGB. Die Tatsache, daß Jugendhilfe geleistet wird, bedeutet keine Einschränkung der e. S.
Allerdings müssen die Erziehenden einige Kompetenzen zur Ausübung übertragen erhalten, damit sie ihrer Aufgabe **zu erziehen** überhaupt gerecht werden können. Hierbei handelt es sich um den Sektor der **tatsächlichen Personensorge**. Die Einwilligung in die Durchführung einer stationären Hilfe zur Erziehung enthält automatisch die Einwilligung in die Ausübung der tatsächlichen PS. Darüber hinaus benötigen Erzieher Kompetenzen für eine Reihe von Angelegenheiten, die die **gesetzliche Vertretung** betreffen oder bei denen gar nicht die Erziehung im Vordergrund steht, bei denen die Einholung einer Erlaubnis des PSB für den reibungslosen Ablauf des alltäglichen Erziehungsgeschehens jedoch ein großes Hindernis bedeuten würde.
§ 38 KJHG enthält nicht nur für Pflegeeltern, sondern auch für erziehende Institutionen eine Aufzählung von Fällen, in denen sie, über die tatsächliche Personensorge hinaus, rechtswirksam für den MJ handeln könne. Da das Wort »insbesondere« davor steht, ist die Aufzählung nicht abschließend. In Zweifel wird die Frage zu stellen sein, ob der **Erziehungszweck** die Kompetenz des Erziehenden erfordert. § 38 KJHG drückt sozusagen den mutmaßlichen Willen des PSB aus. Dies kann natürlich nur so lange gelten, als diese nichts Gegenteiliges bestimmt haben.
Etwas Gegenteiliges und damit Vorrangiges liegt vor, wenn ein Pfleger oder Vormund insoweit Rechte hat (§§ 1666, 1909, 1773 BGB) oder dem Heim aufgrund des Heimvertrages bestimmte Rechte vertraglich eingeräumt worden sind. § 1630 III BGB ist im Rahmen einer Heimunterbringung nicht anwendbar, weil er ausdrücklich auf »Familienpflege« abstellt.
Gilt nichts Gegenteiliges und greift somit § 38 KJHG ein, so kann man als Faustregel sagen, daß das Heim für **alltägliche Erziehungs- und Versorgungsfragen** zuständig ist.

2. Übertragen auf die vorliegenden Fragen bedeutet dies:
2.1 Es handelt sich um eine Erziehungsmaßnahme, das Heim allein entscheidet.

2.2 Hier liegt keine Erziehungsfrage vor, selbst wenn die Entwicklung des J u.U. von der Entscheidung beeinflußt wird. Zu erziehen im Hinblick auf die abstehenden Ohren ist nicht J, sondern die Gruppe. Es handelt sich auch nicht um eine Frage, bei der Gefahr in Verzug ist (Abs. 1 Nr. 5) und deshalb eine Eilentscheidung nötig macht. Also müßte der PSB einwilligen.

2.3 Auch hier handelt es sich nicht um eine Angelegenheit, deretwegen die Heimunterbringung erforderlich geworden ist. Ihre Vornahme durch das Heim ist daher vom Erziehungszweck nicht gedeckt. Zwar sieht § 38 I Nr. 4 KJHG auch Fragen der Entscheidung im Zusammenhang mit der Schule vor. § 38 bezieht sich hier aber auf Entscheidungen »im Rahmen einer Grundentscheidung des PSB«. Eine solche ist hier nicht zu unterstellen.

Wenn die Eltern J auf die Hauptschule schicken wollen und dessen Bildungsressourcen damit eindeutig nicht ausgeschöpft sind, so kann das Heim das VormG informieren, das ggfs. gem. § 1631a II BGB entscheidet.

2.4 Die Frage, ob Strafantrag gestellt werden soll, bleibt immer im Entscheidungsbereich des PSB. Hierüber kann kein Heim befinden.

2.5 Die Gestaltung der Freizeit ist eine erzieherische Frage, ebenso die Verwendung von Taschengeld. Deshalb ist die Meinung des Erziehers ausschlaggebend (Nr. 1).

2.6 Gem. § 38 I Nr. 4 KJHG kann das Heim darüber entscheiden, ob J das Arbeitsverhältnis ändern soll. Auf die »Grundentscheidung« kommt es hier nicht an, weil es sich nicht um die »Aufnahme« von Arbeit, sondern den Wechsel der Arbeitsstelle handelt.

2.7 Eine Betreuung gem. § 1896 BGB ist eine Hilfe, die auf Antrag oder von Amts wegen gewährt werden kann. Sie kann bereits für einen MJ, der das 17. Lebensjahr vollendet hat, getroffen werden, wenn anzunehmen ist, daß sie bei Eintritt der Volljährigkeit erforderlich ist, § 1908a S. 1 BGB. Somit steht es dem Heim schon jetzt frei, beim VormG anzuregen, dem J für den Eintritt der Volljährigkeit (§ 1908a S. 2 BGB) einen Betreuer zu bestellen.

Fall 43: Grundrechte Minderjähriger in der Heimerziehung

1. **Träger** von Grundrechten (= **grundrechtsfähig**) ist der MJ ebenso wie der VJ[32]. Fraglich ist nur, ob der MJ seine Grundrechte selbständig ausüben kann oder ob darüber – wie über die Ausübung bürgerlicher Rechte – der Inhaber der e.S. entscheidet[33]. Ob es so etwas wie eine eigenständige **Grundrechtsmündigkeit** gibt, ist streitig[34]. Im Ergebnis besteht jedoch wohl Einigkeit, daß die Grundrechte, die MJe haben, im Rahmen des staatlichen Wächteramtes (vAw) zu beachten sind und die Sorgerechtsinhaber die Grundrechte MJ nur insoweit einschränken können, als dies nicht rechtsmißbräuchlich ist (vgl. §§ 1626 II, 1666 BGB).

---

32 Vgl. auch *Papenheim/Baltes*, Abschn. 27.1.1.

33 Dazu *Papenheim/Baltes*, Abschn. 27.2.4.

34 Vgl. dazu die Zusammenstellung der Meinungen bei *Knöpfel*: Elternrecht, Kindesrecht und Zwang gegen Jugendliche, FamRZ 1985, 1211 FN 4 und 5, der sie – entgegen dem BayOblG v. 18.4. 1985, FamRZ 1985, 737 – ablehnt, sowie ausführlich *Hohm*, NJW 1986, 3107, der den Begriff der Grundrechtsmündigkeit ablehnt, weil MJe selbstverständlich ihre Grundrechte selbständig ausüben könnten.

Legt man also zugrunde, daß MJe Grundrechtsträger sind und dies zu respektieren ist, stellt sich als weiteres die Frage, inwieweit die Beschränkung der **Grundrechte innerhalb der Durchführung von Jugendhilfe** einer gesetzlichen Grundlage bedarf und ggf. ob bereits die Regelungen des KJHG eine hinreichende gesetzliche Grundlage darstellen.

»**Früher** ging man überwiegend davon aus, daß die Gefährdung der Entwicklung des jungen Menschen es bedinge, ihn im Gebrauch seiner Grundrechte einzuschränken und diese Beschränkung erst dann wieder aufzulockern oder aufzuheben, wenn es bei fortschreitender Entwicklung angezeigt erscheint.

Heute ist umgekehrt davon auszugehen, daß Erziehung zur Freiheit grundsätzlich auch in Freiheit geschehen sollte und jede Grundrechtseinschränkung der besonderen Begründung bedarf, so daß sich der einzelne Erzieher unter Anspannung seiner erzieherischen Möglichkeiten jeweils mit der Grundrechtsproblematik auseinanderzusetzen hat[35].«

»Erziehung ist Vorbereitung auf das Leben und Bestehen in der Gesellschaft. Jede Erziehung hat daher nicht nur pädagogische Regeln zur individuellen Förderung, sondern auch Normen der Gesellschaft und des Staates, in denen sie sich vollzieht, zu beachten. Erzieherische und rechtsstaatliche Forderungen sind aufeinander abzustellen. Aufgabe der Erziehung ist es, den Jugendlichen zu befähigen, als verantwortliche Persönlichkeit von den Grundrechten einen unserer Rechts- und Sozialordnung entsprechenden Gebrauch zu machen. Mit fortschreitender Entwicklung muß daher an die Stelle der Fremdbestimmung zunehmend das Recht der Selbstbestimmung treten, um den jungen Menschen zu Selbständigkeit und Selbstverantwortung zu befähigen. Soweit und solange dieses Ziel noch nicht erreicht ist, kann es pädagogisch erforderlich sein, dem Jugendlichen im Gebrauch von Grundrechten Grenzen aufzuzeigen und diese gegebenenfalls mit ihm zu erörtern. Beschränkungen im Gebrauch der Grundrechte sind demnach nur in dem Umfang zulässig, wie die Notwendigkeit dieser Beschränkung pädagogisch nachgewiesen ist. Die Bindung an die Grundrechte in dem oben dargelegten Rahmen gilt auch, wenn die Entstehung des Erziehungsauftrages von der Zustimmung des PSB abhängig ist, [wie es bei der Hilfe zur Erziehung nach §§ 27ff KJHG der Fall ist][36]. Selbst wenn das auf der Eltern-Kind-Beziehung beruhende Erziehungsrecht der Eltern weitergehende Beschränkungen der Kindergrundrechte zulassen sollte, könnte im Rahmen öffentlicher Jugendhilfe von solchen Befugnissen der Eltern auch nicht kraft deren Zustimmung Gebrauch gemacht werden, weil dieses höchstpersönliche Erziehungsrecht nicht auf die Träger öffentlicher Aufgaben übertragen werden kann[37].«

Demnach ist zum einen davon auszugehen, daß auch in der öffentlichen Erziehung ebenso wie im Verhältnis MJ – Eltern/VM/PFL – eine Einschränkung der Grundrechte MJ dort ihre Schranke findet, wo sie rechtsmißbräuchlich ist oder einer ausdrücklichen gesetzlichen Ermächtigung bedarf (Art. 104 GG). Zum anderen ist darüber hinaus – anders als in den privatrechtlichen Schutzverhältnissen – eine Grundrechtseinschränkung schon dann nicht zulässig, wenn sich die pädagogische Notwendigkeit nicht nachweisen läßt.

---

35 *Jans/Happe*, § 69 Anm. 3 Cb.

36 Im Zitat heißt es: »FEH, Hilfe zur Erziehung nach §§ 5, 6 JWG«.

37 So die Richtlinien des LJA Rheinland, Nr. 2 und 3, *Engel*, S. 126.

2. Hieraus ergibt sich für die oben geschilderten Sachverhalte folgendes:
2.1 **Körperliche Züchtigung** ist schon im Bereich der e.S. ein umstrittenes Erziehungsmittel, Art. 2 II GG iVm § 1631 II BGB. In der öffentlichen Erziehung ist sie unzulässig und als strafbare Körperverletzung (§§ 223ff StGB) anzusehen.
2.2 Freiheitsentziehung ist ausschließlich den hierfür zuständigen Stellen (JugR, VormR) vorbehalten (Art. 104 GG). Im Heimbereich kommt allenfalls eine vorübergehende Trennung von der Gruppe in Betracht, um die Gruppe oder den Jugendlichen zu schützen. In Anbetracht der zunehmenden schwieriger (und älter) werdenden Heim-Jugendlichen muß die Praxis zuweilen zu diesem letzten Erziehungsmittel greifen.
Die Ausnahmeregelung des § 42 III 2 KJHG bezieht sich lediglich auf die Fälle der Inobhutnahme von Kindern oder Jugendlichen und gilt nur für den Fall der Gefahr für Leib und Leben des MJ oder eines Dritten. Im übrigen ist sie zeitlich begrenzt und bedarf vormundschaftsgerichtlicher Genehmigung (§ 42 III 2 KJHG).
2.3 Das **Grundrecht des Briefgeheimnisses** (Art. 10 GG) ist grundsätzlich zu wahren. Im Einzelfall kann es pädagogisch notwendig sein, bestimmte Post (sicher nicht alle und vor allem nicht die an Heimleitung, JA und LJA) einzusehen, um einer Gefahr für den Jugendlichen oder anderen vorzubeugen.
2.4 Das **Grundrecht der Glaubensfreiheit** (Art. 4 GG) ist zu wahren (§§ 5, 9 Nr. 1 KJHG). Die Erziehung in einer bestimmten weltanschaulichen Grundrichtung rechtfertigt es nicht, den Jugendlichen zu einer kirchlichen Handlung oder Feier oder zur Teilnahme an religiösen Übungen zu zwingen. Die Heime sollen allerdings entsprechende religiöse Angebote machen und den Jugendlichen in toleranter Form Überzeugungen nahebringen.
2.5 Ein solches Verbot verstößt gegen das **Recht zur freien Entfaltung der Persönlichkeit** (Art. 2 I GG), wenn es nicht aus erzieherischen Gründen erforderlich ist. Solange der Zimmerschmuck also nicht jugendgefährdend ist, darf er nicht untersagt werden.

XVI. Zuständigkeit und Kostentragung

Fall 44: Höhe des Pflegegeldes

1. Pflegegeld ist nach § 39 I, III KJHG ein Annex der Hilfe zur Erziehung für einzelne MJ, auf das ein Anspruch dem Grunde nach besteht. Zuständig für die Zahlung des Pflegegeldes für einen MJ, der in Pflege ist, ist gem. § 92 KJHG grundsätzlich das nach den §§ 86ff örtlich zuständige JA. Im Normalfall (§ 86 I 1 KJHG) ist dies das JA, in dessen Bereich die Eltern ihren g.A. haben. Damit soll erreicht werden, daß auch bei Fremdunterbringungen idR das die Hilfe veranlassende JA zuständig bleibt. Hiervon macht § 86 VI KJHG eine Ausnahme für bestimmte Dauerpflegekinder. Lebt ein MJ schon zwei Jahre bei einer Pflegeperson und ist sein Verbleib hier auf Dauer zu erwarten, so wird das JA zuständig, in dessen Bereich die Pflegeperson ihren g.A. hat. – Im vorliegenden Fall war zunächst das JA Z zuständig, da die Eltern von K dort ihren gewöhnlichen Aufenthalt haben (§ 86 I KJHG). Nach zwei Jahren ging die Zuständigkeit auf das JA X über (§ 86 VI 1 KJHG). Ziehen Eltern, nach denen sich die Zuständigkeit des JA normalerweise richtet, um, so wechselt auch das zuständige JA. Dies ergibt sich indirekt aus § 86

I 1 KJHG[38]. Sind jetzt die Pflegeeltern bei längerdauernder Pflege in bezug auf die Zuständigkeitsbegründung in die Position der leiblichen Eltern geschlüpft, so gilt für sie dasselbe wie sonst für leibliche Eltern: an ihrem g. A. hängt die Zuständigkeit des JA. Durch Umzug der Pflegeeltern A nach Y wird das JA Y zuständig.

2. Da das Pflegekinderwesen zu den Aufgaben kommunaler Selbstverwaltung gehört[39], sind JÄ berechtigt, für ihren Bereich Pflegegeldregelungen (im JHA) zu beschließen. § 39 KJHG zählt einige Gesichtspunkte für die Höhe dieser Zahlungen auf. Abs. 3 nennt den gesamten Lebensbedarf einschließlich der Kosten der Erziehung. Erwähnt werden noch einige Sonderleistungen. Abs. 4 befaßt sich mit der Art der Zahlung, nämlich als Pauschalbetrag, soweit nicht die Besonderheit des Einzelfalles Abweichungen gebietet. Satz 3 des Abs. 4 regelt die jeweilige Höhe des zu gewährenden Pauschalbetrages, wenn ein Kind in einem anderen JA-Bereich untergebracht wird. Daraus ist zu entnehmen, daß der Gesetzgeber unterschiedliche Höhen des jeweils örtlich üblichen Pflegegeldes akzeptiert.
Abs. 5 sieht vor, daß die nach Landesrecht zuständigen Behörden die Pauschalbeträge festsetzen sollen. Für NW ist das das MAGS. Dieses hat die Sätze, die der DV ursprünglich empfiehlt, in seinem 1. RdErl. zum Pflegegeld nach KJHG unverändert übernommen[40]. Ab 1. 1. 1993 gelten allerdings aufgestockte Sätze von 1002/1100/1268 DM.[40a]
Für die Kommune hat eine solche Regelung empfehlende Bedeutung. Das JA ist somit berechtigt, nur den ortsüblichen Pflegesatz zu zahlen.

3. Die Pflegeeltern A können sich natürlich trotzdem an das JA X wenden und dort eine Fortzahlung des alten Pflegegeldsatzes oder ein Aufstocken des neuen in alter Höhe beantragen. Mit diesem Begehren könnten sie dann Erfolg haben, wenn dieses JA besonderes Interesse daran hat, dem Kind die Pflegestelle zu erhalten. Eine Verpflichtung zur Fortzahlung besteht indessen nicht, es sei, diese ist bereits vorher vertraglich mit dem JA vereinbart worden.

Fall 45: Pflegegeld für das Kind eines Pflegekindes

1. Wie schon an anderer Stelle erörtert[41], hängt die Gewährung von Pflegegeld nicht unbedingt davon ab, ob für das fragliche Kind eine erlaubnispflichtige Aufnahme vorliegt. Voraussetzung ist jedoch stets, daß sich das Kind **außerhalb des Elternhauses** befindet (§ 39 I 1 KJHG). Der Begriff deckt sich mit dem des § 44 KJHG. Wie er hier zu verstehen ist, wurde schon früher[42] dargelegt. Folgt man dieser Darlegung, so ist auch für das Baby Pflegegeld zu zahlen. (Lehnt man sie ab, so kommt nur Sozialhilfe, die niedriger ist, in Betracht.)

2. Da die Ablehung der Gewährung von Pflegegeld ein VA ist, § 31 SGB X, sollte den Bs empfohlen werden, gegen den Bescheid Widerspruch einzulegen.

---

38 So auch *Schellhorn/Wienand*, § 85 RdNr. 23.
39 Vgl. dazu *Papenheim/Baltes*, Abschn. 51.3 und oben Frage 5.
40 V. 15. 1. 1991, MBl. NW 1992, S. 174.
40 a RdErl. v. 6. 11. 1992, MBl. NW 1992, S. 1753.
41 Lösung Fall 33, Vorbem.
42 Lösung Fall 33, Nr. 9.

Fall 46: Verwandtenpflegestelle

1. Ein **Zahlungsanspruch** der G gegen das JA könnte sich aus **§ 39 I, III–IV KJHG** ergeben.
Demnach ist Voraussetzung,

- daß die Kinder sich außerhalb des Elternhauses befinden,
- daß das JA Hilfe zur Erziehung gem. §§ 32–35 KJHG gewährt.

1.1 Im vorliegenden Fall sind die Eltern seit 8 Jahren geschieden und leben seitdem nicht mehr mit ihren Kindern zusammen. Es handelt sich daher für die Kinder bei dem Haus, in dem sie wohnen, nicht mehr um ihr »Elternhaus«. Es ist das »Großelternhaus«.
1.2 Es müßte nach den §§ 32–35 (hier nach § 33) KJHG Hilfe gewährt werden. Die Kinder befinden sich in Pflege bei der Großmutter. Die Eltern haben sie einfach dort hinterlassen. Später hat die G eine zeitlang Pflegegeld erhalten. Es ist die Frage, ob diese Fakten genügen, das Tatbestandsmerkmal der »Gewährung der Hilfe zur Erziehung« zu erfüllen.
Gewähren bedeutet, daß der Jugendhilfeträger interveniert hat; daß sich die G bewußt für eine Kooperation mit dem JA entschieden hat; daß sie akzeptiert, daß das JA auch eine gewisse Kontrolle ausübt; daß sie bereit ist, vom JA auch Rat anzunehmen. Von alledem ist im vorliegenden Fall nicht die Rede. Offenbar gab es keine erzieherischen Probleme, lediglich der Unterhalt der Kinder ist zu bestreiten. In einem solchen Fall kann in der Tat nur Sozialhilfe beansprucht werden.
Im Ergebnis ist daher die Ablehnung des JA richtig, auch wenn die Begründung, der Erziehungsanspruch der Kinder richte sich auch gegen Großeltern, falsch war. Die richtige Begründung wäre gewesen, daß das JA hier keine Hilfe zur Erziehung leistet.

2. Leistet das JA Hilfe zur Erziehung, dann steht der Anspruch aus § 39 KJHG, wenn er ein **Annex-Anspruch** ist, an sich dem PSB zu, der auch **Inhaber des Hilfeanspruchs** ist. Der PSB ist jedoch verpflichtet, die Annex-Leistung Unterhalt an das Kind (oder an die Pflegeperson, die vorgeleistet hat) auszuzahlen. Durch den (zumindst konkludenten) Abschluß des Pflegevertrages stimmt der PSB zu, daß das Pflegegeld für das Kind direkt an die Pflegeperson ausgezahlt wird. Somit hat die Pflegeperson aus dem Pflegevertrag einen Anspruch gegen das JA.
Tritt die Frage der Pflegegeldzahlung erst im Laufe der Pflegezeit ein und ist eine vertragliche Regelung nicht zu unterstellen, so läßt sich dasselbe Ergebnis über § 48 I Satz 1 SGB I (Zahlung an das Pflegekind) oder Satz 2 (Zahlung an die Pflegeperson) erreichen: Das Pflegegeld, das dem PSB als Annex-Leistung zusteht, ist an das Kind bzw. die Pflegeperson auszukehren. Den Anspruch des Kindes kann die Pflegeperson gem. § 38 I Nr. 3 KJHG für das Kind geltend machen.

3. Wie unter 1. ausgeführt, würde der G vorliegend kein **Anspruch auf** Pflegegeld, sondern nur auf **Sozialhilfe** zustehen. Dieses Ergebnis wird allerdings von der Praxis häufig als ungerecht empfunden. Unter pädagogisch-psychologischem Blickwinkel ist nämlich nicht zu leugnen, daß die Erziehungsleistung von Großeltern denen von Eltern nicht vergleichbar ist, auch wenn Großeltern heute generell älter werden und länger »einsatzbereit« bleiben. Die Praxis bemüht sich daher, in Fällen wie dem vorliegenden planvolle und regelmäßige erzieherische Hilfe im Einzelfall (also nicht

nur sporadische Besuche des ASD oder das allgemein gehaltene Angebot zur Beratung) zu erbringen, damit die Voraussetzungen für die Zahlung von Pflegegeld erfüllt sind und auch die Abteilungen für Wirtschaftliche Jugendhilfe kein Veto einlegen können.

Fall 47: Heranziehung Unterhaltspflichtiger

1. Zu den Kosten der Leistungen, die der örtlich zuständige Träger erbringt (§§ 86–86d, 92 KJHG), haben Eltern, Kind, Jugendlicher und junger Volljähriger nach den §§ 90ff KJHG **beizutragen**. § 93 regelt den allgemeinen Kostenbeitrag, soweit nicht HzE oder Eingliederungshilfe geleistet wird. § 94 KJHG bestimmt den besonderen Kostenbeitrag bei HzE und Eingliederungshilfe.

2. Da es sich vorliegend um **HzE** handelt, ist § 94 KJHG einschlägig. In § 94 wird unterschieden, ob die Eltern oder Elternteile vor Beginn der Hilfe mit dem Kind zusammenlebten (Abs. 2) oder nicht (Abs. 3).
Bei vorherigem Zusammenleben, was hier für die Mutter zutrifft, ist in Höhe der durch die auswärtige Unterbringung ersparten Aufwendungen zu den Kosten heranzuziehen (S. 1). Für diese ersparten Aufwendungen sollen nach Einkommensgruppen gestaffelte Pauschalbeträge festgelegt werden (S. 2). Dies ist bisher nicht geschehen. Der Deutsche Verein[43/45] empfiehlt, als Berechnungsmaßstab die Unterhaltsbedarfstabellen der Oberlandesgerichte anzuwenden und von dem maßgebenden Unterhaltsbetrag 80% festzusetzen. Die restlichen 20% stehen dem Elternteil für Aufwendungen für das Kind, insbesondere Kontaktpflege, zur Verfügung.
Geht man folglich im vorliegenden Fall von der Düsseldorfer Tabelle (Stand: 1. 7. 1992)[44/45] aus, so schuldet die Mutter dem Kind 291 DM Unterhalt (Einkommengruppe 1 bis 2300 DM, 1 Kind bis zur Vollendung des 6. Lebensjahres; das Kindergeld von 70 DM steht den Pflegeeltern zu, §§ 2 I Nr. 2, 3 II Nr. 1 BKGG, diese müssen es auf das Pflegegeld anrechnen, § 39 VI KJHG). Hiervon 80% sind 232,80 DM. Diese hat sie als Kostenbeitrag beizusteuern.

3. Hat der Elternteil **vorher nicht mit dem Kind zusammengelebt** – was für den als Vater festgestellten Mann zuträfe –, so wird von ihm kein Kostenbeitrag erhoben. Statt dessen geht der Unterhaltsanspruch des Kindes in Höhe der geleisteten Aufwendungen auf den Träger der öffentlichen Jugendhilfe über (Abs. 2 S. 2). Erwirbt das Kind einen vollstreckbaren Titel gegen den Vater, so geht der Unterhaltsanspruch in Höhe des Titels über. Hat das Kind keinen Titel, so ist die Höhe des Anspruchs wieder nach den Unterhaltstabellen der Oberlandesgerichte zu ermitteln.

---

43 NDV 1993, 46/49 – Nr. 4.3.
44/45 FamRZ 1992, 398.

XVII. Erteilung von Betriebserlaubnissen und weitere Aufgaben des LJA

Fall 48: Einrichtungen unter Erlaubnisvorbehalt

Vorbemerkung: Die §§ 45–49 KJHG befassen sich mit Einrichtungen (Gegensatz: Familien, § 44 KJHG), in denen Kinder oder Jugendliche betreut werden oder Unterkunft erhalten. Derartige Einrichtungen stehen grundsätzlich unter Erlaubnisvorbehalt, d. h., sie dürfen nicht betrieben werden, wenn sie keine Erlaubnis des zuständigen LJA (§ 89 II Nr. 6 KJHG) besitzen. Die Erlaubnis bezieht sich auf die Einrichtung als solche und ihr Personal. Eine zusätzliche Pflegeerlaubnis für das einzelne Kind ist nicht erforderlich.
Notwendigkeit einer Erlaubnis:

1. Ja, da ganztägig Betreuung und Unterkunft gewährt wird (§ 45 I 1 KJHG).
2. Ja, da nach § 16 III 3 AG-KJHG NW derartige Großpflegestellen der Vorschrift des § 45 KJHG unterliegen.
3. Ja, da Betreuung für einen Teil des Tages, § 45 I 1 KJHG.
4. Nein. Der Einrichtungsbegriff des § 45 KJHG nimmt Bezug auf die Tageseinrichtungen (§ 22 I KJHG) und die Heime (§ 34 KJHG). Er lehnt sich nach der Begründung des Gesetzes[46] an den Einrichtungsbegriff des Heimgesetzes an. Dort wird unter Einrichtung eine auf eine gewisse Dauer angelegte Verbindung von sächlichen und persönlichen Mitteln zu einem bestimmten Zweck unter Verantwortung eines Trägers verstanden. Demnach können nur orts- und gebäudebezogene Maßnahmen darunterfallen, jedenfalls keine ambulanten.
5. Nein, da in § 45 I Nr. 1 KJHG ausgenommen.
6. Ja, da sie als nicht familial unter den Einrichtungsbegriff fällt.
7. Es gilt das zu Nr. 1 Ausgeführte.
8. Nein, da es hier an der notwendigen Institutionalisierung fehlt (s. o. Nr. 4).
9. Nein, weil hier die Betreuung und Unterkunftgewährung von untergeordneter Bedeutung ist, § 45 I Nr. 3 a KJHG.
10. Nein, weil hier die MJ gemeinsam mit ihren Eltern untergebracht sind und unter der Aufsicht der Eltern stehen.
11. Nein, da in § 45 I Nr. 1 KJHG ausgenommen.
12. Ja, wenn sie überwiegend Jugendlichen dienen, § 45 I Nr. 3 b KJHG.

Hinweis: Für Heime, die schon vor Inkrafttreten des KJHG in Betrieb waren, gilt die Übergangsregelung des Art. 12 KJHG.

---

46 BT-Drucks. 11/5948, S. 83.

Fall 49: Erteilung der Betriebserlaubnis und Befreiung von Meldepflichten

1. Verweigerung der Betriebserlaubnis und der Befreiung von Meldepflichten

1.1 § 45 II KJHG nennt keine Voraussetzungen, unter denen eine Erlaubnis für den Betrieb einer Einrichtung zu erteilen ist. Statt dessen sagt er negativ, wann die **Erlaubnis zu versagen** ist. Daraus ist im Umkehrschluß zu folgern, daß die Erlaubnis zu erteilen ist (= Rechtsanspruch), wenn keine Ablehnungsgründe vorliegen.
a. Das Bedürfnis für die Existenz eines Heimes ist keine Voraussetzung für eine Genehmigung. Die Erlaubnis bezieht sich einzig auf die Funktionsfähigkeit der Einrichtung und auf die Erfüllung der Erziehungs- und Betreuungsfunktionen. Wenn der Jugendhilfeträger meint, das Heim sei überflüssig, dann steht es ihm frei, eine finanzielle Förderung gem. § 74 KJHG zu verweigern. Den Betrieb untersagen kann er jedoch nicht.
b. Mangelnde Fachkräfte sind ein berechtigter Ablehnungsgrund, § 45 II 2 KJHG. Mit dieser Vorschrift werden zwei Fälle erfaßt: der, daß die Zahl der Fachkräfte nicht reicht, und der, daß die Zahl genügt, aber die Qualifikation unzureichend ist. Allerdings müssen diese möglichen Mängel dazu führen, daß die Betreuung der MJn nicht gesichert ist.
Weil das Gesetz nicht positiv formuliert »... ist zu erteilen, wenn ...«, sondern negativ »... ist zu versagen, wenn ...«, muß das LJA die fehlende Sicherung der Betreuung nachweisen.
1.2 Die in § 47 II KJHG genannten Meldepflichten müssen dann nicht erfüllt werden, wenn die zuständige Behörde **die Einrichtung davon ausgenommen** hat, § 47 III KJHG. Unter welchen Voraussetzungen dies geschehen kann, ist im Gesetz nicht gesagt. Es ist lediglich formuliert, daß sie dies machen »kann«. Mit »kann« umschreibt das Gesetz herkömmlich Ermessensansprüche iSd § 39 SGB I. Hier hat der Bürger nicht Anspruch auf eine bestimmte Entscheidung, nur darauf, daß die Behörde ihr Ermessen pflichtgemäß ausübt. Zur pflichtgemäßen Ausübung gehört vor allem die Gleichbehandlung vergleichbarer Fälle und eine entsprechende Selbstbindung der Verwaltung. In jedem Fall muß die ablehnende Ermessensentscheidung die Gesichtspunkte erkennen lassen, von denen die Behörde bei Ausübung ihres Ermessens ausgegangen ist, § 35 I 3 iVm II Nr. 1 Alt. 1 SGB X.
Von alledem ist im vorliegenden Fall nichts zu erkennen, so daß die Ablehnung insoweit rechtswidrig ist.
1.3 **Zusammenfassend** ist folgendes festzustellen: Die Ablehnung der Betriebserlaubnis ist evtl. rechtmäßig, wenn das LJA beweisen kann, daß die Betreuung der Kinder nicht gesichert ist. Solange dies nicht geschieht, spricht die Vermutung für die Eignung der Einrichtung.
Wenn das LJA – wenn auch fälschlich – von der Nichteignung ausgegangen ist, hätte es natürlich keinen Anlaß, etwas zu § 47 III KJHG zu sagen, da dieser eine vorhandene Betriebserlaubnis voraussetzt.
Sollte das VerwG in seiner Entscheidung das LJA verpflichten, den begehrten VA zu erlassen (§ 113 IV 1 VwGO), so müßte diese nunmehr auch über den Antrag nach § 47 III KJHG entscheiden.

2. Möglichkeiten des Vereins, sich zur Wehr zu setzen

Die Ablehnung der Erlaubnis, ebenso die Ablehnung der Befreiung sind VAe (vgl. § 31 S. 1 SGB X). Gegen einen VA ist Widerspruch (§ 68 VwGO) und gegen den ablehnenden Widerspruchsbescheid Verpflichtungsklage zulässig.

Kapitel 5

Hilfen für junge Volljährige und behinderte junge Menschen

XVIII. Sozialisationshilfen

Fall 50: Hilfe für ein junges Paar mit Kind

1. Die Verweigerung einer Hilfe gem. §§ 41, 35 KJHG durch das LJA ist ein VA, der mit Widerspruch und Verpflichtungsklage bekämpft werden kann. Die Rechtsbehelfe werden Erfolg haben, wenn die Verweigerung aus formellen oder inhaltlichen Gründen nicht in Ordnung war. **Formelle** Fehler sind dem Sachverhalt nicht zu entnehmen.
Inhaltliche Fehler könnten unter zwei Gesichtspunkten vorliegen:

- J könnte auch als MJ schon berechtigt sein, Hilfe für die Zeit der Volljährigkeit zu beantragen.
- J könnte Anspruch auf die Hilfe haben, auch wenn er sich nicht in Schul- und Berufsausbildung befindet.

a) Anders als § 6 III 2, 75 a I 2 JWG enthält § 41 KJHG keine Regelung des Inhalts, daß auch der MJ schon **vor Erreichen der Volljährigkeit** den Antrag auf Gewährung der Hilfe stellen kann. Daraus darf aber nicht gefolgert werden, daß dies nicht möglich ist. Zumindest dann, wenn es um die Fortsetzung einer begonnenen Hilfe geht, muß der MJ schon vor Erreichen des kritischen Zeitpunkts klären können, wie seine Zukunft aussieht. § 36 SGB I, der iVm dem KJHG nur die Bedeutung hat, daß der Träger der Jugendhilfe dem PSB eine Hilfe anbieten muß, muß eine angemessene Zeit vor Erreichen der Volljährigkeit umschlagen in ein eigenes Antragsrecht, sonst wäre eine Fortsetzung der Hilfe nie möglich, sondern immer nur ein Neubeginn. Für eine erstmals zu gewährende Hilfe nach Volljährigwerden trifft diese formale Argumentation zwar nicht zu. Der Gesichtspunkt der Planbarkeit muß aber hier auch gelten. Hinzu kommt, daß unser Recht keine »fortgesetzte« e. S. kennt, so daß es nicht richtig sein kann, daß Eltern für die Zeit der Volljährigkeit ihrer Kinder Entscheidungen treffen. Schließlich ist es auch so, daß die Rechtsfolgen, also die Hilfegewährung, aufschiebend bedingt sind und erst mit Erreichen der Volljährigkeit eintreten. J kann also schon jetzt einen Antrag stellen.
b) § 41 I KJHG bestimmt, daß einem jungen VJ Hilfe für die Persönlichkeitsentwicklung und zu einer eigenverantwortlichen Lebensführung gewährt werden soll, **wenn und solange die Hilfe** aufgrund der individuellen Situation des jungen Menschen **notwendig** ist. Abs. 3 nennt die Hilfen aus dem Katalog der §§ 27 ff KJHG, die auch auf VJ angewandt werden können. § 35 KJHG steht in dieser Aufzählung, so daß eine Fortsetzung möglich ist, wenn die Voraussetzungen des Abs. 1 vorliegen.
Das LJA begründet seine Ablehnung damit, daß J weder eine Schul- noch eine Berufsausbildung fortsetzen wolle. Diese Begründung stammt noch aus der Zeit der

Geltung des JWG, als die §§ 6 III, 75a derartige Erfordernisse enthielten. Da aber schon damals die Praxis diese Voraussetzungen ganz weit auslegte, weil sie immer wieder feststellte, daß sonst gerade die hilfebedürftigsten jungen Menschen »durch die Maschen fielen«, hat der Gesetzgeber des KJHG keine einschränkenden Bedingungen aufgestellt und die Gewährung der Hilfe nur von der individuellen Notwendigkeit abhängig gemacht.
Durch die Ausdehnung der Hilfen des KJHG auf junge VJ wird der Anwendungsbereich des § 72 BSHG (Hilfe zur Überwindung besonderer sozialer Schwierigkeiten) eingeschränkt, und es wird vor allem die **Lücke** geschlossen, die dadurch bestand, daß für die Hilfe nach JWG »die **Fortsetzung einer Schul- oder Berufsausbildung**«, für die Hilfe nach BSHG »**erhebliche** Verhaltensstörungen« (§ 6 VO zu § 72 BSHG) verlangt wurden. Da § 72 I 2 BSHG zudem den Nachrang der Sozialhilfe gegenüber der Jugendhilfe anordnet, werden nunmehr wohl alle 18- bis 21jährigen mit sozialen Schwierigkeiten Hilfe nach § 41 KJHG erhalten können.
Daß J zu dieser in § 41 KJHG gemeinten Personengruppe gehört, bedarf nach der Sachverhaltsschilderung keiner weiteren Ausführung. Nach dem, was wir über die Vorgeschichte des J wissen, ist die IspE auch die einzige Hilfeart, die noch Hoffnung auf Erfolg verspricht. Sie ist in dem Umfang des individuellen Bedarfs zu gewähren. Dieser besteht im vorliegenden Fall darin, daß J nicht nur für sich, sondern auch für M und sein von ihr erwartetes Kind eine angemessene Bleibe erhält, damit er seiner Verantwortung (die nach § 35 KJHG gerade Ziel der IspE ist) gegenüber diesen beiden Personen nachkommen kann.
Die Ablehnung des LJA ist daher unter keinem Gesichtspunkt haltbar. Der SA sollte J ermutigen, Widerspruch einzulegen. Daß J noch nicht 18 Jahre alt ist, kann dabei kein Hinderungsgrund sein. Denn wenn er als fähig angesehen werden muß, eine Hilfe zu beantragen, muß er auch fähig sein, sich gegen die Ablehnung der Hilfe zur Wehr zu setzen.

2. Die Verweigerung des Einverständnisses des JA als VM/**Betreuer**, daß M in das Appartement von »Kolping International« zieht, ist eine **Maßnahme der Aufenthaltsbestimmung** im Rahmen des Betreuungsverhältnisses. Wenn die Vormundschaft für M gem. § 1896 BGB a.F. in eine Betreuung mit Einwilligungsvorbehalt gem. §§ 1896, 1903 BGB n.F. übergeleitet worden ist, dann kann M nur mit Zustimmung ihres Betreuers Quartier nehmen. Allerdings können die Maßnahmen des Betreuers gem. §§ 1908i iVm 1837 BGB n.F. vom VormG überprüft und beanstandet werden.
Der SA sollte daher das Gericht informieren und um Überprüfung der Entscheidung des JA bitten. Wenn inzwischen geklärt werden kann, daß J nach Volljährigwerden weiterhin IspE erhält und in diesem Rahmen nach einer Wohnung für ihn und seine Familie gesucht wird, dann hat der Betreuer keinen Grund, den Umzug von M in das Haus »Kolping International« zu verweigern.

3. Zu denken wäre bei diesem Sachverhalt evtl. auch an seine **Hilfe gem. § 19 KJHG**. Allerdings hat diese drei »Haken«:

- Auf die Hilfe nach § 19 KJHG besteht – anders als gem. §§ 27, 35 KJHG – kein Rechtsanspruch (»sollen angeboten werden«).
- Die Vorschrift spricht nur von Vätern oder Müttern, die allein für ein Kind zu

sorgen haben. Die Konstellation, daß beide Elternteile evtl. hilfebedürftig sind, fällt nicht darunter.

- Die Aufnahme oder Fortführung schulischer oder beruflicher Ausbildung oder einer Berufstätigkeit sollen wichtiges Ziel dieser Hilfe sein. Das scheint für M gerade nicht in Betracht zu kommen.

4. Nachbemerkung: Die Überleitungsvorschrift des Art. 11 KJHG erbringt für das unter 1b herausgearbeitete Ergebnis nichts. Sie bestimmt nämlich, daß bis zum 31. 12. 1994 die seelisch wesentlich behinderten Menschen noch keine Jugendhilfe, sondern immer noch Eingliederungshilfe nach BSHG erhalten. Ob J in diese Kategorie fällt, ist im Sachverhalt nicht gesagt.

Fall 51: Heimunterbringung nach KJHG oder BSHG

1. Der Vorschlag des Amtsleiters entspricht verbreiteter Praxis, kostspielige Fälle möglichst an den überörtlichen Träger »abzuschieben«. Dieser ist aber dann zur Gewährung von Eingliederungshilfen verpflichtet, wenn junge Menschen körperlich oder geistig behindert oder von einer solchen Behinderung bedroht sind. Denn in diesen Fällen geht das BSGH dem KJHG vor, § 10 II 2 HS. 1 KJHG. Handelt es sich dagegen um eine **seelische Behinderung**, so hat das **KJHG Vorrang**, § 10 II 1 KJHG.
Im vorliegenden Fall besagt das Gutachten, daß J seelisch wesentlich behindert und die geistige und emotionale Entwicklung stark verzögert sei. Er wird jedoch nicht als geistig behindert bezeichnet. Somit fällt er nicht unter § 39 BSGH, sondern gem. § 10 II 1 KJHG unter dieses Gesetz. Es kommt daher nur eine Heimunterbringung gem. § 35 a KJHG in Betracht. Ambulante Maßnahmen sind nicht zu erwägen, weil der Vater sich nicht um J kümmert und die Mutter den Sohn ablehnt und nichts mehr von ihm wissen will.
Der SA kann den Vater beruhigen. Sein Sohn wird nicht in ein Behindertenheim kommen.

2. Was die Mutter anbetrifft, so ist ihr klarzumachen, daß grundsätzlich die Möglichkeit gegeben ist, ihre fehlende Förderungsbereitschaft im Wege eines Antrags beim VormG gem. § 1666 BGB ersetzen zu lassen. Da die Tatbestandsmerkmale des § 1666 BGB bei M gegeben sind, hat dieser Weg Aussicht auf Erfolg.

3. Der SA kann seinen Antrag gem. § 50 III KJHG an das VormG richten und erkunden, ob das von ihm vorgeschlagene Heim einen Platz frei hat. Alsdann muß er den Hilfeplan mit den Eltern und mit J erarbeiten, § 36 II 1 KJHG.

Kapitel 6

Vorläufige Maßnahmen

XIX. Inobhutnahme Minderjähriger

Fall 52: Rechtsgrundlagen der Inobhutnahme

1. M ist Pflegekind der Gastwirtsleute. Es ist zu prüfen, ob der M durch das Gewerbe der Pflegemutter eine unmittelbare Gefahr in leiblicher, geistiger und seelischer Hinsicht droht (§ 43 KJHG). Ist eine solche Gefahr gegeben, kann das JA M sofort aus der Pflegestelle entfernen und vorläufig anderweitig unterbringen, sofern nicht schwächere Mittel ausreichen (Verhältnismäßigkeit).
Unter **»Gefahr in Verzug«** wird die akute erzieherische Gefährdung verstanden, die ein alsbaldiges Eingreifen erforderlich macht. – Für ein heranwachsendes Mädchen bedeutet es eine akute Gefährdung, wenn sie bei ihrer stellvertretenden Mutter Zeugin eines öffentlichen Gewerbes wird. Gefahr in Verzug kann somit bejaht werden.
Ob das JA M unverzüglich, d.h. **ohne schuldhaftes Zögern**, aus der Pflegestelle **herausholen** kann, hängt davon ab, ob hierfür nicht unverzüglich die Einwilligung ihrer leiblichen Eltern eingeholt werden kann. Wenn das möglich ist, muß das JA diesen Weg nehmen. Es darf aber keine Zeit damit verloren werden. Sollten die leiblichen Eltern nicht erreichbar oder mit der Herausnahme der Tochter nicht einverstanden sein, kann das JA tätig werden, muß aber dann unverzüglich die in § 43 KJHG vorgesehene Benachrichtigung des VormG vornehmen.

2. U ist ne. Kind. Da nichts anderes angegeben ist, wird man davon ausgehen können, daß für sie eine Amtspflegschaft besteht (§§ 55 I KJHG iVm 1709 BGB). Die Aufgaben des AmtsPFL sind in § 1706 BGB geregelt. Ein allgemeines Aufsichtsrecht über die Wahrnehmung der e.S., die nach § 1705 BGB allein der Mutter zusteht, hat das JA als AmtsPFL nicht, insbesondere nicht das Recht des ersten Zugriffs. Wenn die Mutter nicht bereit ist, im Interesse ihrer Tochter ihren Lebenswandel zu ändern oder andernfalls einer Unterbringung von U zuzustimmen, müssen vormundschaftsgerichtliche Maßnahmen nach §§ 1666, 1666a BGB eingeleitet werden. Diese können bei akuter Gefahr im Wege einer einstw. AO ergriffen werden.
Ein Eingreifen des JA gem. § 42 KJHG kommt nicht in Betracht, da V sich bei ihrer Mutter aufhält. § 42 II 2–4 KJHG ergäben keinen Sinn, wenn die Herausnahme beim Sorgeberechtigten auch unter § 42 KJHG fiele. – § 43 KJHG ist ebenfalls nicht anwendbar, weil U nicht »bei einer anderen Person oder in einer Einrichtung« ist.

3. Eine Rechtsgrundlage für ein Eingreifen des JA könnte sich aus § 42 KJHG ergeben. Der 16jährige ist aus der Obhut seiner PSB entwichen. Die Kommune ist keine Einrichtung, in der sich der MJ mit Zustimmung des PSB aufhält. In Betracht

kommt daher nicht § 43 KJHG, sondern § 42 KJHG. Sofern J bei einem Besuch des SA in der Kommune um Inobhutnahme bittet, liegt die Konstellation des Abs. 2 S. 1 vor. Will sich J nicht freiwillig in die Hände des JA begeben, so kann der SA ihn gegen seinen Willen in Obhut nehmen, sofern eine Sorge für sein Wohl die Inobhutnahme erfordert, Abs. 3 S. 1. Wenn z.B. in der Kommune Rauschgift konsumiert würde, könnte er J auf der Stelle herausnehmen. Er müßte dann umgehend PSB informieren, § 42 III 4 iVm II 2.

4. Das JA Münster kann A gem. § 42 II 1 KJHG vorläufig in Obhut nehmen.
Gemäß Satz 2 hat es den Personen- oder Erziehungsberechtigten unverzüglich von der Obhutnahme zu unterrichten. Wer das ist, ergibt sich aus § 7 I KJHG. Eltern, Vormund, Pfleger sind PSB iSd Nr. 5. Pflegepersonen gem. §§ 23, 32, 33 KJHG, Heime und sonstige Einrichtungen gem. §§ 32, 34 KJHG sind Erziehungsberechtigte iSd Nr. 6. Vorliegend ist also das Erziehungsheim in Hessen zu benachrichtigen. Ist die Anschrift des Heimes nicht in Erfahrung zu bringen, hat das JA das zuständige LJA in Wiesbaden zu benachrichtigen. Für MJ, die sich in Heimerziehung befindet, ist das LJA des in Betracht kommenden Bundeslandes die zuständige Behörde, die auf geeignete Weise herausfinden kann, aus welchem Heim J entwichen ist. Das Heim muß alle weiteren notwendigen Entscheidungen treffen.

5. Der SA in der Schutzstelle sollte M zunächst zu beruhigen versuchen über ihre Sorge, ihr Vater könnte Rechte geltend machen. Die Rechte des ne. V. beschränken sich auf § 1711 BGB, und dabei hat der VM mitzureden, der nach dem Tod der Mutter notwendig ist (§§ 1773, 1791c BGB). Wenn diese Information nicht ausreicht, M von ihren Ängsten zu befreien, und die Selbstmorddrohung von M ernst zu nehmen ist, dann ist der SA verpflichtet, M daran zu hindern. Weil diese Absicht eine unmittelbar drohende Gefahr für das Leben von M ist, kann er das Mädchen einschließen (§ 42 III 2 KJHG). Die zeitliche Befristung in S. 3 ist allerdings zu beachten. Da gem. § 42 I der M Gelegenheit gegeben werden soll, »eine Person ihres Vertrauens zu benachrichtigen«, läßt sich die ganze Angelegenheit vermutlich am einfachsten dadurch lösen, daß M in das von ihr so geschätzte Internat zurückgebracht wird.

Fall 53: Begriff der Inobhutnahme

1. Kann Frau H rechtlich verhindern, daß die Eheleute M das Kind aus der Klinik nehmen?

Sie kann es nicht verhindern, wenn den Eltern ein Herausgabeanspruch gem. § 1632 I BGB zusteht. Dieser würde folgendes voraussetzen:
1.1 Die Eltern müßten Inhaber des Personensorgerechts sein. Das trifft, da es sich bei Moritz offenbar um ein eheliches Kind (§ 1593 BGB) handelt, gem. §§ 1626, 1629 BGB zu. Als PSB können sie das Kind von Dritten herausverlangen.
1.2 Weitere Voraussetzung ist jedoch, daß der Dritte den Eltern das Kind »widerrechtlich« vorenthält, d.h., daß er kein Recht hat, das Kind zu behalten. Ein solches Recht könnte sich aus

- § 1632 IV BGB,
- §§ 1666, 1666a BGB,
- §§ 42, 43 KJHG

ergeben.

a) § 1632 IV BGB kommt vorliegend nicht in Betracht, da das Krankenhaus, für das der Arzt handelt, keine »längerdauernde Familienpflege« ist.
b) § 1666 BGB würde die Herausgabe dann verhindern, wenn der VormR den Eltern diesbezügliche Teile des Sorgerechts entzöge. Ein solcher Entzug könnte bei Gefahr in Verzug auch durch einstw. AO erfolgen. In jedem Fall wäre jedoch Voraussetzung, daß eine entsprechende richterliche Entscheidung erginge. Diese ist bei vielen Amtsgerichten am Freitagabend nicht zu bekommen. Es ist daher nach anderen Wegen zu suchen.
c) Mit den §§ 42, 43 KJHG sieht das Gesetz zwei Möglichkeiten vor, mit denen ein Kind – vorübergehend, bis eine richterliche Entscheidung herbeigeführt worden ist – durch das JA vor Gefahren geschützt werden kann.
Nach der Begründung des Gesetzgebers[1] betrifft § 42 Kinder, die sich in der Öffentlichkeit, § 43 Kinder, die sich mit Willen der Eltern in einer erzieherischen Einrichtung oder einer fremden Familie aufhalten. Die Terminologie von § 34 KJHG bestätigt diese Auslegung zumindest für § 43 KJHG. Von dieser Abgrenzung her kommt vorliegend nur § 42 in Betracht. Es sind daher die Voraussetzungen des § 42 III zu prüfen:
(1) Es muß eine dringende Gefahr für das Wohl des Kindes bestehen. Vorliegend ist davon auszugehen – dies wäre aufgrund des Sachverhalts im Detail darzulegen –, daß das Kindeswohl gefährdet ist und daß die Gefahr dringend ist.
(2) Die Inobhutnahme muß erforderlich sein. Was eine Inobhutnahme ist, beschreibt § 42 I. Es ist das Unterbringen an bestimmten geschützten Orten. Aus § 34 KJHG ist zu schließen, daß mit »Einrichtung oder sonstige betreute Wohnform« jedenfalls **Jugendhilfeeinrichtungen** gemeint sind. Vorliegend soll das Kind in einem Krankenhaus bleiben. Krankenhäuser fallen eigentlich nicht unter den Einrichtungsbegriff. Da es aber nicht sein kann, daß der Gesetzgeber Kindern die notwendige medizinische Versorgung versagen wollte, wird man die Unterbringung in einem Krankenhaus auch für zulässig erachten müssen.
Das Kind müßte »untergebracht« werden. Das bedeutet vom Wortsinn, daß es sich nicht schon dort befindet, wohin ihn das JA verbringen möchte. Demnach würde das **Belassen** gerade nicht darunterfallen. Wesentliches Ziel der Inobhutnahme ist es aber, daß das JA vorübergehend das PSR ausüben und mit dessen Hilfe über den Aufenthalt des Kindes bestimmen kann. Wenn das aber das Ziel ist, dann fällt auch das Anordnen des Verbleibens darunter mit der Folge, daß das Kind dem Zugriff der Eltern entzogen wird. – Frau H kann also bestimmen, daß Moritz im Krankenhaus bleibt und sie als JA vorübergehend gem. § 42 I 3 KJHG die elterlichen Rechte ausübt.
Gem. Abs. 3 S. 4 ist nunmehr Abs. 2 S. 2–4 entsprechend anzuwenden. Da die Eltern von M dessen Herausgabe verlangen, entfällt die Verpflichtung gem. Abs. 2 S. 2 und S. 3 Nr. 1. Jedoch hat Frau H gem. Abs. 2 S. 3 Nr. 2 unverzüglich eine Entscheidung des VormG über die erforderliche Maßnahme zum Wohl des Kindes herbeizuführen. »Unverzüglich« bedeutet »ohne schuldhaftes Zögern«. Wenn das AmtsG keinen Wochenenddienst hat, ist eine Mitteilung am Montag auch noch unverzüglich.

1 BT-Drucks. 11/5948, S. 81.

2. Haben das JA bzw. das VormG etwas zu veranlassen?

2.1 Das JA könnte die Pflicht haben, gem. § 50 III KJHG tätig zu werden und das Gericht anzurufen. Voraussetzung dafür wäre, daß das JA zur Abwendung einer Gefährdung des Kindeswohls das Tätigwerden des Gerichts für erforderlich hält.
(1) Gefährdung des Kindeswohls. Eine solche Gefährdung ist unter Einbeziehung der weiteren Erkenntnisse aus dem Polizeiprotokoll, dem Hausbesuch und dem Gespräch mit dem Krankenhaus zu bejahen (wäre detailliert auszuführen).
(2) Erforderlichkeit des Tätigwerdens des Gerichts. Das Tätigwerden des Gerichts ist nur dann erforderlich, wenn das Gericht Möglichkeiten hat, etwas zu unternehmen. Dies wiederum ist dann der Fall, wenn ein Sachverhalt vorliegt, der ein gerichtliches Eingreifen rechtfertigt. Im vorliegenden Fall könnte das Gericht eine Anordnung treffen, wenn die Voraussetzungen des § 1666 gegeben sind:

- Gefährdung des Kindeswohls,
- Fehlverhalten der Eltern,
- Kausalität,
- Unfähigkeit oder Unwilligkeit der Eltern, die Gefahr abzuwenden.

Das Vorliegen des ersten Spiegelstriches wurde schon zuvor bejaht. Der zweite bis vierte Spiegelstrich sind ebenfalls erfüllt (auch dies wäre differenziert zu begründen).
Zwischenergebnis: Das Gericht kann tätig werden. Zu prüfen bleibt, ob das Tätigwerden des Gerichts erforderlich ist. Diese Prüfung deckt sich mit der des § 1666a, wonach der gerichtliche Eingriff das letzte Mittel sein muß und öffentliche Hilfen, also auch die des KJHG, Vorrang haben.
Nach dem geschilderten Sachverhalt ist kein Ansatzpunkt dafür vorhanden, daß die Eltern sich freiwillig auf eine Hilfe des JA einlassen. Da aber das Kind auf keinen Fall in die häusliche Misere zurückdarf, ist die Einschränkung des Sorgerechts erforderlich, damit das JA sinnvoll tätig werden kann.
Ergebnis: Das JA wird also das VormG informieren und dem Gericht vorschlagen, was es tun soll. Hier kommt ein Entzug des Aufenthaltsbestimmungsrechts oder des gesamten Sorgerechts in Betracht. Insbesondere wenn ärztliche Behandlungen nötig sind, die die Eltern nicht akzeptieren würden, wird letzteres nötig sein. Im Anschluß daran müßte ein Sorgerechtspfleger bestellt werden, §§ 1773, 1789, 1909, 1915, der dann das Kind gem. §§ 33 oder 34 KJHG unterbringen kann.
2.2 Das VormG, das die Mitteilung des JA erhält, muß selber noch einmal die §§ 1666, 1666a überprüfen und von Amts wegen die nötigen Tatsachen ermitteln, § 12 FGG. Insbesondere sind die Eltern anzuhören, § 50a FGG. Die Anhörung des JA gem. § 49 FGG fällt mit der Information des Gerichts gem. § 50 III KJHG zusammen.

3. Legen Sie aus der Sicht der SA dar, welches die geeignete Hilfe für Moritz ist!

3.1 Nach der Sachverhaltsschilderung kann davon ausgegangen werden, daß Moritz – wenn überhaupt – in absehbarer Zeit nicht in seine Familie zurückkehren kann und daß er folglich außerhalb seiner Familie untergebracht werden muß. In diesem Fall ist gem. § 36 I 2 KJHG zu prüfen, ob die Annahme als Kind in Betracht kommt. Eine ähnliche Aufforderung enthält § 37 I 4. Er bestimmt, daß mit den Beteiligten eine neue, dem Wohl des Kindes förderliche, auf Dauer angelegte

Lebensperspektive zu erarbeiten ist, wenn eine nachhaltige Verbesserung der Erziehungsbedingungen in der Herkunftsfamilie nicht erreicht werden kann, obwohl mit der Familie während einer Fremdunterbringung gearbeitet worden ist.
3.2 Es ist daher zu prüfen, ob Moritz von der Familie Sch **adoptiert** werden kann.
a) Die **Voraussetzungen**

- des Kindeswohls (§ 1741 I Alt. 1 BGB),
- des Entstehens eines Eltern-Kind-Verhältnisses (§ 1741 I Alt. 2 BGB)
- und der vorangegangenen angemessenen Pflegezeit (§ 1744 BGB) sind erfüllt.

Da der Sachverhalt keine weiteren Angaben zu den Pflegeeltern enthält, kann davon ausgegangen werden, daß insofern keine Bedenken bestehen.
b) Erforderlich sind jedoch die **Einwilligungen der leiblichen Eltern**. Ist ihnen schon vorher ihr PSR gem. § 1666 BGB entzogen worden, brauchen sie gem. § 1746 BGB nicht mehr einzuwilligen. Allerdings müssen sie gem. § 1747 BGB als Eltern i.S. des Art. 6 GG ihre Zustimmung erteilen. Dies ist sinnvoll, weil durch eine Adoption die Rechtsbeziehungen zu den leiblichen Eltern völlig abgebrochen werden, während nach einem bloßen Entzug des Sorgerechts die Eltern weiterhin mit dem Kind verwandt bleiben, ein wechselseitiges Unterhalts- und Erbrecht fortbesteht, zumindest ein Umgangsrecht (und eine -pflicht) haben und das Sorgerecht wieder zurückübertragen bekommen können.
Vorliegend sind die leiblichen Eltern nicht bereit, ihre Einwilligung zu erteilen. Also kann eine Adoption nur dann durchgeführt werden, wenn sich die Einwilligung gerichtlich ersetzen läßt.
c) Es sind daher die **Voraussetzungen des § 1748 BGB** zu prüfen.
In Abs. 1 S. 1 (S. 2 und Abs. 4 kommen nicht in Betracht) unterscheidet das Gericht zwischen »anhaltend gröblicher Pflichtverletzung« und »Gleichgültigkeit«. Pflichten kann man nur verletzen, wenn man sie hat. Eine Pflichtverletzung der Eheleute Molle kann sich daher nur auf den Unterhalt oder den Umgang beziehen. Vom Unterhalt wissen wir nichts. Jedoch haben sich die Eltern jahrelang in keiner Weise um das Kind gekümmert. Hierin ist gleichzeitig eine Pflichtverletzung und eine Gleichgültigkeit zu sehen. Diese Feststellung ist bedeutsam, weil bei bloßer Gleichgültigkeit außerdem die Voraussetzungen des Abs. 2 (Beratung und Belehrung) vorliegen müssen.
Sowohl zur Gleichgültigkeit als auch zur Pflichtverletzung muß jedoch hinzukommen, daß das Unterbleiben der Adoption dem Kind zu unverhältnismäßigem Nachteil gereichen würde (siehe Abs. 1 S. 1). – Im vorliegenden Fall wissen wir nicht, ob die Pflegeeltern sich das Kind auch als bloßes Pflegekind behalten würden. Im Ergebnis kommt es jedoch darauf nicht an. Denn die Rspr.[2] steht mittlerweile auf dem Standpunkt, daß ein unverhältnismäßiger Nachteil gegeben ist, selbst wenn das Kind als Pflegekind bleiben könnte. Die fehlende rechtliche Eingliederung, die sich vor allem im Namen und dem reaktivierbaren Herausgabeanspruch der leiblichen Eltern äußere, sei für ein Kind nicht hinzunehmen.
Der g.V. des Kindes wird daher die Ersetzung der Einwilligung der Eltern beim VormG beantragen. Sodann könnten die Pflegeeltern einen notariell beglaubigten Adoptionsantrag stellen (§ 1752).

---

2 Vgl. z.B. OLG Frankfurt v. 13. 5. 1986, FamRZ 1986, 1042.

Kapitel 7

Rechtliche Fürsorge durch Vormundschaft, Pflegschaft und Beistandschaft

XX. Vormundschaft und Pflegschaft

Fall 54: Beginn der Vormundschaft

Ein ne. Kind steht grundsätzlich unter Nichtehelichenpflegschaft gem. § 1706 BGB. Diese tritt mit der Geburt des Kindes automatisch (= kraft Gesetzes) ein, wobei in der Regel das JA PFL wird, §§ 1709 S. 1 BGB, 55 I KJHG. VM wird das JA kraft Gesetzes, wenn das Kind eines VMs bedarf, d.h., wenn die Mutter selbst die e.S. nicht ausüben kann, weil sie mj ist, §§ 1773, 1791c I BGB, 55 I KJHG (ihre e.S. ruht dann, § 1763 BGB). In beiden Fällen muß das JA dem VormG mitteilen, daß eine Amtspflegschaft bzw. -vormundschaft eingetreten ist, § 57 KJHG. Das VormG braucht nicht tätig zu werden.

Fall 55: Scheineheliche Kinder

1. Gem. § 1599 BGB ficht der Mann die Ehelichkeit des Kindes durch Klage gegen das Kind an. Karlchen ist also Kläger, S Beklagter (S ist parteifähig, § 50 I ZPO). Da S jedoch nicht prozeßfähig ist (d.h. nicht rechtswirksam vor Gericht handeln kann, §§ 51 I, 52 I ZPO), muß dies ein g.V. für ihn tun. G.V. sind noch beide Eltern (§ 1629 I 1 BGB). Karlchen kann aber nicht gleichzeitig als Kläger und Beklagter agieren, §§ 1629 II, 1795 II, 181 BGB. Deshalb muß für den Prozeß ein ErgänzungsPFL bestellt werden, § 1909 BGB, der anstelle beider Eltern für S auftritt.

2. Durch die erfolgreiche Anfechtung der Ehelichkeit ist S nicht mehr eheliches Kind, § 1593 BGB (nichteheliches erst gem. § 1600a BGB). Die e.S. hat in einem solchen Fall die Mutter, § 1705 BGB; allerdings für bestimmte Angelegenheiten, § 1706 BGB, ist ein PFL (bei voller Geschäftsfähigkeit der Mutter) bzw. ein VM (bei nicht voller Geschäftsfähigkeit) vorhanden. Dies ist gem. §§ 1709 S. 3 iVm 1791c I 2 BGB bzw. nur § 1791c I 2 BGB, § 55 I KJHG das JA.

3.1 Minderjährigkeit von L bei Geburt von S: dann hätte Ls e.S. gem. § 1673 II 1 BGB geruht. Neben der e.S. von K hätte ihr nur die tatsächliche PS zugestanden, § 1673 II 2 BGB.
3.2 Minderjährigkeit von L nach erfolgreicher Ehelichkeitsanfechtung: Da Ls e.S. immer noch geruht hätte und K keine e.S. mehr gehabt hätte, hätte S gem. § 1773 I BGB eines VM bedurft. Dies wäre gem. §§ 1791c I 2 BGB, § 55 I KJHG das JA gewesen.

4. Volljährigwerden von L: Das Volljährigwerden der Mutter bedeutet das gesetzliche Ende der Vormundschaft. Da S aber weiterhin ne. Kind ist, wird das JA neben der Mutter als Sorgerechtsinhaberin (§ 1705 BGB) PFL für die Angelegenheiten des § 1706 BGB, §§ 1710 BGB, 55 I KJHG.

Fall 56: Beschränkt geschäftsfähige/voll geschäftsfähige Mutter

1. Unverheiratete Mutter

Bei der Geburt des ne. K war die Mutter Inhaberin der e. S., § 1705 BGB, nur für die in § 1706 BGB genannten Angelegenheiten war gem. §§ 1709 S. 1 BGB iVm § 55 I KJHG das JA PFL.
Obwohl der Betreuer g. V. der M ist, § 1902 BGB, berührt die Betreuungsanordnung die Geschäftsfähigkeit nicht. M bleibt daher grundsätzlich weiterhin Inhaberin der e. S. Es ist auch nicht möglich, für den Bereich der e. S. einen Einwilligungsvorbehalt gem. § 1903 I 1 BGB anordnen zu lassen, weil es sich hierbei um ein höchstpersönliches Recht handelt, Abs. 2.
Die e. S. könnte M nur auf zweierlei Weise verlieren: Wenn sie »natürlich« geschäftsunfähig iSd § 104 Nr. 2 BGB ist, ruht ihre e. S. gem. § 1673 I BGB. Dann bedarf K eines VM, § 1773 BGB. Dies würde automatisch das JA gem. §§ 1791 c II BGB, 55 I KJHG. – Ist M dagegen nicht »natürlich« geschäftsunfähig, ist aber aufgrund ihres Zustandes nicht zu verantworten, daß sie die e. S. ausübt, dann muß ihr gem. § 1666 BGB (»unverschuldetes Versagen«) die e. S. entzogen werden. Auf diesem Weg kommt es evtl. nur zur Notwendigkeit eines PFL. Das JA, das schon PFL gem. § 1709 BGB ist, würde dann über den § 1706 hinausgehende Kompetenzen erhalten.

2. Verwitwete Mutter

Wenn L verwitwet ist, ist sie gem. § 1681 I 1 BGB Alleininhaberin der e. S. Die Betreuungsanordnung ändert nichts an ihrer e. S. Ist sie jedoch natürlich geschäftsunfähig oder wird ihr die e. S. wegen Erziehungsunfähigkeit eingeschränkt, dann bedarf K eines VM bzw. eines PFL, §§ 1773, 1909 BGB. Dieser ist gem. §§ 1774, 1915 BGB vAw zu bestellen. Bestellt werden kann eine Einzelperson, §§ 1775 ff BGB, ein Verein, § 1791 a BGB iVm § 54 KJHG oder auch das JA, § 1791 b BGB iVm § 55 I KJHG.

Fall 57: Ausschluß von Amtsvormundschaft/Amtspflegschaft

1. Laurentia ist vj

Da K ne. sein wird, erhält es idR einen PFL, § 1706 BGB. Dies ist normalerweise das JA gem. §§ 1709 S. 1 BGB, § 55 I KJHG. Hiergegen kann sie folgendes unternehmen:

- L kann vor der Geburt zur Wahrnehmung der in § 1706 BGB genannten Aufgaben vom VormG einen PFL bestellen lassen. Dies muß eine Einzelperson oder ein Verein sein, § 1708 BGB.
- L kann vor der Geburt den Antrag an das VormG stellen, daß die Pflegschaft nicht eintritt, § 1707 S. 1 Nr. 1 BGB.

- L kann nach der Geburt den Antrag an das VormG stellen, die gem. §§ 1706, 1709 BGB kraft Gesetzes eingetretene Pflegschaft aufzuheben, § 1707 S. 1 Nr. 2 BGB.
- Das JA kann nach der Geburt als PFL entlassen, und es kann ein EinzelPFL oder ein Vereinspfleger bestellt werden, §§ 1915, 1887 I BGB, 56 IV KJHG, § 1791 a BGB.

2. Laurentia ist mj

Da Ls e. S. gem. § 1673 II BGB ruhen wird, wird K gem. § 1773 BGB eines VMs bedürfen. Dies wird idR das JA sein, §§ 1791c I BGB, § 55 K KJHG. Hiergegen kann L folgendes unternehmen:

- L kann schon vor der Geburt einen VM für K bestellen lassen, § 1774 S. 2 BGB.
- Das JA kann nach der Geburt als VM entlassen und durch einen EinzelVM ersetzt werden, §§ 1887 I BGB, 56 IV KJHG.

Fall 58: Ausländische ledige Mutter mit Kind

1. Wenn Ila Kroatin ist, so liegt hier ein **sog. Fall mit Auslandsberührung** vor. Werden deutsche Behörden und Gerichte mit solchen Fällen konfrontiert, so haben sie sich zwei Fragen zu stellen: (a) Darf bzw. muß ich überhaupt tätig werden, oder kann/muß ich die Angelegenheit den ausländischen Behörden überlassen? **(Frage der internationalen Zuständigkeit)**[1], (b) Falls ich zuständig bin: Nach welchem Recht ist die Sachlage zu beurteilen? **(Frage des anzuwendenden Rechts)**. Die erste Frage hat allerdings – unabhängig davon, daß sie hier nicht gestellt ist – nur dann Bedeutung, wenn behördlich oder gerichtlich etwas **getan** werden muß. Regelt sich die Sachlage dagegen **kraft Gesetzes**, entfällt sie.
Da hier nur nach dem Rechtszustand e. S. gefragt ist, ist nur nach dem anzuwendenden Recht und der sich daraus ergebenden materiellen Rechtslage zu forschen. Die Frage des anzuwendenden Rechts ist im Internationalen Privatrecht (IPR) geregelt, das teils im autonomen Recht (EGBGB), teils in internationalen Abkommen (bi- oder multilaterale) geregelt ist. Das autonome Recht wird ausgeschaltet, soweit Abkommen vorhanden sind (vgl. Art. 3 II 1 EGBGB). Das EGBGB unterscheidet in den Artt. 19 und 20 eheliche und nichteheliche Kinder. Ob ein Kind unter den einen oder den anderen Artikel zu subsumieren ist, hängt davon ab, ob die Mutter verheiratet ist (vgl. Art. 19 I 1 EGBGB). Ist sie – wie vorliegend – ledig, so gilt Art. 20 II EGBGB. Hiernach bestimmt sich das Rechtsverhältnis zwischen den Eltern und dem ne. Kind nach dem Recht des Staates, in dem das Kind seinen g. A. hat.
Diese Regelung kann aber nur dann zum Zuge kommen, wenn sie nicht durch internationale Abkommen überlagert wird. Dies könnte im Bereich der e. S. das Haager Minderjährigenschutzabkommen (MSA) sein.[2] Dieses unterscheidet Schutzmaßnahmen (Art. 1, 2, 4, 8, 9 MSA), die gerichtlich oder behördlich angeordnet werden, und gesetzliche Schutzverhältnisse (Art. 3), die kraft Gesetzes entstehen. Nach Art. 3 MSA ist ein Schutzverhältnis, das nach dem innerstaatlichen Recht des Staa-

---

1 Siehe oben Fall 24, Abschn. 1.3.
2 Siehe oben Fall 24.

tes, dem der MJ angehört, kraft Gesetzes besteht, in allen Vertragsstaaten anzuerkennen. Die Bedeutung dieser Norm für die innerstaatliche deutsche Rechtspraxis (andere MSA-Mitgliedstaaten können durchaus zu einem anderen Ergebnis kommen!) war lange Zeit sehr umstritten. Es bestand die Frage, ob die Sperre des Art. 3 MSA nur bei Ergreifen von (richterlichen oder behördlichen) Schutzmaßnahmen durch den Aufenthaltsstaat gelte oder auch bei dem Entstehenlassen von Schutzverhältnissen kraft Gesetzes. Die Auslegung in der einen oder anderen Richtung hatte immer dann große Bedeutung, wenn das Heimatrecht des Kindes der Mutter oder gar den Eltern des Kindes das volle Sorgerecht einräumte (im Gegensatz zum deutschen Recht, das die gesetzliche Amtspflegschaft des JA neben dem Sorgerecht der Mutter vorsieht). Dies ist beispielsweise im kroatischen Familienrecht der Fall. Gerade im vorliegenden Sachverhalt wirkte sich daher die unterschiedliche Auslegung von Art. 3 MSA aus: Sah man ihn als Barriere für Schutzmaßnahmen und gesetzliche Schutzverhältnisse des Aufenthaltsstaates, so wurde das deutsche JA bei ne. kroatischen Kindern nicht AmtsPFL; sah man ihn dagegen nur als Barriere für Schutzmaßnahmen, so trat auch für ne. kroatische Kinder – sei es, daß sie hier geboren waren, sei es, daß sie zuzogen – gesetzliche Amtspflegschaft ein.
Mit seiner Entscheidung vom 2. 5. 1990[3] bereitete der BGH dem Streit ein Ende. In rechtsdogmatisch vertretbarer, rechtspolitisch nur schwer verständlicher Weise[4] entschied er, daß die deutsche gesetzliche Amtspflegschaft für alle ne. Kinder eintrete, die ihren g. A. in Deutschland hätten, ganz gleich, was deren Heimatrecht vorsieht.
Das bedeutet für den vorliegenden Fall, daß die Mutter gem. § 1705 BGB grundsätzlich die e. S. hat und daß das JA gem. § 1709 BGB iVm § 55 I KJHG für die in § 1706 BGB genannten Aufgaben AmtsPFL ist.

2. Nach der Rspr. des BGH spielt es keine Rolle, ob das Heimatrecht des Kindes eine vom deutschen Recht abweichende (so z.B. Kroatien) oder gar keine Regelung (so Türkei: das Gericht muß einen VM bestellen) enthält. Deshalb wird das deutsche JA auch für türkische Kinder gem. § 1709 BGB iVm § 55 I KJHG AmtsPFL.

Fall 59: Haftung des Amtspflegers

1. Schadensersatzansprüche, wenn das JA VM war

1.1 Haftung der Kommune gem. § 1833 BGB iVm Art. 34 GG für den VM

a) Schaden: Der Betrag, der zum Unterhalt des K zur Verfügung steht, ist nicht groß genug (mtl. 250 DM).
b) Pflichtverletzung des VM: Er hat den notwendigen Betrag nicht richtig errechnet oder errechnen lassen.
c) Verschulden: Er hat fahrlässig gehandelt. Die Genehmigung des VormR entlastet ihn nicht, da der VM in eigener Verantwortung handelt.
d) Die Kommune übernimmt die Haftung des VM, kann sich jedoch bei grober Fahrlässigkeit des SA an diesen halten, Art. 34 S. 2 GG.

---

3 FamRZ 1990, 1103.
4 Vgl. dazu *Oberloskamp*, FamRZ 1990, 1.

1.2 Haftung des Justizfiskus gem. § 839 BGB iVm Art. 34 GG für den VormR

a) Beamter: VormR gelten als Beamte.
b) Amtspflicht gegenüber Dritten: Der VormR darf nur die Rechtsgeschäfte des MJ genehmigen, die diesem nicht schaden. Hiergegen hat er verstoßen.
c) Bei Fahrlässigkeit haftet er aber nur dann, wenn der Geschädigte nicht von anderer Seite Ersatz erhalten kann, § 839 I 2 BGB. Dies wäre hier die Gemeinde.
d) Zu überlegen wäre noch, ob dem Mündel nicht das Verschulden seines g. V. (VM) gem. §§ 254 II 2 iVm 278 BGB anzulasten ist. Dies wird zwar grundsätzlich bejaht, kommt hier aber nicht in Betracht, da es sich vorliegend um deliktes Verschulden handelt, bei dem nur § 831 BGB eingreift. Diese Vorschrift kennt jedoch keine Haftung des MJ für seinen g. V.[5]

1.3 Gesamtschuldnerische Haftung

Die Kommune und der VormR haften gem. §§ 840 I, 426 BGB als Gesamtschuldner. Gem. § 841 BGB hat jedoch im Innenverhältnis die Kommune den Schaden zu tragen.

2. Schadensersatzansprüche, wenn ein e. V. VM war

2.1 Haftung des Vereins gem. § 1791 a III 2 BGB für den SA

a) Es muß sich um einen rechtsfähigen Verein (§§ 21 ff BGB) handeln, den das LJA für geeignet erklärt hat, Vormundschaften zu führen (§ 54 KJHG, § 26 AG-KJHG NW), § 1791 a I 1 BGB. – Bei den Ortsgruppen des SkF ist das gewöhnlich der Fall.
b) Der Verein muß einem seiner Mitglieder die Führung der Vormundschaft übertragen haben, § 1791 a III 1 HS. 1 BGB. Dies sieht das Gesetz zwingend vor.[6] Wird es versäumt, dürfte es sich um einen Organisationsmangel handeln, der ebenfalls zur Haftung führt. – Vorliegend kann die Übertragung auf eine Einzelperson unterstellt werden.
c) Das Vereinsmitglied, dem die Führung übertragen wird, muß dem Mündel schuldhaft einen Schaden zufügen. – Das trifft zu, da die Abfindungssumme unzulänglich berechnet wurde.
d) Folge: Der Verein haftet gem. § 1791 a III 2 BGB (entgegen § 31 BGB) nicht nur für seine Organe, sondern auch für seine schlichten Mitglieder. Die Haftungsbeschränkungen gem. §§ 278, 831 BGB gelten trotzdem nicht.

2.2 Haftung des Justizfiskus gem. § 839 BGB iVm Art. 34 GG für den VormR

Hier gilt dasselbe wie unter 1.2.

2.3 Gesamtschuldnerische Haftung

Es gilt das zu 1.3 Ausgeführte entsprechend.

---

5 Vgl. BGH v. 31. 3. 1960, BGHZ 33, 137.
6 Vgl. *Palandt/Diederichsen*, § 1791 a Anm. 4.

XXI. Beistandschaft*

Fall 60: Helfer für Alleinerziehende

1. Eheliche Kinder

1.1 L könnte durch das FamG das Scheidungsurteil hinsichtlich der Sorgerechtsregelung gem. §§ 1696, 1671 V 2 BGB abändern lassen. Dadurch könnten die Kinder für die Geltendmachung von Unterhaltsansprüchen einen PFL erhalten. Falls kein geeigneter EinzelPFL zu finden wäre, würde das JA diese Aufgabe vom VormG erhalten, §§ 1791 b, 1715 BGB iVm 55 I KJHG.
1.2 L könnte sich gem. § 18 I KJHG vom JA beraten und unterstützen lassen. Mit entsprechenden Vollmachten durch L versehen könnte das JA Auskünfte einholen und ihr ihre verfahrensrechtlichen Möglichkeiten aufzeigen. Zur Prozeßvertretung wäre das JA allerdings nicht befugt.
1.3 Das VormG könnte der L auf Antrag gem. § 1685 BGB einen Beistand bestellen. Dies würde bei fehlender geeigneter Einzelperson gem. § 55 I KJHG das JA sein. Gem. § 58 iVm § 1686 BGB dürfte der Beistand die L innerhalb seines Wirkungskreises unterstützen. Das Recht, anstelle von L für die Kinder einen Prozeß zu führen, hätte er allerdings nur gem. § 1690 BGB, wenn sein Wirkungskreis die Geltendmachung von Unterhaltsansprüchen beträfe.

2. Nichteheliche Kinder

2.1 Wäre L eine »normale« Mutter ne. Kinder, so hätte sie gem. § 1705 BGB die e. S. Für die Bereiche des § 1706 BGB wäre das JA AmtsPFL. Gem. Nr. 2 hätte es dann das Recht und die Pflicht, sich um die Durchsetzung der Unterhaltsansprüche zu bemühen.
2.2 Einen Anspruch gem. § 18 I KJHG auf Beratung und Unterstützung (nicht nach Abs. 3; der bezieht sich nur auf die persönlichen Ansprüche der Mutter gem. §§ 1615 k, 1615 l BGB) hätte die L, wenn die Amtspflegschaft der §§ 1706, 1709 BGB gem. § 1707 BGB aufgehoben worden und eine Abänderung dieser Entscheidungen gem. § 1707 S. 3 BGB nicht erforderlich wäre.
2.3 Eine Beistandschaft gem. §§ 1685, 1690 BGB käme ebenfalls nur dann in Frage, wenn das JA nicht mehr AmtsPFL wäre.

* Noch in dieser Legislaturperiode sollen die bisherige Beistandschaft und die gesetzliche Amtspflegschaft für ne. Kinder durch ein Rechtsinstitut der Beistandschaft ersetzt werden, das für ehel. und ne. Kinder gelten soll (Vgl. RefE des MJ v. 30. 6. 1993).

Kapitel 8

Mitwirkung in Gerichtsverfahren

XXII. Mitwirkung in Verfahren vor den Vormundschafts- und Familiengerichten

Fall 61: Befugnisse des JA

1. Befugnis des JA, zum Zwecke der Mitwirkung im Gerichtsverfahren Kontakte mit den Betroffenen aufzunehmen und insbesondere Hausbesuche zu machen

1.1 Die Fragestellung betrifft die Rechtsbeziehung JA – Klient, und zwar in der Sondersituation, daß das **JA** nicht »für sich«, sondern **für das Gericht** im Interesse der Betroffenen aktiv wird.
Rechtsgrundlage für eine solche Tätigkeit könnte § 50 I 2 KJHG iVm § 49a I Nr. 2 FGG sein. Danach hat das JA in Verfahren vor dem FamG mitzuwirken. § 50 II KJHG konkretisiert diese Mitwirkungspflicht, indem er ausführt, daß das JA »insbesondere« (weiteres ist also möglich) über angebotene und erbrachte Leistungen unterrichtet, erzieherische und soziale Gesichtspunkte zur Entwicklung des Kindes einbringt und auf weitere Möglichkeiten der Hilfe hinweist.
Von diesen genannten Mitwirkungspflichten, die den Inhalt der jugendamtlichen Aufgaben beschreiben, sind die verfahrensrechtlichen Möglichkeiten des JA zu unterscheiden, wie diese Aufgaben zu erfüllen sind.
1.2 Zu dem **Inhalt** der Aufgabe:
a) Das JA hat über **angebotene und erbrachte Leistungen** zu unterrichten. Im Zusammenhang mit einer Sorgerechtsregelung bei Scheidung kommt als Leistung besonders die Scheidungsberatung gem. § 17 I 2 Nr. 3 und II KJHG in Betracht. Sie soll dazu dienen, Bedingungen für eine dem Wohl des Kindes förderliche Wahrnehmung der Elternverantwortung zu schaffen und die Eltern bei der Entwicklung eines einvernehmlichen Konzepts für die Wahrnehmung der elterlichen Sorge zu unterstützen, das als Grundlage für die richterliche Entscheidung gem. § 1671 BGB dienen kann. Diese Aufgabe nach § 17 KJHG steht neben der Aufgabe nach § 50 KJHG. Beide sind in der Regel nebeneinander zu erfüllen. Kann die Beratungsaufgabe nicht wahrgenommen werden, weil die Betroffenen keine Beratung wünschen, so führt dies nicht zwangsläufig dazu, daß die Mitwirkung im Gerichtsverfahren entfällt[1]. Vielmehr muß dann JA sonstige Kontakt- und Informationsmöglichkeiten ausschöpfen.
b) Ferner hat das JA **erzieherische und soziale Gesichtspunkte** zur Entwicklung des Kindes einzubringen. Fachgerecht geschieht das in der Weise, daß aus Vorge-

---

1 So ausdrücklich OLG Frankfurt v. 28. 10. 1991, FamRZ 1992, 206, das allerdings alle datenschutzrechtlichen Überlegungen, die ebenfalls zu berücksichtigen sind, außer Betracht läßt.

schichte, Befund, Diagnose und Prognose[2] Folgerungen gezogen werden, die dem Richter eine dem erzieherischen Bedarf des MJ gerecht werdende Entscheidung ermöglichen.
c) Schließlich hat das JA **auf weitere Möglichkeiten der Hilfe hinzuweisen**. D. h., es hat darzustellen, ob Beratungs- oder sonstiger Bedarf besteht und ob es ggf. selber entsprechende Angebote machen kann oder ob es die Einschaltung anderer Institutionen empfiehlt.
1.3 Zu den **verfahrensrechtlichen Möglichkeiten** des JA, die Aufgaben zu erfüllen: Das KJHG enthält hierzu keinerlei Aussagen. Es ist daher auf die allgemeinen Regeln, die für Verwaltungsbehörden gelten, zurückzugreifen. Hier ist schon fraglich, welche **Rechtsgrundlage** für die Mitwirkung des JA in Familiengerichtsverfahren gilt. Weder das SGB X noch das VwVfG sind auf diese Tätigkeit anzuwenden. Das SGB X gilt nicht, weil es gem. § 8 nur für das Sozialverwaltungsverfahren angewandt werden soll, d. h. für behördliche Aktivitäten, die auf den Erlaß eines VA oder den Abschluß eines öffentlich-rechtlichen Vertrages gerichtet sind. Darunter fällt die Mitwirkung im FamG-Verfahren nicht. – Auch das VwVfG gilt nicht, denn die Mitwirkung ist gem. §§ 2 III Nr. 6, 50 KJHG Teil der Jugendhilfe.
Da sich die JA-Mitwirkung auch weder dem gerichtlichen Verfahrensrecht (FGG) noch dem (für Lücken fortgeltenden) alten unkodifizierten Verwaltungsrecht zuordnen läßt[3], bleibt nur übrig, die Frage nach den Verfahrenskompetenzen des JA aus sich heraus **auf der Basis allgemeiner Prinzipien** zu entscheiden. Grundsätze, die dabei eine Rolle spielen, sind z. B.

- Freiwilligkeit der Inanspruchnahme von Leistungen,
- Eingriffe grundsätzlich nur über das Gericht, es sei denn, es liegen die Ausnahmen des KJHG (§ 8 III; §§ 42, 43) vor,
- Beachtung der Bestimmungen zum Datenschutz.

1.4 Überträgt man diese Überlegungen auf den **vorliegenden Fall**, so ergibt sich folgendes: Wenn das JA das FamG über angebotene und erbrachte Leistungen unterrichten soll, so muß es den Betroffenen zunächst Leistungen anbieten bzw. erbringen. Es hat also den Versuch zu machen, mit den scheidungswilligen Eltern ins Gespräch zu kommen, um mit ihnen ein Konzept für die Nachscheidungszeit zu erarbeiten. Die Frage ist, ob die Eltern ein solches Kontaktbemühen des JA ablehnen können. Scheidungsberatung ist eine Leistung der Jugendhilfe (§ 2 II Nr. 2 iVm 17 II KJHG), die grundsätzlich nicht aufgezwungen werden kann. Trotzdem könnte gem. §§ 1626ff BGB oder gem. Art. 6 II 1 GG direkt die Verpflichtung der Eltern bestehen, die Leistung in Anspruch zu nehmen. Die e. S., die ein fremdnütziges Recht ist, beinhaltet nämlich, die Kinder zu fördern und soweit wie möglich Schaden von ihnen fernzuhalten. Zwar räumt das Gesetz Eltern die Möglichkeit ein, sich trotz des Vorhandenseins von Kindern scheiden zu lassen. Dies entbindet sie aber nicht von der Pflicht, ihre e. S. so gut wie möglich auszuüben. Die Weigerung der Eltern, dabei mitzuwirken, für die Kinder für die Zeit nach der Scheidung eine tragfähige Sorgerechtsregelung zu finden, ist ein Mißbrauch der ihnen eingeräumten Rechtsmacht. Das OLG Köln[4] hat diesen Gedanken folgendermaßen formu-

---

2 S. o. Frage (109), S. 78f.
3 Überlegungen dazu bei *Arndt/Oberloskamp*, S. 136ff.
4 V. 13. 2. 1981, FamRZ 1981, 599.

liert: »Angesichts der für jeden erkennbaren gesetzlichen Aufgabe von JÄ in Sorgerechtssachen, nach bestem Bemühen Sachverhalte aufzuklären, um dem Wohl des betroffenen Kindes zu dienen und durch solche Mitwirkung im richterlichen Verfahren eine möglichst sachgerechte Entscheidung fördern zu helfen, ist es schwer verständlich, welcher verständige Anlaß von Eltern bestehen kann, wenn ausschließlich das Wohl des Kindes Motiv allen Handelns ist oder jedenfalls sein sollte, von vornherein jedwede Mitwirkung oder Bemühung von Beauftragten des JA, auch persönliche Umstände in angemessener Form zu klären, zu verweigern oder in bezug auf Kontakte zum anderen Elternteil zu verhindern.«

Diese somit bestehende **materielle Mitwirkungspflicht der Eltern** kann jedoch weder das Gericht noch erst recht das JA erzwingen. Hat der Richter noch die Möglichkeit, wenigstens die körperliche Anwesenheit beim Verfahren zwangsweise durchzusetzen (§ 33 II FGG, Art. 104 I GG, §§ 50a–c FGG), so hat das JA für seine Leistung nicht einmal diese Kompetenz. Es könnte dem Gericht daher im Rahmen seiner Stellungnahme nur mitteilen, daß es keine Leistungen habe erbringen können.

Damit ist die zweite Aufgabe des JA, nämlich erzieherische oder soziale Gesichtspunkte zur Entwicklung des Kindes einzubringen, **auf diesem Wege** nicht erfüllbar.

1.5 Bisher ist also festzustellen, daß scheidungswillige Eltern die Pflicht haben, bei der Sorgerechtsregelung sowie der vorausgehenden Scheidungsberatung mitzuwirken und daß das JA folglich das Recht hat, mit den Eltern Kontakt aufzunehmen. Eine weitere Frage ist nun, ob diese Kontaktaufnahme auch in **Form eines Hausbesuches** erfolgen kann.

Die Möglichkeit, mit Betroffenen ins Gespräch zu kommen, ergibt sich durch Briefwechsel, Telefongespräche, Gesprächstermine im JA oder an dritten Orten sowie in der Wohnung des Betroffenen. Ist der Betroffene einverstanden, so sind diese Möglichkeiten gleichwertig. Ist er nicht einverstanden, so hängt die Wahl des Mittels vom Grundsatz der Verhältnismäßigkeit ab. Fragen der Sorgerechtsregelung lassen sich sicher weder brieflich noch telefonisch erledigen. Der persönliche Kontakt des SA mit den Betroffenen einschließlich des Kindes ist nötig. Oft wird es genügen, die Eltern und Kinder ins JA einzuladen. In anderen Fällen wird es nötig sein, die Wohnung eines Elternteils zu betreten, insbesondere wenn die alltägliche Interaktion von Eltern und Kind zu erforschen oder wenn zu klären ist, ob bestimmte Wohnverhältnisse für das Kindeswohl noch zuträglich sind. Wehrt sich der Betroffene in einem solchen Fall immer noch, den SA in seine Wohnung hereinzulassen, so kann der SA keinen Zwang anwenden. In Extremfällen, d.h., wenn er vermutet, daß das Kind gefährdet ist, kann er sich mit Hilfe der Polizei (gem. UZwG NW) Zutritt verschaffen.

2. Befugnis des JA, sich bei Dritten die gewünschten Informationen zu holen[5]

Das Bemühen des SA, mit den Eltern persönlich Kontakt aufzunehmen, entspricht den datenschutzrechtlichen Vorschriften des § 62 KJHG. Gem. Abs. 2 S. 1 sind personenbezogene Daten beim Betroffenen zu erheben[6]. Wenn der Betroffene dies nicht zuläßt, sind die Voraussetzungen des Abs. 3 zu prüfen, der ausnahmsweise

5 Zur Beziehung JA – Brite s. bei *Arndt/Oberloskamp*, S. 148f.

6 Ohne Begründung abgelehnt in der Stellungnahme des DV, NDV 1992, 148/151.

eine Erhebung personenbezogener Daten ohne Mitwirkung des Betroffenen gestattet. Die Ausnahmebestimmungen der Nrn. 2 und 3 liegen hier allesamt nicht vor. In Betracht kommt nur die Nr. 1. Demnach ist die Erhebung personenbezogener Daten bei Dritten zulässig, wenn eine gesetzliche Bestimmung dies vorschreibt oder erlaubt. Der Fall der **Kindesgefährdung**, der nach einem Eingriff in das Sorgerecht verlangt (§ 50 III KJHG), fällt hierunter.[7] Wenn dies nicht so wäre, könnte z.B. Eltern, die ihr Kind mißhandeln und die sich Gesprächen mit dem JA entziehen, u.U. nicht das Sorgerecht beschränkt werden. Das kann nicht richtig sein. In einem solchen Fall dürfen die Daten daher auch bei Dritten erhoben werden.
Dasselbe muß aber auch schon gelten, wenn das JA den **begründeten Verdacht** hat, daß das Kind gefährdet ist. Das bedeutet nicht, daß der zuweilen zu beobachtenden Mentalität, in jedem Fall »vorsichtshalber nachzusehen«, Vorschub geleistet werden soll. Im Gegenteil: das JA hat sich pflichtgemäß darüber Rechenschaft abzulegen, welches Rechtsgut höher zu bewerten ist: ein eventuell hilfebedürftiges Kind oder die Autonomie von Eltern, deren Kooperationsbereitschaft mit dem JA es im Interesse des Kindes zu erhalten gilt. Entscheidet es sich für eine Datenerhebung bei Dritten, so bedeutet dies jedoch keinesfalls zwingend, daß die gewonnenen Erkenntnisse ans Gericht weitergegeben werden **müssen**. Vielmehr ist dann auf der Basis der §§ 64, 65 KJHG zu entscheiden, ob die Informationen dem Gericht zu **»offenbaren«** sind. Bei bestätigter Gefährdung kann die Befugnis zur Offenbarung allerdings in eine Offenbarungspflicht umschlagen. Festzuhalten bleibt in jedem Fall, daß kein Gericht dem JA vorschreiben kann, Daten bei Dritten zu erheben oder bei Dritten erhobene Daten an das Gericht weiterzugeben. Diese Entscheidungen liegen allein im pflichtgemäßen Ermessen des JA. Dies folgt eindeutig aus § 62 III KJHG (»Ohne Mitwirkung des Betroffenen **dürfen** ... Daten ... erhoben werden ...«) und § 65 (»... Daten ... **dürfen** ... offenbart werden ...«).
Im vorliegenden Fall kommt es also darauf an, ob die SA begründeten Anlaß hat anzunehmen, daß J gefährdet ist. Wenn ja, kann sie auch Dritte befragen.

3. »Anweisung« des Gerichts

3.1 Hier ist zu prüfen, ob es sich um einen **gerichtlichen Akt** handelt, der **justiziabel** ist. Vormundschafts- und familiengerichtliche Angelegenheiten unterliegen der freiwilligen Gerichtsbarkeit und unterstehen somit dem FGG und in Ergänzung dazu, soweit spezialgesetzliche Bestimmungen vorhanden sind, den §§ 606–638 ZPO.
Das Verfahrensrecht der freiwilligen Gerichtsbarkeit sieht als einziges Rechtsmittel gegen **richterliche Entscheidungen** die **Beschwerde** vor: § 19 FGG. **Entscheidungen des Rechtspflegers** dagegen können mit dem Rechtsbehelf der **Erinnerung** angegriffen werden: § 11 RpflG. Ob es sich bei der Beschwerde um eine sog. einfache oder eine sog. sofortige (= befristete) handelt, ergibt sich im Einzelfall aus dem Gesetz. Ist die Beschwerde eine sofortige, gilt in der Regel eine 2-Wochen-Frist, ausnahmsweise (in Familiensachen, s. § 621e III iVm § 516 ZPO) eine Monatsfrist.
Mit der Beschwerde **anfechtbar** sind »sachliche Entschließungen« des Gerichts, also insbesondere Endentscheidungen sowie Zwischenverfügungen, durch die in Rechte der Beteiligten eingegriffen wird.

7 *Maas,* NDV 1991, 215/217; *Oberloskamp,* FamRZ 1992, 1241/1247.

Anfechtbar sind folglich u.a.: Eingriffe in das Sorgerecht, Ruhensfeststellungen; die AO des persönlichen Erscheinens eines Beteiligten, die AO der psychiatrischen Untersuchung eines Elternteils, die Aussetzung des Verfahrens.
Nicht anfechtbar dagegen sind z.B.: Meinungsäußerungen, Hinweise, interne Verfügungen wie Aktenbeiziehung, Untätigkeit.
3.2 Im vorliegenden Fall hat der Richter am 17.12. 1990 das JA informiert und um Berichterstattung gebeten. – Damit ist nicht in die Rechte der Beteiligten eingegriffen, sondern lediglich das JA darin bestätigt worden, die ihm unabhängig von einer richterlichen Anweisung, Bitte oder Zulassung auferlegte Pflicht (§ 50 KJHG) zu erfüllen. Es handelt sich daher also nicht um eine anfechtbare richterliche Verfügung.
Am 26.1. 1991 hat der Richter den SA gebeten, sich einen persönlichen Eindruck von den Beteiligten zu machen. – Das Gesetz enthält keine Aussagen darüber, wie das JA vorzugehen hat, damit eine Anhörung im Interesse der Beteiligten sinnvoll erfolgen kann. Wie sich aus den Aufführungen unter 1. ergibt, gehört jedoch die Abstattung von Hausbesuchen unter Umständen dazu. Dies folgt unmittelbar aus dem Auftrag des JA; eine richterliche »Verfügung« ist insoweit überflüssig, zumindest nicht rechtsbegründend.
3.3 Ergebnis: Laurentia hat somit keinerlei Möglichkeit, die Verfahrenshinweise des Gerichts anzufechten.

Fall 62: Inhalt der Unterrichtung gem. § 50 KJHG

1. Einigkeit über die Sorgerechtsregelung

Die SA kann das FamG davon unterrichten, daß das Ziel des § 17 II KJHG erreicht worden ist, § 50 II Teil 1 KJHG. Erzieherische und soziale Gesichtspunkte zur Entwicklung des Kindes einzubringen (§ 50 II Teil 2 KJHG), ist nur dann erforderlich, wenn der Richter insoweit etwas zu entscheiden hat. Dies ist bei einem einverständlichen Konzept, das durch Vermittlung des JA zustande gekommen ist, nicht der Fall. Infolgedessen entfällt auch der Hinweis des JA auf weitere Möglichkeiten der Hilfen, § 50 III Teil 3 KJHG.

2. Scheitern des Versuches der Erarbeitung eines einvernehmlichen Konzepts

Die SA hat dem Gericht mitzuteilen, daß ihre Vermittlungsbemühungen gescheitert sind. Die Frage ist nun, ob sie andere Informationen aus der Scheidungsberatung an das Gericht weitergeben darf, um ihre Verpflichtung, erzieherische und soziale Gesichtspunkte zur Entwicklung des MJ einzubringen, zu erfüllen. Hier könnten nämlich die Datenschutzbestimmungen der §§ 61ff KJHG entgegenstehen. Dies folgt aus den Datenschutzbestimmungen zur Offenbarung personenbezogener Daten (§§ 64, 65 KJHG), die im Normalfall für eine Datenweitergabe die Einwilligung der Betroffenen verlangen und nur im Ausnahmefall die Weitergabe ohne Zustimmung gestatten. Ein solcher Ausnahmefall liegt bei erfolgreicher Beratung nach § 17 KJHG nicht vor. Wenn allerdings die Beratenen selber mehr als das Beratungsergebnis an das Gericht weiterleiten wollen, ist das natürlich nicht unzulässig.
Neben der Information über die erfolgreiche Beratung kann das JA auch noch darauf hinweisen, daß den Eltern für eventuelle Schwierigkeiten bei Durchführung des

Umgangs Vermittlungshilfe angeboten worden ist und die Eltern dies zur Kenntnis genommen haben.
Die Weitergabe von Daten, die im Rahmen einer Beratung erhoben worden sind, ist eine **Offenbarung** iSd §§ 64 II KJHG, 69 SGB X, d.h., eine Verwendung von Daten zu einem anderen Zweck, als sie erhoben worden sind. Für eine derartige Offenbarung gelten einschränkende Bestimmungen. Zunächst einmal kann die Offenbarung gem. § 67 SGB X zulässig sein, wenn der Betroffene im Einzelfall **eingewilligt** hat. Es würde sich daher für die SA empfehlen, mit den Eltern wenigstens ein Papier zu erarbeiten, dessen Inhalt die SA dem Gericht mitteilen kann. Im Hinblick auf die erzieherischen Bedürfnisse des Kindes (§ 50 II Teil 2 KJHG) (nicht im Hinblick auf die Erziehungsfähigkeit der Eltern!) ist dies vielleicht gar nicht so schwierig. – Gelingt dies nicht, stellt sich die Frage nach der **Offenbarung gegen den Willen** der Betroffenen. § 69 I Nr. 1 SGB X gestattet dies, wenn es der Erfüllung einer gesetzlichen Aufgabe nach dem SGB dient. Die Mitwirkung im Gerichtsverfahren gem. § 50 KJHG ist eine solche Aufgabe. Demnach wäre die Offenbarung zulässig. Allerdings schränkt § 64 II KJHG diese Offenbarungsbefugnis wieder ein und läßt sie nur zu, »soweit dadurch der Erfolg einer zu gewährenden Leistung nicht in Frage gestellt wird«. Die Scheidungsberatung ist keine solche Leistung, da sie bereits gescheitert ist und somit nicht mehr in Frage steht. In Betracht kommt aber weiterhin eine mögliche Beratung im Zusammenhang mit dem Umgangsrecht. Dies muß im Einzelfall entschieden werden. Hat der SA den Eindruck, daß die Betroffenen mit größter Wahrscheinlichkeit die Dienste des JA nicht mehr in Anspruch nehmen werden, dann ist kein Erfolg einer noch zu gewährenden Leistung in Frage gestellt. Dann wäre die Offenbarung gem. § 64 II KJHG zulässig. – Dem könnte aber wiederum § 65 KJHG entgegenstehen. § 65 KJHG wendet sich nicht an das JA wie § 64 KJHG, sondern – ähnlich wie § 203 StGB – an den einzelnen Mitarbeiter. Da aber der Dienstgeber JA verpflichtet ist, dafür Sorge zu tragen, daß der einzelne Bedienstete im Rahmen seiner Arbeit keine Gesetzesverstöße begeht, muß das JA weitergehende Offenbarungseinschränkungen für den einzelnen Mitarbeiter auch nach außen hin hinnehmen. – § 65 KJHG läßt die Offenbarung personenbezogener Daten, die dem Mitarbeiter zum Zweck persönlicher und erzieherischer Hilfe (§ 11 S. 2 SGB I) anvertraut worden sind, nur in drei abschließend aufgezählten Fällen zu. Zur persönlichen und erzieherischen Hilfe gehören alle Leistungen des JA gem. § 2 II KJHG. Die Scheidungsberatung gem. § 17 II KJHG fällt also sicher darunter. »Anvertraut« sind alle Daten, »in die der Betroffene den Mitarbeiter einweiht, dabei die Verschwiegenheit des Mitarbeiters voraussetzt und sich auf sie verläßt«[8]. Dies wird für Informationen anläßlich einer Scheidungsberatung idR zutreffen.
Demnach darf der SA, der die Scheidungsberatung durchgeführt hat, dem Gericht nur im Rahmen der drei in § 65 KJHG genannten Offenbarungstatbestände Mitteilung machen. Der erste (Nr. 1) deckt sich mit § 67 SGB X (Einwilligung). Der zweite (Nr. 3) nimmt bezug auf die Rechtfertigungsgründe bei § 203 StGB, die hier alle nicht vorliegen. Der dritte (Nr. 2) dürfte im Rahmen der Gerichtshilfe die größte Rolle spielen. Demnach ist eine Offenbarung zulässig, wenn aufgrund der Gefährdung eines MJ diesem eine Leistung gewährt werden soll, diese aber eine gerichtliche Entscheidung voraussetzt. Beispiel: In einer Scheidungsberatung, die

8 *Münder*, § 65 Anm. 6.

zu keinem Einvernehmen geführt hat, ist klar geworden, daß der Vater die Tochter sexuell mißbraucht hat. Die Tochter hat psychische Schäden davongetragen und ist behandlungsbedürftig. Der Vater stimmt der Behandlung nicht zu aus Angst, seine Tat könne aufgedeckt werden. Der SA darf dem FamR diese Informationen weitergeben, damit der Mutter das Sorgerecht übertragen wird. Mit ihrer Einwilligung kann das Kind behandelt werden.
Im vorliegenden Fall kommt es daher darauf an, ob in der Scheidungsberatung von L und K Fakten offenbar geworden sind, die J so gefährdet erscheinen lassen, daß eine gerichtliche Entscheidung zur Ermöglichung von erzieherischen Hilfen erforderlich ist. Wenn das nicht der Fall ist, darf die SA ihre Informationen nicht an das Gericht weitergeben.
Die SA, die die Scheidungsberatung gemacht hat, kann damit dem jugendamtlichen Auftrag, im Familiengerichtsverfahren mitzuwirken, nicht nachkommen. **Sie muß einen Kollegen bitten, tätig zu werden.** Dieser muß versuchen, unter Hinweis auf das staatliche Wächteramt des JA (s.o. Fall 61, Punkt 1.4) die Betroffenen zu einer Kooperation zu bewegen. Gelingt dies nicht, so wird auch das Gericht mit der Beauftragung eines Sachverständigen kaum weiterkommen. Ggfs. kann es unter Hinweis auf den Scheidungsverbund (§ 623 ZPO) und fehlende Entscheidungsreife (§ 12 FGG, § 300 ZPO) die Verweigerung der Scheidung zum jetzigen Zeitpunkt androhen.

Fall 63: Verschiedene Wohnsitze von Vater und Mutter

1. Die **Beschwerde** des am Verfahren nicht beteiligten JA Hamburg ist **unzulässig**. Gemäß § 621 e I ZPO findet nur gegen die im ersten Rechtszug ergangenen Endentscheidungen über Familiensachen des § 621 I Nr. 1 ZPO (Sorgerechtssachen) die Beschwerde statt. Im vorliegenden Fall handelt es sich aber allenfalls um eine Zwischenverfügung. Sie kann mit der Beschwerde gemäß den §§ 19, 20 FGG nur von demjenigen anfgefochten werden, dessen Recht durch die Verfügung beeinträchtigt wird. Diese Voraussetzung ist hier nicht erfüllt.
Mit der angefochtenen Verfügung trifft das AmtsG eine Beweisanordnung gem. § 12 FGG, die lediglich der Vorbereitung der zu treffenden Entscheidung dient und in die Rechte des JA nicht unmittelbar eingreift, da sie keine Sanktionen für den Fall enthält, daß das JA der „Berichterstattung" nicht nachkommen sollte. Daß das JA möglicherweise irgendwelche Sanktionen durch das Gericht befürchtet hat – was von ihm aber nicht vorgetragen wird –, reicht nicht aus, um bereits von einer Beeinträchtigung seiner Rechte ausgehen zu können. Genau wie der Zeuge, der vom Gericht geladen worden ist, diese Beweisanordnung nicht mit der Beschwerde angreifen kann, sondern erst die vom Gericht evtl. angeordneten Maßnahmen nach § 380 I ZPO, ist es auch dem nur um „Berichterstattung" ersuchten JA verwehrt, sich hiergegen mit der Beschwerde zu wehren (vgl. § 380 II ZPO).

2. Da die Beschwerde somit unzulässig ist, braucht ihre sachliche Begründetheit eigentlich nicht mehr überprüft zu werden. Trotzdem soll untersucht werden, ob das JA Hamburg die **»Berichterstattung« verweigern durfte**.
An sich steht es einem Gericht der freiwilligen Gerichtsbarkeit gem. § 12 FGG frei, ob es formlose Ermittlungen oder eine förmliche Beweisaufnahme vornehmen will. Formlose Ermittlungen können in jeder möglichen Form und Art durchgeführt wer-

den[9], also auch in der Form, daß ein an sich nicht zuständiges JA um Mitwirkung bei Sorgerechtsentscheidungen gebeten wird[10].

Das OLG Hamm hat es mit Recht sogar als Verfahrensfehler angesehen, wenn bei einer Besuchsrechtsregelung das für den Wohnsitz des Elternteils, bei dem sich die Kinder nicht befinden, zuständige JA nicht gehört wird, weil die Einschaltung dieses JA regelmäßig nach § 12 FGG nötig sei. Dies gilt erst recht in einem Sorgerechtsverfahren anläßlich der Scheidung, weil eine sachgerechte Entscheidung zum Wohl der Kinder in aller Regel nur möglich ist, wenn die Verhältnisse auch am Wohnort des Elternteils geklärt werden, bei dem sich die Kinder nicht befinden, weil auch er ja als künftiger Sorgeberechtigter in Betracht kommt. Haben gar die getrennt lebenden Eheleute wie hier bisher mit den Kindern an dem Ort gewohnt, an dem sich der Elternteil weiter befindet, bei dem sich die Kinder jetzt nicht mehr aufhalten, dann ist eine Berichterstattung des für dessen Wohnsitz zuständigen JA oft zwingend geboten, damit eine gerechte, am Wohl der Kinder orientierte Entscheidung ergehen kann.

Zuständigkeitsfragen hindern das zuständige Gericht nicht, die notwendigen Ermittlungen vorzunehmen, weil es nach § 12 FGG an keine Förmlichkeiten gebunden und frei in der Art der Vornahme der Beweiserhebung ist.

Allerdings ist die Weigerung des JA Hamburg unter einem anderen Gesichtspunkt gerechtfertigt. Da es nicht das gem. §§ 87b I 1 iVm 86 I 2 KJHG zuständige JA ist, ist es auch nicht Verfahrensbeteiligter, dessen Pflichten sich aus dem Gesetz gem. § 50 I KJHG ergeben. Es soll vielmehr dazu beitragen, einen für den Richter unklaren Sachverhalt aufzuklären und dabei seine Sachkunde einzubringen. Dies setzt eine klare und eindeutige Fragestellung voraus, wie dies auch bei einer Beweisaufnahme durch Zeugen oder Sachverständige der Fall ist. Es genügt nicht, um »Berichterstattung« zu bitten oder aufzufordern, mit dem Elternteil »Kontakt aufzunehmen«[11]. Wird dem nicht zuständigen JA dagegen eine eindeutig formulierte Frage gestellt, hat es keinen Grund, seine Mitarbeit zu verweigern.

Sinnvoller wäre es allerdings, wenn das Gericht bei seiner Aufforderung an das zuständige JA dieses ersuchte, sich mit dem nicht zuständigen JA ins Benehmen zu setzen. Dieses könnte im Rahmen der Amtshilfe (§ 4 I SGB X) seine Erkenntnisse an das zuständige JA weitergeben. Datenschutzrechtliche Bedenken dürften kaum entgegenstehen, weil das zuständige JA seine Kontakte mit dem betroffenen Elternteil für diesen erkennbar so gestalten würde, daß die Informationen weitergegeben werden sollen. Eine Scheidungsberatung nach § 17 KJHG wird das unzuständige JA auch nicht durchgeführt haben. Waren allerdings schon vorher Kontakte anderer Art vorhanden, die für die Sorgerechtsregelung von Bedeutung sein könnten, so müßte der Betroffene seine Einwilligung geben.

---

9 Vgl. *Keidel*, aaO, Rz. 29 und 29a zu § 12 FGG.

10 So auch *Keidel*, aaO, Rz. 87 zu § 12 FGG; vgl. OLG Hamm v. 22. 9. 1964, FamRZ 1965, 83f.

11 So OLG Frankfurt v. 31. 8. 1989, unveröffentlicht.

XXIII. Mitwirkung in Verfahren nach dem Jugendgerichtsgesetz

Fall 64: Nichterscheinen der JGH zur Hauptverhandlung

1. Gem. § 304 StPO ist die **Beschwerde** gegen alle von den Strafgerichten erlassenen Beschlüsse und Verfügungen **zulässig**, soweit das Gesetz sie nicht ausdrücklich einer Anfechtung entzieht. Dieses Beschwerderecht hat nicht nur der Angeklagte, sondern auch Zeugen, Sachverständige und »andere Personen«. Auch gegen Entscheidungen über Kosten und notwendige Auslagen ist in der Regel die Beschwerde möglich.

2. Die somit zulässige **Beschwerde** der Kommune ist dann **begründet**, wenn das Gericht der JGH die Kosten nicht auferlegen durfte. In der StPO sind nur Kostentragungspflichten für Zeugen, Sachverständige, Verteidiger und Schöffen vorgesehen (§§ 51 I 1, 77 I 1, 145 IV StPO; § 56 I 2 GVG). Diese Regelung hat ihren Sinn darin, daß die genannten Personen notwendige Verfahrensbeteiligte im prozeßrechtlichen Sinne sind. Wegen der Notwendigkeit ihrer Beteiligung sind ihr Erscheinen und ihre Mitwirkung zur Rechtspflicht erhoben und die Verletzung der Rechtspflicht mit Ungehorsamsfolgen ausgestattet.
Die Teilnahme der JGH an der Hauptversammlung ist zwar aus materieller Sicht, nämlich im Interesse der Aufklärung, in der Regel wünschenswert. Prozeßrechtlich notwendig ist sie indes nicht in jedem Fall.[12] Die JGH hat – ebenso wie die VormGH und die FamGH – eine Rechtsstellung eigener Art inne. Die JGH ist eine weisungsfreie Pflichtaufgabe der kommunalen Selbstverwaltung (§ 52 KJHG, § 38 JGG), die das JA »im Zusammenwirken mit den Vereinigungen für Jugendhilfe ausübt« (§ 38 I JGG). Die Erfüllung dieser Aufgaben haben nicht die Jugendgerichte zu prüfen, sondern die kommunalen Aufsichtsbehörden (in NW: Regierungspräsident). Die Aufgaben nach §§ 52 KJHG, 38, 50 III 2 JGG nimmt der Jugendgerichtshelfer des JA oder der Vertreter der freien Verreinigung für Jugendhilfe, der örtlich diese Aufgabe für den vor Gericht stehenden Jugendlichen oder jungen VJ übernommen hat, aus eigenem Recht wahr und braucht dazu nicht vom Gericht bestellt zu werden.
Soweit das Gesetz keine konkreten Pflichten vorgibt, tut die JGH ihre Arbeit nach pflichtgemäßem Ermessen. Der Richter hat seiner Pflicht, die JGH zu beteiligen (§ 38 III JGG), genügt, wenn er ihr Ort und Zeit der Hauptverhandlung mitteilt (§ 50 III 1 JGG). Die JGH handelt, wenn sie für ihre Beteiligung am Verfahren Anlaß sieht.[13] Daran ändert auch nichts die Richtlinie 8 S. 3 zu § 43 JGG; denn diese wendet sich an die Justizbehörden, nicht an die JÄ.
Allerdings gibt es Praxisvertreter, die eine materielle Rechtspflicht zur Teilnahme entstehen lassen wollen, wenn das Gericht der JGH ausdrücklich mitgeteilt hat, daß die Hauptverhandlung ohne Anwesenheit des Jugendgerichtshelfers nicht stattfinden kann.[14]
Unabhängig davon, ob die Teilnahme der JGH aus materieller Sicht nur wünschenswert oder (zuweilen sogar) verpflichtend ist, bleibt die Frage, ob sie erzwungen werden kann. Da es – wie eingangs gesagt – keine ausdrückliche Norm gibt, die

---

12 So auch OLG Köln v. 24. 6. 1986, NStZ 1986, 569.
13 BGH v. 13. 9. 1977, BGHSt 27, 250.
14 OLG Karlsruhe v. 30. 9. 1991, DAVorm 1991, 1089.

dies vorsieht, ist zu prüfen, ob die §§ 51, 77 StPO (Ungehorsamsfolgen für Zeugen und Sachverständige) nicht doch analog auf die JGH angewandt werden können. Abgesehen davon, daß die Ordnungshaft als Maßnahme entfallen würde, da »die JGH« nicht in Haft genommen werden kann, ist es auch sonst nicht möglich, diese Norm anzuwenden. Zum einen fehlt es nämlich an der vom Gesetzgeber übersehenen Regelungslücke. Zum anderen ist bei Vorschriften mit Ausnahmecharakter eine Analogie zu Lasten des Betroffenen ausgeschlosen.[15] Im übrigen wäre es auch kaum sinnvoll, die JGH auf diesem Wege zu etwas zu zwingen; denn damit könnte günstigstenfalls die Anwesenheit eines Vertreters der JGH erzwungen werden, nicht dagegen sein Tätigwerden. Die analoge Anwendung der Vorschriften über Zeugen und Sachverständige erscheint daher auch nicht geeignet, das gewünschte Ziel zu erreichen.[16]
Dem Richter bleiben daher nur folgende Möglichkeiten: Er kann beim Behördenleiter Dienstaufsichtsbeschwerde einlegen (= formlos, fristlos und meistens fruchtlos!); er kann die kommunale Rechtsaufsicht (Regierungspräsident) einschalten; er kann den mit der Angelegenheit befaßten SA als Zeugen laden[17], er kann anstelle der JGH einen Sachverständigen um Mitwirkung bitten[18]. Ob ein gut fortgebildeter Richter auch – wie zuweilen behauptet wird – ohne JGH auskommen kann, mag dahinstehen!

Fall 65: Beschlagnahme von Jugendamtsakten statt JGH

1. Gegen die Zulässigkeit der Beschwerde bestehen gem. §§ 2 JGG, 304 I und II StPO keine Bedenken. Die Kommune ist insbesondere eine am Verfahren beteiligte (juristische) Person, die durch die Entscheidung des Gerichts in ihren Rechten betroffen ist.

2. Wenn die **Beschwerde** Erfolg haben soll, muß sie auch **begründet** sein. Dies trifft zu, wenn die Beschlagnahmeanordnung (§ 98 StPO) zu Unrecht ergangen ist.
2.1 Grundsätzlich dürfen Gegenstände, die als **Beweismittel** für die Untersuchung von Bedeutung **sein können**, sichergestellt (§ 93 I StPO) und notfalls (d. h. bei Verweigerung der Herausgabe) beschlagnahmt werden (§ 94 StPO).
2.2 Bestimmte Gegenstände **unterliegen nicht der Beschlagnahme**. Diese sind in §§ 96, 97 StPO aufgezählt.[19] Die dort genannten Konstellationen liegen allerdings hier alle nicht vor.
2.3 Die StPO enthält jedoch keine abschließende Aufzählung aller Fälle, in denen eine Beschlagnahme **unzulässig** ist. Vielmehr können sich **aus Spezialgesetzen** Beschlagnahmeverbote ergeben. Als solches kommt hier das SGB mit seinen

---

15 Zur Begründung im Detail s. OLG Karlsruhe, FN 14.

16 A. A. OLG Köln, FN 12.

17 Allerdings hat dieser ein Zeugnisverweigerungsrecht gem. § 54 StPO, solange ihm nicht aufgrund Landesbeamtenrechts oder BAT von seinem Dienstherrn eine Aussagegenehmigung erteilt worden ist. Dazu, wann diese evtl. verweigert werden kann, s. VG Schleswig-Holstein, u. FN 25.

18 Zur Frage, ob er Akten des JA beschlagnahmen lassen kann, s. Fall 64.

19 Insbesondere ergibt sich aus diesen Paragraphen, daß Behördenakten nicht grundsätzlich von einer Beschlagnahme ausgeschlossen sind. Vgl. hierzu LG Bonn v. 29. 8. 1985, ZfJ 1986, 67/68 und *Eisenberg*, NStZ 1986, 308/309.

Sozialdatenschutzbestimmungen in Betracht.[20] Daß das SGB neben der StPO Anwendung findet, ergibt sich schon daraus, daß § 73 SGB X sich ausdrücklich mit dem Verhältnis Strafverfahren – Sozialdatenschutz befaßt. Es ist also zu prüfen, ob dem strafgerichtlichen Vorgehen der Sozialdatenschutz entgegensteht.

2.3.1 § 35 I 1 SGB I bestimmt, daß jeder einen Anspruch darauf hat, daß seine personenbezogenen Daten von den Sozialleistungsträgern als **Sozialgeheimnis** gewahrt und nicht unbefugt geoffenbart werden. Soweit eine Befugnis zur Offenbarung nicht besteht, dürfen u.a. Akten nicht herausgegeben und folglich nicht beschlagnahmt werden (§ 35 III SGB I). Die Zulässigkeit zur Offenbarung und damit zur Beschlagnahme besteht nur in den Grenzen der §§ 67–77 SGB X (§ 35 II SGB I).[21]

2.3.2 Gem. § 67 S. 1 Nr. 1 SGB X ist eine Offenbarung personenbezogener Daten zulässig, wenn der Betroffene **eingewilligt** hat. An dieser Stelle ist zu prüfen, ob die Tatsache, daß Peter Müller ausdrücklich die Inanspruchnahme von Gerichtshilfe abgelehnt hat, ein wirksames Nichteinwilligen beinhaltet. Eine Einwilligung oder deren Verweigerung ist rechtlich nur dann relevant, wenn jemand über die Dinge, auf die sich die Willenserklärung bezieht, auch verfügen kann. Das trifft für die JGH nicht zu.

Das ergibt sich aus folgendem: § 27 I SGB I (in der Fassung des KJHG) enthält die JGH nicht in seiner Aufzählung von Leistungen, die in Anspruch genommen werden können. Auch in § 2 II KJHG ist JGH nicht enthalten. Statt dessen steht sie in § 2 III Nr. 8 KJHG unter den »anderen Aufgaben«.

Hinzu kommt, daß Gerichtshilfe ein »Janus« ist; sie ist Hilfe für das Gericht zur Wahrheitsfindung **und** Hilfe für den Betroffenen. Der § 27 SGB I muß daher in dem Sinne gelesen werden, daß Jugendhilfe nur dann reinen Angebotscharakter hat, wenn nicht jugendhilferechtliche Normen das Handeln der öffentlichen Jugendhilfe zwingend vorsehen. Und gerade dies ergibt sich u.a. aus den § 52 KJHG, § 38 JGG.[22] Daher stehen Rspr. und Lit. auch nahezu einmütig auf dem Standpunkt, daß JGH – soweit sie Hilfe für das Gericht ist – nicht zur Disposition des Betroffenen oder seines Anwalts steht. Eine weitere Frage ist allerdings, ob das, was eindeutig für Jugendliche (= MJ) gilt, auch für Heranwachsende (= VJ) zutrifft. Dieses Problem ist – soweit ersichtlich – kaum diskutiert. Eisenberg[23] hält es für möglich, daß auf der Basis der rechtlichen Entwicklung der sog. informationellen Selbstbestimmung § 38 II JGG künftig verfassungskonform dahingehend auszulegen sein wird, daß jedenfalls die Daten der JGH aus Zeiten vor Eintritt der Volljährigkeit nur mit Zustimmung des Angeklagten dem Gericht offenbart werden dürfen.

Zur Zeit ist jedoch davon auszugehen, daß JGH – soweit sie reine Gerichtshilfe ist – schlechthin nicht zur Disposition des Betroffenen steht, so daß somit die Erklärung des Peter Müller im Rahmen des § 67 S. 1 Nr. 1 SGB X bedeutungslos ist.

---

20 So jetzt ausdrücklich LG Fulda v. 9. 5. 1989, unveröffentlicht, AZ OS 22/89.

21 So für die Beziehung JA – Strafgericht ausdrücklich LG Braunschweig v. 13. 8. 1986, ZfJ 1987, 37.

22 Das bedeutet beispielsweise auch, daß bei einverständlicher Scheidung die FamGH nicht in das Belieben der Eltern gestellt ist.

23 Vgl. z.B. BGH v. 30. 9. 1981, StrVert 1982, 27 (mwN); OLG Karlsruhe v. 30. 12. 1974, MDR 1975, 422; *Eisenberg*, NStZ 1986, 308 (mwN).

2.3.3 Ob die Preisgabe und somit die Beschlagnahme trotz des allgemeinen Verbots nach § 35 SGB I zulässig war, kann sich daher nur aus den §§ 68–77 SGB X ergeben. Da Peter Müller nicht wegen eines Verbrechens (§ 12 I StGB) angeklagt ist (§ 73 Nr. 1 SGB X) und sonstige spezielle Tatbestände nicht in Betracht kommen, bleibt vorliegend nur **§ 69 I Nr. 1 SGB X** übrig.
Im Rahmen dieser Norm, die die Zulässigkeit der Preisgabe von Daten neben dem Vorliegen bestimmter Tatbestände (hier: Nr. 1: Erfüllung einer gesetzlichen Aufgabe nach diesem Gesetzbuch = § 52 KJHG iVm § 38 II JGG) von der Erforderlichkeit abhängig macht, ist besonders auf den **Grundsatz der Verhältnismäßigkeit** zu achten. Demnach sind z. B. Daten, die zum Zweck der Weitergabe erhoben worden sind, anders zu behandeln als solche, die einem SA anvertraut worden sind (vgl. z. B. § 65 KJHG). Ferner ist die Herausgabe »aller vorhandenen Akten« nicht zulässig, da Akten fast immer auch Daten enthalten, die mit den konkret anstehenden Fragen nichts zu tun haben. Weiter ist an dieser Stelle zu berücksichtigen, daß der Gerichtshilfe von Gesetz, Rechtsprechung und Schrifttum eine sog. Selektionsmacht zugestanden wird. Zwar ist die JGH Pflichtaufgabe der JÄ (§ 52 KJHG iVm § 38 II 1 JGG) und somit eine echte Rechtspflicht. Wie sie diese Aufgabe erfüllen, entscheiden sie jedoch allein **nach pflichtgemäßem Ermessen**. Sie sind dabei nicht an Weisungen der Staatsanwaltschaft oder des Gerichts gebunden. Daher können sie auch darüber befinden, welche Informationen sie weitergeben. Deshalb muß es der JGH auch freistehen, die Mitwirkung ganz zu verweigern, wenn sie dies für angemessen hält. Dies könnte beispielsweise der Fall sein, wenn das Delikt geringfügig ist[24] oder sich der Angeklagte der Mitwirkung völlig entzieht und anders keine Daten zu gewinnen sind oder ein gerade aufkeimendes Vertrauensverhältnis zwischen Jugendlichen und SA durch die Preisgabe von Informationen empfindlich oder gar endgültig zerstört würde und dies unverhältnismäßig gegenüber dem Strafverfolgungsinteresse des Staates ist[25]. Diese der JGH zustehende Selektionsmacht beinhaltet sogar, daß auch dann, wenn die »Erforderlichkeit« der Preisgabe unzutreffend eingeschätzt wird, das Gericht die Nichtherausgabe in der Regel hinnehmen muß. Das hat zur Folge, daß die Verweigerung der Aktenübersendung vom Gericht erst dann durch eine Beschlagnahmeanordnung umgangen werden kann, wenn nicht auszuschließen ist, daß das Verhalten der JGH dem Angeklagten zum Nachteil gereicht.[26]
Im Interesse einer verständnisvollen Zusammenarbeit zwischen SA und Gericht sollte es allerdings selbstverständlich sein, daß die JGH dem Gericht eine entsprechende Mitteilung macht, wenn sie weder eine schriftliche Stellungnahme abgeben noch zur mündlichen Verhandlung erscheinen will, und daß sie erläutert, warum ein Tätigwerden nicht erforderlich erscheint.
2.4 **Ergebnis:** Die Beschlagnahmeanordnung ist rechtswidrig, und zwar nicht, weil

---

24 Entsprechendes dürfte im Rahmen der FamGH gelten, wenn eine einverständliche Scheidung angestrebt wird und nichts darauf hindeutet, daß die gewünschte Sorgerechtsregelung dem Kindeswohl widerspricht.

25 Schleswig-Holsteinisches VG v. 11. 1. 1984, Gesch.-Nr. 11 A 234/83, das unter diesem Gesichtspunkt die Ablehnung der Erteilung der Aussagegenehmigung für die JGH gem. LBG und BAT für rechtens erklärt, weil andernfalls die Erfüllung öffentlicher Aufgaben erheblich erschwert würde.

26 So auch *Eisenberg*, FN 23.

der vj Angeklagte die Beteiligung der JGH ablehnt, wohl aber, weil das JA die Akten gem. § 35 SGB I gar nicht herausgeben darf, wenn es die Preisgabe der in ihnen enthaltenen Daten zur Erfüllung der JGH nicht für erforderlich hält. Die Beschwerde ist daher begründet.

Vierter Teil

Praktische Hilfen

A. Übersicht über die wichtigsten Haftungstatbestände

Haftender	Träger der Einrichtung	
	1. Körperschaften, Anstalten, Stiftungen des öffentlichen Rechts z. B. Stadt, Kreis, Landschaftsverband, Kirchengemeinde	
a) Beaufsichtiger (Kind, Behinderter), der Dritten schädigt	§§ 823, 828, 829 BGB	
b) Aufsichtspflichtiger (SA/SP)	Beamte: § 839 BGB. Bei Fahrlässigkeit nur, wenn kein anderer (z. B. die Kommune) haftet	Angestellte: § 823 BGB durch Unterlassen trotz Rechtspflicht zum Tun (bei zwei Personen); § 832 BGB (bei drei Personen)
c) Träger der Einrichtung (= Vertragspartner des Geschädigten)	– Haftung aus Delikt: Art. 34 S. 1 GG iVm § 839 BGB (Beamte) bzw. § 823/832 BGB (Angestellte) – Haftung aus Vertrag: § 278 BGB iVm Vertragsverletzung	
d) Träger der gesetzlichen Unfallversicherung	§§ 539, 540 RVO (Kindergartenkinder, Schüler, Lehrlinge, Studenten, Kinder und Jugendliche, die im Heim untergebracht sind gem. § 34 KJHG). Die RVO gewährt Ersatz für Personenschäden (nicht Sachschäden oder Schmerzensgeld); nicht für Schäden, die die Versicherten Dritten zufügen, außer, wenn der Dritte auch ein Versicherter ist, vgl. § 637 IV RVO; nicht für Schäden, die der Träger oder seine Hilfspersonen vorsätzlich oder bei Teilnahme am allgemeinen Verkehr herbeigeführt haben, vgl. § 636 RVO.	
e) Rückgriff der Versicherung	§ 640 RVO: bei vorsätzlicher oder grob fahrlässiger Herbeiführung des Unfalls durch Aufsichtspflichtigen. Hiergegen ist der Abschluß einer Berufshaftpflichtversicherung zu empfehlen.	
f) Rückgriff des Trägers	Kommt überhaupt nur in Betracht, wenn der Träger selber tatsächlich haftet, d. h. sein Schaden weder aufgrund der RVO noch aufgrund einer privaten Haftpflichtversicherung »abgelöst« worden ist. Art. 34 S. 2 GG: Rückgriff möglich bei Vorsatz oder grober Fahrlässigkeit. Hiergegen ist der Abschluß einer Berufshaftpflichtversicherung zu empfehlen.	

	2. eingetragene Vereine (e. V.), Stiftungen des privaten Rechts	3. Einzelpersonen
	Wie 1.	Wie 1.
	§ 823 BGB durch Unterlassen trotz Rechtspflicht zum Tun (bei zwei Personen) § 832 BGB (bei drei Personen)	Wie 2.
	SA/SP = verfassungsmäßig berufener Vertreter (Organ): – Haftung aus Delikt: § 31 BGB iVm einer unerlaubten Handlung – Haftung aus Vertrag: § 31 BGB iVm Vertrag SA/SP kein Organ: – Haftung aus Delikt: § 831 BGB – Haftung aus Vertrag: § 278 BGB iVm Vertrag	– Haftung aus Delikt: § 831 BGB – Haftung aus Vertrag: § 278 BGB iVm Vertrag
	Wie 1.	Wie 1.
	Wie 1.	Wie 1.
	Wie 1. Arbeitsgerichtliche Rechtsprechung: bei gefahrengeneigter Tätigkeit Rückgriff nur möglich bei Vorsatz oder grober Fahrlässigkeit Wie 1.	Wie 1. Wie 1. Wie 1.

B. Übersicht über die wichtigsten Rechtsgrundlagen einer Unterbringung

Bezeichnung der Leistung	Rechtsgrundlage	Erzieherische und sonstige Voraussetzungen	Einleitung des Verfahrens
I. Familiale oder institutionelle Fremdunterbringung	§§ 27, 33, 34 KJHG iVm §§ 1626, 1631, 1629 (1666); 1773, 1800 I; 1909 BGB	1. Erziehung nicht gewährleistet. 2. Hilfe geeignet und notwendig. 3. Antrag des PSB	Antrag des PSB oder vAw
II. Unterbringung durch der VormR	§§ 1666 I, 1666 a I BGB iVm §§ 33, 34 KJHG	1. Gefährdung des geistigen oder leiblichen Wohls der MJ 2. durch (Kausalität) 3. bestimmtes Fehlverhalten der Eltern oder Dritter 4. Unfähigkeit oder fehlender Wille, die Gefährdung abzuwenden	vAw
III. Inobhutnahme	§ 42 KJHG	1. MJ bittet JA um Obhut (§ 42 II 1 KJHG oder 2. dringende Gefahr für Wohl des MJ (§ 42 III 1 KJHG)	1. MJ bittet um Obhut: Antrag des MJ 2. MJ, ist in Gefahr: vAw
IV. Herausnahme MJ ohne Zustimmung des PSB	§ 43 KJHG iVm § 1666 BGB	wie bei § 1666 BGB	vAw
V. Eingliederungshilfe nach KJHG	§ 35 a KJHG iVm §§ 39 ff BSHG	Drohende oder eingetretene seelische Behinderung	Antrag des PSB
VI. Eingliederungshilfe nach BSHG	§ 10 II 2 KJHG iVm §§ 39 ff BSHG	Drohende oder eingetretene körperliche oder geistige Behinderung	Antrag des PSB oder des MJ ab 15 Jahren
VII. Gefährdetenhilfe	§ 72 BSHG iVm §§ 1, 6 DVO zu § 72 BSHG und § 41 KJHG	1. MJ oder VJ 2. Erhebliche Verhaltensstörung 3. Hilfe nach KJHG nicht sinnvoll oder nicht möglich	Antrag des PSB oder des MJ ab 15 Jahren
VIII. Unterbringung zum Sonderschulbesuch	§§ 1, 8 SchpflG NW		Antrag des PSB oder vAw nach Anhörung des PSB
IX. Unterbringung zur Erfüllung der Schulpflicht	§ 21 KJHG	Schiffer- oder Landfahrerfamilie	

Zuständigkeit für Gewährung oder AO	Zuständigkeit für Durchführung	Kostenträger	Beendigung
JA evtl. iVm VormG	JA	JA und Eltern, §§ 91, 93 II 2, soweit zumutbar	1. Erreichen des Erziehungszwecks 2. Verlangen eines PSB, §§ 1626, 1631, 1629 BGB 3. Volljährigkeit; Ausnahme § 41 KJHG Zuständig: JA
VormG iVm JA	JA	JA und Eltern, soweit zumutbar	1. S. o. I. 2. § 1696 II BGB Zuständig: JA bzw. VormG
JA	JA	JA und Eltern, soweit zumutbar	nur vorläufige Unterbringung
JA iVm VormG	JA	JA und Eltern, soweit zumutbar	nur vorläufige Unterbringung
JA	JA	JA	1. Wegfall der Notwendigkeit einer weiteren Unterbringung 2. Antrag des PSB
überörtlicher Träger der Sozialhilfe	überörtlicher Träger der Sozialhilfe	überörtlicher Träger der Sozialhilfe	
örtlicher Träger der Sozialhilfe JA	örtlicher Träger der Sozialhilfe JA	örtlicher Träger der Sozialhilfe JA	Antrag des MJ über 15 Jahren, des PSB oder des VJ
§ 9: Schulamt im Einvernehmen mit dem JA	Schulamt	Unterhaltspflichtiger; soweit zahlungsunfähig bei Verhaltensgestörten: JA; im übrigen: überörtl. Träger der Sozialhilfe	1. s. o. V. 2. Ende der Schulpflicht
JA	JA	JA	wie VII.

C. Prüfschema bei der Gewährung von Hilfen zur Erziehung (Sozialisationshilfen) und von Leistungen zur Förderung

I. Zuständigkeit

1. Sachliche Zuständigkeit

Prüfung, ob das JA – in Abgrenzung zum LJA und zu anderen Behörden – zu handeln berechtigt ist.
Rechtsgrundlagen: § 85 I iVm § 2 II Nr. 1–5 KJHG; § 2 AdVermiG

2. Internationale Zuständigkeit

Prüfung, ob deutsche JÄ überhaupt tätig werden dürfen oder ob sie ausländischen Behörden das Handeln überlassen müssen.
Rechtsgrundlagen:

- Internationale Abkommen: MSA, EFA
- Nationale Normen: § 6 KJHG iVm § 30 III 2 SGB I

3. Örtliche Zuständigkeit

Prüfung, ob das angegangene JA geographisch das Richtige ist.
Rechtsgrundlage: §§ 86ff KJHG
Regelfall: Anknüpfungspunkt ist der g. A. der Eltern bzw. des VJ; hilfsweise der g. A. des Elternteils, bei dem sich der MJ aufhält; hilfsweise der g. A. des MJ.

II. Auswahl der Leistung

Die Auswahl der Leistung ist abhängig von zwei Faktoren:

- einer defizitären Lage,
- dem Grundsatz der Verhältnismäßigkeit.

1. Defizitäre Lage

Diese Lage wird vom Gesetz unterschiedlich beschrieben, je nachdem, ob es sich um

- Hilfen zur Erziehung (§ 27–35 KJHG),
- Hilfen für junge VJ (§ 41 KJHG)
- oder Förderungsmaßnahmen (§§ 16–26 KJHG)

handelt.

1.1 Hilfen zur Erziehung

Die defizitäre Lage, in der sich der MJ befinden muß, wird von § 27 I KJHG beschrieben: Eine dem Wohl des MJ entsprechende Erziehung ist nicht gewährleistet. Wann dies der Fall ist, ergibt sich aus § 1 I KJHG, nämlich dann, wenn das Erziehungsziel der eigenverantwortlichen und gemeinschaftsfähigen Persönlichkeit unter Berücksichtigung

- der Sozialisationsbedingungen,
- der Anlagen,
- und des Alters

nicht erreicht ist oder nicht erreicht zu werden droht. Diese Lage ist – anders als in § 1666 BGB – unabhängig von der Frage, ob der PSB sie verursacht hat.

1.2 Hilfen für junge VJ

§ 41 KJHG beschreibt nicht den Zustand, in dem sich der VJ befinden muß, um Hilfe zu erlangen. Er sagt jedoch, wozu die Hilfe gewährt werden soll, nämlich »für die Persönlichkeitsentwicklung und zu einer eigenverantwortlichen Lebensführung«. Daraus ist zu folgern, daß hier bei dem jungen VJ Defizite vorliegen. Umgekehrt kann man auch sagen, daß der junge Mensch trotz seiner Volljährigkeit die Erziehungsziele des § 1 I KJHG noch nicht erreicht hat.

1.3 Fördermaßnahmen

Das »Defizit«, das Voraussetzung für die Gewährung von Fördermaßnahmen ist, kommt in unterschiedlichsten Erscheinungsformen vor. Es reicht von reiner Unwissenheit über Partnerkonflikte, die Auswirkung auf die Kinder haben, bis hin zu Einzelkindern, die lernen müssen, sich in eine Gemeinschaft einzufügen. Es ist jedoch nicht so gravierend, daß eine angemessene Erziehung nicht gewährleistet ist und somit die Hilfe zur Erziehung in Betracht kommt.

2. Grundsatz der Verhältnismäßigkeit

Auch dieser Grundsatz wird wiederum unterschiedlich beschrieben, je nachdem, um welche Gruppe von Leistungen es sich handelt.

2.1 Hilfen zur Erziehung

§ 27 I KJHG bestimmt, daß die Hilfe notwendig und geeignet sein muß. Die beiden Begriffe beschreiben auf der Skala der Möglichkeiten die untere und die obere Grenze: so viel Hilfe wie nötig, so wenig Eingriff wie möglich.
Jede Hilfe ist zwangsläufig zumindest faktisch mit einem Eingriff in das Familiengefüge verknüpft.
Bei der Auswahl der Hilfen sind gem. § 27 II KJHG folgende Aspekte zu berücksichtigen:

- erzieherischer Bedarf des MJ,
- Ressourcen der Eltern (juristischer Wille, psychologische Bereitschaft, tatsächliche Fähigkeit, eine Hilfe anzunehmen und mitzutragen),
- Einflüsse (positive wie negative) des sonstigen sozialen Umfeldes (Großeltern, Schule, Kindergarten, Kirche, Jugendgruppe, Verein, Freunde, Clique, Zuhälter, Drogenhändler ...).

In einem **ersten Schritt** ist zu fragen, ob ein Milieuwechsel nötig ist (vgl. § 1666a BGB: Die Herausnahme eines Kindes aus der Familie ist das letzte Mittel). Dies ist insbesondere dann der Fall, wenn

- seitens der Familie tatsächlich (verbale Erklärungen reichen nicht) keinerlei Unterstützung zu erwarten ist,
- die Gefährdung gerade von der Familie ausgeht,
- die häuslichen Spannungen sehr groß sind und der MJ sich sowieso in einer Ablösungsphase befindet,
- das soziale Umfeld der Familie gefährdend ist (Klassenkameraden, Freunde ...).

In einem **zweiten Schritt** ist zu klären, welche konkrete Hilfe aus der Kategorie der ambulanten oder der stationären die angemessene ist. Das Gesetz nennt die Hilfen in der Reihenfolge der pädagogischen Intensität (s. o. Tabelle S. 18f).

2.2 Hilfen für junge Volljährige

Bei der Auswahl der Hilfen für junge VJ ist genauso wie bei den Hilfen zur Erziehung vorzugehen. Zu beachten ist, daß die spFH und die Tagesgruppe als Hilfen nicht in Betracht kommen (vgl. § 41 III KJHG). Bei der Berücksichtigung des sozialen Umfeldes dürfte die Familie in der Bedeutung zurücktreten.

2.3 Fördermaßnahmen

Auch für diese Leistungen gilt der Grundsatz der Verhältnismäßigkeit. In vielen Fällen ist er jedoch nicht ausdrücklich im Gesetz benannt. Das Verknüpfen von präzise beschriebenen Situationen mit bestimmten Angeboten trägt das Prinzip der Verhältnismäßigkeit schon in sich.

III. Anrufung des VormG/FamG

Wenn Eltern keine Fördermaßnahmen und junge Erwachsene keine Hilfe in Anspruch nehmen wollen, kann der Staat sie nicht dazu zwingen. Wenn dagegen die Erziehung eines MJ nicht gewährleistet ist, so kann die Inanspruchnahme einer notwendigen Hilfe nicht daran scheitern, daß die Eltern sie ablehnen. Vielmehr ist der Staat aufgrund seines Wächteramtes (Art. 6 II 2 GG) aufgerufen, dafür Sorge zu tragen, daß der MJ die erforderliche Hilfe erhält.
§ 50 III KJHG, der diesen Fall regelt, sieht als Voraussetzung vor:

- Gefährdung des Kindeswohls,
- Erforderlichkeit des Tätigwerdens des Gerichts.

Obwohl ein elterliches Fehlverhalten nicht als Voraussetzung genannt ist, ist es ebenfalls darin enthalten; denn das Tätigwerden des Gerichts ist nur dann erforderlich, wenn das Gericht etwas in seiner Kompetenz Liegendes tun kann. Dem Gericht stehen vorwiegend die Mittel des § 1666 BGB zur Verfügung. Und dieser setzt direkt ein elterliches Fehlverhalten voraus.
In den meisten Fällen wird das JA daher von § 50 III KJHG Gebrauch machen, wenn die Verweigerung der Inanspruchnahme von Hilfe die Voraussetzung des § 1666 I BGB erfüllt:

- elterliches Fehlverhalten (Mißbrauch, Vernachlässigung, unverschuldetes Versagen),
- Gefährdung des Kindes (körperlich, geistig, seelisch),
- Kausalität,
- Unfähigkeit oder Unwilligkeit, die Gefahr abzuwenden.

Die in den Klammern genannten Fälle brauchen nur alternativ vorzuliegen, die vier Spiegelstriche müssen kumulativ vorliegen.
Die Rechtsfolge, die das Gericht ausspricht, wird mindestens so weit gehen, daß das Kind die nötige Hilfe erhalten kann. Der Richter muß den Eltern also entziehen:

- das Recht der Inanspruchnahme einer Hilfe zur Erziehung,
- das Aufenthaltsbestimmungsrecht, damit die Hilfe durchgeführt werden kann,
- evtl. das Erziehungsrecht, damit sich die Eltern nicht negativ in die Hilfe einschalten können.

IV. Technik beim Vorgehen im Hinblick auf die einzelnen Prüfpunkte

Die Anwendung von Rechtsnormen im psychosozialen Bereich geschieht nur nach einem Wägen, nicht aufgrund von Messen! Das bedeutet aber nicht, daß nur nach Gefühl oder mit »gesundem Menschenverstand« zu arbeiten ist.
Das Ausfüllen von TBMen, die unbestimmte Gesetzesbegiffe beinhalten, läßt sich nicht durch ein Subsumieren im handwerklich-technischen Sinne vornehmen, sondern nur durch ein Abwägen unter Einbeziehung von Fachwissen (Psychologie, Soziologie, Pädagogik, Sozialmedizin . . .). Dabei ist die Berücksichtigung des Sachverhalts unumgänglich. Nur wenn er so weit wie möglich aufgeklärt ist (dazu gehört auch und gerade die Erhellung der psychischen Dimension) und bei allen Überlegungen wirklich ausgeschöpft wird, ist ein verantwortungsbewußtes Beurteilen und Entscheiden möglich.
Bei den einzelnen Prüfpunkten ist daher zunächst immer zu fragen, was sie theoretisch beinhalten. Dann ist aus dem Sachverhalt herauszuholen, was er ohne Pressen hergibt (evtl. Auflisten der Fakten). Schließlich ist zu fragen, ob bei Zugrundelegung dieses vollständigen Sachverhaltes und unter Einbeziehung von Erkenntnissen aus anderen Wissenschaften das TBM als erfüllt angesehen werden kann.

Abkürzungsverzeichnis*

a. A.	anderer Ansicht
aaO	am angeführten Ort
Abt.	Abteilung
AdVermiG	Gesetz über die Vermittlung der Annahme als Kind
a. e. c.	argumentum e contrario = Umkehrschluß
a. F.	alter Fassung
AFET	Arbeitsgemeinschaft für Erziehungshilfe
AG	Amtsgericht
AG	Arbeitgeber
AGJ	Arbeitsgemeinschaft für Jugendhilfe
AG-KJHG NW	Gesetz zur Ausführung des Kinder- und Jugendhilfegesetzes von NW
AN	Arbeitnehmer
AO	Anordnung
Art.	Artikel
ASD	Allgemeiner Sozialer Dienst
AV	Ausführungsvorschriften
AW	Arbeiterwohlfahrt
BAföG	Bundesausbildungsförderungsgesetz
BBauG	Bundesbaugesetz
BFH	Bundesfinanzhof
BGB	Bürgerliches Gesetzbuch
BGBl.	Bundesgesetzblatt
BGH	Bundesgerichtshof
BKGG	Bundeskindergeldgesetz
BMJF	Bundesministerium für Jugend und Frauen
BMJFFG	Bundesministerium für Jugend, Familie, Frauen und Gesundheit
BR-Drucks.	Bundesratsdrucksache
BSeuchG	Bundesseuchengesetz
BSHG	Bundessozialhilfegesetz
BT-Drucks.	Bundestagsdrucksache
BVerfG	Bundesverfassungsgericht
BVerwG	Bundesverwaltungsgericht
BZRG	Bundeszentralregistergesetz
bzw.	beziehungsweise
CV	Caritasverband
DCV	Deutscher Caritasverband
DiCV	Diözesan-Caritasverband
DPWV	Deutscher Paritätischer Wohlfahrtsverband
DRK	Deutsches Rotes Kreuz

* Die gebräuchlichen Abkürzungen von Zeitschriften sind im Literaturverzeichnis enthalten.

DV	Deutscher Verein für öffentliche und private Fürsorge
EB	Erziehungsberatung
EBSt	Erziehungsberatungsstelle
EBst	Erziehungsbeistand
EFA	Europäisches Fürsorgeabkommen
EheG	Ehegesetz
e. S.	elterliche Sorge
EStG	Einkommensteuergesetz
e. V.	eingetragener Verein
f	die folgende Seite, der folgende Paragraph
FE	Fürsorgeerziehung
FEH	freiwillige Erziehungshilfe
ff	die folgenden Seiten, die folgenden Paragraphen
FGG	Gesetz über die Angelegenheiten der Freiwilligen Gerichtsbarkeit
FinG	Finanzgericht
freier Träger	Träger freier Jugendhilfe
g. A.	gewöhnlicher Aufenthalt
gem.	gemäß
GeschlG	Gesetz zur Bekämpfung der Geschlechtskrankheiten
GG	Grundgesetz
ggf.	gegebenenfalls
GmbH	Gesellschaft mit beschränkter Haftung
GO	Gemeindeordnung
GoA	Geschäftsführung ohne Auftrag
grds.	grundsätzlich
GV	Gesetz- und Verordnungsblatt
g. V.	gesetzlicher Vertreter
GWA	Gemeinwesenarbeit
h. M.	herrschende Meinung
HS.	Halbsatz
idF	in der Fassung
idR	in der Regel
ieS	im engeren Sinne
IM	Innenminister
i. R.	im Rahmen
IspE	Intensive sozialpädagogische Einzelbetreuung
iSd	im Sinne des/der
iVm	in Verbindung mit
JA/JÄ	Jugendamt/Jugendämter
JGG	Jugendgerichtsgesetz
JGH	Jugendgerichtshilfe
JHA	Jugendhilfeausschuß
JM	Justizminister
JP	Juristische Person
JÖSchG	Gesetz zum Schutz der Jugend in der Öffentlichkeit

JugR	Jugendrichter
JWG	Jugendwohlfahrtgesetz
KFH	Katholische Fachhochschule
Kg	Kindergarten
KgG NW	Kindergartengesetz von NW
KM	Kultusminister
KJHG	Kinder- und Jugendhilfegesetz
LG	Landgericht
Lit.	Literatur
LJA (W-L)	Landesjugendamt (Westfalen-Lippe)
MAGS	Ministerium für Arbeit, Gesundheit und Soziales von NW
MBl	Ministerialblatt
MJ	Minderjähriger
mj	minderjährig
MSA	Haager Minderjährigenschutzabkommen
MWF	Minister für Wissenschaft und Forschung
mwN	mit weiteren Nachweisen
ne.	nichtehelich
n. F.	neuer Fassung
NW	Nordrhein-Westfalen
OLG	Oberlandesgericht
OVG	Oberverwaltungsgericht
PFL	Pfleger
PS	Personensorge
PSB	Personensorgeberechtigter
RdErl.	Runderlaß
RelKErzG	Gesetz über die religiöse Kindererziehung
RG	Reichsgericht
RHO	Reichshaushaltsordnung
RP	Regierungspräsident
Rspr.	Rechtsprechung
RVO	Reichsversicherungsordnung
SA/SP	Sozialarbeiter/Sozialpädagoge
SGA	soziale Gruppenarbeit
SGB	Sozialgesetzbuch
SkF	Sozialdienst katholischer Frauen
SkM	Sozialdienst katholischer Männer
SMBl	Sammlung des bereinigten Ministerialblattes für das Land NW
sog.	sogenannt
spFH	sozialpädagogische Familienhilfe
StGB	Strafgesetzbuch
StPO	Strafprozeßordnung
SV	Sachverhalt

TBM	Tatbestandsmerkmal
u. dgl.	und dergleichen
VA	Verwaltungsakt
vAw	von Amts wegen
VG	Verwaltungsgericht
vgl.	vergleiche
VJ	Volljähriger
vj	volljährig
VM	Vormund
VormG	Vormundschaftsgericht
VormR	Vormundschaftsrichter
VS	Vermögenssorge
VV	Verwaltungsvorschrift
VwGO	Verwaltungsgerichtsordnung
VwVfG	Verwaltungsverfahrensgesetz
WG	Wohngemeinschaft
W-L	Westfalen-Lippe
WoGG	Wohngeldgesetz
z. B.	zum Beispiel
ZPO	Zivilprozeßordnung
ZVR	Zeugnisverweigerungsrecht
z. Zt.	zur Zeit

Literaturverzeichnis

I. Quellensammlungen (Recht, Verwaltungsvorschriften, Gerichtsentscheidungen)

Jirasek/Seipp/Schellhorn: Praktische Sozialhilfe (PSH), 13. Aufl., Neuwied 1986.
Krug, H.: Kinder- und Jugendhilfe SGB VIII – Bundesrecht einschließlich Satzungs-, Richtlinien- und Vertragsrecht, Europäischem und zwischenstaatlichem Recht sowie Landesrecht, München 1991.
Seipp/Fuchs: Handbuch des gesamten Jugendrechts (Handb. JugR), Rechts- und Verwaltungsvorschriften, Neuwied 1976, 2. Lieferung 1993.
Seipp/Schnitzerling/Siegfried: Sammlung jugendrechtlicher Entscheidungen (SjE), 2. Ausg., Neuwied 1980, Stand: 19. Lieferung 1991.
Storr, P.: Jugendhilferecht, Gesetzestext mit Erläuterungen, Regensburg, Stand: 1. 7. 1993.

II. Kommentare

Eisenberg U.: Jugendgerichtsgesetz, 5. Aufl., München 1993.
Hauck/Haines: SGB VIII, Berlin, 5. Lfg. Sept. 1992.
Jans/Happe: Jugendwohlfahrtsgesetz, 1. Auflage, Köln 1971ff. Stand: 12. Lieferung 1988.
Jans/Happe/Saurbier: Kinder- und Jugendhilferecht, Kommentar, 3. Aufl., Köln 1991/92, 4. Lfg. Juli 1993.
Krug, H.: Krug/Grüner/Dalichau: KJHG, Sozialgesetzbuch 8. Buch, Starnberg, 6. Lfg. Juni 1992.
Möller/Nix (Hrsg.): Kurzkommentar zum KJHG, Weinheim/Basel 1991.
Mombaur/Siebenmorgen: Kindergartengesetz NW, 6. Auflage, Köln 1978.
Moskal, E./Foerster, S.: Gesetz über Tageseinrichtungen für Kinder in NW, Kommentar, 14. Aufl., Köln 1993.
Münchener Kommentar zum BGB: 7 Bände, Hrsg.: Rebmannn/Säcker, Bd. V 1: Familienrecht, 2. Aufl., München 1989; Bd. VIII (Familienrecht II), 3. Aufl., München 1992.
Münder, J. u. a.: Frankfurter Lehr- und Praxiskommentar zum KJHG, Münster 1991.
Oberloskamp, H.: Haager Minderjährigenschutzabkommen, Köln 1983.
Osterdorf, H.: Jugendgerichtsgesetz unter Berücksichtigung des KJHG, 2. Aufl., Köln 1991.
Palandt/Bearbeiter: Bürgerliches Gesetzbuch, 52. Aufl., München 19931.
Roth-Stielow, K.: Adoptionsgesetz, Adoptionsvermittlungsgesetz, Kommentar, Stuttgart 1976.
Wienand/Schellhorn: Kommentar zum KJHG (SGB VIII), Neuwied 1991.

III. Monographien und Lehrbücher

Bienwald, W.: Vormundschafts- und Pflegschaftsrecht in der sozialen Arbeit, 3. Aufl., Heidelberg 1992.
Fieseler, G.: Rechtsgrundlagen sozialer Arbeit, Stuttgart 1977.
Fieseler/Herborth: Recht der Familie und Jugendhilfe, 3. Aufl., Neuwied 1993
Gastiger, S.: Funktion des Rechts in Sozialarbeit/Sozialpädagogik, FHS-Skript, Stuttgart 1974.
Gastiger, S.: Die Bedeutung des Rechts in der sozialen Arbeit, Freiburg 1983.
Happe/Saurbier: Kinder- und Jugendhilfegesetz mit erläuternden Einführungen, 19. Aufl., Köln 1993.
Haller, L. H.: KJHG, Motorwechsel in der Jugendhilfe, Köln 1990.
Harrer, F.: Jugendhilfe, Luchterhand Arbeitsmittel, 5. Aufl., Neuwied 1985.
Hasenclever, C.: Jugendhilfe und Jugendgesetzgebung seit 1900, UTN, Göttingen 1978.
Hundmeyer, S.: Recht für Erzieher, 10. Aufl., München 1991.
Institut für soziale Arbeit e. V. (Hrsg.): *Seidenstücker/Münder, J.:* Jugendhilfe in der DDR, Münster 1990.
Jordan/Sengling: Einführung in die Jugendhilfe, 2. Auflage, München 1984.
Junge, H./Lendermann, Hdb.: Das KJHG, einführende Erläuterungen, Freiburg 1990.
Kreft/Münder: Soziale Arbeit und Recht, 2. Auflage, Weinheim 1989.
Klinger/Kunkel: Sozialdatenschutz in der Praxis, Stuttgart 1990.
Maas, U.: Aufgaben sozialer Arbeit nach dem KJHG, München 1991.
Marburger, H.: Jugendleiter, Jugendgruppenleiter und sonstige in der Jugendarbeit Tätige, Stuttgart 1992.
Münder, J.: Beratung, Betreuung, Erziehung und Recht, Handbuch für Lehre und Praxis, 2. Aufl., Münster 1990.
Münder, J.: Familien- und Jugendrecht. Bd. 1: Familienrecht; Bd. 2: Jugendhilferecht, 3. Aufl., Weinheim 1993.
Oberloskamp, H.: Kindschaftsrechtliche Fälle für Studium und Praxis, 3. Aufl., Heidelberg 1991.
Oberloskamp, H.: Wie adoptiere ich ein Kind? – Wie bekomme ich ein Pflegekind?, 3. Aufl., München 1993.
Oberloskamp, H.: Ich erziehe mein Kind allein, 3. Aufl., München 1993.
Papenheim/Baltes: Verwaltungsrecht für die soziale Arbeit, 10. Aufl., Frechen 1993.
Seipp/Fuchs: Rechts-ABC für den Jugendgruppenleiter, 22. Auflage, Neuwied 1992.
Wagner, H.: Einführung in das Recht für Sozialarbeiter und Sozialpädagogen, 3. Aufl., Heidelberg 1992.
Wiesner, R./Zarbock, W. (Hrsg.): Das neue KJHG und seine Umsetzung in die Praxis, Köln 1991.

IV. Zeitschriften

BGHZ	Bundesgerichtshof, Entscheidungen in Zivilsachen (Jahr und Seite)
BlWoPfl	Blätter der Wohlfahrtspflege (Jahr und Seite)
CARITAS	Zeitschrift für Caritasarbeit und Caritaswissenschaft (Jahr und Seite)
DAVorm	Der Amtsvormund (Jahr und Spalte)

DER STÄDTETAG	Zeitschrift für kommunale Praxis und Wissenschaft (Jahr und Seite)
DVBl.	Deutsches Verwaltungsblatt (Jahr und Seite)
FamRZ	Zeitschrift für das gesamte Familienrecht (Jahr und Seite)
FuR	Familie und Recht (Jahr und Seite)
FEVS	Sammlung fürsorgerechtlicher Entscheidungen der Verwaltungs- und Sozialgerichte (Band und Seite)
FORUM JUGENDHILFE	AGJ-Mitteilungen (Heft, Jahr und Seite)
HRR	Höchstrichterliche Rechtsprechung (Jahr und Nummer)
JugWo	Jugendwohl, Zeitschrift für Kinder- und Jugendhilfe (Jahr und Seite)
MDR	Monatsschrift des Deutschen Rechts (Jahr und Seite)
Mitt.LJA W-L	Mitteilungen des Landesjugendamtes Westfalen-Lippe (Nummer, Jahr und Seite)
MschrKrim	Monatsschrift für Krimonologie und Strafrechtsreform (Jahr und Seite)
NDV	Nachrichtendienst des Deutschen Vereins (Jahr und Seite)
NJW	Neue Juristische Wochenschrift (Jahr und Seite)
np	Neue Praxis (Jahr und Seite)
NStZ	Neue Zeitschrift für Strafrecht (Jahr und Seite)
RdJ(B)	Recht der Jugend (und des Bildungswesens) (Jahr und Seite)
R & P	Recht und Psychiatrie (Jahr und Seite)
TuP	Theorie und Praxis der sozialen Arbeit (Jahr und Seite)
SjE	Sammlung jugendrechtlicher Entscheidungen (Fach und Seite)
StrVert	Der Strafverteidiger (Jahr und Seite)
U.M.	Unser Mündel (Jahr und Seite), bis 8/1986
UJ	Unsere Jugend, Zeitschrift für Jugendhilfe und Wissenschaft (Jahr und Seite)
ZblJugR/ZfJ	Zentralblatt für Jugendrecht/und Jugendwohlfahrt (Jahr und Seite), seit 1984 ZfJ
ZfJ	Zeitschrift für Fürsorgewesen (Jahr und Seite)

Stichwortverzeichnis

(Die Hauptfundstellen sind unterstrichen)